REC

LIVE

U0078491

帝相名臣的荒唐直播

孟飛・王宇 主編

愛貓去世舉國哀悼、乳母加入後宮大亂鬥

以宮刑為樂的變態帝王，你絕對想不到的超狂古人生活！

誰說古人保守又無趣？
不容錯過的荒唐笑料，本書帶你一探究竟！

崧燁文化

目錄

目錄

前言

唐太宗有句名言：「夫以銅為鏡，可以正衣冠；以史為鏡，可以知興替；以人為鏡，可以明得失。」

培根說：「讀史使人明智，讀詩使人靈秀，數學使人周密，科學使人深刻，倫理學使人莊重，邏輯修辭使人善辯，凡有所學，皆成性格。」

五千年的文明，是留給我們的巨大財富，而面對這莫大的財富，我們又做了什麼？我們充分的利用了嗎？

「以史為鏡，可以知興替」，對於一個國家來說，史是如此最要。對於個人來說，史同樣是如此的重要。歷史就是要留給我們思考的，它是一面毫無掩飾的鏡子。

紅顏禍水，帝王另類，酷吏橫行，人才執著……

這些都是我們所要了解和深知的，人生的開始和終結到底都離不了這些通史典故的範疇，我們要從中感悟，從中思索，從中收穫。不然，我們不會進步，我們還要不停的摸索。而這些人物就在我們的身邊，歷史人物的人生起浮總會使我們找到最接近自己的典範。

我們需要感悟歷史。歷史，是由人來創造的，而未來的歷史，也應該是由人來書寫的。對未來的探索和追求就建立在我們今天的基礎之上的。

前言

　　書中的是非、人物縱橫都已經過去，但我們在不能背叛過去的同時，更應該去總結歷史嬗變興替的內在規律，而得出人生的真諦來。

　　前事不忘後事之師，今天的我們想要明是非，領悟昨天的精髓，就必須以史為鏡，以人為本。

　　讀史，真的可以長智慧。

第一章
歷史人才

　　人才，在中國的歷史上每朝每代都數不勝數，但是能被歷史稱為人才的，可以說是門可羅雀。一個人被歷史稱為人才，那就是歷史對他們做出的最大肯定。

　　韓愈對人才有過一段很漂亮的評論：「世有伯樂，然後有千里馬，千里馬常有，而伯樂不常有……」可見，歷史人才有否，是和「歷史」有很大的關係。

第一節 「馮唐易老，李廣難封」

在中國歷史上，最有名的「人才悲劇」就是漢時的馮唐和李廣這兩位大才了。他們生活在漢代最傑出的三代皇帝執政時期，不能說他們是生不逢時，卻不能暢其胸懷，舒展抱負，令人慨嘆。唐初文人王勃在〈滕王閣序〉裡說：「嗟乎，時運不濟，命運多舛，馮唐易老，李廣難封。」王勃說這話的時候二十六歲，發這樣的感嘆似乎有點太早了點。後人都為這兩位鳴不平，但很少從他們身上找原因。

馮唐以孝行著稱於時，被舉薦做了中郎署長，侍奉漢文帝。郎官是漢代的初級官吏，職責是擔任皇宮侍衛，做這類工作的一般都是年輕人。記得馮唐作郎官時年齡不小了，一次文帝乘車經過馮唐任職的官署，問馮唐說：「老人家為什麼還在做郎官？家又何方？」馮唐說是代郡人。漢文帝曾經做過代王，就說：「我在代郡時，我的尚食監高祛經常跟我講到趙將李齊的才智，談到他如何如何在鉅鹿城下作戰的情形。以至於現在我每次吃飯的時候，心裡總會想起鉅鹿之戰時的李齊。老人家聽說過這位人士嗎？」馮唐回答說：「我認為他尚且比不上廉頗、李牧的指揮才能。」漢文帝說：「有什麼依據呢？那又憑什麼這樣說呢？」馮唐說：「我的祖父在趙國時，擔任過統率士兵的職務，和李牧有很好的交情。我父親從前做過代相，和趙將李齊也過從甚密，所以能知道他們的為人。」漢文帝聽完馮唐的講說，很高興的拍著大腿說：「我偏偏得不到廉頗、李牧這樣的人才做將領，好可惜啊！假如有這樣的兩位將領，難道還擔憂匈奴嗎？」馮唐說：「我認為如果陛下得到廉頗、李牧的話，也不可能任用他們。」漢文帝非常的不高興，回到宮裡，越想心理越生氣，他就召見馮唐，指責他說：「你為什麼當眾侮辱我呢？難道就不能私下跟我說嗎？」馮唐謝罪說：「鄙陋之人不懂得忌諱迴避，請多見諒。」

漢文帝還真是個有道明君，又一次招來馮唐進行詢問：「您怎麼知道我不能任用廉頗、李牧呢？」馮唐回答說：「我聽說古時候君王派遣將軍時，跪下來推著車轂說，國門以內的事我決斷，國門以外的事，由將軍裁定。所有軍隊中因功封爵獎賞的事，全都由將軍在外決定，回來的時候再奏報朝廷。這完全是事實，絕不是虛誇之言呀！我的祖父說過，李牧在趙國邊境統率軍隊時，把徵收的稅金自行用來犒賞部下。所以李牧才能夠充分發揮才智。北面驅逐單于，大破東胡，消滅澹林，在西邊抑制強秦，在南面支援韓魏。在這時，趙國幾乎成為霸主。後來恰逢趙王遷即位，他的母親是一位賣唱的女子。他一即位，就聽信郭開的讒言，最終殺了李牧，讓顏聚取代他。所以軍潰兵敗，被秦人俘虜消滅。如今我聽說魏尚做雲中郡郡守，他把邊地的稅金用來犒賞士兵，還拿出自己的錢財，五天殺一次牛，宴請軍吏、親近左右，因此匈奴人遠遠地避開，不敢輕易靠近雲中郡的邊關要塞。匈奴曾經入侵一次，魏尚率領軍隊出擊，殺死很多敵軍。那些士兵都是普通人家的子弟，從村野來參軍，他們怎麼能懂得朝廷的令律呢？他們只知道整天拼力作戰，殺敵捕俘，到幕府報功，現在，他們只是因為錯報多殺敵人的數目，陛下就把他交給法官，削奪他的爵位，判處一年的刑期。所以說呢，陛下即使得到廉頗、李牧，也是不能重用的。」

文帝聽了很高興，即時就允准馮唐拿著皇帝的節符，出使前去赦免魏尚，重新讓他擔任雲中郡郡守，而任命馮唐作車騎都尉，掌管中尉和各郡國的車戰之士。

漢景帝即位，讓馮唐去做楚國的丞相，不久被免職。

漢武帝即位時，徵求賢良之士，大家舉薦馮唐。馮唐這年已高齡九十多歲，不能再做官了，於是任用他的兒子馮遂做了郎官。

以上是司馬遷記述的馮唐事蹟，由此可以看出這個人的性格，是個耿直的人，這樣的人出事往往是出在嘴上。人好面子，尤其是在官場混的人，失了面子就等於失了威信。馮唐不懂這點，即使是皇上也敢衝撞，一般的上下級就更不用說了。漢文帝有容人之量，但這樣的人在地球上是鳳毛麟角，所以馮唐後來也就只能是被人逐出官場，虛耗時光，憂鬱漸老。

司馬遷的《史記》縱橫幾千年，有多少人物風雲際會，能為馮唐如此小人物立傳，自有其立場，司馬遷自己說他和馮唐的兒子馮遂關係不差，大概是從馮遂那裡知道了馮唐的事蹟，否則的話，歷史一定會淹沒這個人的事蹟。一千多年後，蘇東坡被貶密州，想起了馮唐的故事，在〈江城子 · 密州出獵〉的詞裡詠嘆：「持節雲中，何日遣馮唐？」自比魏尚，期待著大宋皇帝能派遣馮唐一樣的人物來為其平冤昭雪，可惜大宋的皇帝不是漢文帝，亦出不了馮唐那樣不通世事的老郎官。

李廣的名氣要比馮唐大多了，文帝十四年（西元前一六六年），匈奴人大舉侵入，李廣以良家子弟的身分參軍抗擊匈奴，因為他善於騎射，斬殺敵人首級眾多，所以被任為漢朝廷的中郎。李廣曾隨從皇帝出行，常有衝鋒陷陣、抵禦敵人以及格殺猛獸的事，文帝說：「可惜啊！你沒遇到時機，如果讓你正趕上高祖的時代，封個萬戶侯那還在話下嗎！」從這件事來看，皇帝還是很看重他的。

到景帝即位後，李廣任隴西都尉，又改任騎郎將。吳、楚七國叛亂時，李廣任驍騎都尉，隨著從太尉周亞夫反擊吳、楚叛軍，在昌邑城下奪取了敵人的軍旗，立功揚名。可是由於梁孝王私自把將軍印授給李廣，回朝後，朝廷沒有對他進行封賞，調他任上谷太守。當時梁王有窺視帝位的野心，李廣缺乏政治敏感度，引起當朝皇帝的疑忌。

　　記得有一次，皇帝派了一位宦官跟在李廣身邊學習與匈奴對戰的相關事宜，這位宦官帶領幾十多名騎兵，遇到三個匈奴人，就與他們交戰，三個匈奴人回身放箭，射傷了宦官，幾乎殺光了宦官的騎兵。宦官逃回到李廣那裡，李廣便帶上一百名騎兵前去追趕那三個匈奴人。親自去射殺那三個人，射死了兩個，活捉了一個，把俘虜捆綁上馬之後，卻遠遠望見幾千名匈奴騎兵。他們看到李廣，以為是誘敵之騎兵，都很吃驚，跑上山去擺好了陣勢。李廣的百名騎兵也都大為驚恐，想回馬飛奔逃跑。李廣說：「我們離開大軍幾十里，依現在這樣的形勢看來，我們這一百名騎兵只要一跑，匈奴就要來追擊射殺，我們會立刻被殺光的。現在我們停留不走，匈奴一定以為我們是大軍來誘敵的，必定不敢攻擊我們。」李廣向騎兵下令：「前進！」騎兵向前進發，到了離匈奴陣地還有大約二里的地方，停下來，下令說：「全體下馬解下馬鞍！」騎兵們說：「敵人那麼多，並且又離得近，假如有了緊急情況，怎麼辦？」李廣說：「那些敵人一直認為我們會逃跑，現在我們要演戲到底，解下馬鞍表示不逃，這樣的話就能使他們更堅定地相信我們是誘敵之兵。」匈奴騎兵不敢前來攻擊。有一名騎白馬的匈奴將領出陣來監護他的士兵，李廣及時上馬和十幾名騎兵一起射死了那騎白馬的匈奴將領，之後又回到自己的騎兵隊裡，解下馬鞍，讓士兵們都放開馬，隨便躺臥。這時正值日暮黃昏，匈奴軍隊一直覺得奇怪，不敢進攻。時至半夜，匈奴兵又認為：漢朝有伏兵在附近，想趁夜偷襲他們，最終匈奴領兵撤離了。

　　武帝即位後。左右近臣都認為李廣是位很有實力的名將，於是李廣由上郡太守調任未央宮禁衛軍長官。後來又任命為將軍，出雁門關進攻匈奴。匈奴兵打敗了李廣的軍隊，並生擒了李廣。單于時常就聽到有關李廣很有才得的話語，下令說：「俘獲李廣一定要活著送來。」匈奴騎兵俘虜了李廣，當時李廣受傷並生病了，他們就把李廣放在兩匹馬中間，裝在繩編的網子裡躺著。走了十多里，李廣假裝死去的樣子，斜眼看到他旁邊的一個匈奴少年騎

著一匹好馬，這時李廣突然一縱身跳上匈奴少年的馬，趁機把少年推下去，奪了他的手中的弓，打馬向南飛馳數十里，這時又遇到他的殘部，於是帶領他們進入關塞。匈奴出動幾百名騎兵來追趕他，李廣一邊逃一邊拿起匈奴少年的弓射殺追來的騎兵，因此才能逃脫。朝廷把李廣交給執法官吏。執法官判決李廣損失傷亡太多，他自己又被敵人活捉，應該斬首，李廣用錢物贖了死罪，削職為民。

李廣和已故潁陰侯灌嬰的孫子灌強他們一起隱居在藍田，經常到南山中打獵。一天夜裡他帶著一名騎馬的隨從外出，與別人一起在田野間飲酒。回來的時候走到霸陵亭，霸陵尉喝醉了，大聲喝斥，禁止李廣通行。李廣隨從說：「這是前任李將軍。」亭尉說：「現任將軍尚且不許通行，何況是前任呢！」便扣留了李廣，讓他停宿在霸陵亭下。這之後沒過幾年，匈奴入侵殺死遼西太守，打敗了韓將軍（韓安國），韓將軍遷調右北平。天子就召見李廣，任他為右北平太守。李廣立即請求派霸陵尉一起赴任，到了軍中就及時把他殺了。

李廣雖然在這件事情上有點小心眼，但平時的他對自己的部屬士兵極好。如果得到賞賜的話，他就分給他的下屬，飲食總與士兵在一起。李廣一生到死，做二千石俸祿的官共四十多年，家中沒有多餘的財物，一直也不談及家產方面的事。李廣身材高大，兩臂如猿，他最擅長的就是射箭，即便是他的後代子孫或外人向他學習，從未有人能趕上他的。李廣話語較少，語言遲鈍，與別人在一起時就跪在地上畫軍陣，之後比射箭，按射中較密集的行列還是較寬疏的行列來定罰誰喝酒。他專門以射箭為消遣，一直到老死。李廣帶兵，遇到缺糧斷水的地方，當士兵還沒有完全喝到水，李廣就不去靠近水；看到士兵還沒有完全吃到飯，李廣一口飯也不嘗。李廣對士兵寬厚和緩不苛刻，所以眾多士兵都愛戴他，樂於為他所用。李廣是位明智的人才，就

拿他射箭的方法來說：看見敵人逼近，如果不在數十步之內，估算射不中，就不發射。只要一發射，敵人立即隨弓弦之聲倒地。

沒多久，郎中令石建死了，這時皇上就召見李廣，讓他接替石建任郎中令。元朔六年李廣又被任為後將軍，跟隨大將軍衛青的軍隊從定襄出塞，征伐匈奴。許多將領因斬殺敵人首級符合規定數量，以戰功被封侯，而李廣的軍隊卻沒有戰功。

經過了兩年的時間，李廣以郎中令官職率領四千騎兵從右北平出塞，博望侯張騫率領一萬騎兵與李廣一同出征，分行兩條路。行軍約幾百里，匈奴左賢王率領四萬騎兵包圍了李廣，李廣的士兵都很害怕，李廣就派他的兒子李敢騎馬往匈奴軍中突圍。李敢獨自和幾十名騎兵飛奔，直穿匈奴騎兵陣，又從其左右兩翼突出，回來向李廣報告說：「匈奴敵兵很容易對付啊！」士兵們這才安心。李廣布成圓形兵陣，面向外，匈奴猛攻，箭如雨下。漢兵死了一半以上，箭也快用光了。李廣就命令士兵拉滿弓，不要放箭，而李廣親自用人黃弩弓射匈奴的副將，殺死了好幾個，匈奴軍才漸漸散開。這時天色已晚，軍吏士兵都面無人色，可是李廣卻神態自然，更加注意整頓軍隊。軍中從此都很佩服他的勇敢。第二天，又去奮力作戰，博望侯的軍隊也趕到了，匈奴軍才解圍退去。漢軍非常疲憊，也無法追擊。當時李廣軍幾乎全軍覆沒，只好收兵回朝。按漢朝法律，博望侯行軍遲緩，延誤限期，應處死刑，用錢贖罪，降為平民。李廣功過相抵，沒有封賞。

在那時，李廣的堂弟李蔡和李廣一起侍奉文帝。到景帝時，李蔡累積功勞已得到年俸二千石的官位。武帝時，做到代國的國相。元朔五年（西元前一二四年）被任為輕車將軍，跟隨大將軍衛青攻打匈奴右賢王有功，達到斬殺敵人首級的規定，被封為樂安侯。元狩二年（西元前一二一年）間，代公孫弘任丞相。李蔡的才幹在下等之中，聲名比李廣差得很遠，然而李廣得不

到封爵和封地，官位沒超過九卿，可是李蔡卻被封為列侯，官位達到三公。李廣屬下的軍官和士兵們，也有人得到了侯爵之封。李廣曾和星象家王朔私下閒談說：「自從漢朝攻打匈奴以來，我沒有一次不參加。可是各部隊校尉以下的軍官，才能還不如中等人，然而由於攻打匈奴有軍功被封侯的有幾十人。我李廣不算比別人差，但是沒有一點功勞用來得到封地，這又是什麼原因呢？難道是我的骨相就不該封侯嗎？還是本來就命該如此呢？」王朔說：「將軍自己回想一下，難道曾經有過值得悔恨的事嗎？」李廣說：「我曾當過隴西太守，羌人有一次反叛，我誘騙他們投降，投降的有八百多人，我用欺騙他們，在當天把他們都殺了。直到今天我最大的悔恨只有這件事。」王朔說：「能使人受禍的事，沒有比殺死已投降的人更大的了，這也就是將軍不能封侯的原因。」

　　不久後，李廣隨大將軍衛青出征匈奴，出邊塞以後，衛青捉到敵兵，知道了單于住的地方，就自己帶領精兵去追逐單于，而命令李廣和右將軍的隊伍合併，從東路出擊。東路有些迂迴繞遠，而且大軍走在水草缺少的地方，勢必不能並隊行進。李廣就請求說：「我的職務是前將軍，如今大將軍卻命令我改從東路出兵，況且我從少年時就與匈奴作戰，到今天才得到一次與單于對敵的機會，我願做前鋒，先和單于決一死戰。」

　　大將軍衛青曾受到皇上的警告，認為李廣年老了，命不好，不要讓他與單于對敵，恐怕不能實現俘獲單于的願望。那時衛青的好友公孫敖剛剛丟掉了侯爵，任中將軍，隨從大將軍出征，大將軍想讓公孫敖跟自己一起與單于對敵，故意把前將軍李廣調開。李廣大致猜到內情，所以堅決要求大將軍收回調令。衛青無論怎樣也不答應他的請求。一氣之下，李廣不辭而別就回到軍中，從東路進發了。軍隊沒有嚮導，迷失道路，結果落在大將軍之後。大將軍與單于交戰，單于逃跑了，衛青沒有戰果只好回兵。大將軍向南行度過

沙漠，遇到了前將軍和右將軍。李廣謁見大將軍之後，回到自己軍中。大將軍衛青派長史帶著乾糧和酒送給李廣，順便向李廣詢問迷失道路的情況，還要給天子上書報告詳細的軍情。李廣沒有回答。衛青派長史責令李廣幕府的人員前去受審對質。李廣說：「校尉們根本沒有什麼罪，是我自己迷失了方向，現在我準備到大將軍幕府去受審對質。」

來到了大將軍幕府，李廣對他的下屬說：「我從少年起與匈奴打過大小七十多仗，如今有幸跟隨大將軍出征同單于軍隊交戰，可是大將軍又調我的部隊去走迂迴繞遠的路，偏又迷失道路，難道不是天意嗎！況且我已六十多歲了，畢竟不能再受那些刀筆吏的侮辱。」於是就拔刀自刎了。李廣軍中的所有將士都為之痛哭。百姓得知這個消息之後，不論男女老少都為李廣痛哭落淚。

李廣的一生極富傳奇色彩，一生的大部分時光是在與匈奴對戰的戰場上，最終不得封侯，對當時的一個軍人來說，是個極大的缺憾。其實李廣也有過機會，漢家皇帝非常欣賞這位將士，雖然說沒有軍功，但憑著其勇敢也屢次獲得升遷，而命運卻每到關鍵時刻就要捉弄他，白話一點說就是李廣運氣太背了。最後，漢武帝都覺得他命不好。

許多人都認為李廣是沒有得到重用，皇帝不知人善任，喜歡用自己親近的人，像是衛青、霍去病等，但是仔細分析李廣的事蹟，不難得出以下結論：在戰場上衝鋒陷陣，不避刀劍，身先士卒，大概沒有人敢和他並肩而走，大概是個有點像李逵的人物，但其在深陷絕境時表現出的機智和膽略，又遠高出李逵，大概可以和張飛一比。缺的是運籌帷幄，決勝千里的智慧。假如不是如此，我們就無法解釋為什麼在與匈奴交戰七十餘次，竟然打不到可以封侯的殺敵之數。所以才常常是奮不顧身的陷入絕境，然後再機智靈活地上演一場絕處逢生的戲碼。

司馬遷在為人物立傳時極其講究事蹟的裁減，關於李廣殺霸陵尉的一段，不太可能在褒揚，大概是說李廣心胸狹窄，只是說的比較婉轉罷了。

第二節 蕭何月下追韓信

漢初時最重要的人才，當數韓信，尤其是在動盪的世局與瞬息萬變的戰場上。於是就有了這一齣「蕭何月下追韓信」的故事。

項羽進了咸陽以後，他將六國舊貴族和有功的將領一共封了十八個異姓侯王。在這十八個諸侯中，項羽最不放心的就是劉邦。他把劉邦封在了偏遠的巴蜀和漢中，稱為漢王；又把關中地區封給秦國的三名降將章邯等人，讓他們擋住劉邦，不讓劉邦出來。漢王劉邦對他的封地很不滿意，而自己的兵力弱小無勢，沒辦法跟項羽計較，只好帶著人馬到封國的都城南鄭。

漢王到了南鄭之後，拜蕭何為丞相，曹參、樊噲、周勃等為將軍，養精蓄銳，準備再和項羽爭奪天下。但是他手下的兵士們卻都想回老家，幾乎每天都有人偷偷逃走，急得漢王連飯也吃不下。有一天，突然有人來報告：「丞相逃跑了。」漢王急得不得了，像突然被人斬掉了左右手一樣難過。到了第三天早晨，蕭何才回來。漢王見了他，又氣又高興，責問蕭何說：「你怎麼也逃走？」蕭何說：「我怎麼會逃走呢？誰都有可能走唯獨我不會。我是去追逃走的人呀。」漢王又問他：「你追誰？」蕭何說：「我在追韓信。」

蕭何所提到的韓信，本來是淮陰人。項梁起兵以後，當路過淮陰時，韓信去投奔他，在楚營裡當個水兵。項梁死了，又跟了項羽，項羽見他比一般兵士強，就讓他做個小軍官。韓信好幾回向項羽獻計策，項羽都沒有採用。韓信感到十分失望。漢王劉邦到南鄭去後，韓信就投奔了漢王。漢王只是讓他做了個小官。有一次，韓信違規，按照慣例被抓了起來，就要被砍頭時，幸虧漢王部下一個將軍夏侯嬰經過這裡，這時韓信高聲大叫，向他求救，

說：「漢王難道不想打天下了嗎，為什麼要斬壯士？」夏侯嬰看韓信的模樣，是一條好漢，把他放了，還向漢王推薦。漢王於是派韓信做了管糧食的官。後來，丞相蕭何見到韓信，談話中，認為韓信很有才能，很器重他，還三番兩次勸漢王重用他，但漢王總是不聽。韓信知道漢王不肯重用他，終於，在一個月明星稀的夜晚，悄悄地踏上了逃亡的路。蕭何得知韓信逃走的消息，急得直踩腳，顧不得向劉邦報告，連夜率人追趕韓信。

　　劉邦聽到要去追趕韓信的事情，馬上拍桌子、打板凳的：「大將嚇跑了幾十個，沒見你追，一個寸功未立的韓信逃亡，你卻親自追趕，你就是在騙我。」蕭何笑道：「那些逃走的將領容易得到，天下多的是，而像韓信這樣的人，失去這一個，天下就沒有第二個了。大王如果願意做一輩子漢中王，那就用不著留韓信；如果大王有爭奪天下的雄心壯志，除了韓信，沒有第二個人能幫助你完成這個大業了。」劉邦見蕭何如此看重韓信，相信韓信一定有些過人之處，就說：「好吧，我就按照你的意思，讓他做個將軍，可以嗎？」蕭何並不滿意，說：「叫他做將軍，還是留不住他。」善於聽取別人意見，又深信蕭何的劉邦，立刻決定：「那就拜他為大將吧！」蕭何很高興地說：「這是大王的英明。」說著說著，劉邦就準備把韓信找來，想馬上拜他為大將。蕭何又直言不諱地說：「大王平日傲慢無禮，拜大將是件大事，不能兒戲。如果大王真心要拜韓信為大將，那就應該選擇一個良辰吉日，齋戒沐浴，隆重地舉行拜將的儀式。」劉邦說：「好，都聽你的。」

　　漢營裡馬上傳出劉邦要擇日子拜大將的消息。幾個跟隨劉邦多年的將軍個個興奮得睡不著覺，相信這次自己一定能當上大將。到了拜大將的日子，拜的大將竟然是平日裡他們瞧不起的韓信，大家都傻了眼。

　　後來韓信果然不負蕭何器重，為劉邦爭奪天下，建立漢朝立下了汗馬功勞，與蕭何、張良並稱興漢三傑。

從這則故事中人們看到了蕭何為國求賢的一顆赤誠之心，看到了他識人愛才的伯樂精神，也看到了他那不嫉賢妒能、甘居人後的博大胸懷。蕭何確是一位有遠見卓識的西漢開國良相，是一位真正能識別千里馬的伯樂。

第三節 秦國之「柱」

戰國時期的秦國在七雄並列之始，並不是最強大的。商鞅變法以後，秦國經數十年的發展壯大，以七雄之首的身分出現在了戰國其餘六雄的面前。

曾經「欺負」過秦國的魏國一定不會想到，就是之前在自己面前戰戰兢兢的西陲小國，會會滅掉自己的國家。強大的趙國也不一定能想到，自己的鄰居會是如此的厲害。自己只能被欺負而無法抬頭，只是靠有幾個名將來支撐整個國家。

這一切源於什麼呢？源於秦國有商鞅？但只有商鞅是不夠的，商鞅做了最基本的東西。源於秦國地大物博？秦國的國土和資源並不是戰國七雄中最好的；源於有數代名君，不錯，只有有了名君才會有如此的成就，名君能夠任用足夠好的人才。

而這些人才，就是秦國的柱石，就是秦國得以一統天下的原因。

人才之一：一代名將白起

說到白起很多人馬上會想起長平之戰，白起一次坑殺四十萬趙軍的事被。他被後世稱為戰場上的「屠夫」。但能作一「屠夫」，也得需要極高的水準，不然是沒有辦法做到的。

白起生活在戰國末期，當時社會劇烈動盪，群雄爭霸不休，那些馳騁沙場，能征善戰的將領脫穎而出。白起的父親曾經隨秦軍四處征戰，建立過不

少戰功。自從有了兒子，他便給兒子起名為「起」，希望以後兒子能夠像戰國名將吳起那樣所向披靡，屢立戰功。

白起長大過程中，為了使白起從小就受到軍旅的薰陶，父親把他送進了軍營。白起不負父望，從小就酷愛軍事，加上他有軍事天分，喜歡研究各家兵法，又長期生活在軍旅之中，累積了豐富的實踐經驗，總而言之，便逐漸精通軍事這門藝術，成了一位用兵如神的將領。

西元前二九四年，秦昭襄王任命白起為左庶長，統率秦軍進攻韓國。白起在這次戰役中初露鋒芒，展現自己的軍事才華，精心策劃，突出奇兵，以迅雷不及掩耳之勢一舉攻占了新城（今河南伊川西南），使魏國大驚。捷報傳回秦國，秦昭襄王大喜，下令嘉獎白起。此後不久，經丞相魏冉推薦，秦昭襄王又命白起為將，帶兵與韓、魏聯軍大戰於伊闕山下。

當時，韓魏聯軍將多兵廣，而秦軍還不如他們的二分之一。但韓魏聯軍表面上聯合，實際上各懷鬼胎，都想把對方推到前面迎戰秦軍，而自己退居後面隔岸觀火，坐收漁翁之利。白起抓住敵軍的心理，先設疑兵麻痺韓軍，然後派精兵猛攻魏軍，魏軍大敗，韓軍自然也不戰自潰。白起乘勝追擊，殺敵二十四萬，屍橫遍野，還俘虜了魏將公孫喜，攻陷五個城池。白起打了一個漂亮的大勝仗。戰鬥結束，白起因功官至國尉。伊闕之戰，是韓魏兩國遭到最大損失的一次戰役。而這次戰役也使人們看到了白起在戰爭中「殘忍」的一面。

由於韓、魏兩地靠近秦國，按照秦國遠交近攻的策略，二國是秦國「蠶食」的首要目標。秦昭襄王十五年（西元前二九二年），秦國又向韓、魏發動了進攻。這次秦昭襄王仍派白起為將，攻下了魏的垣（今山西垣曲縣東南）。由於白起多次立功創業，被秦昭襄王提升為大良造（戰國時秦的最高官職，掌握軍政大權，也是尊貴的爵位）。第二年，白起率軍攻占了中原重鎮，位在

韓國的宛（今河南南陽）。同時宛還是重要的產鐵基地，又是冶鐵業中心。與此同時，秦昭襄王派馬占領了韓國另一煉鐵基地鄧（今河南孟縣西）。宛、鄧的奪取，對秦國有重要的經濟、軍事價值，大大增強了秦國的國力，尤其增強了秦國的兵器製造工業，為秦最後統一天下打下了物質基礎。

秦昭襄王十七年，即西元前二九〇年，韓、魏兩國在秦國大軍連續不斷的打擊下，畏於秦的強大攻勢，被迫向秦割讓土地以求苟安。在多方籌商後，韓國割讓武遂（今山西垣曲東南黃河以北地區）兩百里地給秦，魏割讓河東四百里地給秦。韓、魏割地求和，更加刺激了秦國的雄心，加速了秦國向外擴張。

秦昭襄王十八年，白起再次率領大軍浩浩蕩蕩殺向魏國，一路勢如破竹，連下蒲阪（今山西永濟縣蒲州鎮）等六十一城，使魏國再次遭到沉重的打擊。

至此，秦國認為韓、魏已不堪一擊，對秦國已不構成威脅。決定改變策略，把主攻方向改向北方的趙國和南方的楚國。

在加兵趙國、楚國之前，秦國於西元前二八四年，曾聯合韓、趙、魏、燕五國軍隊大敗齊軍。在白起統帥下戰必勝、攻必克，震撼鄰國。

西元前三〇〇年，東方的齊國在齊湣王統治下國力漸漸強盛，打敗了南方的楚國，殺死楚國將領唐昧，在西邊於觀津（今山東觀城）摧毀了三晉（趙、衛、韓）的官兵，之後又與三晉聯合攻擊秦國，幫助趙國滅了中山國。西元前二八六年，齊湣王又挑起戰端，攻破宋國，宋偃王逃奔到魏國，死在溫城。

這時的齊湣王，在屢屢勝利下，雄心大增，攻楚、擊三晉之後，目標直接指向已分裂為二的周王朝，揚言要把周天子趕下臺，由他來做天子。有大

臣因指責他而被綁到街市上斬首。有大臣規勸他，齊湣王又把他綁到臨淄東門處決。齊湣王的暴虐，使齊國民怨沸騰。

燕昭王得知齊國臣民對齊王的怨恨，認為機會來了，日夜加強戰備，準備伐齊。燕昭王向樂毅詢問伐齊的事。樂毅說：「齊國是霸王的後代，地廣人多，以我們燕國的兵力，單獨攻擊，不容易成功。要想成功，就必須與趙國、楚國、魏國聯合起來，共同出兵。」於是，燕昭王就派樂毅前往趙國聯絡趙惠文王，再派其他使節分別出使楚國、魏國，又請趙國去聯絡秦國，向秦申明伐齊的理由，承諾事成之後分給秦國一定的利益。秦昭襄王心想，如能借此機會擊敗齊國，秦國不是可以坐收漁翁之利嗎。這對今後秦國爭霸，並進而吞滅六國，統一天下也就更容易，於是便很痛快地同意了使者的請求。其他各國因受齊國侵略，早已對齊湣王的蠻橫自大恨之入骨，本想聯合起來討伐齊國。他們聽說強大的秦國也加入了討齊的行列，更是歡欣鼓舞，躍躍欲試。

西元前二八四年，燕國派出全國的兵力，跟秦、趙、魏、韓軍隊會合，樂毅兼任五國聯軍總指揮官，以泰山壓頂之勢向齊國發動進攻。齊湣王急忙調兵遣將，在濟西與聯軍會戰。齊將觸子見聯軍勢大，不知如何是好，一戰就下令退兵，隻身逃走，齊軍大敗。部將達子統率餘部，繼續與聯軍作戰，於秦周又戰敗，達子戰死。至此，齊軍敗局已無可挽回，樂毅見勝利在望，遂請秦軍、韓軍先行班師，請魏軍前往占領原來宋國的領土，請趙軍前往奪取河間。樂毅親自率領燕國遠征軍。深入齊國國土，馬上占領了齊國首都。

破齊成功，秦國將進攻的矛頭改變。秦軍班師不久，即把進攻的矛頭指向楚國。在進攻楚國的戰鬥中，白起一馬當先，所向無敵，為秦國立下了汗馬功勞，創出輝煌的戰績。

　　為了給進攻楚國創造有利的環境，消除後顧之憂，西元前二七九年，秦昭襄王與趙惠文王在河南澠池相會，兩國修好停戰，秦國的北方得到了穩定。整頓出良好的作戰環境之後，秦國便集中兵力，攻擊楚國。

　　大展雄威，破楚成功

　　秦軍兵大致可以分為兩路，一路由白起率領主力部隊，由漢北地區南下，先奪鄢之後再奪楚都郢；另一路由蜀守張若率領側翼部隊，由四川出發，進攻巫、笮、黔中一帶，然後沿長江東下，配合主力部隊，牽制楚國兵力，使楚軍顧此失彼，首尾無法接應，同時奪取楚國西部的地區。

　　白起率領秦兵包圍鄢城後，遭到楚國軍民的奮力抵抗，使戰鬥一度僵持。鄢是楚的別都，距離楚國都城郢很近。鄢是郢的西大門，鄢城失守，郢將不保，楚國竭盡全力守衛鄢城。楚王為了保衛京師，派精兵良將，加強守衛。白起深知鄢城戰略地位的重要，他決心攻下鄢城，以打開進軍楚都的通道。

　　「吃一塹，長一智」，身經百戰的白起，具有豐富作戰經驗，他詳細審察了鄢城附近的地理形勢後，斷然決定實行水攻。

　　原來的城西有一條鄢水，發源於荊山與康限山之間，向東南注入漢江。白起就命士兵在鄢城以西修築堤堰，攔截鄢水，積水為湖。待水升到一定高度時，他就下令決堤放水。滔滔洪水，一瀉而下，一下子就吞沒了鄢城。大水從城西灌入，從城東北角潰出。楚國軍民猝不及防，一時陣腳大亂。被大水淹死的達數十萬。屍體流入河中，時值夏日，屍體腐爛，臭氣衝天，人們把那裡稱為臭池。

　　白起以水淹之計擊潰楚軍，順利地占領了鄢城。又乘勝疾進，攻下安陸（今湖北安陸）。接著乘勝迅速占領了楚都郢。楚軍狼狽潰逃，秦軍窮追不捨，一直追到洞庭湖邊，並占領沿湖地區。秦兵過西陵（今湖北宜昌縣）時，

將楚先王之墓夷陵燒毀。楚王在秦軍的重創之後，把國都遷往陳地。西元前二七八年，秦設置了南郡，治所郢，管轄新占領的地區。白起因這次攻楚立了大功，被秦昭襄王封為武安君。

白起拔郢勝利，楚國已成日落西山之勢，楚國從此失去了強國的地位，已不再是秦國的強勁對手了。白起為秦國最後統一天下奠定了基礎，是秦國統一戰爭開始時期的最重要的柱石。

秦國戰勝楚國之後，下次進攻的目標就是魏國。趙國是秦國進行兼併戰爭中所剩下的唯一強敵。秦昭襄王三十四年（西元前二七三年），白起率軍長途奔襲，一路急行軍，與趙、魏聯軍大戰於華陽。秦軍不顧長途行軍的疲勞，以迅雷不及掩耳之勢猛攻敵陣。趙、魏聯軍聽說與之對陣的是百戰百勝的武安君白起，先已膽怯了三分，在秦軍的迅猛攻擊下，落荒而逃。秦軍乘勝追擊，俘虜魏軍三名將領，斬首十三萬，乘勢占領華陽。隨後，白起指揮軍隊進攻賈偃率領的趙軍。趙軍失去魏軍的支持，頓失信心，毫無鬥志，與秦軍交戰不久，即人敗而逃。秦軍窮追不捨，最後有兩萬大軍溺死在水中。

由上述戰役可以看出，白起的戰役是基本上都是凶殘的對攻和殺戮，這也成為他不能善終的傳說底本。他一生中最著名的戰役就是長平之戰，他的才智在長平之戰中展現得淋漓盡致，也可以說，經此一戰，奠定了白起在中國戰爭史上的地位。

長平之戰

秦昭襄王四十一年（西元前二六六年），秦相魏冉命白起為將，率軍遠征齊之剛、壽，擴充地盤。正在這時，魏國人范雎來到秦國，針對秦相魏冉捨近求遠，勞師遠征，得不償失的做法，對秦王說道：「穰侯（魏冉封號）命武安君為將，越韓國、魏國而攻齊之剛、壽，其計差矣。齊地離秦甚遠，中

間夾有韓、魏二國。出兵太少，則不足以害齊，若出師太多，則對秦不利。昔日魏越趙而伐中山國，既克其地，旋即為趙占有。為什麼呢？因為中山國與趙相連而遠離魏國也。如今伐齊若不克，則為秦師之大辱；若伐齊而克，秦軍班師，則所克之地就會被韓、魏所占，如趙之占中山也，於秦有何好處？」接著，范雎向秦王建議道：「於今之計，應施遠交近攻之策略」。秦王聽了范雎的計策，龍顏大悅，細問如何施行遠交近攻。

范雎答道：「遠交不如齊、楚，近攻不如韓、魏。既得韓、魏，齊、楚能獨存乎？齊、楚已下，則燕國唾手可得，天下歸一矣。」

秦王拍案叫絕，即拜范雎為客卿，號為張卿。不久又拜范雎為丞相，以代魏冉之職，號應侯。聽從范雎的建議，決定東伐韓、魏，命白起伐齊之師回朝。

在范雎「遠交近攻」的方針下，西元前二六四年，秦昭襄王命白起率軍攻韓，斬首五萬，攻占了韓國重鎮陘城等五座城池，一路又占領了晉南大部分地區。在接二連三的克敵制勝的情況下，白起再接再厲，把他的軍事指揮才華發揮到了頂點，打了他一生中最重要的一次大戰 —— 長平大戰。

秦趙長平之戰，是戰國史上最大也是最著名的一次戰爭。這次大戰的第一仗，是上黨之戰。

西元前二六二年，白起攻韓，勢如破竹，迅速攻占了野王城（今河南沁陽），切斷了韓上黨郡（今山西東南部）與韓國都城（今河南新鄭）的聯繫通道，使駐守上黨的韓軍成為孤軍，引起了韓國上下的恐慌。

上黨守臣馮亭見大勢已去，急中生智想出一條「嫁禍」之計，企圖把秦國大軍引向他國，自己坐收漁翁之利。他對上黨軍民說道：「秦軍占據野王，則上黨非韓所有。與其降秦，不如降趙。一旦上黨歸趙，秦怒趙得地，必移兵於趙。趙受秦兵，必與韓結好，韓、趙同盟，共抗強秦，或許可以取

勝。屆時再見機行事，上黨也許能再回到韓國手裡。」這條建議得到了軍民的支持。

於是馮亭便派遣使者持書並上黨地圖，獻於趙孝成王。

在得地前幾天，趙孝成王作了一個奇怪的夢，夢見自己身穿一件左右異色的新衣，正好有一條飛龍白天而降，來到自己身前，趙王乘之，龍就向天上飛去。正飛之際，自己突然從龍身掉了下來。落地之後，原以為必死，不料一點事都沒有，睜開眼睛一看，見兩旁有金玉兩座大山，光彩奪目，閃著耀人的光輝。趙王正得意忘形之際，不料夢被驚醒，即召大夫趙禹，把異夢告訴了他。趙禹聽後，對趙王說：「左右異色者，合穿也。乘龍上天，有升騰之象。墜地者，象徵得地也。金玉成山者，象徵貨財充足也。大王眼下必有擴地增財之喜，此夢大吉。」

趙王聽完之後非常高興，但又不敢完全確定，又召專管卜筮的官吏來解夢。官吏對趙王說：「異衣者，殘也，乘龍上天，不至而墜者，事多中變，有名無實也。金玉成山，可觀而不可用也。而此夢有不祥的預兆，請大王要慎重。」

趙王因相信趙禹所說的，對筮吏的話語並沒完全放在心上。經過三日之後，上黨太守馮亭派使者攜書至趙。使者說明出使的意圖，將書信呈給趙王，趙王打開書一看，書中略曰：「秦攻韓急，上黨將入於秦矣。其吏民不願附秦，而願附趙。臣不敢違吏民之願，謹將所轄十七城，再拜獻之於大王。惟望大王辱收之！」

趙王看完後，非常高興，說：「趙禹所言廣地增財之喜，今日驗證矣！」

平陽君趙豹諫阻道：「臣聞不勞而獲，無故受利，必遭禍殃，請大王三思，接受韓國之禮一定要謹慎。」

趙王隨聲道：「上黨之人懼怕強秦而心向趙國，故而來歸，怎麼能說無故受利？」

趙豹對道：「秦蠶食韓國土地，將攻占野王城。斷絕上黨與其國都之道，遂使聯繫中斷。秦眼下自視上黨為掌中之物，唾手可得。一旦上黨為趙所有，秦干戈苦心經營數年，豈容他人坐收漁利，一定要對趙發動進攻。此臣所謂『無故受利』也。且馮亭所以不納地於秦，而納於趙者，企圖嫁禍於趙，以解韓之困也。惟大王詳察。」

趙王再召平原君趙勝商量，趙勝乃戰國四大公子之一，平生最喜結交賢士、廣收門客，門客最多時有數千人，他對他們始終待之以賓客，深受門客的歡迎。然而在這件事上他卻十分疏忽，使趙國招致滅頂之災。

他對趙王說道：「以前我們率領大軍，浩浩蕩蕩，去攻打他國，經歲歷年，甚至得不到一城一地。如今我們不費一兵一卒，不戰而得十七城，這樣的好事，千載難逢，此時不得，更待何時？」

趙王道：「君之言，正合寡人之意。」

乃使平原君趙勝率兵五萬，前往上黨領取土地，封馮亭以三萬戶，號華陵君，仍為上黨太守。其縣令十七人，各封以三千戶，皆世襲稱侯。

平原君來到馮亭府前，稍作停頓，讓人通報馮亭。不料馮亭閉門而泣，拒見平原君。平原君不明其中緣由，堅決要求相見，馮亭讓人傳話道：「吾有三不義，不可以見使者。為主人守地未死即降，一不義也；賣主人之地而得富貴，二不義也；未得主人命令，擅自做主，將地獻給趙國，三不義也。」平原君嘆道：「馮亭真忠臣也！」遂在其府前等候三日，不肯離開。

平原君的誠意感動了馮亭，乃出來與之相見。見面時，猶垂淚不止。平原君對之撫慰一番，勸其保重身體，莫太內疚。馮亭表示感謝，並提出交出土地，辭去官職，請另選良守。

平原君竭力挽留道：「君之心事，勝已知之，勝深欽佩君之為人。除君之外，無人能孚上黨吏民之望。故請君莫再推辭，仍為上黨之守。」

馮亭見無法推辭，只得再領太守之印，但辭去了華陵君封號。

過了數日，交割手續完成，平原君將要離開回國。臨別之際，馮亭對平原君說道：「上黨所以能投降趙國，是因為上黨韓軍力量太小，抵擋不住秦軍的進攻。公子回國，還望奏聞趙王，速發大軍，急遣名將，方為上策。」

平原君道：「請太守放心，我回到邯鄲後，馬上便向趙王奏請，請求發兵來上黨。」

平原君回報趙王，趙王高興萬分，遂大擺筵席，一為平原君接風洗塵；二為趙國兵不血刃，不戰而得韓國之地慶賀。他哪裡料到，大禍即將降臨到趙國頭上了。

秦王得知馮亭投奔趙國，大怒，即命王齕率軍進兵上黨，下令一定要拿下上黨，生擒馮亭。馮亭率上黨軍民，與秦軍激戰兩個月，期待趙軍前來增援。然趙軍遲遲未至。最後，韓軍最後支持不住，馮亭遂率殘部向趙國方向退去。上黨遂為秦軍占領。

這時，趙王才拜廉頗為上將，率兵二十萬來援上黨。行至長平關，遇見馮亭，才知上黨被攻破，秦兵已緊緊追來。廉頗乃命在山下列營紮寨，東西各數十個，如列星之狀。又分兵一萬，使馮亭守光狼城（在高平縣南二十五里）。再分兵兩萬，派都尉蓋負、蓋同分，守東西二鄣城，又使裨將趙茄探聽秦軍消息。

趙茄領軍五千，出長平關向西二十里，正遇秦軍先鋒司馬梗，同時到達。趙茄見司馬梗兵少，便催馬上前與之搏鬥。雙方激戰之際，秦軍第二哨探張唐率兵趕到。趙茄見秦兵又至，一時亂了手腳，不知怎樣為好，被司馬

梗一刀斬於馬下。秦兵見主將得勝，士氣大增，奮勇向前，亂殺趙兵。趙軍四散潰逃。

　　廉頗聞報，知秦兵眼下正因勝利，銳不可當，不可與之爭鋒，遂傳令各營：「用心把守，勿與秦戰！」同時命士卒在營中挖很深的土坑，並注滿水，軍中將領都不明白這是什麼意圖。

　　王齕大軍趕到，距趙營所在金門山十里下寨。王齕先分軍攻二鄣城，趙軍蓋負、蓋同分別出戰，接連失利，守東西鄣城之趙軍全部投降。王齕乘勝攻光狼城，司馬梗一馬當先，大軍隨後掩殺。馮亭出兵與戰，沒有多久，即敗下陣來，只得率殘部奔金門山趙營而來，投到廉頗營中。

　　未幾，探馬來報，秦兵又來攻壘，廉頗傳令：「出戰者，雖勝亦斬！」王齕久攻不入，便把秦軍大營向前推進，逼近趙營，僅五里左右。王齕又派秦兵前往趙營挑戰，並百般在趙營前辱罵。但任憑秦兵如何，趙兵不為所動。秦兵按捺不住，圖血氣之勇想一舉衝破趙營，還沒靠近營寨，即被營內趙軍弓弩手射殺一大片，只得退回，王齕見此，嘆道：「廉頗老將，久經沙場，其行軍持重，無隙可乘，未可破也！」

　　偏將王陵建議道：「金門山下有條小河，名曰楊谷，秦趙兩軍都從此河中取水飲用。趙、秦兩營分在河之南、西水勢自西而流向東南。若能斷絕此水，使水不東流，斷絕趙軍水源，用不了幾日，其軍心必亂。屆時乘亂擊之，可破趙軍。」

　　王齕聽後，非常贊同，遂命軍士將河水阻絕，改流他方。誰知廉頗事先預掘深坑，早已儲蓄了足夠的用水。王齕絕斷河水，靜等趙軍缺水自亂。不料等了四個月，趙營依然如故，秩序井然。後來得知廉頗預掘深坑，有儲積的水，乃大罵王陵，欽佩廉頗老謀深算，有先見之明。沒辦法，只得派人將情況入告秦王。

秦王接到報告，急忙召范雎商議對策。范雎道：「廉頗乃趙國良將。老謀深算。他知道秦軍眼下士氣正旺，不敢與之爭鋒，所以暫且避之。他以為秦軍跨國遠征，深入異地，不得地利，又失人和，糧餉、武器、兵源供應不上，故最利速戰速決，最忌雙方僵持。只要深溝高壘，待秦師力窮氣竭，便可徐圖之。依臣之見，此人不去，趙軍難破矣！」

秦王道：「卿有何計，可以去廉頗？」

范雎悄聲對秦王說：「要去廉頗，須用反間計，非費千金不可。」

秦王大喜，派人取千金交付范雎。范雎乃派其心腹門客，從間道入邯鄲，先買通了趙王左右，讓其到處傳言，曰：「趙將僅有馬服君（趙奢）最善統兵打仗，聞其子趙括勇過其父，若使趙括為將，定能打敗秦軍。廉頗年老膽怯，屢戰屢敗，失亡趙卒三四萬，今為秦兵所逼，不久將要投降秦國。」

趙王先聞趙茄等被秦兵斬殺，連失三城，使人往長平督促廉頗出戰。廉頗堅決主張以守反攻，不肯出戰，趙王被流言所惑又懷疑廉頗膽怯。遂召趙括問道：「卿能為我分憂，擊敗秦軍乎？」

趙括似胸有成竹地說道：「秦若使武安君為將，尚費臣籌畫，如王齕乳臭未乾，不足道矣。」

王趙道：「為何？」

趙括道：「武安君白起為秦軍名將，先敗韓、魏於伊闕，斬首二十四萬。再攻魏，取大小六十一城，又南攻楚，拔鄢、郢，定巫黔。又復攻魏，走芒卯，斬首十三萬。又攻韓，拔五城，斬首五萬。又斬趙將賈偃，沉其卒兩萬人於河。戰無不勝，其威名遠播，軍士畏其英名。臣若與對壘，勝負居半，故尚費籌畫。如王齕新為秦將，乘廉頗膽怯，故出兵深入。若是臣，如秋葉之遇狂風。吾當速破秦兵！」

趙王聽後，非常欣賞趙括，即刻拜趙括為上將，賜黃金彩帛，派趙括代替廉頗。同時再撥二十萬兵卒給趙括，命其率軍前往長平。

趙括受封之後，歸見其母。其母說道：「你父親臨終囑咐，告誡你切勿為將，你難道忘了？還不快去向趙王辭之？」

趙括說道：「不是我不願辭將，無奈朝中無人能勝任！」

趙母見勸不了兒子，乃上書諫曰：「我兒趙括徒能讀其父之書，但缺乏變通。絕非將才，願大王不要重用他。」

趙王召見其母，問其根由。其母對道：「括父奢為將，所得賞賜，盡賜予軍吏。受命之日，即從於軍，從不問及家事，與士卒同甘苦。每事必諮詢大家，不敢獨斷專行。今趙括為將。所賜金帛悉歸私家，為將豈能如此？其父臨終曾告誡我曰：『括若為將，必敗趙兵！我未敢忘其遺言，願大王別選良將，切不可用括！」

趙王道：「寡人意決，請勿復言。」

趙括母道：「大王既不聽我言，倘將來兵敗，請免我一家連坐之罪。」

趙王答應趙母的要求。趙括遂引大軍出邯鄲，直向長平而去。

范雎所派門客，早已在邯鄲打探消息，得知趙括向趙王所說之語，趙王已拜其為大將，擇日啟程，日夜兼程奔回咸陽報信。秦王與范雎商量道：「秦趙僵持長平，非武安君不能了結此事！」於是秦王委任白起為上將。王齕為副將，傳令軍中祕密其事，嚴令：「有敢洩漏武安君為將者，立斬不饒！」

再說趙括率軍來至長平，廉頗看到代替符節後，即將軍籍交付趙括，領親兵百餘人，回邯鄲去了。趙括接掌帥印，盡改廉頗的做法，軍壘合併成大營。時馮亭在軍中，固諫不聽。不僅如此趙括又以自己所帶將士，易去舊

將。嚴令秦兵若來，一定要爭先出戰，如果得勝，便行追逐，務使秦軍一騎不返！

白起來到軍中，聽說趙括更改廉頗之令，先派三千秦兵出營挑戰。趙括馬上派出大軍來迎戰，秦兵大敗而回。白起登高遠望趙軍，對王齕說：「我知道如何勝趙軍了！」

趙括勝了一陣，不禁心中大喜，忘乎所以，使人至秦營下戰書。白起使王齕批：「來日決戰！」於是命退軍十里，把大營紮在王齕舊屯之處。趙括哪知秦軍退後是計，相反，笑道：「秦軍害怕我矣！」乃命殺牛置酒，犒賞軍中將士。同時傳令：來日決戰，定要生擒王齕，讓白起為人恥笑。

為了進一步迷惑敵人，讓趙括更加輕敵，白起向諸將發起號令：先命王賁、王陵率萬人列陣，與趙括反覆交戰，假裝敵不過趙括，引得趙兵來攻秦營，便算一功；命大將司馬錯、司馬梗二人，各引兵一萬五千，從間道繞到趙軍之後，絕其糧道；命大將胡傷引兵二萬，伏於間道，只等趙軍開營追擊秦軍，便立即殺出，務將趙軍截為二段；命大將蒙驁、王翦，各率輕騎五千，接應前軍。白起與王齕堅守老營。部署完畢，令人不可思議的是白起臉上流露出一絲微笑，他要設計擒趙括。

再說趙括吩咐軍中，四更造飯，五更收拾行裝，平明列陣前進。行不到五里，便遇見秦兵，兩軍對壘。趙括派先鋒傅豹出馬，秦將王賁交戰。大戰約三十餘回，王賁假裝不敵敗走，傅豹不覺中計，縱馬追之。趙括再命王容率軍幫助，又遇秦將王陵。王陵略戰數合，即敗走。趙括見趙軍連勝，乃親率大軍來追，企圖一舉擊敗秦軍。上黨守馮亭固諫道：「秦人多詐，恐怕是計。請元帥勿急於追趕！」趙括不聽，急追十餘里，直至秦軍大營。

王賁、王陵繞營而走，秦營不開。趙括傳令，一齊攻打，定要攻破秦營。連打數日，無奈秦營堅固，秦軍亦頑強堅守，趙軍死傷累累，秦營竟私豪未損，穩如泰山。

趙括急派人調後軍，移營齊進。正在此時，只見趙將蘇射飛騎來報：「後營被秦將胡傷引兵殺出阻斷，不得前來！」

趙括不禁怒火中燒：「胡傷如此無禮，吾當親往討之！」

趙括派人再探聽秦軍行動，回報道「秦軍西路軍馬甚多，東路無人。」趙括遂命令大軍向東進攻。

不上二三里，大將蒙驁率軍從斜刺裡殺出，大叫：「趙括小兒，你中了我武安君之計，還不下馬投降！」

趙括大怒，挺戟欲戰蒙驁，偏將王容說道：「無須勞駕元帥，讓我前往建功！」王容便接住蒙驁廝殺。

正在雙方擊戰之際，王翦大軍又至，與蒙驁合兵一處，共殺趙兵，趙兵屍橫遍野。

趙括見秦軍勇猛，無力應敵，乃鳴金收軍，就近擇水草處安營。馮亭又諫道：「我軍雖一時失利，但元氣尚存。倘與秦軍力戰，或許還能衝出重圍，回到大營。若在此紮營，腹背受敵，後果不堪設想，請元帥三思！」趙括固執己見，命士兵築起高壘，堅壁自守，一面派人飛奏趙王求援，一面催取後隊糧餉。但糧道已被司馬梗引兵截斷。白起大軍遮其前，胡傷、蒙驁等大軍截其後，秦軍每日傳武安君將令，招趙括投降。趙括此時方知白起真在軍中，嚇得魂不附體。

武安君捷報傳到秦王那裡，知趙軍數十萬人馬被圍在長平，乃親自來到河內（今河南沁陽一帶），命令當地凡年滿十五歲以上的男丁，皆須從軍，以

補充秦軍之不足。同時讓各路人馬，配合主力行動，斷絕趙軍糧道。使趙軍後繼無援。

秦軍圍困了趙軍四十六日，軍中糧草斷絕，士兵自相殘殺以食，趙括屢禁不止。趙括見援軍不繼，再這樣下去，無需秦軍動手，自己就會消耗殆盡。與其坐以待斃。何如拼死突圍，或許有一線希望。趙括乃把軍隊分為四隊：傅豹一隊向東，蘇射一隊向西，馮亭一隊向南，王容一隊向北。吩咐四隊一齊鳴鼓，奪路殺出。如一路打通，趙括便招引其他三路隨後跟走。哪知，白起早到料到趙括有此計，吩咐四面八方預埋弓箭手，凡見趙營中衝出來者，一律射殺。故而四隊兵馬衝突三四次，都毫無結果。趙括無奈，只好下令停止突圍。這樣又熬過了一個月，一月之內，趙軍士卒殘殺相食者不計其數。趙括不勝其憤，乃精選身強力壯者五千人，號稱敢死隊，皆穿重型鎧甲，乘坐駿馬。趙括握戟一馬當先，傅豹、王容緊隨其後，企圖孤注一擲，冒死突圍。王翦、蒙驁二將見狀，率軍前往迎戰。大戰三十餘回，趙括力不從心，忙虛顯一戟，掉轉馬頭，向趙營奔去。不料馬失前蹄，自己亦從馬背上摔了下來，秦兵見狀，一齊射箭，趙括霎時亂箭穿身，一代「紙上名將」，就這麼喪命在太行山下。

趙軍群龍無首，傅豹、王容亦相繼戰死，趙軍大亂。蘇射引馮亭共走，馮亭道：「我數諫趙括而不從，今至於此，天意亡我。又何逃乎？」乃自刎而死。只有蘇射，乘混亂之時，硬是殺開一殺血路，向北投靠胡地去了。

白起發現趙軍已無力反抗，他就在高地上豎起一面招降旗，趙軍見旗，棄甲丟兵，跪拜三呼「萬歲！」白起招降了趙兵，乃使人割下趙括之首，往趙營招撫。此時趙營中士卒尚有二十餘萬，見主帥被殺，紛紛投降，一時間，甲胄器械堆積如山，營中輜重悉為秦有。白起與王齕計議道：「前不久我軍拔野王，上黨在我掌握中，此地軍民不願降秦，而願歸趙。今趙卒先後

投降者，總計將近四十餘萬，倘一旦嘩變，准何處之？」白起乃下令將降卒分為十營，使十將分別看管。配以秦軍二十萬。同時向趙降卒賜以牛酒，聲言：「明日武安君將篩選趙軍，凡上等精銳能戰者，給以器械，帶回秦國，聽從徵用；其老弱不堪或力怯者，俱遣回趙國。」趙軍大喜。是夜，武安君密傳一令於十將：「起更時分，但是秦兵，都要用白布一片裹首。凡首無白布者，即為趙卒，當盡殺之。」

秦兵按照指令，殺首無白巾者，降卒既沒器械又沒準備，只好束手受戮。有逃出來的，又有蒙驁、王翦等引軍巡邏，見了就砍。四十萬趙軍，一夜俱盡。血流成河，楊穀（當地的一條河）之水皆變為丹色，改名為丹水。武安君命收取趙卒頭顱，聚於秦營之前，謂之頭顱山。通計長平之戰，連同王齕先前投降士卒，前後斬趙卒約四十萬人，只存年少者二百四十人未殺，放歸邯鄲，來宣揚秦國威風。

趙王一得到趙括快報，心中大喜。再後聞趙軍困於長平，還沒有來得及派軍救援，趙括已戰死，四十萬趙軍全部降秦，被白起一夜坑殺，只放二百四十人還趙。趙王大驚失色，群臣哀嘆異常。一時間，邯鄲城裡一片哭聲幾天幾夜不絕。只有趙括之母不哭，自言：「自託為將時，我已知道他必敗無疑，難以生還了。」趙王因括母有言在先，沒有受到牽連，反賜糧食綢緞以安慰她。又派人到老將廉頗家致歉感謝，表示後悔沒有聽廉頗的話。

趙國仍沉浸在悲傷之中，這時邊吏又報：「秦王攻下上黨，十七城盡皆降秦。今武安君親率大軍前來，聲言直逼邯鄲。」趙王急召集群臣，問道：「誰能為寡人退秦兵？」群臣面面相覷，但都無以對付。

平原君歸家之後，遍問門客，門客也無人能應，恰好蘇代此時亦在平原君門下為舍人，得到此事，乃對平原君說道：「代若至咸陽，必能止秦兵不攻

趙。」平原詢問對策，蘇代乃將自己的詳細計畫相告，平原君贊同蘇代的計畫，便告知趙王，趙王也認為可以，於是厚賜金幣於蘇代，讓他實行計畫。

蘇代連晝夜兼程，迅速到達咸陽。往見范雎，范雎揖之上坐，問道：「先生為何而來？」

「為君而來。」蘇代回道。

范雎心裡非常的納悶，不知對方何出此言。既然對方千里迢迢而來，定有其緣由，我不妨問他個究竟，乃問道：

「蘇先生何以教我？」

「武安君已殺馬服子乎？」蘇代問道。

「是的。」范雎道。

「今日欲圍邯鄲乎？」蘇代又問。

「是的。」范雎回答。

「武安君用兵如神，身為秦將，攻奪七十餘城，斬首近百萬，雖伊尹、呂望之功。也不過如此。現在又乘勝圍攻邯鄲，邯鄲必破，趙必亡矣！趙亡，則秦成帝業，秦成帝業，則武安君為頭等功臣，如伊尹之於湯，呂望之於周。君雖然權勢很高，但只能甘於其下。」蘇代抓住范雎的心理，說道。

范雎聽到，不覺一怔，乃傾身向前問道：「以先生之意，那我該怎樣做最好呢？」

而蘇代不急不忙的樣子，繼續回答道：「您不如允許韓、趙割地以求和於秦。韓、趙割地，則為君之功勞，又解除武安君之兵權，如此一來，在秦國，誰也不能跟你相比，你的地位，穩如泰山了。」

范雎心中大喜，盛宴款待蘇代。到了第二天，即對秦王說道：「秦兵在外征戰已久，兵疲力盡，宜休養一段時間。現在不如使人曉諭韓、趙，命其割地以求和。」

秦王道：「既如此，那此事就勞煩相國辦理了。」

正當白起連戰皆捷，乘長平勝利之勢，挺進邯鄲，欲掃平趙國，為秦國再立新功之時，忽聞班師之詔。初還不信，待接到詔書，方知是真。白起初怨秦王不知時勢，不想退師，但君命難違，白起不得不班師回國。待後來得知班師乃是范雎的餿主意，便怒不可遏，說道：「趙自長平大敗，人心已搖，邯鄲城中一夜十驚，如驚弓之鳥，惶惶不可終日。若一鼓作氣，長驅直入，最多不過一個月，邯鄲城指日可入。可惜應侯（范雎）不知時勢，主張班師，機會喪失，真不知他會有何想法？」

假如此話傳到秦王的耳中，秦王懊惱不已道：「白起既知邯鄲可拔，何不早奏？」乃再次任命白起為將，欲使其重新伐趙。白起此時因病在身，一時難以痊癒，故不能承命。秦王無奈，便命大將王陵率十萬秦軍伐趙，往攻邯鄲城。

趙王白長平大戰慘敗後，敲響了警鐘。他吸取往日的教訓，再次啟用老將廉頗，使廉頗為將，負責邯鄲城的守衛，抵禦秦軍。廉頗從各地迅速招募新兵，嚴加訓練，又以全部家財訓練了一支敢死隊。這支敢死隊員常常乘夜下城偷襲秦營，秦軍疲於應付，屢吃敗仗。

情況傳到咸陽，秦王見王陵難以迅速攻占邯鄲城，想讓白起往代王陵。雖然白起病已經好，但不主張現在攻城，奏道：「邯鄲此時實不易攻也。前者趙軍長平大敗之後，百姓震恐不寧，如再接再厲，乘勝往攻，讓趙國攻也不是，守也不是，用不了多久，即可拿下邯鄲。今兩歲有餘，其已有了充分的準備，又兼老將廉頗，老謀深算，非趙括可比。再者，諸侯見秦剛剛許趙割

地求和，今又復攻之，會認為秦不可信，必將合縱，而來救趙，我看秦取勝恐怕是很難的。」

秦王不聽任何人的勸說，強令其行，白起堅辭不受。秦王又使范雎往請，武安君因恨范雎前阻其功，拒見范雎。范雎吃了個閉門羹。

范雎回來覆命，秦王問范雎：「武安君真的病了嗎？」

范雎道：「是否病了不知道，然武安君不肯前往攻打，其志已堅。」

秦王聽了，命范雎責白起說：「以前楚國地方千里，兵士百萬，你率領數萬秦軍入楚，攻破鄢、郢、破楚遷都，東至，東徙而不敢西向，那是何等的英勇啊。秦和韓魏在伊闕交戰，你所將之兵不及韓魏的一半，卻大破二國之軍，流血漂櫓，斬首二十四萬，使韓魏至今都稱藩臣服，你功不可沒。如今趙國之軍在長平之戰中已死了十之七八，國內空虛，而我軍人數幾倍於趙，你過去能以少擊眾，取勝如神，何況現在以強擊弱，以眾擊寡呢？」

白起說：「那時楚國恃其國大，政治不理，而群臣又互相妒忌，內部矛盾重重，良臣受斥，小人受用，百姓離心，城池不修。在既無良臣，又無守備的情況下，我才能引兵深入，大勝建功。伊闕之戰時，韓魏面和心離，都想避兵鋒保實力，所以我得以設疑兵，以待韓軍，集中兵力對付魏軍。韓魏相繼敗潰，乘勝逐北，因此建功。這些功勳的建立，皆是天時、地利、人和所成，自然而然，何神之有？秦破趙軍於長平後，沒有乘勝消滅趙國。卻讓趙國有了休養生息的時間，更何況現在趙國已經君臣一心，上下通力，眾志成城。今若伐趙，趙必固守；挑戰其軍，必不肯出；圍其國都，必不可克；攻其列城，未必可拔；掠其郊野，必無所得。兵出無功，諸侯生心，外救必至。與其動用國家財力、物力，打一場毫無把握的戰爭，還不如就此休兵罷戰，等下一次機會，再另打算。」

無論秦昭襄王如何勸說，白起都不肯從命。

秦王見白起這種態度，很不高興地說道，「白起居功自傲，目中無人，他自以為秦國別無良將，非他莫屬。昔長平之勝，初用兵者王齕也，王齕難道不如他嗎？寡人之所以這樣三番五次請他，是看在他曾有國於功。他既然不願出征，我們也不必一而再再而三地求他，就讓王齕去好了。」

所以秦王又增兵十萬，命王齕往代王陵。王陵歸國，秦軍免其官。

王齕率軍圍攻邯鄲，五個月不能拔之。武安君白起聞之，對客人說：「我早就預言邯鄲不易攻下，秦王不聽我言，現在又怎麼樣呢？」

有人將白起的話洩漏給范雎，范雎又報告秦王。秦王聽後，非常惱怒。親自面見白起，強行要白起掛帥出征，並強調：「如君不行，寡人恨君，後果不堪設想。」

性格耿直的白起見秦王動怒，依然堅持己見，不願出征。他對秦王說：「我知道這次出征，無功也不會受罪，如果不出征，無罪也要受誅。但我寧肯服罪受誅，也不願為辱軍之將。」

秦王無奈，只得另作他計。

秦王將白起免職革官，並命令遷居陰密。因為生病，暫時未行。

秦王既貶白起，復發精兵五萬，令范雎的恩人鄭安平為將，往助王齕，下決心攻下邯鄲。趙王聽說秦國又增加兵力來攻邯鄲，心存畏懼，乃遣使分路求救於諸侯。平原君趙勝說：「魏國是我的親家，平素與趙國親善，魏國肯定會來相救。楚國大而距離遠，除非用『合縱』遊說之，否則楚救兵難來，我當親往遊說。」

於是，平原君在其門下食客中，想找文武兼備者二十人同往，不料三千門客中，選來選去，只得十九人，不足二十之數。平原君嘆道：「我養門客數十年，竟然選不出二十位文武兼備之士？」話剛落地，但見門客中有一人站

出，自薦道：「像我這樣的人，不知可以充數乎？」平原君問其姓名，對道：「臣姓毛名遂，大梁人，在君門下當食客三年矣。」

平原君笑道：「賢士處世，猶如錐之處於囊中，其穎立露。今先生在勝門下三年，勝未有所聞，難道是先生文武一無所長乎？」

毛遂道：「以前沒機會展示，今日臣請處於囊中。假使早處囊中，臣將盡脫而出，豈特露穎而已。」

平原君見毛遂言辭非凡，便讓他湊足二十人之數。當天率眾賢士離開趙國，往陳都（時楚都於陳）進發。

來到陳，先拜見於春申君黃歇。黃歇平素與平原君交厚，便替平原君向楚考烈王求情。平原君黎明入朝，相見禮畢，楚王與平原君坐於殿上，毛遂與十九人等均立於階下。平原君陳述聯合退秦的策略。

楚懷王道：「合縱之事，最先發起者是趙國，後來因受張儀遊說，合縱瓦解。起初楚王為縱約長，攻秦未成功；後齊湣王為縱約長，因齊湣王想作霸主，諸侯背叛了他。由於上述原因，至今列國忌談合縱，此事說來話長，三言兩語難以說清。」

平原君說：「自蘇秦倡議合縱，六國約為兄弟，在洹水會盟，共抗強秦，將秦兵遏止在函谷關以西十五年，其後齊、魏受犀首（公孫衍）之欺，與秦國結好共同伐趙，懷王受張儀之欺，與秦共同伐齊，故而縱約漸解。假使齊、魏、楚三國堅守洹水之誓，不受秦欺，秦國又能將六國怎樣呢？齊湣王名為合縱，實欲兼併他國，爭作霸主，是以諸侯背之，這難道是合縱 ⊠ 之錯嗎？」

楚王道：「今日之勢，秦強而列國俱強，各掃門前雪，安能有所作為？」

　　平原君說：「秦國雖弱，分制六國則不足；六國雖弱，團結起來，合制秦則有餘。若各圖自保，不思相救，一強一弱，秦國就可各個擊破，全皆不保！」

　　楚王又道：「秦兵一出而拔上黨十七城，坑趙卒四十餘萬，合韓、趙二國之力，卻戰勝不了一個白起。今又進逼邯鄲，楚國僻遠，即便出兵，能解決問題嗎？」

　　平原君道：「趙王任用趙括，致有長平之敗。今王陵、王齕二十餘萬之眾，屯於邯鄲城下，三年有餘，卻不能損趙之分毫。若救兵一集，必大挫秦軍，從而換來數年之安也。」

　　楚王道：「秦國才剛剛與楚國交好，我要發兵救趙，秦必遷怒於楚，是代趙而受怨。」

　　平原君說：「秦國跟楚國好，是要專心解決三晉。三晉既亡，楚國能免除秦國的進攻嗎？」

　　楚王因有畏秦之心，雖然覺得平原君講得有道理，但也沒下決定。毛遂在階下顧視日晷，見已當午，乃按劍沿階而上，謂平原君道：「合縱之利害，兩言可決。今自日出入朝，到現在還沒有決定，這是為何？」

　　楚王怒問道：「他是何人？」

　　平原君道：「此臣之門客毛遂。」

　　楚王道：「寡人與平原君議事，你為何在此妄言？」當下將毛遂趕走。

　　毛遂向前，按劍而言道：「合縱乃天下大事，天下人皆得議之！平原君在此，不用你喝斥！」

　　楚王態度稍緩，問道：「你有何言，請講。」

毛遂道：「楚地五千餘里，自武、文稱王，發展到現在，號為盟主。一旦秦人崛起，數敗楚兵，懷王囚死。白起這個傢伙，接連攻占，鄢、郢，被逼遷都。此百世之怨，三尺童子猶以為羞，大王難道忘記了嗎？今日合縱之議，是為楚而不是為趙國也，大王難道不想趁此一雪前恥嗎？」

楚王道：「有道理。」

毛遂道：「大王之意已決乎？」

楚王道：「寡人意已決。」

於是歃血為盟，推楚王為縱約長。

楚王既許「合縱」，即命春申君黃歇率八萬人救趙。平原君歸國，嘆道：「毛先生三寸之舌，強於百萬之師！勝鑑別人才多年，今失之於毛先生，自今之後勝不再鑑別天下人才矣。」自此平原君以毛遂為上賓，凡事都向毛遂徵詢意見。

與此同時魏王遣大將晉鄙率兵十萬救趙。秦王聞諸侯救兵將至，親全邯鄲督戰。使人謂魏王道：「秦攻邯鄲，指日可下。諸侯有敢救之者，秦國就先進攻他！」

魏王攝於秦國力量強大，遣使者追上晉鄙軍，讓暫停救趙，就地待命。晉鄙乃屯軍於鄴下。春申君見魏軍不進，亦屯兵於武關，觀望不進。

這時，邯鄲城士兵翹首企盼諸侯救兵。眼看秦兵猛烈進攻，城中軍民精疲力竭，許多人想要投降。趙王心急如焚。這時，有個叫李同的舍人對平原君說：「邯鄲百姓日夜守城，而您卻在家裡安享富貴，長此下去，沒人願守此城。您若能令夫人以下所有人，編於行伍之中，為守城盡綿薄之力，再將家中所有財帛，發給將士，將士在危困艱苦之際，易於感恩，重賞之下，拒秦必竭盡全力。」

　　平原君從其計，拿出自家財產，募得敢死隊員三千人，由李同帶領出城，乘夜襲營，殺秦兵千餘人。王齕大驚，不得不退兵三十里下寨。城中人心稍定；李同因傷而亡。平原君慟哭不已，命厚葬李同。

　　信陵君無忌見魏王懼秦，不會發令救趙，乃令人竊得虎符，連夜來到鄴下，見過晉鄙，說道：「大王因將軍長期在外，體恤將軍之苦，特遣無忌前來代勞。」說罷，使隨從朱亥捧虎符交與晉鄙驗證。

　　晉鄙接符在手，不禁產生懷疑，想道：「魏王以十萬之眾託我，我雖愚陋，但沒有打敗仗。今魏王無尺寸之書，而公子只是手捧虎符前來，代將此事，豈可輕信？」乃對信陵君說道：「公子暫請消停幾日，待某把軍伍造成冊籍，明白交付，如何？」

　　信陵君道：「邯鄲形勢垂危，應立即赴救，豈能耽擱？」

　　晉鄙道：「實不相瞞，此軍機大事，我不敢私自主張，還需再次請示，方敢交軍。」

　　說猶未畢，朱亥大聲喝斥道：「元帥不奉王命，便是反叛了！」晉鄙剛回問道：「你是何人？」只見朱亥袖中出鐵錘，重四十斤，向晉鄙當頭一擊，晉鄙一命嗚呼。

　　信陵君握符，命令各將領道：「魏王有命，使我代晉鄙將軍救趙，晉鄙違抗命令，今已誅死。三軍安心聽命，不得妄動！」營中蕭然。

　　等到衛慶到達時，信陵君已殺晉鄙，統帥魏軍了。衛慶見信陵君救趙之志已決，便想辭去。信陵君道：「君已至此，看我破秦之後，請回報魏王也。」衛慶無奈，就先設法密報魏王，自己遂留在軍中。

　　信陵君首先賞賜三軍，下令：「父子俱在軍中者，父歸；兄弟俱在軍中者，兄歸；獨子無兄弟者，歸養父母；有疾病者，留下就醫。」裁汰了十分之二

的軍隊，得精兵八萬人，整頓隊伍，申明軍法。一切準備完成之後，信陵君乃親率賓客，身先士卒，猛攻秦營。

王齕面對突然而至的魏兵，倉促應戰。魏兵奮勇向前，平原君亦開城接應，裡應外合，一場廝殺。王齕折兵一半，向汾水大營奔去。秦王見敗局已定，乃下令秦軍解圍而去。鄭安平以二萬人紮營於邯鄲東門，為魏兵所阻，不能撤回。無奈之下，他想起自己原是魏人，遂投降魏軍。春申君所率之楚軍，見邯鄲之圍已解，秦師已退，率軍返回楚國。韓王見秦師已退，也趁機收取上黨之地。

秦軍喪失失地，損兵折將，秦王心中鬱悶，遷怒於白起。遂命白起馬上出發，不得留在咸陽城中。白起接到王命，嘆道：「范蠡有言：『狡兔死，走狗烹』我為秦攻下七十餘城，故當烹矣！」於是帶病出城，至於杜郵這個地方暫歇。

范雎對秦王說道：「白起此行，肯定心存積怨。其託病非真，一日被他國任命，肯定是秦的禍患。」秦王一驚，馬上派人賜利劍一把，命白起自裁。

使者攜劍至杜郵，傳秦王之命。武安君持劍在手，對天嘆道：「我白起有何過錯而落得如此下場？」良久，又嘆道：「我固當死！長平之役，我抗殺了四十萬降卒，他們又有何罪？我是罪該萬死啊？」言罷，乃自刎而死。常勝將軍，就這樣結束了自己的生命，飲血杜郵，名將就這樣凋零了。

長平之戰過後，白起主張一舉滅趙，其主張如能實現，秦軍就可一舉攻破趙國都城邯鄲，秦國統一六國的戰爭也可以提前完成，可惜范雎妒賢嫉能，使白起的計畫無法實現。在此之後，白起主張暫緩進攻邯鄲，待時機成熟，再捲土重來，可惜秦王又未聽取他的意見。白起性格耿直，出言不遜，拒不領兵，得罪了秦王和范雎，最終落得賜劍自刎的下場。一代名將功成身死，其遭遇是令人同情的，也很發人深省。

白起戎馬一生，指揮過數十次重大戰役，為秦國爭城七十餘座，擴地數千里，有大功於秦。在軍事上，他料敵如神，戰法靈活多變，攻無不克，戰無不勝，是一位常勝將軍，也是難得的軍事天才。

人才之二：良謀范雎

范雎，字叔，戰國時魏國人。早年家境貧寒，後出使齊國為魏中大夫須賈所誣，歷經磨難後輾轉入秦。西元前二六六年出任秦相，輔佐秦昭襄王。他上承孝公、商鞅變法圖強之志，下開秦始皇、李斯統一帝業，是秦國歷史上繼往開來的一代名相，也是古代在政治、外交等方面極有成就的謀略家。李斯在〈諫逐客書〉中曾高度評價范雎對秦國的成就和貢獻：「秦昭襄王得范雎，廢穰侯，逐華陽，彊公室，杜私門，蠶食諸侯，使秦成帝業。」

使齊蒙誣

范雎早年家裡很窮，雖然想周遊天下，遊說諸侯，一展長才，卻苦於家徒四壁，囊空如洗，難以成行，無奈空懷壯志，只好在家蹉跎歲月，後來，他本想輔佐魏王，為魏國的富國強兵貢獻力量，無奈無人引見，又無錢打點人情，只好作罷。但他又不甘心就這樣虛度時光，思慮再三，最後投到魏國中大夫須賈門下，等待時機，希望有一天可以有機會實現自己的抱負。

在范雎投入須賈門下不久，魏王派遣須賈出使齊國，須賈帶著范雎以隨從舍人的身分一同前往。當年，齊湣王無道，燕國大將樂毅聯合四國，一起伐齊，魏國亦在其中，配合燕國發兵伐齊。樂毅指揮聯軍，所向披靡，以摧枯拉朽之勢橫掃齊國，連拔齊國七十餘城並占領齊國都城臨淄，只有下莒與即墨兩城未能攻下。後來，齊將田單用火牛陣大破五國聯軍，齊國才得以復興。齊襄王即位後，勵精圖治，國家才日益強盛。看到齊國強大，魏王生怕齊國報復，所以命須賈到齊國，表達魏國想與齊國結好的願望。

　　因為兩國的過節，須賈和范雎等人來到齊國以後，齊王對他們很不禮貌，當面斥責魏國反覆無常，並言先王湣王之死，與魏有關，令人切齒痛心。面對齊王的指責，須賈一時情急，卻也無言以對。范雎見狀，從容代為辯駁，嚴正地指出：「齊湣王驕暴無厭，敗楚、擊晉、滅宋之後，甚至企圖取周天子而代之，不自量力，招來五國同仇，豈獨魏國？今大王英武蓋世，應思重振齊桓公、齊威王之餘烈，若斤斤計較齊湣王時的恩恩怨怨，但知責人而不知自省，恐怕又要重蹈齊湣王的覆轍了。」齊襄王素聞范雎有談天說地之能，安邦定國之志，今日聽了他這一番不卑不亢、入情入理的雄辯，雖然是在辯駁自己，內心卻對范雎充滿了敬重。當晚派人遊說范雎，想讓他留在齊國，並以客卿相待。范雎聽後，義正詞嚴地推辭說：「我與使者一同出使齊國，而不與他們一同回國，是為無信無義的表現，讓我以後怎麼為人？」說客把范雎的話傳給齊王后，齊王不但沒有生氣，反而對范雎更加敬重，特賜他黃金十斤並牛、酒諸物。范雎初使，肩負通使重任，豈敢擅自受用私饋之物，所以一再堅決拒絕，但齊王的使者硬是留下這些東西。須賈身為正使，遭遇冷落，而隨從卻受此優惠，心中不快。范雎把實情告訴他，須賈令他退還黃金而留下牛酒。范雎沒有二話，遵命從事。但他怎麼也沒有想到，自己出使齊國不為利祿所誘，高風亮節，一身正氣，卻在回國後遭到須賈的冷槍暗箭，險些丟了性命。

　　須賈回到魏國後，並沒有向魏王說明范雎在齊國的真實表現，而是扭曲事實，向相國魏齊告發范雎私受賄賂，向齊國出賣魏國情報，有辱使命。魏齊聽了須賈的一番話很生氣，也不問青紅皂白，命人將范雎抓來，嚴刑拷打。范雎無故受刑，自然不服，最後被打得皮開肉綻，渾身是傷，慘不忍睹，性命危在旦夕。

　　范雎怎麼也不會想到，自己胸懷大志，一心想有所作為，如今雄才未展，卻要落得冤死的下場，心裡很是不甘。想到這，他便裝作氣絕身亡，待機脫身。聽說范雎已經氣絕，魏齊親自下去查看，見范雎血流滿面，體無完膚，直挺挺躺在地上不動，以為范雎真的死了，便命僕人用葦席裹屍，扔到茅廁之中，並讓家中賓客在其屍身上撒尿，不容他做乾淨之鬼，用以警戒他人，不要重蹈范雎賣國通敵的下場。

　　夜幕降臨的時候，范雎從葦席中偷偷地向外看，見只有一名僕人在旁看守，他便悄悄地對看守說：「我傷重至此，心中雖然清醒，尚有知覺，但已不可能再有生還的可能。您如能讓我死於家中，以便殯殮，那麼我定讓家屬重重地謝您。」僕人見他說得可憐，又貪圖他的錢利，便向魏齊謊報說：「范雎已經氣絕身亡。」魏齊其時正在大宴賓客，酒酣耳熱之中無暇顧及這些，只是命僕人將范雎的屍體拋棄到荒郊野外去，然後就又接著喝酒去了。

　　等到那個僕人走了以後，范雎忍著劇烈的傷痛，連夜返回家中，因為怕魏齊疑心自己沒有死，就讓家人將葦席置於野外，以掩人耳目；並找到好友鄭安平，請其幫助他藏匿在民間，並化名張祿，同時吩咐家人第二天發喪。果不出范雎所料，第二天魏齊酒醒後，即疑心范雎沒有死，讓人到野外巡視，見到的只有葦席，於是又派人到其家中偵察，恰逢舉家發哀戴孝，魏齊這才相信范雎的屍身已被野狗銜去，不再懷疑范雎沒有死了。

尋求出路，夜訪王稽

　　過了大約半年的時間，也就是周赧王四十四年（西元前二十七年），秦昭襄王派出使臣王稽出訪魏國。秦國自商鞅變法以來，有個傳統政策：「薦賢者與之同賞；舉不肖者與之同罪連坐。」具體講，凡進獻了有才能的人，不管此人為何方人士，亦不論其出身貴賤，只要此人為秦立了大功，做出了貢獻，受到秦王的獎賞，則原先的引薦者亦會受到同樣的獎賞；反之，被引薦

者如果無能，甚至不肖，做出了有害於秦國之事，犯下了大罪，則引薦者就要連坐，受到同樣的處罰。自這一政策頒布實施以後，秦國的有識之士，全部隨時留意訪求人才。一時間，六國的許多賢士，都紛紛西向，投奔秦國。秦國也因此而賢者如雲，人才濟濟，在富國強兵的大道上昂首闊步，由一個被輕視的西戎小國逐漸躋身於強國。先為春秋五霸之一；再為戰國七雄之首，並最終一統天下，建立起空前的大秦帝國。此是後話，這裡暫不多議。

當鄭安平聽說秦國使臣來魏後，認為范雎翻身的時機已到，便冒充僕人，在公館裡服侍王稽。因為他應對敏捷，頗得王稽歡心。不久，兩人的關係融洽，到了無話不談的地步。一次，王稽悄悄問鄭安平：「貴國是否有懷才不遇尚未出仕的賢人，能否願與我一同歸秦？」鄭安平正是為此而來，見秦使者問話，抑制住心中的暗喜，應對說：「今臣家中有一位張祿先生，智謀過人，只是有仇人在國中，難有出頭之日，否則早已脫穎仕魏，怎會等到今天呢？」王稽連忙表示，白天不便接見，可等到晚上來，讓自己見見這個人。

於是，鄭安平就讓范雎假扮成僕人模樣，夜深之後偷偷來到公館，拜見王稽。王稽和他促膝暢談天下大勢，范雎侃侃而談，妙語連珠，指點江山，如在眼前。還沒有等范雎把話說完，王稽已深信范雎是一個難得的人才，便與他相約，等自己把公事辦完，請范雎在魏國邊境的三亭岡處等候，他將帶范雎回秦國去。

辦完公事後，王稽辭別了魏王和群臣，驅車回國。當他的車行至三亭岡時，范雎和鄭安平從林中疾趨而出。王稽看到後大喜，與之寒暄數語，遂以車載之，一路疾馳，向著秦國的方向而去。

初顯才智

當他們的車到秦國湖關時，遠遠看見對面塵土起處，一群車騎蜂擁而來。范雎是個很有心計的人，見狀連問：「來者何人？」王稽認得前驅，若有所思地回答說：「這是秦國當前丞相穰侯魏冉，看樣子是東行巡察縣情。」穰侯魏冉是宣太后之弟，秦昭襄王之舅，控制朝政，專用國事，權傾朝野。秦昭襄王雖然不滿，但因為畏懼太后，也不得不聽之任之。穰侯魏冉與華陽君、涇陽君、高陵君並稱「秦國四貴」，而穰侯魏冉久居相位，又有太后作後臺，為四貴之首，權勢顯赫，炙手可熱。他每年都要帶著大隊車馬，代秦王周行全國，巡察官吏，省視城池，校閱車馬，撫循百姓。范雎雖身處下位，但對各國形勢始終很關心，像穰侯魏冉這樣一個權傾一時的大人物，他當然早有所聞，深知其人品，於是就對王稽說：「素聞穰侯專權弄國，妒賢嫉能，厭惡招納諸侯賓客。我如與他會面，恐其見辱。不如我暫且藏於車箱之中，免生意外。」王稽聽了范雎的話，覺得很有道理，就按范雎所說的做了。

過了一會兒，穰侯車馬到了車前，王稽趕忙下車迎拜，穰侯也下車相見，寒暄慰勉之後，穰侯問道：「關東情況怎樣？諸侯之中有什麼事嗎？」王稽鞠躬回答：「沒有。」穰侯看看車中，又查看了一下隨行人員，接著說：「你這次出使魏國，沒有帶來諸侯的賓客嗎？這些人依靠說詞擾亂別國，為的是尋求一己的富貴，全是一些誇誇其談無益於國之人！」王稽趕忙附和說：「丞相所言極是。」穰侯因為沒有在車中見到什麼疑點，就領著眾人繼續向東去了。

一場虛驚總算過去了，王稽正要揚鞭策馬，范雎從車箱裡出來說：「穰侯這個人雖有智謀，但辦事遲疑，剛才目視車中，已經起疑。當時雖未搜索，不久必悔，悔必復來，來必搜查，因此我不如下車避一下為好。」王稽方才已經被范雎的妙算所折服，現在聽了他對穰侯簡短而切中要害的分析，也認

為穰侯極有可能殺個回馬槍。因此他讓范雎和鄭安平下車，從小路步行前去，他和別的隨從則駕著車繼續前行。

果然不出范雎所料，過了一會兒，王稽就聽到背後馬鈴聲響，果然有二十餘騎從東如飛而來，聲稱奉丞相之命前來查看。這幫人搜遍車中，因為沒有見到關東之人，方才轉身離去。王稽心下慶幸，嘆曰：「張先生真智士，吾不及也！」於是催車前進，不久遇著了張祿（范雎）、鄭安平二人，邀其重新登車，然後一行人又接著向秦都咸陽進發。

才華展露

一行人到了咸陽後，范雎並沒有馬上得到進見秦昭襄王的機會，就算王稽設法疏通了許多關節，做了很多努力，但是事情仍然毫無進展。眼看時光一日日逝去，范雎雖然很不甘心，但也沒有辦法，每日住在下等客舍，用讀書和訪察民情來打發時間，等待著秦王有一天會召見自己。

當時，秦昭襄王在皇位上已經坐了三十六年，國家日益強盛。秦軍在大將白起統帥下橫掃千軍，所向無敵。南伐楚國，力拔楚國重地都、郢（國都），楚國從此一蹶不振，不再成為秦的強敵；接著向東，聯合韓、趙、魏、燕四國軍隊，大敗齊軍，又消除了一個足以與秦抗衡的東方大國 —— 齊國；與此同時，秦軍還屢次打敗韓、趙、魏三晉之師，使魏、韓二國俯首聽命。在外捷報頻傳，秦國朝政卻是四貴掌權，剪除異己。秦昭襄王深居內宮，又被權臣貴戚所包圍。當此風雲變幻的戰國時期，在政治舞臺上馳騁的謀士說客如過江之鯽，難保魚龍混雜，良莠不分。一時間，在秦國統治階層中，對來自諸侯各國的賓客辯士印象不好，以為不學無術，誇誇其談者居多。范雎想方設法，絞盡腦汁，還是難以躋身秦廷，一展平生所學，只得鬱鬱不得志地等待著。

　　後來，實在是等不下去了，范雎就假人向秦昭襄王自報家門，說：「現有魏國人張祿先生，智謀過人、天下奇才。他要拜見大王，聲稱秦國危如累卵，失張祿則危，得張祿則安。其中緣故，非面陳大王不可。」當然，這只不過是誇大其詞，以期引起秦昭襄王的重視。然而秦昭襄王卻非孤陋寡聞之君，類似的事情又不是只見過一次。所以秦昭襄王認為，天下策士辯客，常常如此，因此對范雎並不理睬。就這樣，范雎又碰了一鼻子灰。回到家裡，每日粗茶淡飯，在焦慮煩躁中，不知不覺一年的時光就很快過去了。

　　俗話說，天有不測風雲，人有旦夕禍福，樂極生悲，否極泰來，任何事情都有著辯證統一的關係。周赧王四十五年（西元前二七〇年），丞相穰侯魏冉打算率兵跨越韓、魏去攻打齊國，占取剛、壽二地，以擴大封地定陶的範圍。范雎認為，可以借此良機，打動秦昭襄王，從而躋身秦廷，施展自己的才能和抱負。

　　魏冉是在秦昭襄王年幼未冠時，宣太后臨朝處理政事，便委任他為丞相，封穰侯，使其次弟為華陽君，並專國用事。後來秦昭襄王年長，就封自己同母弟為涇陽君和高陵君，想分宣太后之權。如此，宗親貴戚存權專利，其私家富有甚至超過了王室，使秦昭襄王如芒刺在背，有苦難言。這次穰侯想攻打齊國，占領剛、壽二地，亦由於二地緊鄰穰侯的封地陶，魏冉想擴充以為己有，其結果勢必進一步增強魏冉的實力，助長枝繁幹弱，尾大不掉的缺陷。鑑於這些錯綜複雜的情況和一年來對秦昭襄王內心世界的了解、分析和判斷，范雎果斷地再次上書秦昭襄王，直刺時弊而又緊緊抓住秦昭襄王的心病，動之以情，曉之以理，並且闡明大義，處處從秦昭襄王的角度去看問題。

　　在信中，范雎這樣說：「我聽說賢主執政，對於有功於國家的人給予賞賜，有能力的人委以重任；功大者祿厚，才高者爵尊。故無能者不敢濫職，

有能者亦不得遺棄。昏庸的君王卻是賞罰無據，全憑自己一時的衝動。我聽說善於使自己殷富者大多取之於國，善於使國家殷富者大多取之於諸侯。天下有了英明的君王，那麼諸侯便不能專權專利，這是為何呢？因為明君善於分割諸侯的權柄。就像良醫可以預知病人的死生，明主也可以預知國事的成敗。有利則實行之，有害則捨棄之，疑則先嘗試。自古以來，舜、禹這樣的聖君明主全都是這樣做的。有些話，在這封信裡我是不便深說的，但是說淺了又怕不足以引起大王的注意。我希望大王能犧牲一點空餘時間容我直言，如果我所講的對於治國興邦的大業沒有幫助，我願接受最嚴厲的懲罰。也請大王不要因為輕視了我，而輕視了舉薦我的人，如果我的才能不能令大王滿意，也請大王不要對舉薦我的人加以懲罰。」

范雎的這篇入情入理的說辭，最難能可貴的地方就在於具有深刻的政治思想，直指國家的用人制度。在用人上，他力主選賢任能，獎勵軍功、事功，反對任人唯親。這在血緣關係紐帶又粗又長的早期封建社會裡，無疑非常前衛。其次，范雎指責了權臣專權用事的現象，指出了枝繁幹弱對國家帶來的危害，這對於加強中央集權，鞏固君王的統治地位十分有見地。秦昭襄王其實是個有雄心有作為的帝王，然而因為秦國王室中顯親貴戚盤根錯節，對他厲行富國強兵之計多有掣肘，成為他多年來無法說出的心病。范雎信中之言，正中秦昭襄王的下懷。再者，范雎在信中所傳達的含蓄的隱祕之語，使秦昭襄王思緒起伏，急切想知道到底是什麼樣的話，吊起了他的胃口，激起了他的好奇心；緊接著范雎又信誓旦旦地保證自己有治國的奇謀良策，能夠解脫秦昭襄王目前的困境。如此一來，秦昭襄王就不得不召見他。由此可見，范雎不僅滿腹經綸，而且還工於心計，深刻地掌握了秦昭襄王的想法。

　　秦昭襄王果然被范雎的信打動了，非常高興，傳人立賞王稽薦賢之功，並速派人將范雎接來王宮一見，他要看看這個自稱有雄才大略的人到底有什麼能力。

　　我們都知道，傑出的人物在等機遇出現前，可以忍受難熬的寂寞；而機會一旦出現，就會絞盡腦汁善加利用，因為他們懂得機不可失，失不再來，而范雎，正是具有這樣特質的人。

　　其實早在范雎進入秦宮之前，他已經胸有成竹，也已經把與秦王相見的每個細節都考慮得十分周詳。只見他下車之後，目不斜視，徑直朝宮門走去。秦昭襄王在眾人的簇擁下從對面走來，他也不趨不避，旁若無人。宦官見狀，大聲怒斥道：「皇上在此，還不閃開？」

　　范雎聽了卻不慌不忙，反唇相譏道：「秦國哪裡有王，只有太后和穰侯！」

　　這話無疑是一把匕首直刺秦昭襄王。范雎直言不諱，切中時弊，擊中了秦昭襄王的要害，果然有出奇制勝的效果。秦昭襄王聽了范雎的話，不僅不生氣，反而把他引進密室，待之以上賓之禮，隻身與之傾談，其餘人眾都被摒退在門外。

　　任何一個足智多謀，才智過人的人，總是能把虛與實、張與弛安排得恰到好處。他能緊緊地抓住對方的心理，越是探勝尋奇，就越是迂迴曲折，拐彎抹角，吊足別人的胃口。所以秦昭襄王對他施以重禮，恭恭敬敬地問道：「先生以何教寡人？」范雎卻一再「唯唯諾諾」，避而不答。如此者三次。范雎此舉，一者是讓秦昭襄王記住這次談話的重要性；二者也是為了借此提高自己在秦昭襄王心目中的地位。

　　看到秦昭襄王求教如此心切，態度懇切，范雎感到自己也賺足了面子，於是便不再故弄玄虛，婉轉地說道：「臣非敢如此，昔者姜尚垂釣於渭水之

濱，待到遇見周文王，一言而拜為尚父，終用姜尚之謀，滅商而有天下。而商朝的大臣箕於、比干，身為貴戚，也極盡其忠，屢次進諫紂王，但紂王不聽他們的忠言，而是把他們或貶為奴隸，或處以極刑，最終眾叛親離，國破家亡。兩種態度，兩種結局，沒有其他原因，就是信任與不信任的區別。假如周文王疏姜尚而不與深言。那麼周便無天子之德，而文王武王便不可能成其王業。如今臣羈旅之人離鄉背井，居於異國他鄉陌生之地，而所要說的話，皆國家興亡大計，或關係到大人骨肉之親疏。言之不深、不盡，就無救於秦；言之太深太盡，則箕子、比干之禍有可能降臨到我的頭上。所以大王三問而不敢答者，不知大王信與不信這其中的緣故。」

范雎這番可以說是擲地有聲的開場白，是經過再三考慮的。范雎將秦昭襄王比作周文王、周武王，極大地滿足了他的虛榮心，使談話得以順利進行，拉近了兩人之間的距離。范雎自比姜尚，間處蓬蒿之雖暫，然有經天緯地之才，可以輔佐明主成就轟轟烈烈的王業，關鍵是君王「信與不信」，用與不用。若有賢才而不用，甚至誅殺，那就等於在說秦昭襄王把自己降到商紂這樣的暴君了。殺賢誤國歷來為明君大忌，范雎的話不但給秦昭襄王提醒，也保障了自己的人身安全。

接著，范雎依舊圍繞著「信與不信」的話題侃侃而談：

「大王如果相信臣之所言，臣死不足以為患，亡不足以為臣憂，為癲為狂不足以為恥。然臣只恐天下人見臣因盡忠身死，從此杜口不語，裹足不前，不肯心向秦國，從而阻礙秦國的發展。」

范雎的這番慷慨悲壯的言詞不但披肝瀝膽，以情感染秦昭襄王，而且將自己的生命置之度外，好像一切都是從秦國的利益出發，曉之以大義利害，使對方愈加信賴自己話語的真實性和自己報效秦國的決心。

鋪墊充分，范雎才接觸到實質問題，向秦昭襄王指明了秦國的政治弊端：

「大王上懼太后之嚴，下惑奸臣之謟，深居簡出，難以明斷善惡。長此以往，大者宗廟傾覆，小者自身孤危。此臣之所恐耳。臣死而秦治，是死勝於生耶。」

實際上，以秦國當時的情況來看，治秦當務之急並非范雎所陳述的上述弊端。范雎之所以要大論此事，意在用「強於弱枝」來迎合秦昭襄王的心思。與此同時，也藉以推翻自己將來立足秦廷的政敵，確立自己在秦廷的地位。只要地位確定，其他一切問題便可自然而然得到解決。謀略家們的良苦用心，往往表現在一言一行之中。他們為自我的政治意圖，思維不止，絞盡腦汁，費盡心機，用心之深可見一斑。

也正是因為范雎的一番說詞正說中了秦王的心思，秦王才將范雎看做知音，對他施以大禮，並推心置腹地說道：「秦國僻遠，寡人愚下，上天恩賜先生於秦。自此以後，事無大小，上及太后，下及大臣，願先生悉教寡人，切勿見疑。」

這樣，范雎憑著自己的機智，得到了秦昭襄王的充分信任，為自己從政之路奠定厚實基礎，向錯綜複雜的政治舞臺邁出堅實的一步。

制定一統天下方略：遠交近攻

然後，范雎又對秦昭襄王分析了秦國當前所處的形勢：大王之國，四塞以為團，北有甘泉、谷口，南帶涇渭，右隴蜀，左關、阪，泰地之險，天下莫及，利則出攻，不利則入守，此王者之地也。雄兵百萬，戰車千乘，其甲兵之利，天下亦莫能放。以秦卒之能，車騎之眾，用以治諸侯，如同良犬搏兔。然而兼併之謀不就，霸王之業不成，莫非是秦之大臣計有所失嗎？

因為范雎深諳說話的藝術，在上位者都喜聽恭維之詞的心理。所以首先從秦國的優勢分析下手，果然一下子抓住了秦昭襄王的心。秦昭襄王聽了范雎的話，便側身問道：「請言失計何在？」

范雎是個聰明的人，他考慮到自己初涉秦廷，根基不牢，不敢言內，便先談外事，投石問路，以考察秦王之態度。他說：「臣聞穰侯將越韓、魏而攻齊，其計謬矣。齊離秦國甚遠，中間隔著韓、魏兩國。若秦出兵較少，則不能夠打敗齊；如出兵甚眾，則有後顧之憂，會受到韓、魏、趙，甚至楚國的侵擾，這對秦是十分危險的。伐齊而不勝，為秦之大辱；即使伐齊取勝，那時秦齊兩敗俱傷，韓、魏、趙等國便可從中坐收漁翁之利，得到好處，於秦何益？與其勞師遠征，有百害而無一利，不若遠交而近攻。遠交以離人之歡，近攻以廣我之地，自近而遠，如蠶食葉，天下可得矣。」

秦王又問：「遠交近攻之道何如？」

范雎回答說：「遠交莫如齊、楚，近攻莫如韓、魏。既得韓、魏，齊、楚豈能存乎？」

范雎的一番「遠交近攻」的見解，讓秦王鼓掌稱善，心下大喜，立刻拜范雎為客卿，號為張卿。用其計東伐韓、魏，傳令白起暫時停止攻打齊國。

范雎在與秦王的這段談話中，明確提出了「遠交近攻」的戰略。此計貢獻巨大，為秦兼併六國並最終統一天下奠定了堅實的理論基礎。魏冉自秦昭襄王二十一年（西元前二九四年）任秦國的丞相以來，應該說對秦國的大業也是卓有成就的，然而在國家總體戰略決策上卻總是猶豫不決，犯有嚴重的失誤，給秦國帶來了一定的損失。例如在對待「三晉」問題上，魏冉採取了先強後弱的戰略，小看魏、韓兩個鄰國的肘腋之患，置眼皮底下於不顧，卻勞民傷財地跨越魏、韓去遠征趙國。恰逢當時趙國處於鼎盛時期，趙軍在名將趙奢的統帥下，以逸待勞，重創秦師，使秦國付出了慘重代價，可謂

是得不償失。再如在對待齊國的問題上，接連數次討伐齊國，雖然雙方互有勝負，卻並未取得最終的戰略性的勝利，秦國在人力財力上都有較大消耗，魏、韓兩國此時卻坐山觀虎鬥，火中取栗，其結果是秦國損失較大。

范雎在「遠交近攻」的核心概念下，進一步向秦昭襄王闡述了秦統一天下的具體構想：

1. 就近重創韓、魏，解除心腹之患，壯大秦國實力
2. 解決了韓、魏以後，北邊謀趙，南邊謀楚，扶弱國，抑強敵，爭奪中原地帶，抑制各國的發展
3. 韓、魏、趙、楚依附秦國之後，攜五國之眾。威逼最遠且是當時最強勁的對手齊國，讓其不敢與秦對抗；
4. 在上述基礎上，再一個個消滅韓、魏、趙諸國，最終達到統一天下之目的

「遠交近攻」的原則確立後，范雎及時地替秦昭襄王謀劃「收韓」之策。韓在當時是其他六國中實力最弱的一個，范雎選中了它作為秦國統一六國的突破口，可以說是選對了目標。

范雎首先向秦昭襄王解析了「收韓」的戰略意義：「秦、韓二國互相交錯，秦之有韓，如木之有蠹，人之心腹有病。天下無變則已，天下有變，其為秦患者莫大於韓。王不如收韓。」

秦昭襄王說：「吾固欲收韓，韓不聽，其奈何？」

對於這個問題，范雎早已成竹在胸，他回答說：「韓國如何不聽命歸附於大王呢？若大王派兵首先攻打並占領韓國政治、經濟、軍事、交通中心滎陽，便可使鞏、成皋之道不通，北斷太行之道，上黨之韓軍不得而下，一舉可將韓國攔腰斬為三截。若是韓軍必亡，如何不聽命歸附於大王呢？」秦昭襄王點頭稱是，同意范雎這個攻打韓國的方案。

　　然後，秦軍按照范雎的策略，對韓國實行了一連串致命的打擊：

　　秦昭襄王四十二年（西元前二六五年），秦軍攻占韓國少曲（今河南濟源東北）、高平（今濟源南）。

　　秦昭襄王四十三年（西元前二六四年），秦大將白起奪取陘城（今山西曲沃東北）。

　　秦昭襄王四十四年（西元前二六三年），白起攻掠韓太行山以南的南陽，次年又取野王（今河南沁陽）。

　　至此，韓國被一斬為二，首尾不能相連，使整個上黨地區完全孤立。

　　隨著秦軍攻勢的日漸凌厲，韓國搖搖欲墜。

　　經過一連串的戰爭，秦國從對魏、韓的戰爭中得到了人力、物力補充，實力大增，令諸侯各國側目，並為之戰慄。自此，秦加快東進的步伐，擴大了對趙、楚兩國的戰爭規模，也進一步增加了秦國吞併六國、一統中國的決心。

強幹弱枝

　　范雎在秦任職數年，一系列措施的勝利，讓范雎鋒芒初露，成績斐然，日益受到秦昭襄王的寵信。到了周赧王四十九年（西元前二六一年），范雎開始在內政方面實施變革，推行「強幹弱枝」的策略，削弱宗親貴戚的權力，加強對中央集權的鞏固。

　　有一天，范雎對秦昭襄王說：「臣蒙大王信任，言聽計從，臣雖粉身碎骨，無以為報。現在，臣有安秦之計，尚未敢盡獻於大王也。」

　　秦昭襄王問道：「寡人以國託於先生，先生有安秦之計，此時不賜教，還待何時？」

范雎道：「臣昔時居山東時，聞齊但有孟嘗君，不聞有齊王，聞秦但有太后、穰侯、華陽君、高陵君、涇陽君，不聞有秦王。國君治國，生殺予奪，不可委以他人。今太后恃國母之尊，擅行不顧者四十餘年。穰侯獨相秦國，華陽君輔佐之，涇陽君、高陵君皆自立門戶，自成一體，生殺自由，無所畏懼。他們幾人私家財產，十倍於國家。大王您雖名為國君，實則徒有其空名而已，豈不是非常危險？昔崔杼專權齊國，最後殺掉齊莊公；李兌獨攬趙國大權，終找主父。如今穰侯內仗太后之勢，外竊大王之威，用兵則諸侯震恐，解甲則列國感恩。何況在大王您的左右，廣置耳目，大王您的一舉一動，一言一行，他們都一清二楚，瞭若指掌。臣觀大王長期孤立於朝堂，臣恐千秋萬歲之後，掌握秦國大權者，非大王之子孫也！」

司馬遷曾說：「天下皆西向稽首者，穰侯之功也。」平心而論，魏冉在秦國的歷史上有著不可抹殺的歷史功績，范雎將其功績一筆勾銷，只講他排除異己的私心。但對於宗親貴戚的專權和勢力的膨脹，秦昭襄王其實早就不滿，而范雎的一番義正詞嚴的宏論，又正中其下懷，兩人一拍即合。但是秦昭襄王在興奮的同時也感到忐忑不安，甚而毛骨悚然，遂再三拜謝：「先生所教，乃肺腑之言，寡人恨聞之不早。」

果然，不久以後，秦昭襄王就找了個藉口罷免了穰侯魏冉，拜范雎為相，封之於應（在今河南魯山之東），號應侯。次年，宣太后死，便將穰侯、涇陽君皆遣赴封邑。穰侯遷居時竟動用了上千輛車乘，所載之奇珍異寶，皆秦國庫所未有，可見其富有程度。

在戰國時期，中央集權制度的確立與日益鞏固，是歷史發展的大趨勢，是當時的重大社會變革。其意義在於，削弱了以往分封制度所造成的地方上的分裂傾向，促進封建割據走向封建大一統，為國家的統一奠定了政治基礎。

在戰國七雄中，秦國之所以能完成統一中國的大業。與這一整套成熟的政治制度有很大的關係，而范雎對於秦國中央集權制度的完善，地位不容忽視。戰國末葉，秦國客卿李斯曾向秦王政上〈諫逐客書〉，歷數賓客對秦國歷史發展產生的重大作用、使秦得「富饒乏資」和「強大之名」。其中也恰如其分地評價了范雎對秦國的發展所做出的傑出貢獻：「秦昭襄王得范雎，廢穰侯，逐華陽，彊公室，杜私門，蠶食諸侯，使秦成帝業。」

歷史事實向我們證明，范雎與保守的貴族相比，更具開拓進取精神、敏銳想法及開闊眼界。隨後的秦國政治、軍事、外交活動，比以前更加生機盎然，最終完成了其一統中國的大業，在中國的封建王朝中寫下輝煌的一頁。

第四節 再造唐之功臣

史稱郭子儀「功蓋天下而主不疑，位極人臣而眾不嫉」，是一代名臣楷模。平定李唐大亂後，位高權重，位極人臣，已經到了功高震主的地步。但他為什麼沒有像其他的人一樣遭到帝王的猜疑，落個悲慘的下場呢？這是郭子儀的「處世」策略決定的，他功高從不自居，他具備了各個功高震主者所沒有的「德行」。

郭子儀從小就喜歡讀兵書、練武功，並嚴格要求自己在讀書或習武時全神貫注，常常廢寢忘食，練得一絲不苟。他非常欣賞孟子的一句話：「天將降大任於斯人也，必先苦其心志，勞其筋骨⋯⋯」

據傳，郭子儀曾經在河東（今山西太原）當兵，一次因事觸犯了軍規，按當時軍律應該斬首。在他雙手捆綁，被押赴刑場之時，是一副正氣凜然的氣勢，昂首闊步，大步向前，毫不慌亂，臨危不懼。俗話說得好，命不該絕有人救，在路上遇上當時著名、如今聞名的詩人李白。李白也是和他素不相識，但見他年輕英俊，相貌非凡，臨刑不懼，又聽隨從說他才德兼備，文武

雙全。下定決心要救他，便讚嘆地說：「這樣的人，將來一定能為國家做出一番大事業，殺了多可惜啊！」李白為郭子儀感到惋惜，停下要去辦的事，立即趕到當地官員那裡，替郭子儀說情，最後以自己的官職做擔保，把郭子儀救了出來。那年郭子儀二十歲。李白和郭子儀成了莫逆之交就是從這時開始的。後來，李白參加永王李璘幕府，因為也受其牽連進了牢獄，郭子儀曾經請求替他贖罪，報答他當年的救命之恩。

郭子儀的青年時代是生活在所謂「開元之治」之即，是唐代中前期，國富民殷、繁榮昌盛。這時期，以唐玄宗李隆基為首的唐朝政府，勵精圖治，掃除積弊，任人唯賢，政治清明，使得社會經濟穩步發展，國力強盛。

郭子儀的成長背景就是這樣，他年輕時就立志要做一個保家衛國、統兵作戰的將帥。

郭子儀最初做左衛長史（皇帝禁軍幕府中的幕僚長）。因屢立戰功，平步青雲。西元七四九年，他做到天德軍使，兼九原太守。這時，唐朝廷在外也沒有什麼大的戰事，幾十年間相對太平。當時國家外部沒有什麼外來危機，環境輕鬆，沒什麼壓力，在這樣的環境裡，久而久之，人們開始安於逸樂，貪圖物質享受，整日只知吃喝玩樂，唐朝政府更是有過之而無不及。唐玄宗李隆基整日花天酒地，把大權交於奸臣李林甫、楊國忠之手，自己則與寵妃楊玉環夜夜笙歌，不理朝政，全不見了昔日勵精圖治，重整山河的雄心。只有郭子儀等少數人尚能居安思危。他一邊操練兵馬，一邊守衛疆土。

唐朝與邊疆各族雖然也發生過戰爭，但大致上是友好相處並經常交流經濟文化。

自唐高宗以來，唐朝在邊疆上一直有重兵駐守。唐玄宗時，為了加強防禦，在重要地區設立了十個軍鎮，每個軍鎮都設置一個節度使。節度使起初只負責幾個州或一個道的軍事，後來兼管行政和財政，權力日益增大，成了

獨行一方的土皇帝。當時唐中央的禁軍不過二十萬人，而邊疆的十個節度使共擁兵四十九萬，形成外重內輕的局面。

那時唐朝重用安祿山，任命他做平盧、范陽、河東三鎮節度使。安祿山的父親是西域人，母親是突厥人。安祿山作為節度使，總攬三鎮軍政大權，又招募北方很多牧民補充兵力，勢力便逐漸壯大起來了。

安祿山常到長安去，對唐朝內部情況瞭若指掌。他見唐政府日益腐敗，便萌生了取而代之的念頭。他暗地招兵買馬，累積錢財，收集朝廷情報，觀察朝廷動向，伺機行動，準備反唐。可玄宗皇帝卻是一無所知，整日只知道沉溺於享樂。對安祿山的所作所為不但不知道提防，反而變本加厲聽信他的花言巧語，竟然讓他認楊貴妃為乾媽，還對他非常信任。

唐玄宗統治後期，政治弊端越來越明顯，越來越大，日益漸增。自從楊貴妃入宮後，玄宗便過著「春宵苦短日高起，從此君王不早朝」的安逸生活，終日只知道沉浸於歌舞聲色之中，不理朝政。宰相李林甫同楊貴妃的哥哥楊國忠先後當權，飛揚跋扈，任用親信，壞事做盡，這樣各種社會矛盾愈來愈尖銳。

居心叵測的安祿山認為在這種情況下篡奪大唐江山的機會到了。西元七五五年十一月九日，他以「清君側」、「討楊國忠」為名，從范陽發動十五萬大軍，號稱二十萬，長驅南下。由於唐政府沒有防備，致使叛軍一路上勢如破竹，所到之處均被收服。地方官吏聽說叛軍來了，有的棄城逃跑，有的屈膝投降。就這樣，不到三個月，安祿山的叛軍順利地渡過了黃河，占領了東都洛陽。一路上幾乎沒有遇到什麼阻礙。安祿山自稱大燕皇帝。

在這生死存亡的緊要關頭，唐朝政府臨時招募了八萬人，由大將哥舒翰率領去抗擊叛軍。這些人多是城裡的無業遊民，既沒有嚴明的軍事紀律，又

缺乏基本的作戰技能，軍事能力很差，在與叛軍的大戰中，潰不成軍，就連大將哥舒翰，也戰敗被俘。

玄宗帶領皇族親貴和左右臣僚，倉皇出逃。長安就這樣陷入了叛軍安祿山之手。玄宗的一行人逃到馬嵬驛，將士鼓噪不前，憤怒地殺死了奸臣楊國忠，並要求處死楊貴妃。群情激憤難平，玄宗無可奈何，只好忍痛割愛，賜三尺白綾給楊貴妃。這時馬嵬驛的人民請求皇帝留下來與他們共同作戰，唐玄宗肯定不會留下來，也只是把他的兒子李亨留下，他自己逃往四川避難去了。

當時的人民參與了反抗叛亂的戰爭，一些地方官也積極的據守反抗，其中最著名的就是顏杲卿，他最後被安祿山殺害了。但是人民的反抗和一些地方官吏的抵禦，也給唐軍收復失地創造了有利條件。

玄宗逃往四川以後，肅宗李亨在靈武即位。肅宗為了收復長安，化險為夷，轉危為安，決定任郭子儀為朔方節度使，並把朔方軍作為反攻的主力軍。為了加強朔方軍的實力，肅宗認命李光弼協同郭子儀一起作戰。

郭子儀和李光弼，原來二人都是安思順手下的部將，兩人的才能不分上下，職位也相同。當時郭子儀因受命，取代安思順的朔方節度使之職時，李光弼就深感不服氣，正決定馬上離去。忽然皇帝的手諭到了，命他與郭子儀同心協力平定叛軍，李光弼只好遵奉王命，留了下來。郭子儀把朔方的兵馬分給李光弼一半。郭、李二人共同表示：一定要同心協力，英勇抗敵，收復失地，報效唐王朝。

歷經了艱苦的奮戰，洛陽很快收復了。郭子儀勝利歸來，回朝之時，肅宗非常欣喜，親自帶領儀仗隊到灞上（今陝西西安市東）迎接。皇帝見了郭子儀，激動地說：「我有了你，如魚得水，大唐的天下，所以能保住，全靠你的英勇奮戰啊！」郭子儀表示不敢承當。

兩京收復後，肅宗把玄宗從成都迎回，玄宗做了太上皇。

在收復兩京的戰鬥中，郭子儀多次立大功，穩定唐室，他的功績很快傳遍各地，聲譽鵲起。

兩京雖已收復，但李氏王朝仍然沒有解除威脅。

肅宗回到長安，先後重用宦官李輔國和魚朝恩，把軍權交給李輔國掌管。李輔國的權勢很大，他可處理國家大事，別人不敢反對。肅宗讓魚朝恩監督神策軍駐守陝州，防禦潼關。肅宗聽信李、魚的諂言，懷疑忠君愛國的賢臣。

肅宗根據宦官李輔國和魚朝恩的主意，出動全國全部的兵力攻打叛軍。

九個節度使的兵馬共六十萬，全部出動，圍攻了相州城。安慶緒好似獸困樊籠，魚兒落網，既不能戰，又不能退，處在絕境之中。

九個節度使的兵力相當雄厚，本來可以一舉消滅叛軍，可惜群龍無首，諸位將士又只管自己備戰，九個節度使軍如一盤散沙。可是史思明的軍隊，養精蓄銳已久，士氣旺盛。史思明是個極其狡猾的傢伙，他知道唐軍數量遠遠超過他的軍隊，只能智取，不能硬拼，就利用唐軍士氣低落的弱點，用精兵突擊，克敵制勝。他來到相州城外，先按兵不動。過了十多天，突然與唐軍展開激戰。正當兩軍交戰之時，不知何處刮來一陣狂風，頃刻之間，天昏地暗，塵土飛揚，對面不見人。唐軍看見城下有來回奔跑的人馬，誤認為叛軍追來，紛紛逃散。郭子儀見情況不妙，只得收集殘餘部隊，領著人馬退回洛陽。

這次戰鬥，唐軍受到重大損失，戰馬萬匹，只剩三千，刀槍十萬，幾乎全部扔掉。九個節度使中的八個各回原來駐地，郭子儀留守洛陽。

這次戰鬥失利，直接原因應歸罪於魚朝恩，但昏庸的肅宗，不但不斥責魚朝恩，反而給他封官加爵，寵愛有加。魚朝恩得到皇帝的寵愛，越是盛氣

凌人。他一直嫉妒的是郭子儀。唯恐他功高蓋主，有一天會對自己不利，因此常在肅宗面前誹謗郭子儀。而相州一仗失敗正是他陷害郭子儀的最好的時機，魚朝恩硬把相州一仗失敗的責任，完全推到郭子儀一人身上。

昏庸的肅宗聽信了魚朝恩的「誹謗」，把郭子儀免職，調回了京城。

平時，郭子儀在軍隊受到官兵的擁護與愛戴，他視兵如子，不打罵，不訓斥，如同對待親人一般，因此，士兵們都不願郭子儀離開。

史思明聽說郭子儀被免除官職，奪去了兵權，暗自歡喜，認為最好的機遇來了。西元七五九年五月，史思明便帶領大軍，一舉進攻洛陽。唐政府這時慌了手腳，十分恐懼，又不知如何應對才好。

有人向朝廷建議：「郭子儀為唐朝立下汗馬功勞，又善於用兵，為什麼放著良將不用，讓叛軍逞凶呢？」肅宗深以為然，決定起用郭子儀為兵馬都管使，詔令剛傳下，就被魚朝恩攔住了。郭子儀在魚朝恩眼中就是眼中釘，肉中刺，常想著怎麼整他，算計他。有一次，郭子儀立了戰功回到京城，魚朝恩邀請他遊章敬寺，有人暗地告訴他說：「魚朝思想加害於你，千萬別上他的當。」郭子儀沒有在意，將士們請求隨身保護，他也拒絕了，並且說：「我是國家的大臣，沒有皇帝的命令，魚朝恩不敢殺我。」說著，只帶著家童數人去見魚朝恩。魚朝恩一見，不僅大吃一驚。郭子儀把事情的經過告訴他，魚朝恩聽了，自己都深感慚愧，自嘆不如了。

史思明打到洛陽，駐守在洛陽的李光弼，連戰連敗，李光弼只能放棄了洛陽，帶兵退守河陽。當時，魚朝恩也帶領一支人馬，還沒看到叛軍的影子，就嚇得退到了陝州，不敢應戰。

代宗時，國庫空虛，民窮財盡，人民難以度日，生活極其困難，可是官府的鹽、鐵、茶、酒等稅，名目竟有兩百多種，這些苛捐雜稅，自然都要人民負擔。代宗重用宦官程元振，讓他參與朝中大事，操縱政權。宦官在肅宗

時就開始專權，如宦官李輔國曾對肅宗說：「大家（宮中對皇帝的稱呼）但居禁中，外事聽老奴處分。」可見專權的宦官根本不把皇帝放在眼裡，朝廷內的賞罰制度，宰相職位的任免，甚至皇帝的廢立，他們都可以決定。程元振飛揚跋扈，為非作歹，時時刻刻束縛著皇帝。無論大事小事，只要程元振出口，代宗便會對他言聽計從，百依百順。程元振痛恨功臣名將，特別是郭子儀。程元振在皇帝面前誣陷誹謗他，總想免除他的副元帥職務，讓他做肅宗山陵使（皇陵的督工），但未能如他所願。郭子儀明知皇帝受程元振控制，誤了國家大事，便向皇帝上書道：「我為唐朝的強盛披星戴月，南征北戰，請陛下相信我對唐朝的忠心。陛下要親近賢人，遠離奸臣。不然，唐朝危在旦夕！」郭子儀的良言相勸，打動不了皇帝的心。朝內宦官專權，朝外藩鎮割據，唐朝仍然一片混亂。

安慶緒、史思明都雖說已經除去，但史朝義還盤踞在洛陽。朝廷任命雍王李适（即後來的德宗）為統兵元帥，郭子儀為副元帥，讓他們出兵鎮壓史朝義。魚朝恩、程元振堅決反對郭子儀為副元帥，但這一次皇帝堅持自己的意見。雍王和郭子儀認為，唐軍力量單薄，單靠唐軍的力量，恐怕無法消滅叛軍，便向回紇借來十萬大軍，唐軍和回紇兵一起打進洛陽。史朝義帶領敗軍逃往莫州。西元七六三年正月，史朝義的部下田承嗣、李懷仙等，眼看當下的局面，已是無力回天，也都陸續投降唐朝。史朝義看到眾叛親離，自己也是走投無路，又不想屈降於唐朝，便自殺了。這場戰亂這時才算結束了，前後延續七年三個月，這就是歷史上著名的「安史之亂」。

「安史之亂」以後，社會內部矛盾錯綜複雜，國力虛弱，原駐在西邊的軍隊，大部分被調到北方去討伐叛軍。這時，吐蕃統治集團趁機直攻唐的西北地方，占領了鳳翔西、邠州（今陝西彬縣）北等十幾州的土地。西元七六三年十月，又占了奉天（今陝西乾縣），朝廷已是坐立難安，慌亂了手腳，急忙

令郭子儀帶兵抵擋。郭子儀帶領一萬多人，可是吐蕃兵卻有十萬多人。郭子儀多次請程元振請求支援，發兵相助。可他視若無睹。吐蕃兵很快打到了長安城下，代宗嚇得馬上逃離長安，逃往陝州。郭子儀從咸陽趕到了長安時，看到是空空如也的皇城，皇帝、兵馬都不見蹤影，十分焦急。這時守城的將領王獻忠慫恿郭子儀說：「皇上早已逃跑，現在國家無主，你身為大元帥，只要下道命令，就可以把皇帝廢除，國家大權不就落到你手裡了嗎？」郭子儀聽到此言，把他訓斥了一通。不幾天，吐蕃兵占領了長安。

當代宗逃往陝州的時候，很多唐軍都紛紛往商州逃走散開了，郭子儀派部將王延昌趕到商州把他們匯合起來。逃兵聽說郭子儀來了，都連聲歡呼，願聽郭子儀吩咐。沒過多少天，便招集到四千多人。

長安收復後，代宗本應早日返回京城，可是程元振認為郭子儀多次立了那麼大功，威信越來越高，特別害怕代宗重用他，所以勸代宗在洛陽建都。為了國家的利益和社會的安定，郭子儀上書給皇帝：「長安地勢險要，前有終南山作屏障，後有涇、渭二水，右連隴蜀（今甘肅、四川），左接崤函（崤山，函谷關，在今河南靈寶東北），可以雄視四方，進可以攻，退可以守。大有一夫當關，萬夫莫開之勢。長安經過幾朝的修整，宮殿華麗，市場繁榮，工商業發達，土地肥沃，物產豐饒，經濟滿足。長安是創立帝業的不可多得的好地方。秦漢兩朝占領長安而稱帝，隋煬帝棄長安而滅亡。再看洛陽，地貧民饑，人煙稀少，野草叢生，一片荒蕪，宮殿多被燒毀，殘垣斷壁，不易防守，請陛下慎重考慮。」代宗看完奏章，感覺確實如此，深信不疑，又深感郭子儀對國家的一片忠心，便對左右官員說：「郭子儀所考慮的，都是從國家的安危和利益出發呀！」

西元七六四年十一月，代宗從陝州回到長安。

　　僕固懷恩參與平定安祿山的叛亂之後，但是朝廷沒有賞賜他，心裡一直就深感不滿，終有一天，他決定反叛。不久，他就帶領輕騎兵士三百多人逃往靈州。他發誓與唐朝勢不兩立。為了推翻唐朝政權，僕固懷恩便撒謊向吐蕃、回紇借來十萬大軍，從靈州開始向長安進攻。僕固懷恩的大軍來到奉天。長安再次面臨到危機，受到了威脅，朝內文武百官，也都一籌莫展，無一良策，又是一場混亂。皇帝惴惴不安，忙問大臣們有何良計。郭子儀說：「僕固懷恩曾作過我的部將，我了解他。他雖是一員猛將，但他不愛惜士兵。士兵所以跟著他，是想趁機重返家園。」皇帝立即任命郭子儀為關內河東副元帥，讓他率領十萬大軍去討伐僕固懷恩。

　　僕固懷恩率領十萬大軍，橫衝直撞，旁若無人，這正好中了郭子儀誘敵深入之計。他們剛要擺開陣勢，只聽戰鼓咚咚，殺聲震天，只見在奉天城外，唐軍已經擺成一字陣勢，非常嚴整，當中豎著一面帥旗，隨風飄揚，旗上寫一個「郭」字。僕固懷恩的將士一聽說郭子儀的大名，都嚇得丟盔卸甲，四散逃跑。僕固懷恩只能帶領殘兵敗將，又回到靈州。唐軍不戰而勝。

　　僕固懷恩不死心，西元七六五年，他又勾結吐蕃、回紇、吐谷渾共十萬多人，再次攻打長安。

　　郭子儀傳令各地駐軍，阻擋叛軍會從各路的進攻的可能，必須堅守要塞，抵制敵兵，不讓敵兵前進一步。

　　郭子儀深知戰必失敗，退則被殲，只能「智取」，不能「力敵」。他積極奮戰，爭取主動。

　　郭子儀召集大小將領共同商討退敵策略。任命部將白孝德為副元帥，讓他死守涇陽，等待援軍；派牙將李光瓚去見回紇王，表示願和回紇王聯合平定吐蕃。回紇王聽說郭子儀還健在，十分驚奇，半信半疑。他對李光瓚說：「郭令公真在人間，你不是欺騙我吧？如果他還活著，能讓我看看他嗎？」

　　李光瓚回來之後，把回紇王的話告訴郭子儀。足智多謀的郭子儀，決定一個人去見回紇王。希望因此而勸退回紇兵。他對將士們說：「敵強我弱，實力相差懸殊，很難用武力戰勝。過去唐朝和回紇的關係密切，曾訂過互不侵擾盟約。為今之計，我不如親自去說服他們。兵不血刃，退走回紇兵。」看到郭子儀要冒著生命危險，單槍匹馬去回紇軍營中談判，將士們都擔心他的安全，準備選拔五百名精銳的騎兵隨身保護他。一口被郭子儀回絕，他說：「這樣做，不但沒有好處，反而會把事情弄糟。」

　　郭子儀正說要走，他的兒子郭晞急衝衝地跑來說：「回紇兵像虎狼那樣凶暴，父親是國家的元帥，怎麼能就這樣輕易冒著生命之危，去回紇軍營談判呢？」郭子儀堅決地說：「如果唐軍和回紇兵打起來，不但我們父子生命難保，就連國家的命運也很危險。如果國家保不住，個人還有存身的地方嗎？假如這樣白白坐著等死，倒不如去找回紇王談判，以理服人。萬一不成功，我就捐軀報國，來實現我平生的大志。」說著揚起鞭子，打了他兒子的手，喝令他：「走開！」便和幾個騎兵闖出了軍營。

　　郭子儀出了軍營，叫人連聲高喊：「郭令公來了，郭令公來了！」回紇兵聽到這樣的喊聲，個個聞風喪膽，不自覺地都放下了手中的武器。回紇兵的統帥藥葛羅看到來人也立即拿起弓箭，隨時準備應敵。可是郭子儀來到回紇軍營門前，不慌不忙地翻身下馬，摘掉頭上的頭盔，脫去鐵甲，放下刀槍，勇敢沉著地向回紇營中走去。回紇兵見狀個個都驚訝得大眼瞪小眼，不約而同地說：「不愧是郭令公呀！」藥葛羅也放下手中的弓箭，慌忙走來迎接。郭子儀握著藥葛羅的手，非常嚴肅地說：「你們回紇替唐朝立過大功，唐朝萬分感激，為什麼違背盟約，向唐朝進攻？你們丟掉過去的功勞，幫助叛臣僕固懷恩作亂，同唐朝結怨仇，是不明智的選擇啊！僕固懷恩叛唐棄母，被人唾罵，像他這樣寡廉鮮恥的人，能替你們做出什麼好事呢？今天我獨自一人

來到這裡，早就把生死置之度外，如果你們真心要與唐朝和好，應該馬上撤兵。不然，我將傳令三軍，一起殺來，定會讓你們片甲不留。如果你們敢把我殺死，唐軍一定不會善罷甘休。」藥葛羅嚇得驚慌失措，連連說：「我們受了僕固懷恩的欺騙，他說皇帝已死，說你也早已葬身於陣前，當前是朝內一片混亂，沒有主人，因此我們才敢跟僕固懷恩來進犯。現在皇帝仍然坐鎮京城，又親眼看到你，我們哪裡敢與唐軍對抗呢！」

郭子儀的目的已達到，事已辦成，非常高興。為了粉碎回紇與吐蕃的聯盟，他抓緊機會，又勸藥葛羅說：「吐蕃王一點也沒有道義可講，反覆無常，竟然趁著唐朝內亂，搶占土地，燒毀城市，破壞鄉村，還掠去大批財物，假如你們肯協助我們退吐蕃，繼續保持同唐朝的友好關係，唐朝就把吐蕃搶去的東西，全部送給你們，莫失良機啊！」藥葛羅又感激，又慚愧地說：「令公的話，頓時開導了我，我願幫助唐軍打退吐蕃兵，來立功贖罪。不過，我有一個請求就是你不要殺僕固懷恩的兒子，因為他是我們王后的兄弟。」郭子儀答應了他的要求。

這時，站在一旁多時觀望的回紇兵，稍稍轉向前的動了一下，郭子儀的隨從人員也緊緊跟上幾步，顯示加強戒備。郭子儀毫不驚慌，揮手叫他們退回。藥葛羅一面喝聲退下士兵，一面叫人設酒席，要同郭子儀暢飲一番。藥葛羅想試探一下郭子儀是不是真的有誠意，請他舉起酒杯發誓，郭子儀面對眾多將士說：「大唐天子萬歲！回紇可汗萬歲！誰若違背誓言，就叫他死在陣前！」藥葛羅也照樣發了誓。立了盟約後，郭子儀領著幾個輕騎士兵，凱旋歸來。

郭子儀就這樣又平了一個唐朝的叛亂。

郭子儀到了晚年，被封為汾陽郡王，並進位太尉。他位極人臣，在朝廷中的威望極高。

第一章　歷史人才

　　郭子儀治軍寬厚，又視士兵為一家人，所以深得士兵愛戴，朔方軍將士都以父母事之，眾將士都願為他鞠躬盡瘁，死而後已。這是郭子儀在歷次戰爭中所以能打贏許多硬仗，屢次轉危為安的重要條件。郭子儀功勳蓋世，威震四方，敵人都很害怕他，聽到他的威名都聞風喪膽，吐蕃、回紇稱他為神人，只要聽說是他率領大軍出戰，都望風而逃。節度使田承嗣對朝廷圖謀不軌，驕縱蠻橫，但是見到郭子儀派去的使者，即西向而拜，並指著自己的膝蓋說：「我這膝蓋不向人下跪已經多年了，現在要為郭公下跪。」李靈曜盤踞在汴州（今河南開封），不管公私財物，只要經過汴州，一律扣押。只有郭子儀的糧餉、武器，不但不敢搶掠，還派人護送過境。郭子儀還為朝廷培養了一大批軍事、政治人才，隨他征戰的先後有六十餘名部將，後來都位至將相。

　　郭子儀德高望重，但他從不居功自傲。安史之亂後，許多節度使手握兵權，為非作歹，對朝廷貌合神離，拒不聽命。郭子儀雖權重勢大，深得人心，但他卻從不以此為驕，威脅朝廷，牟取私利。相反，他始終忠誠為國，別無二心，有詔即赴命，絕無一句怨言。

　　當時又是宦官在掌握權政，嫉妒功臣。為了避免因此而招來的麻煩，郭子儀有時還謝絕朝廷的高官厚祿。唐代宗時，皇帝命郭子儀為尚書令。但他認為唐初太宗為秦王時做尚書令，唐太宗即位後，這個職位經常空缺，如果接受這項任命，一會破壞國家的法度；二會招致他人忌妒；還有就是安史之亂以來，以官賞功臣，已使國家法度遭到破壞，現今安史之亂已被平定，就應按照國家的制度來任免官員。就這樣，他堅決地回絕了。

　　有時，為了顧全大局，減少矛盾，他甚至不惜犧牲個人利益，不計個人得失。大曆二年，他父親陵墓被盜，人們懷疑是魚朝恩指使手下做的，但官府沒有捕獲盜賊，口說無憑。祖墳被盜，在古代社會是沒有比這更為嚴重的

事情了，因此事情發生後不久，郭子儀自奉天入朝，朝廷內外氣氛便十分緊張，都感覺這件事他不會就這樣算了，嚴重者還可能會發動政變。但想不到的是，一次當唐代宗跟他說起這件事，他卻流著淚說：「我長期帶兵，對士卒管束不嚴，有時就發生部眾盜掘墳墓的事。如今我父親的墓被盜，這是應得的報應，與誰都無關。」盜墓之事就這樣不了了之，他這幾句話消除了朝廷內外那麼久惶恐不安的氣氛。因此，就算魚朝恩、程元振對郭子儀屢進讒言，橫加誹謗。但由於他為人坦蕩，居功不傲，忠心耿耿，沒有什麼把柄可抓，每次都化險為夷，得以常保功名於世，流芳千古，長壽而終。

　　郭子儀做了國家的功臣，可以說是有權有勢，可是他不徇私情，不講情面。代宗皇帝死了，將要下葬，按照慣例，嚴禁殺生。郭子儀的本家依賴郭子儀的權勢，偷偷地殺了一隻羊。左金吾（唐左右金吾掌管宮中及京城警衛）將軍把這件事報告給德宗皇帝。有人規勸左金吾說：「郭令公已七十多歲，他是國家的大功臣，怎麼不看他的情面呢？」斐婿說：「我這樣做，正是維護郭令公的聲譽，讓人們都知道他可敬而又可畏。」郭子儀知道了，立刻大義滅親，並向左金吾將軍表示感謝。

　　又一次，郭子儀妻子的弟弟觸犯了軍法，郭子儀手下的一個軍官就按軍法把他殺了。郭子儀的幾個兒子都到父親面前告狀，說這個軍官連他們母親的面子都不給，根本不把郭家的人放在眼裡。父親打了一輩子仗，為朝廷屢立戰功，應該與眾不同。郭子儀聽了，把兒子們痛斥一番，教訓他們說：「你們只知道包庇自己家裡的人，卻不尊重將士，不維護軍隊的紀律。如果像你們說的那樣，只要是對國家有功的人，都可以與眾不同，高高在上，凌駕於國法之上，那天下豈不是要大亂？」兒子們聽了，覺得父親深明大義，都不再吭聲了。

　　郭子儀，可謂是家族興旺，堂下有八子七婿，個個都在朝廷內有官職。他兒孫滿堂，少說也數十人，有時孫子向他請安，他都無法分辨。郭子儀對家人要求很嚴格。郭子儀七十大壽時，全家上下都來祝賀，只有郭暖的妻子升平公主沒有來，郭暖氣不過，便動手打了升平公主，氣憤地說：「你父親是皇帝，你依仗皇帝的權勢，不來祝賀。我父親還不願做皇帝呢！」升平公主挨了打，她不服氣，大鬧大叫。事情被郭子儀知道了，他不容兒子郭暖辯解，便於讓人用繩子捆住他，帶著兒子向代宗皇帝請罪。代宗對郭子儀說：「不痴不聾，不作姑翁，兒女們家中的瑣事，何必計較。」郭子儀謝過皇帝，回到家裡後，把兒子痛打了一頓，這件事才得以告終。

　　基本上，郭子儀在戎馬征戰之中度過了自己的一生。自天寶十四年安祿山於范陽起兵，郭子儀即以朔方節度使的身分參與平叛戰爭，屢戰屢勝。唐肅宗時，收復兩京。主要是依靠郭子儀所率朔方軍的力量。安史之亂被平定後，郭子儀以朔方節度使先後出鎮河中、邠州，防禦回紇、吐蕃，捍衛京師，雖兵弱將寡，仍屢敗敵兵，使京師安全無虞，關中百姓免遭塗炭。所以，史書上說：「天下以其身為安危殆三十年」，是一點也沒有誇張。

　　郭子儀，通曉兵書，有勇有謀，根據不同情況，用於不同的退敵之策，有時聲東擊西，有時迂迴堵截，有時先發制人，還有時不用一兵一卒，計退敵兵。兵多將廣所以打勝仗；即使在不利的情況下，也能取得勝利。他能成為一代名將，也正與他勝不驕，敗不餒的精神有直接的關係。

　　大曆十四年，唐代宗病死，遺詔命令郭子儀在三天的治喪期間代理朝政，郭子儀奉命入朝。唐德宗即位後，尊郭子儀為尚父，加封為太尉，兼中書令，其餘官職全部免去。從此，他告別了戎馬生涯，在朝廷擔任宰相。過了兩年，即西元七八一年，郭子儀因病而故，享壽八十五歲。死後又被加封

為太師，陪葬在唐肅宗陵。按造唐代制度，郭子儀墳高應為一丈八尺，當下葬時則為他破格增加一丈，也就是二丈八尺，是朝廷對他的褒揚。

第一章　歷史人才

第二章
紅顏禍水

　　歷史上，幾乎每個王朝的滅亡，都與紅顏禍水的傳說有關，最有名的當數妲己。說妲己是「紅顏禍水第一人」，這並不意味著她是中國歷史上第一個「紅顏禍水」。在她之前，有夏桀之妃妹喜，緊接其後的，還有周幽王之妻褒姒。

　　男人們總是喜歡把亡國這麼大又無法推託的責任「讓」給女人來承擔，豈不知，把「紅顏禍水」這句話說出口的時候，男人們就已比那些「紅顏」們矮上了一段。

第一節 第一「禍水」蘇妲己

如果史書所述是真實，蘇妲己不只是禍水的問題了，可以鄭重地在她的名字前面加上一個詞語「毫無人性」。

妲己姓蘇，據《封神演義》說是冀州侯蘇護的女兒。但公、侯、伯、子、男的五等封爵，大約是《周禮》制度建立以後的事，之前包括《封神演義》中所謂「西伯侯」姬昌的稱呼，「沿用」的都是西周的官制。而當時的蘇地，應當是一個小小的方國，而蘇護則應該是有蘇氏部落的大酋長。

殷商王朝在當時也是非常強盛的，疆域廣袤，經濟發達，國力強大，但到了紂王時期，卻為周所滅。溯其緣由，史書把紂王與妲己的情感故事歸結為殷商巨廈坍塌的根源。

酒池肉林嚴刑峻法

《封神演義》中，一次，紂王與妲己在鹿臺上設宴狂歡，三宮六院的妃嬪數千人全都聚集在鹿臺，紂王命令她們脫光衣服，赤身裸體地為他和妲己唱歌跳舞，恣意歡謔。紂王與妲己在臺上縱酒大笑。只有已故姜王后宮中的妃嬪七十二人，掩住臉流淚，不肯赤裸裸地跳舞。

妲己說：「她們是姜王后以前身邊的宮女，她們一直在怨恨大王殺了姜王后，聽說她們想作亂，借機殺害大王！妾開始也不相信，現在看她們連大王的命令都不聽了，看來謀反是真的啊！應當對她們施以嚴刑，好讓其他人警惕，不敢再起叛逆之心！」

紂王說：「怎麼樣的刑罰才稱得上是嚴刑？」

妲己說：「依小妾之見，可以在摘星樓前的空地上挖一個方圓數百步、深數丈的大坑，然後將蛇、蠍、蜂、薑之類丟進穴中，將這些宮女投入坑穴，讓百蟲喎咬，這叫做薑盆之刑。」

昏庸的紂王大悅，就吩咐手下人按妲己的話做了一個薑盆，將這七十二名宮女一起投入坑中，一時間坑下傳出揪心的悲哀號哭。紂王大笑：「皇后不但美貌如花，還聰明過人，想出此妙計，得以除去叛妾！」

這件事傳到太子殷郊的耳裡，太子忙去鹿臺進諫紂王說：「法令是為人有罪而設，現在眾妾並沒有謀逆之罪，卻加以如此淒慘的刑罰，這都是妲己蠱惑聖聽，以致天下百姓認為父王是無道之君。請斬妲己，以正朝綱！」妲己說：「太子與眾妾同謀，所以妄圖詆毀小妾，請大王做主。」紂王馬上下令，命侍衛錘死殷郊，比干慌忙上前勸阻說：「太子是國家的根本，不可隨意加刑。」紂王後來雖然沒有殺死太子，卻將他貶謫到了荒無人煙，極其僻遠之地。

梅伯入朝覲見紂王說：「姜王后沒有過錯卻被處死，太子沒有罪過而被貶謫。請大王召回太子，復立東宮，臣願代死！」

妲己讒言道：「梅伯和太子他們是一夥的，他們狼狽為奸，謀害小妾。」

紂王問：「那應該怎麼對付他們呢？」

妲己說：「都是因為大王的刑罰太輕的原因，群臣才得以輕侮大王的尊嚴！依妾之見，可鑄一個空心的銅柱，裡面燒火，外塗油脂，讓犯人裸體抱柱，皮肉朽爛，筋骨粉碎，這樣他們才知道你的厲害，朝中也不再會有奸黨了！」紂王立刻按造妲己所說，豎立銅柱，將梅伯的衣服剝光，綁在銅柱之上，頃刻間燒得肉焦骨碎、化為灰燼。

妲己又說：「要是再製一個銅鬥，在裡面加上火。沒有那麼大罪而不至於處死的，讓他們手持銅鬥，就會手腳焦爛，這樣也會有刑罰的輕重之分。」

犯人的慘叫，帶給妲己的是興奮異常。紂王為了博得妲己一笑，立銅柱、銅鬥各數十個，放在大殿之前，只要是有罪的大臣，就會給予這樣的刑罰。從此以後，再也沒有人敢去進諫了。

紂王與妲己看到群臣都畏刑不諫，就變本加厲，恣意妄為，朝夕荒淫歡宴於摘星樓，每次參加宴會者多的三千人，並且讓男女裸體混雜其間，追逐戲謔。

妲己道：「就只是這樣玩，慢慢地也感覺單調了，不如玩點其他的，可以在臺下挖兩個坑穴。一個引酒為池，一個懸肉為林，令各妃嬪裸戲於酒池肉林，互相撲打，勝者浸死在酒池中，敗者投於蠆盆內。」紂王依然大笑，並又是按照妲己的話做了。每天就這樣折磨而死的人不計其數。

紂王好酒淫樂，寸步不離妲己，妲己認為好的就會加之以為貴，妲己所認為不好的就會加以誅滅。紂王又在朝歌與邯鄲之間縱橫千里內，每隔五里建一所離宮，每隔十里建一座別館，終日與妲己乘坐逍遙車，白天在車上歡謔，夜裡張燈結綵，管弦絲竹，整夜飲樂與其中。

大膽假設，殘忍求證

又一日，紂王與妲己在摘星樓上歡宴，當時已是隆冬，天寒地凍，遠遠地看見岸邊有幾個人將要渡河，一些年輕人正遲疑著不敢下水，而兩三個老年人挽著褲子正在涉水而行。

紂王問妲己：「河水雖然冰寒，老人還不害怕，年輕人卻那麼怕冷呢？知道這是為什麼嗎？」

妲己回答：「妾聽說人生一世，是得以父親的精而得以母親的血，才能得以成胎。若父母在年輕時生子，那時他們身體強健，生下的孩子氣脈充足，髓滿其脛，即使到了老年也不會害怕寒冷。假如父老母衰時才得子，那他們

的孩子氣脈衰微，髓不滿脛，不到中年便怯寒怕冷。」紂王聽了感到很驚訝：「竟然有這種事？」

妲己說：「大王你要是不信，你可以將一起過河的人，砍斷他們的脛骨一看便知。」紂王就命人將過河的幾個人活捉到樓下，一人一斧斷去兩腿，果然年老的那些人髓滿其脛，年少的卻骨中空空。

紂王大笑說：「愛妾果然料事如神！」

妲己說：「妾不但能看得出老幼的強壯，即使婦女懷孕是男是女，妾一看便知！」

紂王問：「這怎麼才能知道？」

妲己說：「這也與父母的精血有關，男女交媾時，男精先至女血後臨，屬於陰包陽，因此會生男；如果女血先至男精後臨，就屬於陽包陰，生下的孩子必為女。」

紂王不信，妲己說：「大王不信妾的話，現在就可以到城中到來孕婦驗證。」紂王立刻令兵士捉數十名孕婦，集中在樓下。妲己一一指著說，哪一個懷的是男胎，哪一個懷的是女胎。然後紂王命令手下人剖開孕婦的肚子看看，結果和妲己說的一樣。

後來紂王在妲己的蠱惑下將伯邑考剁成肉醬，比干忠心直言，並指責紂王殺姜王后、殺大臣、謫太子，斥責妲己的暴政，要紂王改過自新，以振朝綱。他還勸諫說：「不修先王的典法，而用婦言，大禍不遠。」這樣，比干激怒了紂王，要殺比干。妲己說：「妾聽說聖人的心有七竅，比干自詡為聖人，剖開比干的心看看如何？」紂王再次聽從妲己亂言，殺比干而且挖出了比干的心。從此朝廷上的忠臣所剩無幾，幾乎都沒有了。

天下各諸侯起兵反對紂王的暴虐。在動盪的戰火煙塵中，最強的是西岐的周武王。在攻入朝歌的牧野之戰中，紂王帶領兵士十萬，但早已人心離

散，臨陣倒戈。最後紂王自知大勢已去，自己登上了鹿臺，身著華服，火焚了宮殿，最後自己投入火中而死。

傳說武王令劊子手斬妲己的時候，因為妲己容顏過於嬌媚，所以劊子手都不忍心下手。再換一個劊子手也是如此。劊子手願意替死都不忍心殺妲己。姜太公日：「我聽說妲己是妖非人。」就高懸照妖鏡，妲己就露出原形，原來是個九尾金毛狐狸。劊子手這才手起斧落，斬殺了妲己。

第二節 神話般的褒姒

周武王滅紂王后，經過數百年的滄桑巨變，傳到了周宣王姬靜，已是風雨飄搖。他為了重振周王朝，力圖加強奴隸制，使衰落的周王朝中興。然而歷史的軌跡不可逆轉，奴隸制已病入膏肓。

周朝時，有一位賣桑弓的男子抱著女孩到一家乞討，而這家裡正好死了剛出生的女兒，一家人為此而正處於傷心之中。

這時聽見門外有人敲門，開門一見是來討飯的，女人的丈夫沒好氣地說：「去去，到別的地方要飯，我家沒有。」

話沒完就用力地關門，賣桑弓的男子沒來得及退出門外去，撞倒在地，這時，他懷中的女孩大哭起來。家裡的女人聽到了孩子哭聲，急忙衝到門外，見一個乞丐懷抱著一個小女孩。

可能是做母親的本性，也可能是上天的有意安排，那女人不顧一切地從賣桑弓的男人懷裡搶過孩子。那女孩到了她懷裡立刻止住了哭聲，親昵地依偎在她的懷裡。

那女人一見女孩倍感親切，立刻將女孩抱回屋去，解開懷中的扣，將女孩餵飽。

賣桑弓的男人見女孩吃奶後甜甜睡去，走上前去要女孩，那女人竟不願意送還。女人的丈夫只好上前開口道：「請問先生家住何方？為什麼一個人抱著孩子乞討？」

賣桑弓的男子將經過仔細地說了一遍。

那男人聽了十分同情，自我介紹說：「在下姓姒，名叫姒大，內人剛剛生下一女，卻不幸夭折了，方才正在房內哭泣，剛才在下心情不好，多有得罪，先生如果同意，此女可放在我家撫養，先生的生活在下幫助安排。」

其實這時賣桑弓的人正為養孩子的問題煩惱，見姒大夫婦願意幫助撫養，真是求之不得，立刻同意。姒大夫妻高興得不得了，不但讓他住下來，還送他不少東西。

姒大夫妻收養了女孩，滿心歡喜，這個女孩就是褒姒。

轉眼間褒姒長到了十六歲，出落成婷婷玉立的少女，她瘦高的個子，皮膚雪白，眉似遠山，口如櫻桃，腰如楊柳，眉眼中透出一股靈氣，真是誰見誰愛，姒大夫妻與賣桑弓的人愛如珍寶。

褒姒性格好動，十分喜愛花與蝴蝶，喜歡在花園中流連。

有一天，褒姒發現了一隻美麗的蝴蝶，便去捕捉，卻撲不到，便一直追出家門。由於一心追趕蝴蝶，不小心與一個路人撞個滿懷。

這個人被撞後大怒，剛要發作，見竟是如此美麗無比的女子，此人滿腔的怒火立刻化為烏有。他仔細打量褒姒，發現此女雖為村女，但卻有傾國傾城之貌，雖是小家碧玉，但卻有一種難以掩蓋的高貴氣質。

褒姒撞了人自知有過，急忙上前賠罪道：「褒姒衝撞了大人，多有冒犯，小女子賠禮了。」

此人忙說：「沒關係，沒關係。」

褒姒剛要再說什麼，只聽院內喊：「姒兒，姒兒。」

褒姒一笑，又對此人一拜，走回到院內去了。

這個人原來是褒國國君褒珦的兒子褒洪德。

褒洪德當時為了救父親出獄，四處奔走，毫無結果。心灰意冷地便到處閒逛，不知不覺走到了郊外，被褒姒撞了一下。

正想要和褒姒說話，沒想到褒姒這麼快就轉身回到院裡去了，褒洪德自言自語道：「沒想到這僻野鄉村竟有如此美色。」

美色、美女，褒洪德不由得想到了幽王四處選美女的事，心中不覺一亮，暗想：父親被囚在鎬京獄中，三年未歸，自己雖然想盡辦法，卻不能打動幽王的心，此女乃獨一無二的絕代佳人，幽王又是一位沉於酒色的昏君，見了此女定會動心，若將此女獻給幽王，一定能夠救出父親。

於是，褒洪德便千方百計把褒姒弄到手。

把褒姒帶到自己的府上，褒洪德知道用她一定能換回父親，便派兩名侍女，先領褒姒去沐浴，然後換上錦繡之衣，每日用美味佳餚去供養，又請人教她宮中禮數、音樂。

褒姒也是絕頂的聰明，雖然以前什麼也沒學過，只要老師教一遍，便能過目不忘。不到一個月，褒姒已成為琴、棋、書、畫無所不能的人，再加上自身的美貌，實是一位多才多藝的絕代佳人，只有一個缺點：褒姒卻從來不笑。

褒洪德見自己的美人計就要成功，心中特別高興，於是又預備足夠的金帛玉器，帶著褒姒來到了京城，在驛館中住下。

他先用金銀賄賂虢公，求他轉奏幽王。

　　虢公是貪財的人，見了褒洪德的金銀滿口應承，第二天便將他的表章遞給幽王。

　　幽王打開表章，只見上面寫著：「臣垧自知罪當萬死。垧子洪德，為替父贖罪，遍訪褒國，得一舉世無雙的美女，名叫褒姒，進獻給大王，萬望吾王赦宥。」

　　幽王看了表章還沒有說話，虢公在一旁說道：「臣聽說此女不僅有沉魚落雁之貌，而且天下少有，足見褒垧子洪德真心贖罪。」

　　幽王聽說褒姒美貌無比，心想：一個褒垧換一個美女值得，自己也可以收買人心，便對虢公說：「既然如此，我先見見褒姒，如果真像卿所說，我便放回褒垧。」

　　虢公得了幽王的旨意，立刻趕到驛館通知洪德。

　　隨後，褒洪德帶著褒姒入朝，幽王姬宮涅先見過褒洪德，然後宣褒姒覲見。

　　褒姒從窮鄉僻壤來到富麗堂皇的宮殿前，心中都是矛盾的心情，她一邊因為要見幽王而害怕，不知這貴為天子的幽王見了自己會如何；一邊又心中充滿了好奇，這高大的殿宇，自己會在美女如林的王宮中怎麼樣？

　　她正在東張西望，只聽殿內傳：「宣褒姒進殿。」

　　褒姒開始緊張，拉著侍女的手不敢入內。

　　侍女安慰她說：「妳姿色過人，幽王一定會喜歡你的，不必害怕，快快進殿吧。」侍女用手一推，褒姒無奈，只好大著膽子向兩邊站滿文武百官的大殿走去。

第二章　紅顏禍水

幽王遠遠望見殿外隨著一聲傳宣，走來一位妙齡少女，只見她緩緩地向殿上走來，風兒吹起寬衣大袖，隨著她一起一伏的腳步舒展，就像九天仙女下凡。

褒姒來到殿上，又緩緩下拜，就像一隻美麗的蝴蝶落在階下，文武百官都屏住呼吸，不忍心將她嚇飛。

只聽褒姒嬌聲道：「民女褒姒叩見幽王，願吾王萬歲萬萬歲。」

幽王聽了這一聲，心中頓時覺得像灌滿蜜糖一般，舒服極了，急忙道：「平身，抬起頭來。」

「謝吾王。」褒姒道。

於是，褒姒慢慢地抬起頭來，目光直視幽王。

幽王仔細一看，只見褒姒雙目凝光，面如白雪，眉似遠山，口若櫻桃，頓時覺得光彩照人，滿殿生輝，幽王心中大喜，暗想：近年來雖然四方貢女不絕，可是論美貌都不及褒姒的萬分之一，真是用盡天下關於形容美女的詞彙，也難以描繪出褒姒的美貌，說她閉月羞花不為過，說她沉魚落雁也不足恰當。不知何時修來的福氣，能得她來陪伴，平生之願足矣。

幽王只顧貪看褒姒的美色，忘了殿下的文武群臣。

褒姒見幽王死死地盯著她，很得幽王喜歡，害怕之意也就消失了，膽子大了起來，更是顯得大方瀟灑，幽王見了恨不得立刻將其擁入懷中。

幽王此時已早就無法控制自己的情緒了，連忙下令放走褒洪德的父親，只是向殿下揮了揮手，便轉身進入後宮去了，值殿官只好宣布退朝。

幽王回宮後直入瓊臺，褒姒剛剛出浴，幽王便闖了進來，只見褒姒滿身香氣，面帶水珠，恰似一朵出水的芙蓉，美豔絕頂。幽王見了難以自持，急忙上前抱入懷中。

褒姒雖然已經十六歲，但卻是初入風月，心中難免會有膽怯，被幽王抱在懷中，又喜又驚，身上不覺微微顫抖。

幽王道：「美人不必害怕，從今以後一切由我做主，這高大的瓊臺和無數的宮女都歸妳支配，妳就是這宮殿的主人了。」

褒姒雙目含情地望著幽王，要跪下謝恩，此時的幽王把她緊緊摟住，說：「美人不必多禮。」

幽王被褒姒如火的情目一看，再加上那少女的胴體傳給他的溫情，好色的幽王早已魂飛魄散，揮手令宮女們退下，脫下褒姒的浴衣，少女那美麗的胴體顯露在幽王面前。

從此之後，幽王與褒姒形影不離，坐必疊股，行必並肩，飲酒必交杯，食必在同器，一連十日不朝，群臣在朝門外望眼欲穿，無論什麼緊急軍國大事，幽王一概不問，好像是只要他一離開褒姒，褒姒就會飛走似的。

幽王每日仍然與褒姒飲酒作樂，全不把國事放在心上。褒姒懷胎十月，生了一個兒子，幽王更是愛如掌上明珠，取名伯服，心中產生了廢嫡立庶之意，可是太子與申后並沒有什麼不對或是失德的地方，也就沒有理由去做什麼了。

有一天，幽王去上朝，褒姒獨自留在宮中，她望著身邊的幼子，不禁想起了太子宜臼。太子啊，太子，將來不就是周天子嗎？一種念頭在她腦海中油然而生，她心裡想：宜臼能做太子，為什麼我的兒子不能做太子呢？既然都是龍種，他能做，我兒自然也能做，只要陛下一道旨意就可以達成。

褒姒此時已二十歲，她不僅深得幽王的寵愛，也深悉宮廷鬥爭的險惡。她現在已不僅只是取悅幽王，而且開始為自己和兒子的將來打算了。

她想：皇上現在對自己如此寵愛，言聽計從，最根本就是還不是因為自己的美貌吸引了他，如果有一天我人老珠黃，他還會對我仍然一如既往、

寵愛不衰嗎？不！他一定會移情別戀，到時候我也會與被打入冷宮的妃子一樣，一個人孤孤單單地老死、病死。我為什麼不把握住現在屬於自己的「寵愛」的時候，得到我應該得到的一切呢。

可是褒姒這時又想到：不行，雖然成功奪取太子位，但是扳倒申后恐怕不是那麼簡單，這絕不是我褒姒單單僅靠寵幸就可以達到，朝中還得有能夠幫助我說話的大臣。可是，又一想：自己乃一農夫之女，沒有申后那樣的靠山，誰敢為我說話呢？

突然間她想到了兩個人，我何不借用他們的力量呢？褒姒心想，這兩個人位列三公，又是幽王的心腹，幽王的話他們從不敢違抗，而且又不是申后的人。

褒姒打定主意，一時感覺心裡舒服多了，讓宮娥將兒子伯服抱出宮去，自己則坐下撫琴。她剛剛掀下蓋琴的罩布，只見宮娥來報：「稟告主人，虢公、尹公在臺下求見。」

褒姒聽說虢、尹二公來見，心想：我正要借助他們，沒想到他們竟不請自來，真是天助我也。急忙令宮娥道：「快請！」

虢、尹二公應召進入瓊臺，見褒姒端坐在上，急忙雙雙跪下道：「臣等叩見。」

褒姒聽了說道：「二位大人言重了，我褒姒何德何能，怎麼敢受此大禮，此禮只有申后才可接受，想必是二位大人走錯門了吧？」

虢、尹二公聽了相視一笑，說：「臣豈敢妄言，依臣等看來，娘娘雖然還沒有變成王后，可是這不過是遲早的事。那申后雖是一國之后，她無才無德，是靠了申侯才坐上王后之位。現在太子被逐，她便成了籠中之鳥，怎麼比得上您才德兼備，貌似天仙，又有皇子伯服以及幽王的青睞，王后之位非娘娘莫屬。」

實際上褒姒方才的話不過是過河前拋一塊石頭試試水的深淺罷了，見二公這樣如此一說，便也明白了這二公還是可以用和，便又說道：「二公的話我實不敢當，不過申侯勢力強大，誰敢去扳倒她的妹妹？這個罪可不小啊。」

尹公道：「王后之位雖然不能馬上謀取，可是如今太子被幽王逐出皇宮，為什麼不先想辦法去奪取太子之位呢？外有老臣等人鼎力相助，內有您的枕邊之風，何需煩惱大事不成？」

褒姒聽了二公所說，大喜，急忙下拜道：「我母子若得二公相助，實在感激不盡，請受我一拜。」

二公本來就是要討好褒姒，鞏固自己在朝中的地位，那申侯兄妹忠直為國，每每在幽王面前揭其短處，二公早視為眼中釘，肉中刺，總是時刻擔心位置不穩。褒姒被寵，他們早就想取悅褒姒，但就是沒有機會，如今太子被逐，伯服深得幽王寵愛，幽王也早有立其為太子之心。虢、尹二公本來就是讒諂小人，便來找褒姒，準備內外一齊發動攻勢，希望幽王為早行廢立之事，這樣一來既去掉二人的心病，又可以得到褒姒的信任，一箭雙雕。

褒姒又道：「我聽說母以子貴，又聽說有長不立幼，有嫡不立庶，如今申后還仍然是皇后，她的兒子又並無大過，怎麼能輕意說廢就廢。」褒姒的意思，二公明白，便說：「您的意思臣等已知，眼前應該做的就是應先抓住申后與太子的失德之處，便能一舉成功。」然後壓低了聲音說道：「您怎麼不這樣做呢，臣保證您成功。」褒姒聽了二公的話嚴肅地點點頭，道：「多謝二位卿家指點，本宮明白了。二位卿家放心，有朝一日伯服掌握了周室大權，一定不會忘了二位賢卿。」

就這樣，一個出身奇特而又美麗無比的女子 —— 褒姒，經過宮廷鬥爭，終於坐上了周幽王的王后這個寶座，這一年她才二十二歲，從入宮到坐上寶座前後也不過六年。褒姒在這場宮廷鬥爭中大獲全勝，可是自褒姒入宮以來

第二章　紅顏禍水

雖然風光無比，沒有做不到的事，現在又獲專席之寵，然而卻沒有任何人見她笑過。幽王覺得像褒姒這樣的美人如果開顏一笑，不知該有多美，所以他想方設法要讓褒姒一笑。為此幽王召來樂工鳴鐘擊鼓，品竹彈絲，褒姒雖然說好，可就是不笑；幽王又請來朝中著名的歌舞大師，將各種民族歌舞拿來讓褒姒看，褒姒雖然稱妙，但還是不笑；幽王又找來滑稽大師，講盡天下笑話，褒姒雖然也說開心，但卻仍不笑。

幽王為此傷透了腦筋，問道：「我想盡辦法令妳開心，為何不開顏一笑？妳喜歡什麼，只要妳說要，我無論如何也要為妳找來。」褒姒道：「臣妾生來不愛笑，也沒有什麼喜好，陛下何必如此。」說來也怪，周幽王心裡很不是滋味，心想：我貴為天子，天下的一切都是我的，我想要的東西就一定會到手，何況只為博得褒姒一笑，有什麼難的。於是，幽王下了一道命令，只要有誰能讓王后一笑，周幽王立賞千金。這道命令一下，朝中奸佞想盡了辦法，仍然不見王后開笑顏。

有一天，虢石父突然想出一條妙計，入宮來見幽王，道：「陛下，臣想出一條妙計，可使王后一笑。」第二天，幽王帶著王后和朝中文武百官，一同來到驪山。晚上在驪山行宮的最高處設宴，叫來歌舞侍候。酒過數循，幽王開口道：「宮監在哪裡啊？速速傳命，令管烽火的士兵點上烽火，我與王后要看烽火與諸侯勤王的奇觀。」此時鄭伯友還在朝中，聽見幽王下令點烽火，大驚失色，急忙上前跪奏道：「陛下，煙墩是先王為朝中發生了緊急軍情而設，現在無緣無故要點燃烽火，是在戲弄諸侯。今天陛下若點燃烽火，諸侯便會不顧一切地趕到驪山下，只要發現被愚弄，來日若有什麼緊急軍情，即使再點十次百次烽火，諸侯也不會再信，陛下便會處在危險的境地，國家危矣，其後果也難以想像。」此時的幽王只為博得褒姒一笑，什麼國情，信任全然不顧，見鄭伯友相勸，頓時大怒，道：「現在天下太平，有何事需要徵

兵！我今天與王后來遊驪山行宮，沒有什麼可以消遣，這才想與諸侯玩個小小遊戲，他日若有事，與卿無關，下去。」鄭伯友見百勸不醒，徒勞無功，只好搖頭嘆氣地退了出去。

幽王再次下令點烽火，只見火光衝天，狼煙四起，黑煙直透雲天，百里之內都能看見。畿內諸侯見烽煙烈烈，懷疑都城鎬京有變，個個連夜調兵遣將，十萬火急地策馬向驪山奔來。各路諸侯先後都在三個時辰內趕到，一隊人馬精神抖擻，滿懷著抵禦外寇的忠義之心，卻沒有見戰火兵亂，只聽見驪宮上鼓樂齊鳴，歌舞不斷，幽王與褒姒在高臺上飲酒取樂，只派宮監對諸侯說：「各路諸侯辛苦了，大王今日點火只是為了讓新王后看看諸侯救駕的情景，幸好並沒有什麼無外寇入侵，不勞眾位遠涉，可就這樣回去的話，大王定有賞賜。」諸侯聽了面面相覷，知道受了幽王的戲弄，一個個搖頭嘆息，無可奈何，來的時候精神滿旺，回去的時候垂頭喪氣，再加上趕路，人困馬倦。只見皆是擲旗而回，無精打采。褒姒站在驪山的城樓之上，憑欄遠望，見各路諸侯見了烽煙都來勤王，跑了大老遠，原來並無一事，空跑一場，不覺撫掌大笑道：「好玩，太好玩了。」幽王見褒姒終於開顏一笑，心花怒放。果然褒姒人美，笑也與眾不同，用笑顏逐開來形容實不恰當，說是一朵綻開的白蓮花也覺不足，幽王道：「好極了，我終於見到這千載難逢的一笑。妳這一笑可謂是百媚俱生，無人能比，此乃虢石父之大功。」回頭又道：「虢石父何在？」虢石父道：「臣在。」幽王道：「愛卿獻計有功，快取千金立賞。」虢石父心花樂開，只因一句就得千金，真是難得的好事啊。只因為幽王千金買來褒姒一笑，後世便有了千金一笑的成語。而烽火戲諸侯也成了千古論昏君的笑語，後世有一詩人，曾經寫下一首懷古詩，詩云：「良夜驪宮奏管簧，無端烽火灼穹蒼。可憐列國奔苦馳，止博褒姒笑一場。」

　　褒姒自從驪山一行笑是笑了，卻不由又多了一個心事，她見諸侯兵馬如此浩大，僅次於周天子，心想：申后與太子雖然被廢，可是申侯也是稱雄一方的諸侯，而太子又在申國，如果有一天興兵來犯，大軍攻來或幽王死後借外家之兵馬來奪王位，我們母子不是更加危險，忽然又有了這樣的想法：不如斬草除根，免得留下後患！

　　褒姒已經打定主意，下一步就是要發動柔情攻勢，令幽王殺死太子，奪申侯的權，保自一生一世的富貴榮華。於是，褒姒又精心地將自己打扮一番，就等著幽王入她的寢宮了。

　　須臾幽王來到，褒姒邁著輕盈的腳步迎了上去，見了幽王緩緩下拜道：「恭迎大王。」

　　幽王本來見了褒姒的美貌就魂不守舍，今天褒姒的打扮又別出心裁，只見她雙眉濃淡相宜，頭髮流成高髻，頰的兩邊梳下兩絡烏絲，紮成蝶形，頭上點綴上頭飾，步搖叮咚作響。身上穿著薄薄的紗衣，下穿大裙，外披五彩衣，緩步行來，就似嫦娥臨凡，令好色的幽王意亂神迷。

　　褒姒在正宮設宴，又令宮娥奏樂起舞，自己則殷勤地獻酒，迷得幽王不知東南西北。

　　褒姒趁機道：「臣妾得到大王如此的寵愛，享盡了人間的榮華富貴，心願已足，可是……」

　　褒姒說了半句話便住口，吊足了幽王的胃口，令幽王十分著急，問道：「可是什麼？妳有什麼心事放心對我說來，我一定會辦到。」

　　褒姒道：「不說也罷，王上何必為臣妾煩惱。」

　　褒姒越是不說，幽王越是追問，褒姒裝出無可奈何的樣子說：「臣妾自那日在驪山見到諸侯的兵馬後，開始為我母子的將來擔心。諸侯如此強大，申

后的兄長便是申國的國君，太子又留在申國，至今還在，有朝一日王上千秋之後，太子若借外家兵馬來征討，我母子生命難保。」

幽王聽了哈哈大笑，道：「我以為是什麼了不起的事，原來是為了廢太子的事。申侯雖然獨霸一方，可是想要殺要貶還不是我的一句話啊。我這就下旨，令申侯殺死廢太子宜臼，他要是不服從，我就立刻削官滅國。」

申侯聽說幽王寵愛褒姒，無故廢了申后和太子，立褒姒為后、伯服為太子。申侯心中不服，欲修書勸諫。不料諫書未發，又聽說幽王為了博得褒姒的千金一笑，不惜烽火戲諸侯，而今又下旨令自己親手殺了外甥，他怎麼能會遵從旨意呢，便不顧一切地寫了一封諫書，其大意是：過去夏桀因為寵愛妹喜，而使夏朝滅亡，商紂王因為寵愛妲己，結果又導致了商王朝的滅亡。現在大王又寵信褒姒，廢嫡立庶，既背棄了夫婦之義，又傷父子之情。今天又令臣殺了太子，而取悅褒姒。難道陛下不怕桀紂之事又在現在重演嗎？望吾王收回成命，復申后及太子之位，可免亡國之禍端。

申侯寫完表章，派心腹之人連夜送到鎬京，呈給幽王。幽王見了申侯的表章不知自醒，反而拍案大怒，道：「逆賊！敢把我比做亡國之君。」

虢石父道：「申侯見太子被逐，久懷怨望之心，現在聽說王后與太子一同被廢，大王又令其殺太子宜臼，故而膽敢暴數大王之過。」

幽王道：「申侯不聽我的旨意，如何發落？」

虢石父道：「其實申侯本無功勞，無非是因為是王皇后兄，因此才將他封為侯。現在王后已廢，申侯又違抗天子之命，也應貶爵，仍舊為伯，然後大王發兵征討，將申侯與太子殺掉，自然可免除後患。」

幽王准了虢石父所奏，立刻下令削去申侯的爵位，令虢石父為將，討伐申侯。

不料申侯送信時已在鎬京留有探信之人，探得此信後立刻飛馬回申國。

第二章　紅顏禍水

這個時候申侯已入睡，聽說京中來人報緊急軍情，立刻披衣而起，將其召入密室。

探子跪下稟報道：「啟奏申君，大事不好了，幽王不但不接受申侯您的勸諫，反而下旨奪爵，將發兵征討，還請申君快做決斷。」

申侯大驚失色道：「沒想到幽王如此昏庸。」

於是申侯連夜召集部下開會，商量對策。申國中的大臣和將士見幽王荒淫無道，早已恨之入骨，齊聲要與之決戰。

申侯道：「幽王雖然無道，可其精兵強將多啊，我國小兵微，怎麼能抵得過王師啊？」

大夫呂章道：「申君，如今天子寵愛褒姒，廢嫡立庶，三綱已廢，忠良紛紛去位，萬民皆怨，雖然是泱泱周朝天子，實乃是籠中一孤虎，沒什麼可怕。今天西戎兵力強大，與申國接壤，申君何不速速致書戎主，借其兵與周天子相抗，一可以保救王后之命，二可以令天子傳位於太子宜臼，這才是最好的決策啊。」

申侯聽了猶豫不決，眾臣道：「申君難道未聞『先發制人』語，機不可失矣，否則王后、君侯、太子命在旦夕，申國百姓也要遭殃。」

說完，眾臣一齊跪下道：「申君，我等皆追隨於你，快快決斷吧。」

申侯見了仰天道：「先王啊先王，並非臣等逆主在國，實出於萬般無奈，討伐幽王后一定斬妖女，重振國威。」

說罷上前扶起眾臣，備下了一車金帛，遣人將書送往西戎借兵，答應破鎬京之後，府庫中的金帛可以讓他隨便拿。

西戎素與周朝不和，見申侯前來借兵，說道：「周天子失政，寵信奸佞，獨愛妖女，無故要廢后殺子，人性天良都已喪盡。申侯本為國舅，你前來召

我一起共同誅除這無道昏君，扶立原太子，這就是滅紂興國之道，也是我的願望，我怎麼會有不發兵之理呢。」

於是，發西戎兵一萬五千，分為三隊，孛丁為右先鋒，滿地速為左先鋒，戎主自只見槍刀林立，旌旗遮日，三軍浩浩蕩蕩向鎬京進發。

申侯也率本國兵馬跟在其後，浩浩蕩蕩，來個出其不意，殺奔鎬京而來，將鎬京圍得風雨不透。

幽王正在宮中與褒姒嬉笑，突然聞變，大驚失色，道：「我謀事不密，致使大禍先臨。沒想到我兵未動，而戎兵則先到了城下。」

立刻召集文武百官，商量對策。

虢石父道：「大王火速派人到驪山點起烽火，諸侯的救兵必至，大王與諸侯內外夾攻，必能取勝。」

幽王聽此一說，也想起了此法，便立刻到驪山點火，怎奈前次幽王烽火戲諸侯之事後已威信掃地，烽煙點起，諸侯都認為幽王又在戲弄自己，誰也不起兵前來。幽王大失所望，本國救兵不到，而西戎兵馬卻日夜攻城，便對虢石父說：「我不知賊勢強弱，卿可速速帶兵出城，與之交戰，我必率將士緊跟其後。」

其實虢石父並不是能上戰場之人，本是靠拍馬屁升官的。如今幽王寵信佞臣，忠良已盡退去，朝中已無大將可派。

虢石父自知不是西戎將士的對手，又不敢不去，只好率領二三百兵車開門迎敵。

申侯在陣上望見虢石父出城，對戎主道：「此人乃是欺君誤國之奸佞小人，千萬不可放走此人。」

於是舞刀拍馬，直取虢石父。兩個人鬥不到十個回合，孛丁越戰越勇，虢石父只有招架之功，已無回手之力。冷不防孛丁虛晃一招，回手將虢石父斬於車下。

戎主見孛丁獲勝，與滿地速一齊殺入周兵陣中。周兵大敗而歸，戎主揮軍拍馬追趕，砍落吊橋鐵索，衝入鎬京。戎兵入城後不分青紅皂白，逢人便殺，遇屋便放火，申侯也阻擋不住，只得任其燒殺搶掠。

幽王剛想閱兵迎敵，見戎兵已攻破城池，殺到宮前，只好用小車載著褒姒和伯服，從後門逃出宮去。

司徒鄭伯友從後面趕到，高叫：「吾主勿驚，臣保駕來了。」

於是保護幽王車駕出了北門，繞道來到驪山行宮，途中又和尹球相遇，道：「大王，戎兵焚燒宮室，搶掠寶庫，祭公已經死在亂軍之中。」

幽王聽了嚇得心寒膽戰，一句話也說不出來。司徒鄭伯友令軍士再次點燃烽火，向諸侯求救。然而烽煙透九霄，救兵仍然不到，幽王面似鐵灰，無計可施。

一會兒戎兵在宮中找不到幽王，揮軍追到驪山之下，將驪山行宮團團圍住，四周不斷有人高叫：「休要放走了昏君！」

幽王與褒姒抖做一團，相對而泣。

西戎主在進攻時見車上之人袞袍玉帶，知道必是幽王，也不搭話，上前一刀將其砍死，太子伯服也被殺死。戎主見車中一盛裝女子美豔無比，心想：此人可能就是褒姒，便饒其不死，用輕車載回，帶歸大帳中取樂。尹球躲在車內，被戎兵搜出殺死。

幽王從繼位到現在只有十一年，身首異處，真的應驗「厭弧箕箙，幾亡周國」之話。

申侯來到城中，見宮室大火，急忙引本國兵一路上撲滅大火，又將申后從冷宮放出，帶人來到瓊臺，不見幽王和褒姒，才知道已逃出城去，慌忙追趕，唯恐戎兵傷了周天子。剛剛來到宮門口，迎面撞見戎主，雙方先各問勞苦，然後申侯問道：「戎主可看見周天子？」

戎主笑道：「已被我殺死車中。」

申侯聽了大驚失色，道：「孤初心不過是想要糾正天子之過失，並不想傷他性命，今天事已至此，後世必罵孤不忠矣。」急忙令人收屍安葬。

戎主見了笑道：「國舅此舉乃婦人之仁也。」

申侯也不回話，回宮款待戎主。而後戎主盤踞鎬京不退，以功臣自居。太子宜臼繼位，史稱周平王。

鎬京經過戰火之洗禮，已經是滿目瘡疤，再加上戎主不斷侵擾，只好將周朝國都東遷到洛邑，開始了東周的歷史。

褒姒被戎主掠去後，每天還是陪戎主作樂，沒有想到戎主獨自盤踞於北方，不斷侵擾周朝邊境，最後諸侯聯合起來，共同抗戎，攻破都城，戎主倉皇出逃，褒姒沒有來得及跟隨其一起逃走，又自知再無顏面見到周朝諸侯，就自縊而死。

第三節 第一美女西施

說西施是「禍水」有點不公平，有時候，我們都可以把她當做英雄對待。一個弱小的女子，把自己的青春獻給了自己的國家，不能跟喜歡的人在一起，又不時背上禍水的惡名……

古代美女中最不容易的一位，應該就是西施了。也許只有當時的環境才會造就出如此偉大的女性來。那時候的男人們應該感到羞愧。

西施，名夷光，春秋戰國時期人，天生麗質。

據說在西施故里諸暨，有一條浦陽江。西施生在江的東邊金雞山下鄭姓家，是由蕭山遷來的客民之女，外祖母在江的西邊姓施，西施寄住在外祖母家，幼時常在江邊浣紗。到了今天，苧蘿山下，江邊石上，還有晉代王羲之寫的「浣紗」兩字，因此，這段江又叫作浣紗溪。

越國當時對吳國稱臣，越王勾踐臥薪嚐膽，想著有一天能重新復國。在國難當頭之際，西施忍辱負重，以身許國，與鄭旦一起由越王勾踐獻給吳王夫差，成為吳王最寵愛的妃子。把吳王迷惑得眾叛親離，無心國事，為勾踐的東山再起創造有利條件。後吳國終被勾踐所滅。傳說吳被滅後，西施與范蠡泛舟五湖，最後不知所終。

范蠡的出現有如陽光照亮了西施的整個人生，從此西施的生活開始平步青雲。

西施與楊貴妃、王昭君、貂蟬並稱四大美女，其中西施居首，是美的化身和代名詞。

春秋戰國時期，吳越兩國相爭，吳國兵強馬壯，很快打敗越國，把越王勾踐和宰相范蠡押作人質。越王為報滅國之仇，暫棲於吳王膝下，裝得十分老實忠誠。一次吳王肚子疼，請來大夫也沒有看出什麼病。越王勾踐得知後就當著吳王夫差的面，親口嘗了他的糞便，說：「大王沒什麼病，是著了涼喝點熱酒暖暖就會好的。」吳王照勾踐說的，喝了點熱酒，果然好了。吳王看到勾踐這樣忠心，就將他放回越國。勾踐回國後接受范蠡獻的復國三計；一是屯兵，加緊練武，二是屯田，發展農業，三是選美女送給吳王，作為內線。

范蠡玉樹臨風，才華橫溢。范蠡領命，來到苧蘿山下，正遇到溪邊浣紗的美女西施。五官端正，粉面桃花，傾城傾國。她在河邊浣紗時，清澈的河

水映照她嬌倩的身影，顯得更加美麗，這時，魚兒看見她的倒影，忘記了游水，漸漸沉到河底。從此，西施「沉魚」的事蹟，在附近流傳開來。范蠡在看到西施的第一眼就顛覆了自己前半生建立的美女概念 —— 眼前西施美得簡直沒辦法用語言形容，她就是大王千辛萬苦要找的那個可以救國的第一美女啊。西施從水中看到了夕陽映襯下范蠡的倒影 —— 這不就是夢中騎著白馬的翩翩少年嗎？兩人一見鍾情。西施跟隨范蠡一起來見越王，勾踐看到西施，果然是天姿國色，絕代佳人。

可是當西施聽到勾踐要將她選送吳王，恰如冷水澆頭，剛剛升起的愛情希望破滅了，哭著對范蠡言道：「妾只想將身許君。」

范蠡一時不知說什麼是好，只得勸道：「娘子美意，我豈能不知！但社稷廢興，全賴此舉，若能前往，則國或可存，你我二人尚且後會有期，還望娘子三思。」

西施聽了范蠡說的話，心如刀絞，五內俱焚，但她面對國君與心愛之人的期盼，她咬了咬牙，答應了。勾踐命人教西施學習歌舞。西施天資聰穎，學歌則歌喉清亮，習舞則舞姿翩翩。臨行前越王囑她要誘吳王戀酒迷花，去賢用佞，以便為國報仇雪恥。西施被選送到吳國後，吳王一看西施長得如此漂亮，對西施百依百順，終日沉溺於遊樂，不理國事，國力耗費殆盡。越王勾踐乘虛而入，出兵攻打吳國，成功復國，西施功不可沒。

西施進入吳宮，吳王夫差果然被她的美色所動，整天相伴不離。為了博取西施的歡心，吳王總是迎合她的想法。吳王每日縱情聲色，朝歡暮樂，對西施言聽計從。各地送來的貢品，首先要讓西施挑選。這年暑夏，越國向吳王進貢一批李子。夫差馬上命宮女將這些李子送給西施品嘗。西施聽說這是故國送來的李子，觸物生情，又回憶起春天漫遊梨園的情景。她真想生一對翅膀，立即飛回越國，哪裡還有心思來品嘗這些李子。

第二章　紅顏禍水

　　一會兒，吳王走進宮來，見宮女送來的李子，還原封不動放在案几上，就說：「這樣好的貢果，為何不嘗？」

　　西施答道：「這李子採下來太久了，味已不鮮。」

　　「我命他們立即貢來一些新鮮李子！」吳王說著即欲傳旨。

　　西施搖搖手說：「兩地相距遙遠，路中耽擱難以保鮮。我想去李園親自採摘品嘗。」

　　聽說西施要出遊品李，吳王一口應從。於是興師動眾，選派一批宮女，陪西施前往李園。西施來到檇李城，回到故國鄉土心情十分舒暢。只見城裡城外，李樹連片成行，樹頭綴滿殷紅的李子，景色優美動人。她在一群宮女的簇擁下，信步來到李園。

　　那成熟的李子，青裡透紅，密綴黃點，外披白粉，其味誘人。西施隨手採下一顆，用指甲在李子頂部輕輕一掐，頓時果汁橫溢，香氣入鼻。放到嘴邊一吸，李汁猶如甜酒。西施連吃數顆，竟被醉倒了。從此，人們就給這裡的李子取名為「醉李」。因「醉」與「檇」同音，且這座城池名檇李，後來人們就把這裡的李子稱為檇李。

　　說也奇怪，自從西施來過李園以後，這裡長出的檇李，果子頂部都有一條形似爪痕的瘢紋。人們都說，這是西施吃檇李時留下的指甲印，稱它為「西施爪痕」，猶如牡丹有貴妃指痕一樣，流傳千古，引為美談。清朝朱竹姹太史曾寫道：「聞說西施曾一掐，至今顆顆爪痕添。」

　　美人也應該有美的傳說，李子得到了西施的加持了。於是現在的李子的確是果中極品。

　　越國最出色的美女就是西施，有多少男人為之神魂顛倒。所以她擔負起了復興越國，從內部攻破吳國城堡的重要使命。沿著胥江，西施的花船駛進

了吳國，望著濁浪翻湧的胥江，西施心中暗想：既然來了，定把在胥江上來往的吳國人玩弄於股掌之間！

當西施身披輕紗出現在吳王夫差面前時的那一刻起，她就知道，自己可以救勾踐救越國百姓了。西施的絕世容顏和柔言媚語讓好色的夫差難以自持。與之相比，吳宮的其他美女皆不入夫差眼中。不久，夫差得知晉國王宮比吳國王宮豪華漂亮，心中十分不高興，為了取悅西施，他拒聽伍子胥修水利工程造福社稷之良言，而接受奸臣桂坤的建議，大興土木，專門為西施建造一座天下最豪華的宮殿。

宮殿落成，雕梁畫棟，極盡奢華之能事，名為「館娃宮」。

從此，夫差和西施在館娃宮中日夜笙歌，不理朝政，伍子胥不斷勸諫夫差，提醒他注意越國的動靜。夫差每次都哈哈大笑道：「相國多慮了！」而後置之不理。但伍子胥也被西施的美貌所吸引，幾次躍躍欲試，想從西施身上揩點油，但西施最害怕的人是伍子胥，西施總是像逃避太陽的雪人一樣逃避著伍子胥。惱羞成怒的伍子胥對此一籌莫展，他密謀暗殺西施，但每次行動都被范蠡派的專門侍衛所阻，對此伍子胥十分苦悶。而西施卻把伍子胥屢屢調戲她的言行告訴夫差，引起夫差的不滿，他開始仇恨伍子胥。

西施日日夜夜都要去面對著荒淫的夫差，時時盤算著該如何除掉伍子胥，她在流經館娃宮下的香溪邊常常對鏡梳妝，甚至與夫差在河中裸泳採蓮，沿著胥江前往越國的吳國船隻漸漸少了，它們都改道香溪，進貢獻物給西施，陪侍在夫差左右。夫差已完全被西施的枕邊蜜語迷昏了頭，他把警惕的目光投向千里之外的齊國，他不再將警惕的目光對準臥榻之側的越國，伍子胥則一眼洞穿了西施的把戲，苦諫夫差，力主將矛頭指向越國。不久前方傳來捷報，吳軍得勝歸朝，從此伍子胥的言語再也傳不進吳王的耳朵，他對伍子胥的怨氣與日俱增。

第二章　紅顏禍水

　　有一次，夫差和西施正在魚水之歡時，白髮蒼蒼的伍子胥又來勸諫，夫差終於忍無可忍，火冒三丈，丟給他一把劍，逼他自盡。伍子胥氣得渾身顫抖，悲憤地說：「我死後，把我的頭顱掛在城門口，我要親眼看看越軍是怎樣打進城來的，否則，我死也不瞑目！」

　　西施進宮後的第十年，吳國遇到了百年不遇的大蝗災，范蠡覺得復國時機已到，讓越國進貢大批煮過的穀種給吳國。接著，吳國與晉國因小事產生了矛盾，范蠡抓住這千載難逢的時機，讓手下扮作晉國軍隊侵擾吳國。夫差攜大臣桂坤親自帶兵出征，夫差、桂坤不善兵法，很快輸得一塌糊塗。勾踐趁機揮兵攻打吳國。夫差兩頭受敵，迅速潰敗。越王的大軍兵臨城下時，伍子胥的頭大如車輪，在空中呼嘯往來，竟一時嚇呆了越軍。如夢初醒的夫差這才想起伍子胥的話來，憶起紅顏禍水這句古訓，懊悔莫及，高高舉起了寶劍，對準了西施美麗的胸脯，可是廝守十年的情感已讓他難以下手。夫差最後只得自己揮劍自刎，就像一粒微不足道的塵埃永久地消失在歷史的風雲變幻中。

　　越王終於如願以償，滅了吳國，十年的仇怨也已經報了，勾踐想許以高官厚祿加封范蠡、西施等，范蠡知道鳥盡弓藏，兔死狗烹的道理，堅決辭官回家。

　　范蠡狠心將她送到吳國，這是西施心裡一直都不能釋懷的。所以回國以後就再不理睬他，自己回老家去了。范蠡寫了一封深情的情書給西施：「我是一棵孤獨的樹，矗立在路邊已經幾千年，寂寞地苦苦等待，只為了有一天，看到妳從路邊走過。我期待著為妳轟然傾倒！」

　　其實西施在吳國的時候是身在吳國心在越，時刻惦念自己的心上人，范蠡寫了如此深情的情書，女孩子哪經得起這樣轟炸，更何況范蠡深知越王勾

踐是一個可共患難不可共用天下的小人。後來范蠡就帶著心愛的西施逃往五湖四海，從事經商，不再過問朝政。西施和他幸福地度過了後半生。

男人做錯了事總喜歡把責任推到女人身上，其實西施對於吳國的滅亡沒什麼責任，因為當時女人沒權，沒勢，又沒地位。大概越國人也沒把西施當成拯救越國，把越國老百姓從水深火熱中解救出來的人。

人們為她設計了一個美好的結局，算是表示對西施的同情，也算是對她辛酸付出的一點回報。另一個版本的結局是：吳國滅後，范蠡留下一封信就不見了。再另一個結局就是西施被沉水而死。我們經常把歷史事實美化、淡化，把女人看做是可以興國、可以亡國的神佛。男人們可曾想過，在他們創造了西施輝煌的形象之後，他們自己內在的怯懦與虛弱也就展露無遺了！

我們津津有味的品嘗著數千年前美好而又遙遠的故事。我們共同塑造了西施的形象，但是千古間有人替西施想過嗎？把利用他人視為理所當然的我們，人性又在什麼地方呢？這是值得我們思索的。

西施這個最美的存在，卻承載了政治、人性的險惡。因為這種鮮明的對比而諷刺，也讓西施這個人更加動人。

從吳國的角度來說，西施就是「紅顏禍水」，但是從越國的立場來看，西施就像是一位「英雄」，是個了不起的人。夫差的滅亡和她還是有一些關係的，當然夫差在戰略決策上，在戰爭指揮上犯下了更加不可饒恕的錯誤。由於西施對夫差使出的美人計發揮巨大作用，所以越國才得以留存，也導致夫差最後國破人亡。

第四節 叛亂與貴妃

　　歷史上騷人墨客總說楊貴妃以一己之力把盛唐推向了衰弱，女人誤國、紅顏禍水云云。可是當我們更深層的想一想，如果沒有楊貴妃，會不會有張貴妃、李貴妃呢？和西施一樣，把這麼大的責任推到了一個女子的身上，是讓男權社會下的男人們很丟臉的事，但是這卻是男人們很喜歡做的事……

　　楊貴妃，本名楊玉環，唐代蒲州永樂人。通曉音律，能歌善舞。楊玉環的故事很多，關於她的詩詞也很多，藉由詩詞的描述，我們也能大致了解到楊玉環的一生。

　　唐玄宗開元七年（西元七一九年），絕世佳人楊玉環降生於西蜀。二十一年之後，唐玄宗幸驪山溫泉宮初見楊玉環而為其姿質豐豔、倩盼警穎、舉止閒雅所傾倒，立即度為女道士，居住太真宮。天寶四年（西元七四五年）冊封玉環為貴妃，從此在中國歷史上發生了一個帝王與後妃的愛情悲劇故事。它竟是唐王朝由盛到衰過程中的主旋律，既是那麼哀豔動人，而又包含著深刻的歷史教訓

　　楊貴妃祖籍弘農華陰（陝西華陰），後來遷居蒲州（山西永濟）。其先祖都是高級官員，曾祖父令本也還作過金州刺史，此後家道衰落。父親玄琰任蜀州司戶參軍。蜀州在西蜀，轄晉原、青城、新津、唐興四縣，州治晉原縣，司戶參軍是州裡主管民戶的佐吏，屬初等職官。楊玄琰大約於開元初年在蜀州供職。歷史文獻中有貴妃「父玄琰，蜀州司戶」的記載，但只有宋初學者樂史的《楊太真外傳》較詳談到貴妃的出生地：「父玄琰，蜀州司戶。貴妃生於蜀，嘗誤墜池中，後人呼為落妃池。池在導江縣前。」導江縣即今都江堰市，與蜀州接鄰。導江縣前的落妃池，在今都江堰市聚源鎮導江村，遺址猶存。池是圓形的，較小，占地一畝多。周圍是肥沃的農田，金黃一色的稻穀；池邊有一圈當地人稱為「水東瓜」的樹木，芳草如煙，青蒼蔥茜，景

色秀美。貴妃在孩提時喜愛在池邊玩耍，不慎落入此池中，這個小池因而得名。明代著名文學家楊升庵有詩云：「妃子池蓮玉女房，溫柔元近白雲鄉。光涵色界三千頃，潤及華清第一湯。」

詩人們都聯想到這個小女孩子後來在華清宮溫泉賜浴，初承恩澤之事，似乎早有徵兆了。落妃池附近有一座楊家院子，相傳就是當年玉環住家之處，被稱為「楊妃宅」。可以推測：楊妃宅即是楊玄琰任職蜀州時之住宅，玉環當是在此出生的。沃野千里，物產豐饒、景色秀媚之川西平原，鐘靈毓秀，誕育了一位絕世佳人。

大約楊玄琰在女兒幾歲時便死於蜀州，故史稱「妃早孤」。叔父河南府（河南洛陽）士曹楊玄敫收養了楊玉環。她在這新的環境裡受到良好的教育，十七歲時已出落得亭亭玉立。開元二十二年（西元七三四年）被選為玄宗皇帝之子壽王的妃子。命運的安排特別巧妙，她終因「天生麗質難自棄，一朝選在君王側」，又成了玄宗的貴妃，得到了創立盛唐基業一代帝王的真愛。唐玄宗由政治修明變為昏庸荒淫，唐王朝由盛世轉入衰敗，安史之亂的戰火蔓延，皇室入蜀逃難，這一切的社會重大責任，如果都由她來承擔，未免是過於誇張且非常不公允了。楊貴妃不具備武則天那樣雄才大略的政治家特質，她只嚮往愛情和虛榮，努力享受人生的幸福。天寶十五年（西元七五六年）六月，皇室一行避難入蜀，途經馬嵬驛時，六軍不發，雖然太監高力士說「貴妃誠無罪」，然形勢所逼，玄宗只得賜三尺白綾縊殺貴妃。可憐她才三十八歲，竟香消玉殞。玄宗入蜀後禁不住痛苦地思念貴妃。後來文人楊慎猜想玄宗行宮見月之時，是否知道蜀中尚有落妃池遺址，他說：「不知見月行宮夜，曾夢芳魂此水傍？」很可能玄宗並不知道蜀中有個落妃池，如果知道，也許他會去悼念一番的，遠勝上窮碧落下黃泉去尋覓芳魂了。

第二章　紅顏禍水

　　楊貴妃自幼年離蜀中後，再也沒有回到她的出生之地。她真是「禍水」或「妖姬」嗎？百年以後唐末戰亂，詩人羅隱經馬嵬坡時有感而賦詩云：

　　馬嵬楊柳綠依依，又見鑾輿幸蜀歸。泉下阿蠻應有語：這回休更罪楊妃。

　　楊貴妃有三位姐姐，皆國色，也應召入宮，封為韓國夫人、虢國夫人、秦國夫人，每月各贈脂粉費十萬錢。虢國夫人排行第三，以天生麗質自美，不假脂粉。張祜〈集靈臺·其二〉詩云：「虢國夫人承主恩，平明騎馬入宮門。卻嫌脂粉汙顏色，淡掃蛾眉朝至尊。」寫出虢國夫人不需脂粉，面容自嬌。

　　由於楊貴妃得到重寵，她的兄弟均贈高官，甚至遠房兄弟楊釗，原為市井無賴，因善計籌，玄宗與楊氏諸姐妹賭博，令楊釗計算賭帳，賜名國忠，身兼支部郎中等十餘職，操縱朝政。玄宗遊幸華清池，以楊氏五家為扈從，每家一隊，穿一色衣，五家合隊，五彩繽紛。沿途掉落首飾遍地，閃閃生光，其奢侈無以復加。楊家一族，娶了兩位公主，兩位郡主，玄宗還親為楊氏撰家廟碑。

　　不過有一次，楊貴妃恃寵驕縱，無意中得罪了玄宗，被玄宗譴歸娘家。可是，貴妃出宮後，玄宗飲食不進，高力士又只好把她召回來。西元七五〇年，貴妃偷了二十五郎的紫玉笛，獨吹自娛。事發，以忤旨又被送出宮外。貴妃出宮後，剪下一綹青絲，託中使張韜光帶給玄宗，玄宗大駭，又令高力士把她召回。張祜〈邠王小管〉詩云：「金輿遠幸無人見，偷把邠王小管吹。」正是詠此事。楊貴妃知道玄宗沒有她，便寢食不安，更為驕縱，楊家「出入禁門不問，京師長吏為之側目」。時人有「生女勿悲酸，生男勿喜歡」之謠。李肇說：「楊貴妃生於蜀，好食荔枝。南海所生，尤勝蜀者，故每歲飛馳以進。」杜牧〈過華清宮〉詩云：

長安回望繡城堆，山頂千門次第開。一騎紅塵妃子笑，無人知是荔枝來。

就是詠嶺南貢荔之事，後世嶺南荔枝有「妃子笑」者，據說得名於此。

天寶中年，范陽節度使安祿山立功，而且深得玄宗寵信，令楊氏姐妹與祿山結為兄妹，而楊貴妃則認祿山為乾兒子。可是祿山以入宮謁見乾娘為名，竟明目張膽地調戲楊貴妃。

楊貴妃在長安慶祝最後一次生日，是在西元七五五年六月一日於華清宮，玄宗令梨園置樂，於長生殿奏新曲，未有曲名，適廣東南海進貢荔枝到，遂以〈荔枝香〉為曲名。同年十一月，安祿山反叛，玄宗倉皇入川，次年途經馬嵬驛（今陝西省興平縣西），軍隊嘩變，逼玄宗誅楊國忠，賜楊貴妃自盡，時年三十八歲。白居易的〈長恨歌〉，就是敘玄宗與貴妃的悲劇故事。

楊貴妃是古代四位美女中故事最多的一個，關於她的民間傳說很多，不過，在民間並沒有把她提升到政治的高度，只是把她作為中國歷史上長得極美的女子出現的。

對於唐玄宗李隆基與寵妃楊玉環在沉香亭賞花的時候，就召翰林李白吟詩助興。而李白酒醉，命宦官高力士為其磨墨拂紙，即席寫就〈清平調〉三首。在李白極為輕鬆的寫下這首應景之作，而李隆基看了詩很高興，賜飲。李白借酒，叫高力士為他脫靴，加以奚落。高力士是大太監，天子稱他為兄，諸王稱他為翁，駙馬、宰相還要稱他一聲公公，他是何等的神氣啊，又怎能吃李白這一套，雖然還是幫李白脫靴，不過從此以後懷恨在心。後來他在楊玉環面前搞鬼，罷了李白的官。原來李白詩云「一枝紅豔露凝香，雲雨巫山枉斷腸。借問漢宮誰得似，可憐飛燕倚新妝。」詩中所用的典故飛燕，是趙飛燕。趙飛燕因貌美受寵於漢成帝，立為皇后。後因淫亂，平帝時廢為庶人，最後自殺。本來李白是用飛燕新妝比喻名花凝香，並沒有諷刺楊貴

妃的意思，高力士卻說詩中的趙飛燕就是指楊貴妃，是故意侮辱她。楊貴妃「恍然大悟」，非常生氣，便在唐玄宗面前講了李白的壞話。

李白是個詩人，可是未免天真，在用典上不慎重考慮，就被小人大做文章，最後連個閒官翰林都作不成，罷官而去了。

除了以上的這個故事，還有一道名菜也和楊玉環有關係。

「貴妃雞」是蘇州名菜。它的做法是選用肥嫩的童子雞翅膀與香菇、淡菜、嫩筍、青椒一起燜燒。貴妃雞的特點是菜色鮮豔，綠、乳黃、黑、白相配，令人賞心悅目，吃起來既嫩又鮮，香味撲鼻，是少有的佳餚。

貴妃雞，從名字就可以看得出來，它一定與哪一位貴妃有淵源。這位貴妃不是旁人，正是那位「回眸一笑百媚生，六宮粉黛無顏色」的楊玉環。

在一千兩百多年前，正是唐玄宗李隆基在位期間。李隆基做皇帝之初，任用姚崇、宋景治理國家，使唐朝社會經濟發展到最高峰，史稱「開元之治」。但到了晚年，唐玄宗昏庸無比，唐朝又從巔峰跌落。寵愛楊貴妃就是他晚年昏庸的重要表現。

楊玉環是李隆基看中她之後，想方設法娶了過來，封為貴妃。有了楊貴妃之後，唐玄宗整日整夜與她尋歡作樂，把國家大事交給了李林甫、楊國忠等一幫奸人。

有一天，唐玄宗又與楊貴妃飲酒對歌。他喝醉之後，連呼「好酒呀，好酒！吃得痛快！」楊貴妃也痴迷神糊地叫道：「我要飛上天了！」唐玄宗因酒醉聽錯了，以為貴妃要吃「飛上天」，馬上差太監命令御膳房做出來。聽了皇帝的聖諭，廚師們面面相覷：他們從來沒說過有「飛上天」這道菜。但皇帝金口玉言，他能說出來，你就得做出來。眾御廚們開動腦筋苦思冥想。有個廚師說，老鷹飛得高，大概就是「飛上天」吧！大家一聽，趕緊做了兩隻紅燒老鷹。可一嘗才發現，鷹肉是酸的！於是廚子們重新開動腦筋。在廚師中

有位蘇州的名廚,叫「蘇空頭」,他想到雞肉鮮嫩,拿來做「飛上天」肯定好吃。他把自己的想法分享出來,眾人一聽,只好如此了。他們手忙腳亂地找來幾隻童子雞,斬下牠們的翅膀,與香菇、淡菜、筍片、青椒一起燜燒,「飛上天」就算做成了。大家一看此菜,色鮮味香,才定下心來。

太監將「飛上天」端到貴妃面前,酒已醒的貴妃頓時眼亮起來。唐玄宗也嘗了嘗,連聲讚嘆,忙問太監是什麼菜。太監趕忙說,這就是陛下剛才點的「飛上天」呀。唐玄宗此時才想起酒醉時下過的聖旨,不免尷尬。這時,正津津有味地在品嘗「飛上天」的楊貴妃說:「此菜色豔、肉嫩、味香,與我相似,乾脆就叫它『貴妃雞』吧!」唐玄宗一聽,連聲稱好。

後來,蘇空頭告老還鄉,就把「貴妃雞」的燒製方法帶回蘇州,這道菜也就在蘇州一帶世代流傳了。

其實在中國歷史上的美女並不是只有四大美女,只是這四位比較有「背景」中國浩瀚的歷史,美女數不勝數,她們同樣因為她們的美而得到了歷史的記載。

天生麗質難自棄,一朝選在帝王側。回眸一笑百媚生,六宮粉黛無顏色。楊玉環的美麗,大概是誰都難以抗拒的。而因為她的美麗,「春宵苦短日高起,從此君王不早朝。」不但如此,「後宮佳麗三千人,三千寵愛在一身」。這樣,唐玄宗怎麼能治理好國家?最後安史之亂爆發,唐朝由盛而衰,和楊玉環的受寵不無關係。從這個角度看,楊貴妃當然是「紅顏禍水」了。

雖然一般都認為唐玄宗是被楊貴妃「害了」,可是認真地想想,這個罪過還是在唐玄宗身上。安史之亂首先應該歸罪的就是天寶時期唐玄宗的寵幸小人,不理朝政,同時好大喜功,疏忽邊防,完全沒有開元之治的進取心。然楊貴妃是美女,唐玄宗寵幸她,假如換了一個美女,唐玄宗還會不會寵愛美女不理政事?當然會!古代的皇帝,無論是「明君」抑或「昏君」,九成以

上都是好色的，秦始皇、漢武帝、唐太宗、明太祖、康熙、乾隆哪個不是後宮佳麗如雲？只不過他們那時候沒有因為寵愛女色而直接亡國罷了。這麼說來，不論楊玉環、褒姒、妲己，國破家亡的錯誤百分之八十以上要歸罪於那些好色的男人！沒有那些人的好色，這些「禍水」不會被推到這麼高的位置；沒有那些人的好色，這些「禍水」也不會成為國家破敗的導火線！

第五節 明末客氏

客氏是一個深具傳奇色彩的人，以一介平民的身分，而躋身「禍水」之行列。

明熹宗的乳母客氏，原是定興縣民侯二的妻子。她面似桃花，腰如楊柳，在她十八歲進宮，可是在兩年後丈夫侯二死去，她就被留在宮中。客氏在宮內哺乳皇子，不能隨便外出，平時朝夕同處的都是宮女太監。而她正處於懷春的芳齡，無處消遣內心的苦悶。

司禮監王安的屬下有一個叫魏朝的太監。魏朝為人狡黠，得到熹宗的寵信，可以隨時出入宮中。他非常垂涎客氏的美貌，有時候趁著空隙，常與客氏調笑，慢慢地就開始放肆起來，捏腰摸乳無所不至。

熹宗漸漸長大，早已斷乳，客氏卻仍留居在宮禁服侍熹宗。一天黃昏，她正在房中閒坐，忽然魏朝闖進來，寒暄了幾句後，魏朝就挑逗客氏，惹得客氏欲火燒身，她恨恨地說：「你雖是個男子，與我們女人也沒什麼不同，做此醜態有什麼用？」魏朝嬉皮笑臉說：「女人就是女人，男人就是男人，那怎麼會一樣，不信妳摸！」對此，客氏當然不信，於是伸手就去摸他的胯下，誰知摸到一個火燙的東西，不禁紅臉縮手：「哪裡來的無賴，竟敢冒充太監，看我奏聞皇上，敲斷你的狗莖。」魏朝四顧無人，遂把客氏牽入羅幃。

　　魏朝一個太監怎麼還會有陽具？因為他淨身後，私下尋求復陽的祕術，割童子的陽物，與藥石一同熬製，然後服用，再一次長出陽具。

　　從此以後客氏與魏朝相勾成奸。魏朝怕出入不便，讓客氏去熹宗那裡乞賜對食。客氏請求熹宗，熹宗就答允了，從此客氏與魏朝做了夫婦。所謂「對食」，是指古時太監淨身後，雖已不能再通男女之道，但心還未死，為了寂寞而與宮女互相安慰，既不是異性戀愛，又不是同性戀，當時稱為「對食」，意思也就是說不能同床，只不過相對吃飯，互慰孤寂而已。也稱為「伴食」或「菜戶」。《明史》云：「宮人無子者，各擇內監為侶，謂之『菜戶』，具財物相通如一家，相愛如夫婦，既而妃嬪以下，亦頗有之，雖天子亦不之禁，以其宦者，不之嫌也。」

　　不過好景不長，憑空殺出第三者魏忠賢。三人之間展開一場爭風吃醋的穢事。

　　魏忠賢原名魏進忠，河間肅寧人（河間肅寧盛產宦官）。家裡十分貧寒，不好讀書，少年時就是個無賴，打架鬥毆，酗酒賭博什麼事都做過，不過他善於騎馬射箭。他最喜歡賭博，可是從來都是輸多於贏。有一次與幾個無賴少年聚賭，輸得無力償還，被幾個無賴極盡羞辱，一怒之下自割陽具，入宮當了太監。

　　不過魏朝因與他同姓，魏進忠便與魏朝認了同宗。魏忠賢在明熹宗生母王選侍的宮內掌管御膳，改名為進忠。而熹宗在生母那裡見到魏進忠，對魏進忠的機靈謹慎很有好感。在王選侍死後魏進忠就沒有事情可做，便託魏朝去司禮監太監王安那裡替他說情，改入王安屬下。魏朝又託客氏向熹宗引見魏進忠，於是熹宗記起當初在東宮對魏進忠的印象，就令他入宮辦膳。魏進忠善於察言觀色，他見熹宗性好遊戲，於是就別出心裁，糊製了獅蠻滾球、

雙龍賽珠等玩物，每天與客氏兩人誘導熹宗專以嬉戲為樂。而熹宗遂倚兩人為心腹，也可以說是頃刻難離。

楊漣參劾魏進忠導上為非，所以魏進忠十分害怕，於是就求魏朝的保護。而魏朝轉託王安，所王安便對熹宗說楊漣所參劾的是宮中的李進忠，不是魏進忠。於是李進忠便因同名而做了替死鬼。而熹宗怕朝臣再誤會，就讓魏進忠改名魏忠賢。

從此以後魏忠賢很感激魏朝，所以就與他結為兄弟。所有宮中大小事，魏朝無不與魏忠賢密談，甚至採藥補陽的密術，以及與客氏的床笫私情，也全部告訴了魏忠賢。魏忠賢正豔羨客氏的姿容，可是身上少了一件要緊的東西，所以無從縱欲。此時得了魏朝的密授，立刻依法一試，果然陽具重生，沒想到幾個月後就恢復了原樣。

一次魏朝值差，魏忠賢便去調戲客氏。魏忠賢年輕貌偉，比年老的魏朝高出許多，客氏不由得暗暗動情，但魏忠賢不過是淨身的太監，所以客氏並不在意。魏忠賢假裝與她戲玩，趁機按倒客氏。於是魏忠賢過河拆橋，從魏朝手中奪取了客氏。

魏朝覺得客氏近日異常，便暗暗偵察。得知魏忠賢勾通客氏，魏朝好幾次與客氏爭吵。客氏有了魏忠賢，早把魏朝棄置如履。魏忠賢知此事已被魏朝發現，索性一不做，二不休，占據了客氏。

不過一天，魏忠賢與客氏在床上周旋，恰好魏朝乘醉而來，見了魏忠賢，氣得七竅生煙，便伸手去抓。魏忠賢也出手來抓魏朝，兩人扭作一團。魏忠賢年輕力大，按住魏朝，痛毆了幾拳。魏朝打不過魏忠賢，所以只是慌忙轉身拉著客氏就走。魏忠賢不防，見客氏被搶走，便追出來，而兩人邊扯邊鬥，一直打到乾清宮西暖閣外。

而乾清宮東西廊下，各建有五間平屋，由有地位的宮人居住。客氏與魏朝也住在這裡。而這時熹宗已睡下，突然被打架聲驚醒，於是急問外面發生了什麼事？內侍據實稟告。熹宗即命人將三個人召入，三人跪在御榻前供認不諱。熹宗笑說：「我不便亂點鴛鴦，還是令客媼自己選擇。」而客氏聽到這句話，於是便抬起頭來瞟了魏忠賢一眼。熹宗見此情形便說：「我知道了。今夜你們三人分居，明日就見分曉。」

到了第二天，有諭旨頒下，將魏朝攆出了宮。可憐魏朝無論如何不曾想到，竟是落得雞飛蛋打，只好長籲短嘆一番，垂頭自去。沒想到客氏更是毒辣，她想出一條斬草除根的計策，令魏忠賢假傳聖旨，將魏朝遣戍鳳陽守皇陵，並密囑鳳陽官員，等魏朝到了立即將他勒死。

從此以後，客氏與魏忠賢兩人在宮禁恃勢橫行，熹宗反而越加寵幸，封客氏為奉聖夫人。

而司禮監太監王安曾受光宗顧命，為人還是很正直的，而他目睹客氏與魏忠賢橫行無忌，於是就想在暗中將他們除去。御史方震孺曾彈劾客氏與魏忠賢，而王安便從中回應，奏請遣客氏出宮。無奈之下。熹宗被迫遣出客氏，將魏忠賢交給王安處置。

可是沒有想到，熹宗在離開這兩個人後，寢不安席，食不甘味，以致念念不忘。不久就又召客氏入宮。客氏入宮，仍與魏忠賢住在一起，而他們兩個人日夜圖謀害死王安。朝臣連續上疏請逐客氏，都遭貶謫。而東林黨要員葉向高為首輔，請停「中旨」，凡事均由閣臣議擬。熹宗也不予採納。

而內侍王體乾想做司禮監，於是就與客氏、魏忠賢朋比為奸。他們在暗中慫恿霍維華彈劾王安。又讓劉朝、田詔等上疏辯冤，說是被王安誣陷成獄。再經客氏在裡面加讒言，最後惹得熹宗大怒，將王安降職，而司禮監一

職就由王體乾繼任。而魏忠賢又命令曾參與盜寶被赦出獄的內監劉朝殺王安，奏稱自殺。

雖然魏忠賢目不識丁，但是生性猜忌、殘忍、陰險，與客氏相互勾結，王體乾雖為司禮監掌印太監，也得聽他使喚。一時魏忠賢勢傾內外，炙手可熱。在天啟二年的時候，冊立皇后張氏，下詔嘉獎魏忠賢「侍衛有功」，得蔭姪二人，賜客氏田二十頃，作為護墳香火的用費。而御史王一心上書阻止說：「梓宮未殯，先念保母之香火，陵工未成，強入閹寺之勤勞，於理為不順，於情為失宜。」遭到熹宗斥責。吏部尚書周嘉謨以霍維華諂附魏忠賢為由，把他外調，魏忠賢大怒，誣陷周嘉謨圖謀為王安復仇，熹宗便將周嘉謨免官。葉向高對熹宗說：「客氏既出復入，顧命大臣，乃不得比保母。」熹宗卻毫不理會。

熹宗少年即位，處理日常章奏，多委之內監。魏忠賢令錦衣官招募兵士數千人，在宮禁裡內操，鉦鼓炮銃的聲音，震動宮廷。皇長子生下來還未滿月，就被驚死。不久人數又增至萬人，出入肆行無忌。內監王進曾在熹宗面前試火銃，火銃炸裂傷了手，差點傷及熹宗。熹宗反而談笑自若，不以為意。

朝中耿直的大臣俱被斥逐。顧秉謙、朱延禧、朱國楨、魏廣微這些依附魏忠賢的走狗入閣辦事，宮廷以內只知有魏忠賢，不知有熹宗。

而客氏平時與光宗的選侍趙氏水火不相容，她與魏忠賢矯旨賜趙選侍自盡。選侍慟哭一場，取出光宗所賜珍玩，羅列在座上，拜了幾拜，懸梁畢命。裕妃張氏因言語不慎，得罪了客氏，客氏懷恨在心。裕妃懷孕數月，客氏暗進讒言，說裕妃有外遇，懷的是野種。熹宗便把裕妃貶入冷宮。客氏嚴禁裕妃進食，可憐她活活地餓了好幾日，手足疲軟，只有一線氣息。張裕妃

饑渴難忍，一個暴雨之夜，她匍匐至屋簷下，飲簷上流下的雨水，最後連回屋的力氣都沒有，死在了簷下。

還有馮貴人曾勸熹宗停止內操，被客氏與魏忠賢嫉恨，不經過熹宗同意，就誣她誹謗聖躬，迫令她自盡。熹宗開始不知道，後來成妃李氏告訴他，熹宗也不聞不問。客氏得知，又假傳一道聖旨，把成妃幽禁起來。幸好成妃已有裕妃的前車之鑑，早在壁間預藏食物，一禁半月多還活著。一天熹宗忽然記起成妃，一問客氏，才知道她被幽禁。自思以前與成妃相愛，曾生過兩個女兒，或許餘情尚在，他便向客氏求情，成妃才被放出貶斥為宮人。後宮妃子的生命，全操在客氏手裡。

而張皇后深惡客氏與魏忠賢，每次見到熹宗，便指責客氏、魏忠賢的過失。熹宗厭煩她絮煩，所以就很少再去她那裡。一天熹宗又一次到了張皇后住處，張后正在看書，熹宗問：「讀何書？」張后說：「是史記中的趙高傳。」熹宗默然不語。

之後，客氏買通坤寧宮的侍女，以借機謀害張皇后。張皇后懷孕後，覺得腰間痛。侍女替她捶腰，侍女暗動手腳，將胎孕傷損。過了一天，張皇后便小產。熹宗從此絕嗣。張皇后是太康伯張國紀的女兒，客氏又造流言蜚語，竟說張后是已被逮入獄中的海盜所生，以此來誣陷張皇后出身不正，慫恿熹宗廢后。不過熹宗與張皇后感情尚好，才未能得逞。

其實熹宗是個天生的木匠，他喜歡做刀鋸斧鑿油漆等等木工，曾親自在庭院中造了一座小宮殿，形式仿乾清宮，高不過三四尺，卻曲折微妙，巧奪天工。魏忠賢總是乘他做木工做得全神貫注之時，拿重要的奏章去請他批閱，熹宗隨口說：「我知道了，你去照章辦理就是。」朝臣奏本按例必由御筆親批，而例行文書，可由司禮監代擬批詞，但必須寫「遵閣票」的字樣。熹宗卻全部委任魏忠賢。

第二章　紅顏禍水

魏忠賢的府第在宮南，客氏在宮北，其住處相距只有幾步，中間有過廊。兩人除每夜肆淫外，幾乎全是設計傾排異己。客氏又在鳳彩門另置值房一所，有人說客氏廣置面首。

對於客氏，她的侍從如雲，比皇后還氣派，侍從的衣服華麗似天仙，香霧氤氳。在私宅裡每夜喧鬧盈耳，響徹宮廷。而且客氏喜歡打扮，每次梳洗，侍女數十人環伺左右，奉巾理髮，添香簪花，各有所司，不敢懈怠。客氏要溼鬢邊的頭髮，就選三五個美人的津液，充作脂澤。客氏說此方傳自嶺南老人，名叫「群仙液」，可令人老無白髮。她喜效仿江南妝，廣袖低髻，極為妖冶，宮中竟率相模仿。客氏還有烹飪的絕技，熹宗的膳餐，必經客氏調視，方才適口，所以客氏得專寵。相傳熹宗不喜女色，所以寵幸客氏的原因大致在此。

遼東經略熊廷弼素性剛正，他守遼東三年，邊境固若金湯。魏忠賢恨他不肯趨附，遣吏科給事中姚宗文赴遼閱兵。姚宗文不知軍務，只知索賄，熊廷弼薄待姚宗文。姚宗文失望回京後，上疏誣劾熊廷弼。熊廷弼被免官，改任袁應泰為遼東經略。不久滿洲金兵占據瀋陽，直逼遼陽。袁應泰自殺，遼陽又失，遼東附近的五十寨，及河東大小七十餘城，全被滿洲兵占去。朝議只好再起用熊廷弼。

在以後的日子裡，朝官與內廷，東林與客、魏之間的鬥爭，日益激化。而東林要人左都御史鄒元標，在京建首善書院講學，魏忠賢則傳旨「宋室之亡，由於講學」，鄒元標遂被罷官。又矯旨毀全國各地書院，禁止講學活動。另外東林黨與齊、楚、浙三黨也各自爭纏不休。東林黨人以「清流」、「正人」自詡，對政見不合者均斥為「邪人」、「邪黨」，甚至直指為閹黨。被東林排斥的官員，便投依閹黨求存。許多魏忠賢門下曾多次表示悔恨，但東林黨全然不顧，不遺餘力的攻擊使他們走到對立面。如馬士英本不是閹黨，只因和阮

大鋮交好，便被群起抨擊，遂使馬士英決心與東林為敵。東林內部又以鄉里為界，分裂成許多小組織互相爭吵。《明史》記：「東林勢盛，眾正盈朝。」而內閣、都察院、吏部、兵部、禮部等要職，都為東林黨人所掌握，可謂盛極一時。然而，他們又因過於孤芳自賞，坐失良機，短短四年就被宦官魏忠賢趕盡殺絕，全部覆沒，讓客魏之流獨攬朝權。

天啟三年由司禮秉筆監提督東廠，車馬儀衛，與熹宗一樣。東廠設於明成祖時，用以緝察官民，由司禮監秉筆太監提領，直屬於皇帝。司禮監秉筆太監是皇帝身邊最親近的人，要代皇帝閱批大臣奏章，魏忠賢大字不識幾個，本不應充任此職。同黨田爾耕掌廠衛事，許顯純為鎮撫司理刑，每日羅織罪名屠害忠良，呼號敲撲的刑杖聲日夜不絕。

對於客氏與魏忠賢，張皇后深惡至極，熹宗生平不喜女色，與後妃不過淡淡相交，對張皇后沒有特別嫌疑，所以客氏與魏忠賢屢有讒言，熹宗始終不睬。厚載門外有匿名揭帖，列魏忠賢逆狀，涉及閹黨七十餘人，魏忠賢趁機誣陷張皇后父國紀與中宮勾連，謀害廠臣。可是熹宗不太相信，就私下讓張國紀改過自新。不過張國紀知為魏忠賢所嫉，飄然回籍去了。

客氏與魏忠賢見此計不成，又想了一策，暗募壯士數人，懷藏利刃，伏匿在殿中。熹宗上殿視朝時，魏忠賢先遣錦衣衛搜查，抓住懷刃的壯士。魏忠賢令壯士誣供為張國紀指使。王體乾勸魏忠賢：「皇上諸事糊塗，獨待遇兄弟夫婦，恰也不薄。倘若意外生變，我等恐無噍類了。」魏忠賢也有些退縮，便把那些壯士殺了滅口。張皇后雖沒有被廢掉，但所生的三男二女，都被客氏與魏忠賢所害死。

其中有一次熹宗與客氏、魏忠賢遊幸西苑，駕大舟泛入湖中。熹宗素性好動，酒至半酣，獨乘小舟泛棹，一陣大風刮來，把小舟吹覆，熹宗墮入水中心，灌了一肚子的冷水。客氏與魏忠賢所乘的大舟，相距不遠，而他們

故意佯作不知，還在行樂。熹宗為此病了好幾日，病好後常有頭暈腹瀉的後遺症。

熹宗不但是一個好的木匠而且還是個好演戲的人，一次在懋勤殿中演〈金牌記〉，至〈瘋僧罵秦檜〉一出，魏忠賢藏入屏風後，不敢正視。熹宗偏故意宣召，還是客氏設詞應答，替他求免。熹宗還創演水傀儡戲，有〈東方朔偷桃〉，及〈三保太監下西洋〉等戲碼，裝束新奇，扮演巧妙。到了看戲盡興的時候，竟挈內侍高永壽、劉思源等，親自登臺，扮演宋太祖夜訪趙普的故事。熹宗自裝宋太祖，仿雪夜戎裝景象，雖盛暑，卻穿寒冬的衣服，為此種種嬉戲，釀成許多病症。熹宗才二十多歲，卻骨瘦如柴，面無血色。

而尚書霍維華進獻靈露飲，說是如果久服可以長生。熹宗飲後得了臌脹病，起初胸膈飽悶。後來竟渾身水腫，遂致不能動彈。御醫診治無效，離死不遠了。熹宗無子嗣，召皇弟朱由檢入承大統。熹宗囑咐朱由檢：「皇后德性悠閒，你嗣位以後，須善為保全。魏忠賢恪謹忠貞，可任大事。」可謂至死不悟。熹宗死的時候只有二十三歲。

在熹宗死後，魏忠賢夜召朱由檢。朱由檢素知魏忠賢奸邪，自覺背生芒刺。諸大臣入宮哭臨，魏忠賢與崔呈秀密語多時，說的什麼無人知道。有人說魏忠賢打算謀逆，崔呈秀以時機未至為由相拒，才行罷議。

朱由檢即位，以次年為崇禎元年，是為崇禎帝。魏忠賢上表辭職，崇禎不許，只是讓客氏出居宮外。客氏在梓宮前，出一個小木匣，裡面藏著熹宗的胎髮痘痂，及累年落齒剃髮等，一一撿出焚化，痛哭而去。

魏忠賢寓宿驛舍，聽到京中密報錦衣衛即將到來，他便自縊身亡。崇禎將魏忠賢家產籍沒，又查客氏的家資，卻搜得宮女八人，多已懷孕。原來熹宗無子，客氏竟帶出宮女若干名，令與子弟同寢，待懷妊後再進宮中，謀為秦時呂不韋的祕計。崇禎立命將客氏拘至浣衣局，打死於杖下。所有客氏、

魏忠賢的家屬，無論長幼男女，都被斬首。魏忠賢各處生祠也全部撤除，為被害諸臣全部昭雪。魏黨二百餘人皆免職斬首或充軍了事。民憤不能平，魏忠賢死後仍遭凌遲，被割了三千六百刀。

明熹宗身為一國之君不能庇護妻妾，有猜測他與乳母客氏有性關係，否則很難解釋。熹宗長大後，照例並不需要乳母。但史載客氏「每日清晨入乾清暖閣侍帝，午夜後回成安宮」。不知三更半夜在那裡做些什麼。客氏屢次害後宮妃子，其心理彷彿歷代寵妃的胡作非為，她常常將馬的外腎烹製好了給熹宗滋補，若為了讓熹宗多臨幸幾個嬪妃以生育子嗣，又何必連害後妃皇子？無論如何，明熹宗落得絕後早逝的下場，只能說是咎由自取。

第二章　紅顏禍水

第三章
「另類」帝王

　　古代帝王的生活，並不像我們想像的那樣，有很多牢不可破的規則，即使有，也未必有人來監督、教訓。皇帝的樂趣之一不在於能夠管理國事，而是無人能阻礙他的隨心所欲，凡世人能夠享受的，皇帝大多要盡其極致。他可以殺無罪之人，可以封無功之將；可以做任何事情，甚至是常人不屑做的事情；可以忽發奇想、朝令夕改等等。也只有皇帝最能打破規則，把個性發揮得淋漓盡致，讓人感覺到他的「另類」。

　　其實，這個「另類」也有很多種，漢武帝的另類是他的雄才大略，足以讓他藐視天下所有的帝王，但他的晚年又犯了一些可以說是不可思議的錯誤，這使他的文治武功有了瑕疵，也給後人留下了不少耐人尋味的故事。

　　楊堅以他獨有的才能登上了皇位，其間艱險不斷。當上帝王后，又沒能得到大多數帝王所有的後宮三千佳麗，只是因為他「懼內」。在國家的治理上，又出現了不少弊端，最讓人惋惜的是，他選錯了繼承人，致使泱泱大隋數十年就土崩瓦解……

　　宋徽宗這個皇帝做得太舒服了，他可以不理朝政，可以不問天下，就是不願捨棄他深愛的藝術。不可否認，他的藝術成就得到了後世的認可，但他的政績卻實在不敢恭維……

　　漢武帝可以看著母后處死自己的幸臣韓嫣而無動於衷。漢成帝有了張放卻依然與趙氏姐妹糾纏不清。而漢哀帝劉欣卻可以為了董賢置後宮佳麗三千於不顧，產生了中國歷史上最著名也最美的同性戀情……

第一節 漢武大帝

君臨天下

漢武帝劉徹（西元前一五六年至前八十七年）是景帝的第三個兒子。他的母親是王美人（美人是嬪妃的等級）。他出生時，他的父皇景帝劉啟剛登基一個月，他給他的新生兒子起了一個很「特別」的名字：「彘」。彘，就是豬的意思。為什麼會起這麼一個名字呢？一日，景帝在崇芳閣少憩，夢見一頭紅毛豬，醒來找卜者姚翁解夢，姚翁說此閣中將產生一位偉人，為漢家盛世之主。於是，景帝改崇芳閣為猗蘭殿，吩咐武帝生母搬進去住，遂生武帝。取名為「彘」。但凡有作為的人，總會留傳下來一些特殊故事來。

四歲那年，劉彘被封為膠東王。就在他剛開始接受教育的時候，一樁改變他一生命運的姻緣便落在了他的頭上。促成這樁婚事的，是館陶長公主。

館陶長公主名叫劉嫖，是景帝的大姐，下嫁給堂邑侯陳午，陳午也是名門，他是陳嬰的兒子。他們生有一女，叫陳嬌。公主想把女兒許配給皇太子劉榮，以便將來女兒能出人頭地。不曾想，劉榮的生母栗姬竟一口回絕了，原因很簡單，館陶長公主時常引薦一些美女給景帝，景帝有了新歡，自然就冷落了別的嬪妃。栗姬生性好妒，心中恨透了館陶長公主，如今見她來求婚，就擺出一副皇太子生母的架子，斷然回絕，以洩怨恨。栗姬心中好不痛快，豈不知如此之舉惹下了大禍，她後來為此付出了相當慘重的代價。

館陶長公主碰了釘子，憤懣不已。雖然她的丈夫陳午只是個堂邑侯，且這侯爵還是祖父陳嬰出生入死才有的，陳午只是坐享其成而已。可她是當朝天子的姐姐，老母竇太后的掌上明珠。栗姬如此不給臉面的回絕，怎不惹她惱怒？她按捺下心中怒火，慢慢尋找機會報復。

給劉榮做妃子自然是沒有辦法了，館陶長公主打算從親王中物色一個，她看上了聰明伶俐的劉徹。便向劉徹的母親求婚，王娡是個很有心計的女人，這等大好姻緣做夢都不曾有，馬上答應了。

定下他們的婚事後，兩家人來來往往，劉徹和阿嬌二人兩小無猜，倒很合得來。有一次，館陶長公主把小劉徹抱在膝上，逗他說：「想要個老婆嗎？」劉徹嬉笑道：「想。」左右有侍女若干，館陶長公主指著問劉徹，劉徹都說不喜歡。最後，館陶長公主指著愛女問她：「阿嬌好不好？」劉徹這才笑著說：「好！如果給我當老婆，我就造座金屋給她住。」這便是「金屋藏嬌」故事的由來。

就在這時候，後宮嬪妃展開了一場明爭暗鬥。

導火線是薄皇后被廢。薄皇后是靠景帝的祖母薄太后而正位中宮的，景帝不喜歡這個祖母娘家女。薄皇后無子無女，這原因有可能是景帝很少與她同床共枕。她的皇后位一開始就不穩。薄太后一死，景帝很快就廢了她。那麼皇后的寶座就成了皇宮中爭鬥的重點。誰將成為景帝的第二任皇后呢？

栗姬在當時的情況下，是最有希望的。她正得景帝之寵，更重要的，是她的兒子劉榮已被立為皇太子，母以子貴，是千古不變的真理。栗姬自以為皇后那頂鳳冠非她莫屬，心中得意不止。

她高興得太早了。所謂「人生不如意十之八九」，館陶長公主要報昔日拒婚之仇，見到景帝就百般詆毀栗姬。景帝絕非那種輕信讒言之君，館陶長公主與栗姬的恩怨他也知曉，故對館陶長公主的話只是姑妄聽之而已。但問題是算計栗姬的並非館陶長公主一人，那些自以為有問鼎實力的，還有妒忌栗姬的嬪妃，也都不忘尋機誹謗栗姬幾句。眾口鑠金，不怕景帝不信。

事情很快有了轉機。一次，景帝生病，栗姬在旁侍奉，景帝有些悲傷，對栗姬說，如果他萬一有個三長兩短，要栗姬善待諸皇子。栗姬心胸狹窄，

且正惱恨到處敗壞她名聲的眾嬪妃，又聽景帝這麼一說，立刻就生氣了，據史書所說她是「出言不遜」。《漢武故事》中說她罵景帝「老狗」。身為一國之君的景帝當然大怒。又聯想起館陶長公主和諸嬪妃之言，覺得栗姬確實不配做母儀天下的皇后。

劉徹的母親王娡一直在默默地注視著這場鬥爭，窺伺景帝不滿栗姬後，大為振奮，她要再給栗姬致命一擊。

王娡是一個聰明人，她不會親自出面的。就暗中指使人挑唆典客去奏請冊封栗姬為皇后。典客乃九卿之一，負責迎往送來、封爵授官等禮儀，皇宮內的恩恩怨怨，九卿他是最不會知道的。他或許有報國之心，只覺得皇后之位不宜久空，遂上疏奏請立栗姬為皇后。景帝正對栗姬大失所望，典客又偏偏在此時戳他痛處，不禁大怒，以「非所宜言」的罪名殺了典客。接著，又頒詔廢太子劉榮為臨江王。實是可憐了這個典客，成為犧牲品。

貶劉榮，便是斷了栗姬的皇后夢。栗姬不僅功虧一簣，害了自己，且連累了兒子，最終憤恨而死。

劉榮一廢，皇太子位空缺，又一場角逐的浪潮掀起來了。

景帝共有十四個兒子，除去剛被廢黜的劉榮，還有十三個競爭者。他們當中，數劉徹最有實力。劉徹機敏過人，連景帝都為之驚奇。除自身的條件外，他還有未來的岳母館陶長公主的鼎力相助。劉徹的生母王娡也竭力為他謀劃，兒子的富貴就是她的富貴。

劉徹被立為皇太子，幾乎已成定局。

前元七年（西元前一五〇年）四月，景帝詔立王娡為皇后。十二天後，又頒下一詔，立劉徹為皇太子，並給他改名「徹」。這年，劉徹七歲。

太子乃儲君，深繫著江山的安危，歷代無不重視對太子的教育，景帝亦然，他任命忠厚老實的衛綰為太子太傅，教育劉徹。衛綰升任御史大夫後，

景帝又任命儒士王臧為太子少傅。除了讀書學習外，景帝還讓劉徹參與一些軍國大政，以便在實踐中鍛鍊他的能力。

劉徹十六歲那年，景帝病逝。劉徹當天即位。劉徹的諡號為「武」，史稱漢武帝。他從此開始了自己長達五十四年的政治生涯。

雄才大略

漢初實行的「無為而治」結出的碩果是經濟的大繁榮，六十多年的休養生息，中間還有歷史上著名的「文景之治」，年僅十七歲的武帝得到的可不是一般的遺產。司馬遷以無比激越的心情寫道：京城和地方的糧倉都裝滿了粟稻，國庫的錢物用不了。各地方上繳的錢數不勝數，串錢的繩子都爛了，難以一一清點。太倉的糧食陳陳相因，倉滿流到外面，腐爛了不能再吃⋯⋯與漢初殘破的景象相比，簡直是天翻地覆的變化。

當時的人口也隨著經濟的發展而遞增。根據對部分地區人口成長情況的統計，從漢初到武帝即位之初，全國人口年平均自然成長率達百分之十至百分之十二，部分地區達到了百分之二十點五至百分之二十五點五。

豐厚的遺產，雄厚的財力、物力、人力，使武帝有條件大展身手。

事情有好的一面，當然也會有壞的一面。漢初的「無為而治」也有一些嚴重的弊端。最主要的三大問題是七國之亂，豪強的橫行和匈奴入侵。

乘漢初「無為而治」之機，諸侯王迅速擴充自身的實力。如吳王劉濞，招納天下亡命之徒，即山取銅鑄錢，煮海水為鹽，大發橫財。然後，豁免國中賦稅，以收買人心。到景帝時，羽毛已豐的諸侯王終於按捺不住，劉濞聯合楚、濟南、膠西、膠東、淄川、趙六個諸侯王，立起反叛大旗，史稱「七國之亂」。雖然叛亂很快被鎮壓，景帝又推行了一些削弱諸侯王的措施，但是，中央政府仍不能有效地控制諸侯王的勢力，解除他們的威脅。

這些豪強大族中，有富商大賈，也有大地主，還有一些遊俠，他們都是漢初「無為而治」時發展起來的。大商人和大地主憑藉雄厚的財力稱雄鄉里，遊俠則憑他們的勇武縱橫一方。他們富比王侯，勢傾郡縣；沒有官爵，卻有王侯的威風。司馬遷稱他們為「素封」，文獻上也謂之「豪強」、「豪族」、「豪黨」。他們左右地方政治，阻礙政令的貫徹、執行。漢初，特別是景帝時，曾對打擊過他們，但打擊力度卻遠遠不夠。

秦朝覆亡，中原戰亂之時，大漠遊牧部族匈奴人越過蒙恬修築的長城，進入中原邊界。劉邦稱帝第二年，匈奴冒頓單于又領兵南下。次年，劉邦麾兵三十餘萬北上，御駕親征。結果，被匈奴大軍圍困於平城附近的白登山整整七天，才撤退。經過這次交鋒，劉邦明白在當時情況下，難以用武力制服匈奴，就採用了劉敬的建議，與匈奴和親，並送上大量的錢物。匈奴人、財、物全收，但寇略如故。劉邦以後諸帝，奉行「無為而治」，不但不敢輕啟戰端，且對匈奴更加忍讓。這令匈奴氣焰更加囂張。

這三大問題若不能及早解決，勢必危及大漢江山。而正是因為解決這些問題，令漢武帝的名字在歷史上閃閃發光。

父祖留下的豐厚遺產，使武帝有條件大有作為；亟待解決的問題，又迫使武帝必須有所作為。馬克思說過：人們自己創造自己的歷史，但是他們並不是隨心所欲地創造，並不是在他們自己選定的條件下創造，而是在直接碰到的、既定的、從過去承繼下來的條件下創造……所謂「時勢造英雄」。武帝能成為一代英主，主要是時代造就的。這個時代正呼喚英雄的出現。

獨尊儒術

君臨天下的漢武帝，首先面臨的問題，就是轉變統治思想。從當時的情況看來最有實力的就是儒家的治國方略。

諸子百家中，有一整套治國理論的，僅法、儒兩家而已；墨、道、陰陽、雜、兵、縱橫、名、農諸家，僅在特定方面提出主張。鑑於亡秦之教訓，法家那一套已被否定。可供選擇的，實際上也只有儒家。而且當時社會上儒學大興，是當時最有影響的學派。

武帝時期的大臣，丞相是竇嬰，太尉為田蚡，御史大夫是趙綰。竇、田都熱衷儒學，趙綰乃名傾天下的儒學大師、魯人申培的弟子。三公是清一色的儒者。九卿中，郎中令王臧也是申培的弟子；中尉張歐雖學過法家，但其人忠厚，行事更像個儒者；太僕灌夫，一個俠客般人物；太常許昌、大行令光，沒有找到相關資料。九卿可考者五人，一個儒家，一個行類儒者。三公九卿中，儒家者流占了絕對的優勢。

兩個優勢加在一起，給儒學的崛起提供了很好的背景。

一場尊儒活動在王臧、趙綰的策劃下，於建元元年（西元前一四〇年）拉開了帷幕。竇嬰、田蚡積極支持。年過八十的申培也被禮請到長安做顧問……

然而，武帝還有一位很有實權的奶奶竇氏，竇氏喜歡的還是在漢朝初年很盛行的黃老思想，即遠古的黃帝和近世老子的思想，主要是「無為而治」，這是漢初與民休息政策的基本治國思想，這使國家的經濟得到了恢復和發展，促成了「文景之治」盛世景象的出現。但到了武帝時期，因為分封的諸侯王們對抗中央，所以迫切要求加強中央的權利來壓制地方勢力。這正是武帝和竇氏太皇太后的思想分歧。

武帝即位後便開始實行自己的政治方略：安排自己信任的人掌管朝中大權，如讓舅舅田蚡做太尉，掌握軍權。同時，許多儒生也被重用。為了選拔人才，武帝還下詔命令全國官吏向中央推薦人才，當時叫做「賢良方正」。

　　但武帝此時還沒有力量和竇氏較量，在他任命的重臣趙綰提出竇氏不應再干涉朝政時，惹惱了竇氏。竇氏逼迫武帝廢除了剛剛實行的一系列的改革措施，自己任命的丞相和太尉也被迫罷免，有的大臣被逼死獄中。然後，由竇氏寵信的人接替了這些重要職位，聽從竇氏的命令。這對武帝是一個打擊，但武帝有年齡的優勢，他沒有消沉，而是養精蓄銳，等待著時機。

　　第五年（西元前一三五年）五月，太皇太后壽終正寢，武帝親掌國政。

　　怎樣才能把國家治理好？這位二十二歲的年輕皇帝不時陷入深思之中。最後，他決定按照先帝的做法，向那些有名望有德才的文人學士（當時叫「賢良方正」）一一請教。元光元年（西元前一三四年）五月，一百多名文人學士應徵到長安，接受武帝的策問。他們當中有一位來自廣川（今河北景縣）的儒生，名叫董仲舒，是研究《春秋公羊傳》的。他給武帝上了著名的天人三策，請求罷黜百家，獨尊儒術。武帝非常欣賞，很快詔准了。

　　元光元年這年，儒學登上了中國思想的統治舞臺，直至清朝的大龍旗落下。歷時共兩千多年。

　　武帝也不是完全用儒學思想來治國，而是「陽儒陰法」，即表面上是儒學，骨子裡卻是法家。法治在「獨尊儒術」後明顯地強化，一批新的律令制訂、頒布，法網更密，執法者的案几上擺滿了法律文書，連他們都難以遍睹。這批新的律令主要是針對官吏的，因為武帝明白：「明主治吏不治民。」一國之君難治一國之民，賢明的君主應把精力放在官吏的管理上，經由他們間接統治百姓。武帝立法，幾乎都是針對官吏的。武帝一朝，殺了五個丞相，五個御史大夫，一個太常，三個少府，一個郎中令，二個衛尉，一個大鴻臚，一個大農令，共十九人。這僅僅是三公九卿中的大員，其他官吏被殺的就更多了。嚴刑峻法，使得酷吏輩出。《漢書‧酷吏傳》收錄以殺戮立威的酷吏十四人，武帝一朝便占了九人；若再加上二個最有名的酷吏，一是張

湯，一是杜周。則十六個酷吏中、有十一人出在武帝朝，占酷吏總數的百分之六十九。

強化皇權

強化皇權的第一項措施，是打擊地方割據勢力，目標有二：一是諸侯王，二是豪強。

對於諸侯王，除了誅殺圖謀不軌的淮南王劉安、衡山王劉賜、江都王劉建等人外，主要是頒布了一項新的法令：推恩令。

推恩令是臨淄（今屬山東）主父偃提出來的，他少學縱橫家言，晚乃學《易》、《春秋》，書讀了不少，卻沒求得什麼功名，最後孤注一擲，詣闕上書。武帝看了他的大作，等不到明日，當晚便召見，拜為郎中，不到一年，連升四級，成為中大夫。第二年，即元朔二年正月，主父偃提出了推恩令：諸侯王國，除了諸侯王的長子繼承王位外，其他兒子可以裂地而分封為侯。名義上是「推恩」於諸侯王的其他兒子，實質上是分化、削弱諸侯王國。因為，一旦封侯，地盤就要從王國中分離出來，劃歸附近的郡管轄。從《漢書》看，從元朔二年正月以後，十六個王國中，王子封侯的就達一百五十四人；最多的是城陽國，有三十三人。這樣，兼有數郡、連城數十的王國被一塊塊分割出去，僅剩下區區數縣，難成氣候了。

此外，還重申了〈左官律〉、〈阿黨法〉和〈附益法〉。〈左官律〉規定，王國官吏低於同級的中央皇朝官吏，且他們不得再到中央做官。〈阿黨法〉禁止王國官吏阿附諸侯王。〈附益法〉嚴禁為諸侯王牟取私利。

這三條律令漢初已有，此番僅是重申，要求嚴格執行。

對付豪強大族的辦法有兩個：一個是效仿先祖的遷徙，二是誅殺。

　　遷徙是傳統辦法，漢初，劉敬就向劉邦提出把六國貴族後裔和豪強大族徙入關中。如此一來可以增加中央直轄的關中地區人口；二來把他們從他們勢力盤根錯節的故鄉遷到京畿地區，易於控制。劉邦依計而行。武帝遷徙的對象與曾祖時有所不同，以資產為標準，凡是家產三百萬以上者，一律遷到茂陵附近；另外，凡是二千石以上的大官，也一律把家遷到茂陵附近。全國總共遷去了一萬六千戶。在茂陵附近，設了個茂陵邑，編制相當於今天的縣。

　　另一辦法誅殺就殘酷多了。武帝朝的酷吏，大都靠誅殺豪強大族而出名。有個叫王溫舒的酷吏做河內（郡治懷縣，今河南武涉西南）太守時，抓了豪強大族一千多家，或滅族，或誅其首惡，血流十餘里。

　　強化皇權的第二項措施，是組建內朝。

　　這項措施，實際上就是以臣制臣。武帝把才學出眾、思考敏銳、能言善辯且比較年輕的嚴助、朱買臣、主父偃、兒寬等人，任命為中大夫，又對一批他賞識的人加官給事中、侍中，讓這兩種人在身邊侍奉，幫他出謀策畫、輔弼。於是，中大夫和加官給事中、侍中的官員就組成了一個新的權力中樞，因他們都在宮中供職，被稱為「內朝」。內朝成為決策機構，而以丞相為首的外朝，變為執行機構。內朝官品秩不高，易於驅使；他們大都年輕氣盛，血氣方剛，如不怕虎的初生之犢，直凌丞相、九卿等一班老臣而出其上。

　　強化皇權的第三項措施，是加強官員之間的監督。

　　在這個方面，最重要的是設置十三州刺史。

　　武帝下令廢止從前的監御史，改置十三州刺史。這十三州刺史分別是豫州刺史、冀州刺史、兗州刺史、徐州刺史、青州刺史、荊州刺史、揚州刺史、涼州刺史、益州刺史、並州刺史、幽州刺史、朔方刺史和交趾刺史。每州刺史監察數郡，監察對象主要是二千石大員，即二千石的郡太守、諸侯國

相，相當於二千石的郡國都尉；其次是他們的子弟；再次是豪強大族。從監察的範圍來看，對二千石的監察重在他們是否恪守詔令，公正地行使職權；對他們子弟的監察重在是否靠他們的權勢牟取私利；對豪強大族的監察則重在他們是否兼併民田，欺凌小民。每年八月，刺史乘車巡行所察郡國，歲末回京，將情況上奏。刺史品秩僅六百石，但監察的卻是二千石大員，秩卑而權重。若刺史品秩過高，權力又大，則刺史本人就難以控制了。武帝以後，刺史地位提高，權力膨脹，成了一股分裂割據勢力。實踐證明武帝比他的子孫要高明許多。

強化皇權的第四項措施，是建設官僚集團。就是擴大官僚的規模。使眾多人才有機會得到朝廷的重用。

漢初的察舉，到武帝時制度化，且新增了幾個科目。首先是孝子、廉吏，這二個科目又往往合稱「孝廉」。從武帝起，孝廉成為察舉最重要的科目，又叫「察廉舉孝」。察廉是考察官吏，提拔。重用那些清正廉潔的；舉孝是推舉民間的孝子賢孫出來做官。第七年上，又頒布一道詔令：不認真推舉孝子賢孫的，以「不敬」論處；不認真舉薦廉吏的，罷官。按照漢律，「不敬」是死罪。從此以後，孝廉成為清流之目，漢代官吏大多由此進身。

孝廉之外，還有秀才一科。秀才，即優秀的人才，東漢時避光武帝劉秀諱，改稱「茂才」。孝廉、秀才是武帝新設的科目，漢初的賢良方正一科仍沿用。這樣，察舉的範圍就擴大了。

在察舉之外，還有很多選官方式，如：徵辟。皇帝、三公九卿、郡國守相直接徵聘優秀人才為吏。博士弟子。經過考試，博士官的弟子可以做官。上書拜官。無論誰都可以上書言得失，武帝親加審閱，從中發現人才。這是漢初就有的制度，吏二千石以上，任職滿三年，子弟一人可以做郎官。武帝保留了這項措施。

武帝的方針，是盡可能地透過各種途徑，把各式各樣的優秀人才都選拔出來。凡有一技之長的，在武帝朝，都有條件、有機會出來做官。

但這些人的才能也有優劣高下之分，還存在如何使用人才的問題。在這第二步棋上，武帝的高招是：量能使用。如果真的有才能，武帝往往破格重用，有個叫汲黯的大臣說武帝用人就好比堆木柴，後來者居上。他是濮陽（今屬河南）人，剛直粗俗，官位久久不得升遷，眼見比自己低得多的小吏一個個被提拔起來，就發了這句牢騷。不過，他這句牢騷也道出了武帝用人的方針。前面提到的那位臨淄人主父偃，以上書而拜郎中，一年之中就連升四級。

廣開仕途，量能使用，使得武帝一朝人才濟濟。

北伐匈奴

古時居住在漢族周邊的少數部族，稱為「四夷」。武帝一朝用兵的重點，就是「四夷」。重大軍事行動有以下幾項：北伐匈奴，南平兩越，東定朝鮮，開西南夷，通西域。其中，北伐匈奴又是最重要的，是武帝一朝歷時最久、用兵最多的軍事行動。

元光二年，馬邑人聶壹獻計，利誘匈奴人南下，伏兵圍殲。武帝批准了這個方案，出動三十萬大軍，埋伏在馬邑附近的山谷中，然後讓聶壹以獻馬邑城為誘餌，把匈奴人引進包圍圈。這時，統治匈奴的是軍臣單于，他在領兵南進的路上，識破了漢軍的妙計，慌忙退兵。

從此，漢、匈的「和親」破裂。

四年後，武帝發動了第一次北伐。漢軍四萬精銳騎兵，分四路北上：

車騎將軍衛青從上谷（郡治沮陽，今河北懷來東南）出擊；

騎將軍公孫敖從代郡（郡治代縣，今河北蔚縣東北）出擊；

驍騎將軍李廣從雁門（郡治善無，今山西右玉南）出擊；

輕車將軍公孫賀從雲中出擊。

四路大軍在東西千餘里的戰線上，同時發起攻擊。

衛青麾兵北上，深入匈奴腹地，一直打到龍城（今內蒙古錫林郭勒盟西烏珠穆沁附近）。龍城是匈奴的「聖地」，每年五月，匈奴人大會於此，祭祀天地、祖先與鬼神。衛青斬首生俘七千餘人，凱旋而歸。公孫敖卻被匈奴打得大敗，一萬騎兵損失了七千多。

李廣更慘，被匈奴活捉，在被押送去見軍臣單于的路上，奪得一匹馬逃回。公孫賀一路沒碰見匈奴，徒勞而返。

四路大軍唯衛青一路立功，衛青從此脫穎而出。

西漢名將衛青是漢代最有名的將領之一，武帝時能取得對匈奴的絕對勝利，衛青居功致偉。

衛青的母親衛媼是陽信公主（平陽公主）府中的婢女，已有四個兒女，又與在陽信公主府當差的鄭季私通，生了衛青。鄭季任職期滿，丟下衛媼、衛青，回了平陽老家，衛媼一人含辛茹苦，撫養衛青。待他稍大一點，就讓他去找親生父親。幾個同父異母的兄弟不把他當人看，受盡了苦難，就又逃回了母親身邊。長大成人後，衛青成了陽信公主的一名騎奴（騎馬扈從的奴隸）。過了幾年，他的三姐衛子夫入宮，受到武帝寵幸，衛青也擺脫了奴僕身分，成了武帝身邊的官吏。這次北伐，武帝慧眼識英才，任他為車騎將軍。

從此，衛青成為北伐匈奴的主帥。

元光六年這一仗，匈奴人占了上風，軍臣單于得意起來，要再給武帝君臣一點兒顏色看看，接連出兵南下。

武帝也決以進攻來解決問題。

　　元朔元年秋，武帝命衛青率三萬騎兵從雁門出擊，又命將軍李息率一支人馬從代郡北進，與衛青互為犄角。衛青斬殺數千匈奴兵，李息則無功而還。

　　第二年，武帝調整了戰略，先奪取「河南地」。此為匈奴人的發祥地，水草豐美，距長安也近，直線距離僅七百公里。秦將蒙恬曾攻取此地，秦末戰亂，駐守上郡的三十萬秦軍奉調去鎮壓項羽、劉邦等，匈奴人趁機把它奪回。武帝決定攻取「河南地」，解除匈奴對長安的威脅。這一重任又交給了衛青，他率李息等將從榆溪塞北上，抵達雲中，突然揮師西進，攻占了高闕，切斷了駐牧「河南地」的匈奴樓煩王、白羊王與以北匈奴的聯繫。接著，衛青移師南下，大敗樓煩、白羊二王，俘虜數千人。樓煩王、白羊王丟下一百多萬頭牛羊，帶著殘兵敗將北逃。

　　匈奴政權分三部，單于居中，統領全族；東為左賢王，管領東部；西為右賢王，管領西部。「河南地」在右賢王的轄區。右賢王在新即位的伊稚斜單于的督責下，麾兵南下，想奪回這塊風水寶地。

　　武帝決定組織一次大的戰役，以打垮右賢王。元朔五年春，衛青率四員大將從朔方出擊。右賢王大意，以為漢兵不會深入漠北，喝得酩酊大醉。衛青麾兵急行軍六七百里，在一個月黑風高之夜摸到了右賢王的大營附近，衛青一聲令下，漢兵殺入。右賢王驚醒後，在數百名精騎的扈從下，突圍北逃。衛青俘獲匈奴小王十餘人，男女一萬五千多人，牛馬羊數百萬頭。衛青以赫赫戰功晉升為大將軍。

　　在漢軍的沉重打擊下，伊稚斜單于北撤。北撤，的確是良策，因為漢軍決意消滅匈奴主力，匈奴南下，正好撞在漢軍的槍矛上。撤到漠北，漢軍若尋找匈奴主力，必定長途跋涉，兵馬勞乏，而匈奴則可以逸待勞。伊稚斜

北撤，也給武帝一個機會，決定乘北部邊塞無患之際，騰出手來，發動河西之役。

河西，即河西走廊，地勢險要，匈奴屢次從此入寇。占據河西的，是匈奴渾邪王、休屠王二部。為了確保西北邊陲的安全，河西一帶，勢在必爭。武帝把奪取河西的重任交給了霍去病。

霍去病也是個私生子，他父親霍仲孺也是平陽人，也是去陽信公主府當差，與衛媼的女兒衛少兒私通，生下了他。論輩分，他是衛青的外甥。元朔六年，衛青北伐，霍去病以票姚校尉隨從，立下殊功，顯示了他的軍事才幹，武帝擢升他為驃騎將軍，命他去收復河西。

河西之役，漢軍僅出動一萬騎兵，在霍去病指揮下從隴西出發，一直打到焉支山以西，行程千餘裡，俘殺一萬五千多人。夏，霍去病再次將兵出擊，一直打到祁連山，俘殺三萬多人，僅匈奴小王就有七十多個。渾邪、休屠二王遭到致命打擊，又被伊稚斜單于怒斥，就打算降漢。霍去病統兵去迎，不料，休屠王反悔，渾邪王殺了他，帶四萬人降。從此，河西走廊無匈奴蹤跡。

接下來，武帝要解決漠北匈奴主力了。

元狩四年（西元前一一九年），漠北之役開始。是年夏，武帝集結了十萬騎兵，又招募了四萬人馬，由衛青、霍去病分領；徵調數十萬步兵，轉運糧草。衛青一路穿越大漠北上，與伊稚斜的主力遭遇，經過一場惡戰，匈奴兵敗，伊稚斜帶了數百精騎，突圍北逃，衛青統兵追擊，一直追到寘顏山腳下的趙信城，也未能追上。霍去病一路深入漠北兩千多里，遇上匈奴左賢王的大軍，霍去病進軍大敗左賢王。這次漠北會戰，消滅匈奴兵九萬人。伊稚斜主力損失殆盡，無力再南下攻掠。為征伐匈奴，漢朝也付出了巨大的人力、物力、財力，難以再對匈奴大規模用兵。此後，武帝一方面加強邊防；一方

面派出使者，想不戰而屈匈奴之兵。但匈奴不肯歸順，且扣留了漢使蘇武等人，蘇武在荒無人煙的北海度過了十九個春秋，堅貞不屈，直到昭帝始元六年（西元前八十一年），漢匈和親，才全節而歸。

得知蘇武被扣的消息，武帝知道兵不血刃是不行的了，又恢復了軍事行動。這時，霍去病、衛青都已先後病死，李廣利成為北伐主帥。他是李夫人的哥哥，沒什麼將才，再加上漢朝內部危機嚴重，始終沒能取得什麼戰果。武帝雖然沒能徹底解決匈奴問題，但基本上解除了匈奴人的威脅。

北伐匈奴，還有一個不小的收穫，即張騫通西域。

為了斷除匈奴右臂，武帝招募智勇雙全之人出使西域，聯絡大月氏人，夾擊匈奴。在應募的人中，武帝相中了張騫。

張騫，成固人士，當時是個郎官，智勇過人。與他一同應募的，還有堂邑氏的一名奴隸，叫甘父，匈奴族人，人稱「堂邑父」。經過一番準備，建元三年（西元前一三八年），張騫率一個有一百多名隨員的使團從長安出發，踏上了西行之路。出了隴西，再往西便是匈奴人的勢力範圍了。結果，他們被匈奴人俘虜。張騫在匈奴人那裡待了十二年，匈奴人還硬塞給他一個匈奴族妻子，兩人生了一個兒子。但張騫始終沒忘自己的使命，第十二年上的一天，乘匈奴人不備，他和堂邑父等人逃了出來，日夜兼程，風餐露宿，躲著匈奴崗哨，向西行進，經大宛、康居，到達大月氏國。大月氏人原住在河西走廊，在匈奴人的侵逼下才西遷。這一帶水草豐美，也很少有人敢侵凌他們，安居樂業，不想再與匈奴人打仗，謝絕了聯手對付匈奴的建議。張騫在大月氏逗留了一年，最後只能東歸。回來的路上，他們又被匈奴人俘獲。一年後，軍臣單于病死，匈奴內亂，才趁機與堂邑父和妻子逃了出來，回到了闊別十三年的長安。隨行的一百多人只剩下他和堂邑父了。張騫把一路上所見所聞，特別是西域各國的情況，整理成一篇八百字左右的報告，呈給武

帝。這篇保留在《史記·大宛列傳》中的報告，是中國歷史上對西域的第一次真實記述。張騫是遍覽西域的第一人。

元狩四年，張騫又奉命帶領一個三百多人的使團，出使西域烏孫國。此次與第一次情況不同，河西走廊已在兩年前被霍去病將兵攻取，他們不用躲避匈奴人，也不用為糧草而苦惱，很快就到了烏孫。烏孫雖然不想與漢聯手對付匈奴，卻很想與漢結好。張騫又派副使出使大宛、康居、大月氏、大夏、安息、于闐等國，與他們建立了聯繫。張騫回國後一年病死，此後不久，他派往西域各國的副使也陸續回國。這次出使之後，漢與西域各國正式建立了聯繫，雙方使臣、商人來往日漸頻繁，經濟、文化交流加強。

張騫開通的西域之路，成為聞名世界的「絲綢之路」。

晚年轉變

中國歷史上有很多有名的皇帝都是在最後的時刻沒有選好自己的繼承人，或因選繼承人而犯下錯誤。也許是因為他們太累了，不願意像以前自己鼎盛的時候那樣思考和聽取意見了。

武帝是位英明的君主，他清楚征伐戰爭不可能長期打下去。他曾對衛青說：「漢家諸事草創，匈奴等又不斷侵陵，我如果不改革制度，後世就無所依據；不出師北伐，天下就難以安定。因此，不得不勞民傷財。但是，如果後世仍像我這樣，就會重蹈亡秦的覆轍。」最重要的是把重點從軍國大政、征伐戰爭轉移到恢復發展國民經濟上來。這是武帝的既定方針。不過，他把政策的轉變設計在他的下一代，他要在有生之年處理好匈奴。

然而，社會危機的總爆發迫使他不得不提前實行大政方針的轉變。

　　征伐戰爭，加上武帝的窮奢極欲，耗盡了國庫的錢財，也搜刮盡了富商大賈的錢物，許多人紛紛破產。難以繼續生活下去的人，揭竿而起。到天漢二年（西元前九十九年）前後，形成四支較大規模的起義軍：

　　梅免、百政起義軍，活動於南陽一帶。

　　段中、杜少起義軍，活動於楚國故地。

　　徐勃起義軍，活動於泰沂山區。

　　堅盧、范生起義軍，活動於燕趙一帶。

　　每支起義軍都有數千人，自立名號。此外，還有數不勝數的小股起義軍。從燕趙到江淮，到處都是衣衫襤褸、面黃肌瘦而手執刀槍、攻城奪池的人。

　　與此同時，宮廷內發生巫蠱事件，皇后衛子夫與太子雙雙自盡以證清白，武帝在多重打擊中，痛下了罪己詔 ──〈輪臺詔〉。在這份中國歷史上第一個皇帝罪己詔中，武帝檢討了自己的失誤，宣布：當務之急，是禁苛暴，止擅賦，力本農。也就是說，要把軍國大政的重心轉移到恢復發展經濟上來。這是征和四年（西元前八十九年）的事。這年，武帝已是六十八歲的老人了。他的果敢、膽魄，不得不令後人稱讚。

　　〈輪臺詔〉僅是一個大綱，政策改革應該從哪裡入手呢？武帝決定先從農業開始。民以食為天，作為生產生活資源的農業是生存與一切生產最基礎的條件。武帝明白，要安定社會必須先安民，安民必須先讓他們有飯吃有衣穿。於是，在頒布〈輪臺詔〉的同時，武帝詔封丞相田千秋為「富民侯」，下詔把「力農」定為第一要務。在發展農業生產上，武帝把改進農業生產技術作為突破口，任命農學家趙過為搜粟都尉，讓他負責農業生產技術的改進。

　　趙過總結前人的經驗基礎，發明了「代田法」。代田法是在一畝地上開挖三條溝，深、寬各一尺。把種子播進溝裡，待幼苗生長起來，進行中耕，除

了鋤草，還需將壟上的土逐次鋤下，培壅苗根。到了天熱的時候，壟上的土削平，作物的根長得很深。第二年則將做壟的地方變為溝，做溝的地方變為壟，一年一換，故名「代田法」。

種子播在溝裡，可使幼苗避免乾風之吹，減少葉面水分蒸發。同時，也可使莊稼充分利用溝底的水分 —— 對於乾旱的北國來說，水分尤為重要。隨著作物生長，逐次培壅，根部愈來愈深，既可防止莊稼倒伏，又能使其吸收更多的水分。溝壟一年一換，土地輪番使用，地力得到恢復。

此外，趙過還發明了從耕地、播種到耘鋤一整套新式農具，其中最重要的是耦犁。耦犁用二牛三人，二牛共挽一犁，牛前一人雙手各牽一牛，右牛後一人執鞭趕牛，一人扶犁。不過，沒牛的農戶就難以使用耦犁了。有個叫光（姓氏失傳）的人，做過平都（今陝西子長西南）縣令，他教趙過用人拉犁的方法，趙過奏請武帝，任命他為搜粟都尉的屬吏，推廣此法。趙過先在宮廷附近的閒地上實驗代田法和新式農具。結果，畝產量比別的農田高一斛以上。武帝大為高興，命令大農令選擇身手好的工匠製作趙過發明的新式農具，郡國守相派縣令、長等人，領取新式農具，學習代田法。

不久，代田法和新式農具便在沿邊各郡、河東、弘農和關中地區推廣開來，極大地促進了農業生產的發展。

而這時的武帝已疾病纏身，自度不久於人世。剛剛開始的政策轉變能否在他身後繼續下去，成為武帝關心的焦點。如果後繼者不能沿著他的方針走下去，那麼，大漢江山的安危就難說了。武帝要在有生之年，安排好身後事，確保他的新經濟方針在他死後也能貫徹執行。

選定繼承人

選定繼承人，成為頭等大事。

他的長子劉據，七歲那年被立為皇太子。劉據為人，仁恕溫謹，敦厚好靜，與武帝的性格有別。武帝雄才大略，好大喜功，有點看不上劉據。有個叫江充的大臣，是武帝身邊的紅人，與劉據有矛盾，想趁機扳倒劉據。征和二年七月，劉據走投無路，只好舉兵自保。毫無作戰經驗的劉據兵敗，從城南復盎門逃亡。他走得倉皇，身邊只有兩個跟著他作戰的成年兒子，母親妻妾和其他的兒女都被他拋下了。他的母后衛子夫夾在丈夫和兒子中，也絕望得自殺身亡……

劉據死後，皇太子之位一直虛懸。武帝把尚健在的四個兒子逐一衡量，最後決定立小兒子劉弗陵為皇太子。劉弗陵年幼，必須有人輔佐。於是，武帝又開始物色顧命大臣。

第一人選便是霍光。霍光是霍去病同父異母的弟弟。父親霍仲孺去陽信公主府當差，與衛少兒私通，生了霍去病。任職期滿，霍仲孺回家，娶妻，生了霍光。霍去病北伐匈奴，路過平陽，把霍光帶到了長安。當時，霍光年僅十歲，武帝讓他做了一名郎官，侍從於左右。過了幾年，霍光升任諸曹侍中。霍去病死後，霍光被任命為奉車都尉、光祿大夫，成為武帝最親近的大臣。霍光為人端莊謹慎，循規蹈矩，在武帝身邊侍奉二十多年，不曾出過差錯。武帝認定霍光是顧命大臣的最佳人選。

霍光之外，武帝又選定了金日磾、上官桀、桑弘羊和田千秋四人。

後元二年（西元前八十七年）二月，武帝去了五柞宮（宮中有五棵大柞樹，故名）。五柞宮在長安東南。不久，武帝就病倒了，他把霍光、金日磾、上官桀、桑弘羊和田千秋召集到病榻邊，宣布遺詔：立劉弗陵為皇太子，以霍光為大司馬大將軍，金日磾為車騎將軍，上官桀為左將軍，桑弘羊為御史大夫，田千秋為丞相，共輔少主。其中，霍光為首輔。第二天，武帝駕崩，

享壽七十歲。皇太子劉弗陵即日就帝位，是為昭帝。十八天後，武帝的靈柩入葬茂陵（今陝西省興平縣東北十七里處）。

昭帝即位那年才八歲，還無法擔當起治國理民的重任，霍光以大司馬大將軍領尚書事，總理朝政。他忠實地履行武帝的既定方針，經濟恢復發展，在昭帝和下一代宣帝兩朝，大漢帝國又出現了一派興旺的景象，史稱「昭宣中興」。

一代英主

漢武帝以其赫赫功業奠定了他在西漢歷史上的地位。漢人認為，高祖劉邦提三尺劍，出生入死打下天下，惠帝、呂后、文帝、景帝祖述高祖，無為而治，到武帝才轟轟烈烈地把西漢皇朝推向輝煌，功至卓著。這個評價是很中肯的。漢初六十餘年，清靜無為，致力於醫治戰爭創傷，恢復發展經濟，為漢武帝打下深厚的基礎。武帝登基，把屬於他的那五十四年演得有聲有色。武帝死後，餘音未絕，又有一幕「昭宣中興」。一部西漢史，武帝占去了大半。

武帝不僅是一位功至名著的漢家天子，更是一位在中國歷史上影響深遠的人物。

中國封建社會的若干制度、措施，都始創於武帝，如尊儒術，建內朝，鹽鐵酒專賣，均輸平準，等等；還有，中國的疆域版圖，於此時基本奠定；中、西經濟文化交流的通道從此開通。人們常以「秦皇漢武」連稱，確是事出有因，他們同是中國封建時代開風氣的人物。

武帝能夠在漢代和中國歷史上占有重要一席，首先是時代的造就。此外，還有一個很重要的因素：他的才識。

他的才識展現在他對天下大勢的把握，之所以雄才大略，即在於此。武帝一朝，事情千頭萬緒，變化多端，但武帝對時局始終能理性的洞悉，有整體的把握，因此他知道什麼時候應該做什麼，怎麼做。即位之初，他對外征伐，對內改制，完成時代賦予他的使命。當此之時，他已制訂了下一步對策：一旦「外攘夷狄」大功告成，即把軍國大政的重點從對外征伐轉移到恢復經濟發展上。當危機日重、百姓蜂起之時，他又意識到不能等到他的下一代再轉變了，當機立斷，痛下罪己詔。

秦皇、漢武並稱，二人在若干方面頗有相似之處，但在對時局的把握、及時地調整統治方針上，始皇實不及武帝雄才大略。始皇是個認真的人，事無大小，都要親自裁決，一天要看一石奏章，看不完不休息。武帝則像個戰略家，他的精力更多地用在戰略方針的研究、制定上，具體事務多責臣下。班固寫完《漢書·武帝紀》後，給武帝下了一個評語「雄才大略」，可見班氏所言不虛。

也因為此，武帝才有更多的時間來遊玩享樂，聲色犬馬。後宮佳麗成群，多至數千，武帝才以好色而屢遭後人譏斥。他還喜歡馳逐射獵，觀賞鬥獸、歌舞，與臣子玩射壺、蹴鞠等遊戲，或泛舟湖上。他還是一個出手不凡的文學家，賦也頗有可觀。

他是一位至尊至貴至高至上的皇帝，同時又是一個有血有肉、有情有欲的人。登上未央宮前殿時，他是天下共主；下得殿來，他又是食人間煙火的一員。皇帝的權威與人的本性，在他身上共存。

第二節 「名君」楊堅

隋文帝楊堅可以說是一位較有作為的皇帝了。他使長達數百年的分割局面結束，實現了國家的大一統。但作為一位開國皇帝，他卻沒有做好相當重要的一件事 —— 沒把自己的繼承人選好。致使泱泱大隋數十年就土崩瓦解。

在中國的歷史上，有很多這樣的事情，他能把自己的江山治理得讓別人無話可說，但在自己的家庭問題，讓人搖頭嘆息。隋文帝楊堅是，李世民是，朱元璋也是……

難道真的應驗那句「名君不識子」？

青雲直上

父親名叫楊忠的楊堅。祖籍弘農華陰（今屬陝西），漢太尉楊震第十三代孫。弘農楊氏是最負盛名的門閥世族之一。楊堅在剛出生時，楊忠二十多歲，正在西魏權臣宇文泰手下效力，很受到重用。

楊堅在降生後，也和其他有「故事」的帝王一樣，有著許多稀奇古怪的傳說：他降生時，般若寺紫氣繚繞，祥雲籠罩。天明，從河東來了位尼姑，對他的母親呂芳桃說：「這個孩子生來異常，不能讓他生活在俗世。」遂把楊堅帶到庵中撫育。一天，呂芳桃抱著兒子玩耍，忽然看見他頭上生出兩角，身上長出鱗，芳桃大驚失色，孩子墜落地上。這時候，尼姑從外面進來，道：「孩兒受了這麼一驚嚇，做皇帝是要晚好幾年的。」

楊堅的長相也頗古怪，身子上長下短，面孔像龍，前額有五根柱子直貫頭頂，目光如電射，手上有紋似「王」字……這些傳說大都是為了附會楊堅這個終結天下分裂的皇帝而虛構的。

第三章 「另類」帝王

事實上，少年的楊堅和別人的孩子也沒有任何的不同之處，說起來有些地方還不如一般的孩子。他的嗜好唯有音樂，常懷抱琵琶自彈自唱，還編寫過兩支歌。他曾入最高學府太學讀書，後世多譏諷他不學無術，他也自稱「不曉書語」他當時也不是個用功的學生。他與眾唯有不同的是，整天都是板著臉，不苟一點言笑。在太學裡面讀書時，即使好友也不敢輕易地跟他開玩笑。

他的父親楊忠卻是統治者身邊的紅人，成為宇文泰的得力部將，被賜鮮卑姓「普六茹」。

十四歲時，楊堅便步入了仕途之路，京師長安的地方長官，京兆尹薛善任用他為功曹。功曹是重要的屬吏，十五歲時，楊堅又因父親的功勳被授予散騎常侍、車騎大將軍、儀同三司的官銜，封成紀縣公。楊堅在十六歲時又升為驃騎大將軍、開府儀同三司。這時，一場廢立陰謀正在悄悄地進行著。

西魏的執政大臣宇文護是這次活動的主謀。宇文護是宇文泰的一個姪兒。宇文泰在楊堅升任驃騎大將軍這年的九月病死了，臨終，他把兒子宇文覺兄弟託付給姪兒宇文護。宇文泰死後，宇文護輔政。西魏君主恭帝拓跋廓自即位以來便是個傀儡，他無權干預政事，便整天與嬪妃尋歡作樂。宇文護圖謀廢掉拓跋廓，擁立堂弟宇文覺。就在這年十二月，宇文護逼迫拓跋廓禪位宇文覺。

就在第二年裡，宇文覺在長安即皇帝位，改國號為「周」。

在這場宮廷政變中的楊忠，為宇文護、宇文覺鞍前馬後地效力，立下了汗馬功勞。宇文覺君臨天下後，楊忠進官為柱國、大司空，封隨國公。宇文覺做了九個月的皇帝，便被宇文護殺掉。宇文護擁立宇文覺的長兄宇文毓為帝，是為周明帝。

楊堅就在這個時候被晉封為大興郡公。宇文護在這一系列的政變中是有自己的想法的，武成二年（西元五六〇年）四月，宇文護鴆殺宇文毓，擁立宇文毓的四弟宇文邕為帝，是為周武帝。

就在這一年，年僅十九歲的楊堅出為隨州（今湖北隨州）刺史，進位大將軍。

在二十五歲那年，楊堅大婚。妻子獨孤伽羅，是獨孤信的七女。獨孤信是鮮卑大貴族，官居柱國大將軍，是自西魏以來的權臣。他的長女是周明帝的皇后。獨孤信見楊堅前途無量，便把十四歲的七女嫁給了楊堅。與獨孤氏聯姻，這樣就更加提高了楊堅的地位。

楊堅提高了地位後，引起執政者宇文護的猜忌，多次想殺掉楊堅，幸虧大將侯伏侯萬壽替他說情，才免一死。二十七歲那年，父親楊忠病死，楊堅承襲隨國公的爵位。

在第五年時，武帝宇文邕誅滅宇文護及其同黨，親攬朝政。楊堅的威脅消除了。宇文邕選楊堅的長女楊麗華為皇太子宇文贇的妃子。楊堅就這樣成為皇親國戚。

左大丞相

陰謀詭計在政治上是很平常的一件事情。年紀輕輕就經歷過這麼多的官場詭計，楊堅在得勢後，不得不有了一些想法。

楊堅雖然深得到了宇文邕器重，但他對宇文邕卻不忠，覬覦其位。不過，他的羽翼未豐，不敢有所表示，只是心中暗暗地盤算著，偷偷培植著自己的勢力。

皇帝雖然不是太精明，但精明而忠心的人還是有很多的，一些很精明的大臣覺察出楊堅圖謀不軌後。齊王宇文憲奏告武帝：「普六茹堅相貌非同尋

常，臣每次見到他，總感到渾身的不自在。此人恐不是久居人下者，請及早把他除掉！」武帝不以為然，道：「此人只不過是一名武將罷了。」內史王軌也奏言楊堅有歹相，此話同樣沒有引起武帝的重視。

楊堅在聞訊宇文憲、王軌等奏劾他圖謀不軌，表現出了超人的冷靜，這可能也是他「異於常人」的地方吧。他更加隱祕地做奪權的準備。

後周的文帝、武帝都是一代名君，但是周武帝並沒有發現楊堅的不同。武帝此時的精力用在攻伐北齊上，對楊堅也無暇留心考察。他沒有想到，由於他的粗心、失察，斷送了「大周」江山。

楊堅因在伐北齊的戰爭中立了功，又以功進位柱國，出任定州總管，隨即轉為亳州總管。

不久，武帝駕崩，皇太子宇文贇即位，是為宣帝。

後世中人往往評說後周文帝、武帝死的太早，不然周朝是大有可為的。從當時的歷史環境來看，此事絕不為虛，只是天妒英才，最終給了楊堅表現的機會。

宣帝立楊麗華為皇后，父以女貴，楊堅被拜為上柱國、大司馬。第二年，轉為大後丞、右司武，旋即升為大前疑。宣帝外出，便由楊堅處理日常政務。

文帝武帝之後的後周氣數已盡，年輕的宣帝是個實實在在的昏君，荒淫無道。武帝屍骨未寒，他便把父皇宮人全部接收過來，供他發洩獸欲。忠直的大臣遭誅殺，奸佞小人卻受到重用。他做皇帝第二年的二月二十日，禪位七歲的皇太子宇文闡，是為靜帝，自己稱「天元皇帝」，做太上皇去了。這種事在中國的歷史上真是不多見，說白了，這是一個不折不扣的混蛋做法。不過，他並沒有放棄權力。北周王朝在他的統治下迅速走向黑暗。

上天又給了正覬覦著皇位的楊堅一個絕好的機會。他抓住時機，準備取代周室。

楊堅與好友宇文慶談論時局，楊堅道：「天元皇帝沒什麼德政，看相貌也不會長壽。加上法令繁多而嚴苛，整天沉浸於聲色中，我看皇上的統治維持不了多久。宇文宗室諸王各就封國，既不能有效地控制地方，朝廷內也失去親信。像這種局面，一旦天下有事，局勢將不可收拾。」接著，他又分析掌握實權的地方勢力：「安陽太守尉遲迥是皇親國戚，聲望素著，若天下有變，他必首先起來作亂，但此人才智平庸，子弟也多輕浮，且貪財好利，對部下不事拉攏，肯定成不了大事。駐守鄖州的司馬消難是個反覆無常的小人，若有機會，肯定會發難，不過此人輕薄，缺少智謀，也不足為慮，至多失敗後投奔江南。益州易守難攻，總管王謙卻是個蠢材，沒有什麼心計，即使受人唆使而作亂，也成不了氣候。」

楊堅料定北周的統治即將結束，對他取代周後如何應付可能出現的動亂局面有了充分的準備。

周宣帝到底還是起了疑心，他為自己的疑心做了一些「考察」楊堅的事情，但是總是在最後時刻猶豫。放過了楊堅。大象二年（西元五八○年）五月，宣帝心血來潮，要南征，鄭譯趁機推薦楊堅為揚州總管。

大軍還未發，宣帝就病倒了，宣召大臣劉昉、顏之儀進宮，欲託以後事。兩人到時，宣帝已不能說話。靜帝宇文闡年方八歲，乳臭未乾。劉昉為了自己的前程，他下定決心投靠楊堅。他找來鄭譯，兩人一同草擬了假詔，聲稱宣帝遺囑楊堅輔政。然後，劉昉去找楊堅，楊堅還有顧慮，劉昉道：「你要願意，就趕快答應。你若不願意，我就自己去做。」楊堅遂答應。但是，當劉昉拿著假詔要顏之儀簽字時，顏之儀卻斷然拒絕，說詔書有詐。於是，劉昉便替他簽了。不久，宣帝駕崩，劉昉、鄭譯祕不發喪，頒發假詔，任命

楊堅都督中外諸軍事，總理朝政。在楊堅接管了權力後，他們才公布了宣帝的死訊。此時，宣帝已死三天了。

培植黨羽

楊堅已經成為了後周實際上的最高的統治者，但要代周自立，還需花一番工夫。

首先是要培植自己的心腹黨羽。高熲便是一個。高熲，又名敏，字玄昭，自稱是渤海蓨縣（今河北景縣）人，聰明機智，才華出眾。楊堅看中了他，派人與他面談，他欣然應允，願舉家以事楊堅，赴湯蹈火，在所不辭。楊堅大喜，委任他為相府司隸，頗為倚重。

在經過了一番努力之後，楊堅網羅了一批有真才實學且死心塌地願為其效力的心腹。

當朝天子靜帝的叔父宇文贊官居上柱國、右大丞相，與楊堅平起平坐。楊堅讓劉昉去勸他回家，不要過問朝政，騙他說以後會讓他做皇帝。後周的政權真的是可以滅亡了，不然為什麼要一個不滿二十歲的年輕人來作楊堅的「對手」，這個毛頭小子被劉昉天花亂墜的一番話說動了，就高高興興地回家等著做皇帝去了。

但是，就在對付幾個藩王上，楊堅卻頗費了幾次周折。

趙王宇文招、陳王宇文純、越王宇文盛、代王宇文達、滕王宇文迪，都是宇文泰的兒子，身居王位，握有重兵。楊堅知道，他們是不會坐視自己代周而立的。還在宣帝死訊未公布時，楊堅便假借公主出嫁突厥的名義，召他們入京。一個月後，五王到了長安，被收繳了兵符。這時，他們才知道是中計了。

事情也正就像是楊堅所想的那樣，出現了各式各樣的阻力。尉遲迥在相州（今河南安陽）起兵，傳檄天下，討伐楊堅。王謙、司馬消難等紛紛響應。楊堅命大將韋孝寬出擊尉遲迥，梁睿出擊王謙，王誼出擊司馬消難。

不甘於緘默的五王此時也在蠢蠢欲動了。楊堅立刻陷入了被圍困的危險境地。

韋孝寬被派去出擊尉遲迥，率軍進至河陽（今河南孟縣）便停了下來，沒人敢再前進一步。傳言梁士彥、宇文忻、崔宏度等將校收受了尉遲迥的賄賂。他的形勢危急，需派一名既忠心耿耿又有魄力的人去做監軍。楊堅挑選了大臣崔仲方，崔仲方以老父在尉遲迥的占領地為由拒絕。楊堅又想到了鄭譯、劉昉，但鄭譯說他有老母在堂，劉昉說他沒有帶過兵。楊堅為難了。這時，高熲自告奮勇，甘負重任。楊堅欣然同意。高熲到達了前線後，調整戰術，督軍進攻，大敗尉遲迥。王謙、司馬消難也被梁睿、王誼擊敗。消息傳到長安，楊堅大為亢奮。

五王聞訊尉遲迥等兵敗之後大驚，為了宇文氏的江山，他們決定鋌而走險，刺殺楊堅。經過一番密謀，一個刺殺計畫敲定了：由趙王宇文招出面，宴請楊堅，周圍埋伏刀斧手；把楊堅的隨從擋在門外，只讓他一人入內；席間，宇文招的兒子送瓜上來，拿刀切瓜時刺殺楊堅。一切都已準備就緒後，宇文招就開始了行動。

楊堅對於五王估計不足，覺得已經收繳了他們的兵符，解除了他們的兵權，諒他們也沒什麼，見宇文招有請，遂帶著楊弘、元冑等幾個隨員前往。到了趙王府邸，隨從都被擋在門外，楊弘、元冑硬是闖了進去。元冑進去一看苗頭不對，便對楊堅道：「相府有事，丞相不宜久留！」

「我與丞相說話，你插什麼嘴！」宇文招斥責元冑，喝令他退下了。

　　兩眼圓睜的元冑，不但不退，反而提刀上前保護楊堅。宇文招不敢來硬的，問過元冑姓名，道：「你過去不是在齊王手下做事嗎？真是一個壯士！」賜給元冑一杯酒，說：「我哪有什麼惡意，你何必如此緊張？」說完，裝作嘔吐，欲離開座位，被元冑強行扶回座位上。宇文招幾次想離開，都被元冑「勸」止。宇文招又說口渴，元冑便讓人送來水讓他在座位上喝。宇文招被置於元冑的威脅下，他手下的人也不敢輕舉妄動。這時，滕王宇文迪來到，乘楊堅出門迎接，元冑在他耳邊說：「苗頭不對，趕快離開這裡！」

　　楊堅估計風險不大，道：「他沒有兵馬，能幹什麼？」

　　「兵馬本來就是他們的，只要他們先下手幹掉丞相，一切都完了。」元冑道：「不是我怕死，因為我死了也解決不了任何問題。」

　　楊堅並沒有走，鎮靜地回到席上坐下。元冑聽到後堂有披掛盔甲的聲音，急了，上前對楊堅說：「相府的事那麼多，丞相怎麼這樣，老坐著不走？」說完，拉著楊堅就走。宇文招快步追出來，元冑堵在門口，等楊堅出了府邸大門，他才緊走幾步趕上。楊堅回到了相府，以謀反的罪名殺了宇文招等五王。楊堅徹底擊敗了他的敵人。

　　在不久之後，楊堅就以靜帝的名義下詔了，任命自己作為了大丞相，廢除左、右大丞相，免得有人利用二相並立的條件與自己分庭抗禮。

　　楊堅進位相國，以二十郡之地封楊堅為隨王，劍履上殿，入朝不趨，贊拜不名，位在諸侯王之上。楊堅假意謙讓了一番，最後，除了減去十郡封地外，其他全部接受。

　　為了能夠削弱宇文氏的影響，楊堅下令廢除所有對漢人的賜姓，令各復本姓。這一命令得到了漢人的普遍擁護。

不久之後，在楊堅的授意之下，靜帝又頒詔了：楊堅的王冕為十二旒，建天子旌旗，出警入蹕，乘坐金銀車，駕六馬，享用八佾樂舞。楊堅假意辭讓，前後三次，才無可奈何般地接受。楊堅的人臣之位已是無以復加了。

緊接著，楊堅派人為靜帝寫好退位詔書，詔書中盛譽楊堅功德，請楊堅接過帝位。詔書由朝廷大臣奉送到隨王府。在百官的再三懇求下，楊堅才勉為其難般地接詔。他穿上早已準備好的皇服，在百官簇擁下入宮，登上帝位。周靜帝北面稱臣，楊堅封他為介國公，食邑五千戶，享用原來的車馬、旌旗、服飾、樂舞，不向新帝稱臣，只不過是新朝的一個客人而已。

楊堅承嗣父親隨國公的爵位，後又晉稱隨王，遂定國號為「隨」。但他覺得「隨」字有「辶」，與「走」同義，不吉利，遂改「隨」為「隋」，仍以長安為國都，立獨孤伽羅為皇后，長子楊勇為皇太子，改元「開皇」。這年，是西元五八一年。楊堅時年四十歲稱帝。

篡位當了皇帝的楊堅，史書中稱之為文帝。他的妻子獨孤氏便成了皇后，長子楊勇成了太子。統治階級的爭權奪位，在中國的歷史上不乏其事，而這樣的過程往往是凶殘和狡詐的，楊堅同樣地採用了這樣的方式。對於楊堅，我們應該把視線轉移到他奪得帝位後所發生的事情，即對後世的影響如何，這樣對於這個開國皇帝來說才算公平。

楊堅在得到帝位後，做出了一系列有利於國計民生，有助於社會發展的政策，而且取得了非常明顯的成效。從這一點來看，他不失為中國歷史上一位很有作為的名主了。

統一全國

楊堅登基稱帝之時，華夏大地仍然處於分裂狀態，隋的南面還有梁、陳兩個小的朝廷。

　　梁的都城在江（今屬湖北），歷史上稱它為「後梁」。後梁地盤並不大，自蕭詧建國以來，一直依附於北朝，是個「兒皇帝」角色。楊堅稱帝時，統治後梁的是蕭詧的兒子蕭巋，楊堅派特使賜他黃金五百兩、白銀一千兩、布帛一萬匹、馬五百匹，以示恩寵。第二年，楊堅又派人去江陵為晉王楊廣選妃，經過占卜，所選美女都不吉，蕭巋想起自己還有個女兒在舅父家住著，何不讓她一試？於是派人把女兒接來，占卜吉凶，得了個「吉」，於是蕭巋的女兒就成了楊廣的妃子，後來楊廣做了皇帝，蕭妃又成了皇后，這是後話。由於這次聯姻，楊廣十分優遇蕭巋，取消了派去監視蕭巋的江陵總管，讓蕭巋自己處理後梁事務。第三年上，蕭巋去長安朝見楊堅，楊堅又欽准他的地位在王公之上。翌年，蕭巋病死，子蕭琮嗣位。蕭琮為人倜儻，博學好文，嫻於弓馬，風采不遜乃父。但在楊堅眼裡，已不被看重了，原因很簡單，這時隋內部已整頓完畢，楊堅騰出手來，準備完成統一大業了。楊堅宣布恢復江陵總管，重新把後梁置於隋的監管之下。蕭琮即位第三年上，楊堅征蕭琮入朝，蕭琮自然不敢違命，率文武百官二百餘人北上，江陵父老嘆道：「我主這一去，就回不來了。」正如他們所料，蕭琮離江陵北上，隋將崔弘度就帶兵南下，說是去守衛江陵。知道崔弘度來者不善的蕭琮叔父蕭巖，親自率城中官民十餘萬人投奔陳而去。消息傳到長安後，楊堅宣布廢掉後梁，改封蕭琮為莒國公。

　　楊堅定下的下一個目標，就是建都建康（今江蘇南京）的事。當時，坐在建康皇宮龍座上的是陳叔寶。陳叔寶多才多藝，風流倜儻。但他的聰明才智全用在玩樂上，整日沉浸於酒色之中。

　　煙籠寒水月籠沙，夜泊秦淮近酒家。

　　商女不知亡國恨，隔江猶唱後庭花。

這是唐代大詩人杜牧的〈泊秦淮〉。詩中說的〈後庭花〉，全名為〈玉樹後庭花〉，是陳叔寶與嬪妃飲酒作樂時譜寫的曲子。他最寵愛的妃子，一是張麗華一是孔貴妃，就連上朝聽政，也要一手攬著張麗華一手抱著孔貴妃，一邊與她們調情一邊決斷軍國大事。若兩貴妃插上一句，他馬上就說：「就按貴妃說的辦！」昏君在位，綱紀紊亂，奸佞專權，賄賂公行，江南錦繡江山被他們搞得烏煙瘴氣。幾個有識之士上疏勸諫，陳叔寶置若罔聞。

陳的覆滅已是指日可待了。廢除後梁以後，楊堅便加速了滅陳的進度。第二年秋，兵力部署既畢，楊堅下詔，大舉攻陳。

八路大軍由晉王楊廣節制，在東起大海，西迄四川的數千里戰線上，同時發起強攻。陳叔寶仍在與張、孔二貴妃縱情歌舞。

不久之後，隋軍將士的吶喊就淹沒了皇宮裡面的歌舞聲。第二年正月，賀若弼、韓擒虎兩路大軍突破長江防線，陳軍十萬將士，全無鬥志，大將任忠投降，引韓擒虎所部從朱雀門攻入建康城。文武百官四散逃命，偌大一個宮殿，只剩下一個叫袁憲的侍臣陪伴在陳叔寶身邊。「我從來待你不如他人，現在只有你在這裡相陪，真令我追悔莫及。」陳叔寶說了幾句感激的話，就要找個地方藏起來，袁憲勸他，事已至此，哪裡還有藏身之處？陳叔寶不聽，說：「鋒刃之下，怎敢大意？你不必多說，我自有辦法。」說完，就拉著張、孔二貴妃躲進一口枯井中。不久，隋兵殺入皇宮，見井邊有繩，伏下身去喊叫，不見答應，便說往下填石頭，才聽見喊聲，即用繩拉人，但覺得很重，不免有些驚異，待拔出井外，才發現一根繩子系了陳、張、孔三人，眾人不禁失笑。

陳叔寶成了階下囚，陳各地官軍，也紛紛投降。自西晉傾覆以來二百七十多年的分裂局面至此結束，重新統一。

　　就在滅陳的過程中，楊堅認為軍人和兵器的歷史使命應該結束了，否則，便會造成不安定的因素。於是，楊堅便下令：除邊疆和京師戍衛軍隊外，其餘的兵器等軍事裝備立即停止製造，民間兵器立即銷毀；軍人子弟應偃武習文。開皇十五年，楊堅又下令收繳天下兵器，若發現有私自打造者，嚴加懲處。開皇八年，又下令收繳江南三丈以上的大船。楊堅想消除一切不確定因子，確保楊氏家天下。

開皇之治

　　中國在統一之後，文帝一邊躬行儉樸，一邊採取了許多有利於鞏固政權的措施。由於他明白到「古帝王沒有好奢侈而能持久的」，所以由他輔政時開始，就提倡生活節儉，宮中的妃妾不作美飾，一般士人多用布帛，飾帶只用銅鐵骨角，不用金玉。文帝曾想用胡粉和織成的衣領，居然搜遍宮殿，都找不到。這種躬行節儉，使人民的負擔相應得到減輕，而且有利於各項措施的推行。

　　文帝所取的那一些措施之中，最主要有以下幾個方面：

　　在中央，設置三師、三公、五省、六部、二臺、九寺、十二府。太師、太傅、太保，為三師。三師官銜為正一品，在名義上是皇帝的老師，與皇帝坐而論道，但不置官署，沒有什麼實權，僅是賜予德高望重大臣的榮譽官銜。三公為太尉、司徒、司空，也是正一品。三公雖置僚屬，有參議國家大事的權力，但一般不設；即使設置，也不單設，而是給某些重臣的加官。五省，為內史省、門下省、尚書省、祕書省和內侍省。祕書省管理圖書曆法，內侍省是宦官機構，這二省在政權中不占重要地位，真正的權力中樞是內史、門下、尚書三省。內史省協助皇帝決策軍國大政，長官為內史監、內史令，各一人，旋即廢內史監，置內史令二人，正三品。門下省負責審核大政方針，認為不妥的，可以駁回，長官為納言二人，正三品。尚書省主持日常

政務，長官為尚書令一人，正二品，但一般不授人，有隋一代，只有煬帝時楊素以翊戴之功，進位尚書令，故尚書省長官實際上是左右僕射，從二品。

三省六部是最核心的，楊堅委任他最信任的八人擔任長官：高熲為尚書左僕射兼門下納言，李德林為內史令，虞慶則為內史監兼吏部尚書，韋世康為禮部尚書，元岩為兵部尚書，元暉為都官尚書，楊尚為度支尚書，長孫毗為工部尚書。這八人都是楊堅做丞相以來的心腹，且都是精明能幹的人物。特別是像是高熲，身兼尚書、門下二省長官，權位極重。

楊堅對鄭譯、劉昉這幾個人的看法就是：「沒有這幾個人，我就是沒有今天。但我知道他們實際上都是反覆無常的人，周宣帝時以無賴進幸，宣帝病重，他們為了個人私利，推舉我輔政。我要治理國家，他們又跟我搞亂。對這些人，若任用他們，他們不會老老實實做事；不用他們，他們又牢騷滿腹。」結果，鄭譯得到的僅是第一等勳官官階 —— 上柱國，劉昉得到的是第二等勳官官階 —— 柱國。

楊堅在登基的時候，地方上有州兩百零一個，郡五百零八個，縣一千一百二十四個。每個州管轄的郡，僅兩個或三個；每個郡也只管轄兩個或三個縣。州、郡、縣都分九等，一般都有兩套職官，一套是由吏部直接任命的，州除刺史外，還有長史、司馬等；另一套是由刺史聘任的，如州都、祭酒從事等。郡也是這樣，除太守、丞由中央任命外，還有一大批由太守聘任的僚佐。縣也是如此。這樣，州、郡、縣官員十分龐大，如第一等州額定官員多達三百二十三人。造成了民少官多、十羊九牧的局面。開皇三年（西元五八三年），楊堅下令裁省郡一級行政單位，實行州、縣二級制，又合併了一些州縣，並下令廢除州縣長官聘任的僚佐。這樣，他既節省了開支，又簡化了政令推行的程序。

為了能夠有效控制地方，楊堅把子弟分遣到戰略要地，鎮守一方。他們大都是掛著「行臺尚書省」長官的官銜出鎮的。行臺尚書省簡稱行臺省，長官也叫尚書令，相當於中央尚書省在地方的子機構，總統一方軍政，管區內的州縣都受其節制，權任極重。

不限門第，唯才是舉這是他任用官員的一個準則，通過考試以來取士。文帝本人又躬身節儉，整飭吏治，曾派人巡視河北五十二州，罷免貪官汙吏二百餘人，又裁汰地方冗員約十分之三。

他還在在刑律上，制訂和頒布了《開皇律》。這部新律是蘇威、牛弘等人修訂的。蘇威是武功（今屬陝西）人，牛弘是安定（今甘肅涇川北）人。兩人都博聞強記，精通律令。開皇三年（西元五八三年），楊堅把制訂新律的重任交給他們，他們廣泛汲取了魏晉南北朝以來的立法經驗，結合當時社會的實際狀況，完成了一代法典《開皇律》。

這一部法典《開皇律》共分了十二篇，五百條，刪除了魏晉南北朝以來一些殘酷的刑罰，定刑名為五種：死刑二，有絞、斬；流刑三，有一千里、一千五百里、三千里；徒刑五，有一年、一年半、二年、二年半、三年；杖刑五，從六十至一百不等；笞刑五，從十至五十不等。為了確保楊氏家天下，又規定「十惡」：謀反、謀大逆、謀叛、惡逆、不道、大不敬、不孝、不睦、不義、內亂，屬於「十惡」的罪犯，從重從嚴懲處，不得寬赦。官僚地主犯罪，只要不是十惡不赦之罪，都可以減一等，也可以出錢贖罪，還可以用官品來折抵徒刑。

混亂、殘酷的北周法律，在楊堅掌握北周政權時就曾經進行了改革，但是並不徹底。隋朝建立後，他在下令制訂《開皇律》的時候，就將原來的梟首（即砍下頭懸掛在旗桿上示眾）、車裂（即五馬分屍）等殘酷刑法予以廢除，保留了律令五百條。而刑罰則分為死、流、徒、杖、笞五種，基本上完

成了自漢文帝刑制改革以來的刑罰制度改革歷程，這就是封建五刑制。到了唐朝，將順序顛倒過來，從輕到重，內容基本上繼承，沒有改變。流傳至今最完整的是《唐律疏議》，代表了唐律，其實這也是從楊堅《開皇律》中繼承來的。

楊堅對古代法制做出了極大貢獻。

在經濟方面，繼續推行均田制。每個成年男子（十八至六十歲）給露田八十畝，永業田二十畝；成年女子給露田四十畝。露田死後歸還政府，永業田可以傳給子孫。奴婢也像平民一樣分田，親王的奴隸受田限三百人，一般地主不得超過六十人。每頭耕牛給露田六十畝，限四牛。自親王至都督，給永業田一百頃至四十畝不等。京官自一品至九品，給職分田自五頃至一頃不等，作為俸祿。又減免賦役，輕繇薄賦，與民休息。改成丁年齡為二十一歲，受田仍是十八歲，服役少三年。又改每歲三十日役為二十日，減調絹一匹（四丈）為二丈等。此外文帝下令重新編訂戶籍，以五家為保，五保為閭，四閭為族。開皇初有戶三百六十餘萬，平陳得五十萬，後增至八百七十萬。為積穀防饑，故廣設倉庫，分官倉、義倉。官倉作糧食轉運、儲積用，義倉則備救濟之需。致力建設的文帝，在原長安城東南營建新都大興城；開鑿廣通渠，自大興引渭水至潼關，以利關東漕運。

這些措施、制度的推行之後，強化了君主專制主義中央集權統治，也在一定程度上促進了經濟、文化的發展。不僅是如此，楊堅時確立的體制，承上啟下，對後世中國封建社會有深遠的影響，特別是中央的三省六部制，地方的州縣二級制，刑法上的《開皇律》，農業經濟上的均田制，對唐代及其以後的封建王朝都有了重大的影響。

在學術文化等方面，文帝大力提倡文教，廣求圖書。他有鑑於長期戰亂，官書散佚，所以下詔求天下之書，凡獻一書縑一匹。經一、二年，圖書

大備，整理後凡得三萬餘卷。為廣置人才，文帝又開科取士，並設秀才科，開後世科舉制之先河，也促進了教育、文學的發展。為減少胡人文化影響，文帝下詔制訂禮樂，重拾漢文化。

在軍事方面的，鑑於南北朝晚期，突厥藉強大的軍事力量，不時侵擾北周、北齊。故隋立國後，隋文帝便派將兵攻打突厥，後來更採用離間分化策略，使突厥分為東西兩部，彼此交戰不已，隋則以此消除它的北顧之憂了。

正是因為上述措施的推廣，隋在文帝統治的最初二十多年間，政治清明，人口也在增加，府庫也在充實，外患不生，社會繁榮昌盛，歷史稱這一時期為「開皇之治」。

惡劣習性

楊堅從一個貴公子，一步步地走向帝位，建立了自己主宰的皇朝，說明楊堅是個很有才幹的人。隋朝建立後，他治定的政治、法律、經濟體制，承上啟下，影響深遠，對國家的穩定功不可沒；廢梁，滅陳，使長期分裂的中國重新統一，凡此使楊堅成為中國歷史上極有作為的皇帝。但是他的一些惡劣習性最終危及了他苦心經營、竭力維繫的隋朝江山，使隋朝在歷史上只是曇花一現，不能不說是楊堅的悲哀。

楊堅的皇位並不是繼承得到的，而是篡奪宇文氏的，所以他很擔心臣子模仿他，篡奪皇位。故他對文武大臣保持高度警惕，留意他們的言行，常常疑神疑鬼，弄得朝野一片人心惶惶。

虞慶則是個頗有才幹的人，楊堅很賞識。楊堅代周後，任命虞慶則為內史監兼吏部尚書，是群臣中的第三號人物。後來，虞慶則升任尚書右僕射，頗受楊堅信任。開皇十七年，桂州（今廣西桂林）人李代賢反叛，朝中無人願領兵討伐，楊堅便指名要虞慶則去。虞慶則的內弟與虞慶則的妾私通，向

楊堅說虞慶則的壞話，說虞慶則不願去。楊堅很不高興，開始懷疑虞慶則的忠心。後來虞慶則還是去了，並還打了勝仗，在凱旋回師的路上，虞慶則指著一個地方說：「若這裡有個合適的人把守，只要有足夠的糧食，便難以攻破。」作為一名將領注意山川地形，本是正常現象。但有人把虞慶則的話密告給楊堅後，楊堅的疑心更大了，認為虞慶則有謀反的野心，遂以圖謀不軌的罪名殺了虞慶則，也使自己失去了一員有力的大將。

高熲也是楊堅的一名得力輔佐，楊堅君臨天下以後，高熲被委以尚書右僕射兼納言的重任，位冠群臣，楊堅鞏固君主專制主義中央集權的統治措施，多出自高熲手。滅陳時，雖說晉王楊廣為總統帥，但高熲為楊廣的長史，主持各種軍務。北擊突厥，高熲為帥。高熲為楊堅打下江山可謂說是立下了赫赫戰功，因此楊堅對他頗為倚重。因為楊堅對皇太子楊勇日漸不滿，欲立晉王楊廣為嗣。高熲勸諫說廢長立少有違禮儀，其實高熲這樣說，是不想讓剛剛建立的隋朝再因太子之事起波折。可就因為楊勇的女兒是高熲的兒媳，楊堅就懷疑起高熲來。最後，高熲被褫奪官爵，貶為平民，又一名忠臣因為楊堅的猜疑而被解甲歸田。還好，沒有遭到殺頭的下場。

楊堅之所以如此猜疑，是因為他對自己的統治缺乏信心。為了樹立自己的絕對權威，楊堅還濫用酷刑，不少人因此而遭受嚴重的刑罰。

在宮殿裡，楊堅放了很多棍棒，看著誰不顧眼，便加杖打，有時一天會打數人。有時他還嫌行刑者下手過輕，懷疑他們是不是手下留情，行刑人只得賣力把受刑的人往死裡打。有些大臣上書，說朝堂不是殺人的地方，殿廷也非杖罰的地方，迫於輿論壓力，楊堅下令撤去棍棒，再想打人時，便用鞭子，但鞭子實在不過癮，便又用起了棍棒。有一次，楊堅又喝令杖人，兵部侍郎馮基百般勸諫，楊堅就是不聽，終於將那人打死了。過了一會兒，楊堅氣漸消，覺得那人罪不至死，便回頭訓斥身邊那些沒勸諫的人為什麼不阻

止他。也許這就是封建帝王的權威，自己打死了人，卻怨別人沒有及時勸住自己。

楊堅的性格喜怒無常，常常動輒殺人。一次上朝，他看到個別武官服飾不整齊，就認為這是對朝廷的不尊，斥責御史為什麼不彈劾，喝令把御史推出斬了。諫議大夫毛思祖行使職權，出來勸諫，也被殺頭。像這樣因一些輕微小事而誅殺官吏之事，經常發生，因此朝中百官人人自危，深恐哪天不小心得罪了皇帝，落得被殺頭的下場。

盜竊氾濫確實是讓官員們頭痛的一件事，為了杜絕盜竊，楊堅想了很多方法，但都不奏效。最後，楊堅頒詔：凡偷竊一錢以上的都處以死刑，橫屍街上示眾；四人合竊一桶，三人合竊一瓜，也全部處死。濫用酷刑竟然到了這種地步，可見當時隋朝的刑罰有多麼嚴重。

登上皇位後的楊堅開始變得不學無術，認為學問沒有什麼用處，於仁壽元年（西元六〇一年）下詔，除國子監外，其餘的學校全部廢除。雖然大臣們再三勸諫，也終無法改變楊堅對文化的藐視。

楊堅疑心很大，所以不相信人，也不看重文化，卻信奉鬼神，無論哪路神仙，他都虔信、禮敬，特別是對佛教，他大加崇祀，廣建佛塔、寺院；佛教風靡全國。甚至對宮女渲染的妖精，楊堅也深信不疑。一次，嬪妃們說時常有人挑逗她們，楊堅斷定宮門防衛森嚴，外人進不來，定是妖精作祟，命令嬪妃們再發現有人挑逗，應揮劍砍殺。有個宮女遵旨實施，手中的劍好像砍在一堆腐骨上，沒有見血，宮女追，妖精跳入水池中不見了。楊堅信以為真，下令把池水淘乾，結果只在池中捉到了一隻大烏龜。由此可以想見楊堅的迷信。

楊堅其實是個很節儉的人，不大講究吃穿，所以後世雖然說他殘暴，卻盛讚他節儉。但是，楊堅在建造宮殿上卻不怕浪費、奢靡。他做皇帝的第二

年，因為嫌從前的長安城規模太小，且經常鬧鬼，便下詔令在舊城西北修築新城，命名為「大興城」。過了十年，楊堅對大興城失去了興趣，又在岐州（今陝西鳳翔南）耗費鉅資興建豪華的仁壽宮。過了五年，又在仁壽宮和大興城之間修建行宮十二座，其大興土木的奢侈也可見一斑。

楊堅明知道自己的暴政，卻還時常沽名釣譽。一次，關中大旱，糧食歉收，百姓連糠菜都吃不飽。楊堅看到這種情況十分難過，說這是自己統治不好的結果。為了彌補過失，他帶著關中百姓浩浩蕩蕩地向洛陽進發，去謀生路。這時，他的富麗堂皇的仁壽宮剛剛竣工，國庫中的存糧還滿滿的，他沒有拿出來賑濟瀕臨死亡的饑民，卻讓百姓扶老攜幼，跋涉千里去洛陽謀生。到了洛陽怎樣謀生，楊堅就管不了那麼多了，他只是想做做樣子而已。

雖然楊堅想方設法鞏固他好不容易到手的楊氏江山，但他的許多行為又自毀長城。到他統治的末年，大隋皇朝已是危機四伏，不堪一擊，搖搖欲墜了。

立嗣失誤

出身名門望族的獨孤伽羅皇后，楊堅發跡，就沾過獨孤氏的光，他對皇后獨孤伽羅心懷畏懼。可以說，楊堅統治著天下，獨孤伽羅處處左右著楊堅。楊堅上朝，獨孤伽羅同車相隨，只是停在殿外，但獨孤伽羅派親信宦官跟著楊堅上朝，若發現楊堅對問題的處理有不當之處，便出來報告獨孤伽羅，獨孤伽羅就把自己的意見轉達進去。楊堅退朝，二人同車回寢殿。故宮中稱楊堅、獨孤伽羅為「二聖」。

獨孤伽羅的嫉妒心很強，除了她之外，不許楊堅和別的女人親近。雖然三宮六院齊全，但那僅是一種擺設；楊堅也不是不好女色，只是懾於獨孤伽羅，不敢而已。一天，楊堅看見被充入後宮的尉遲迥的孫女很有姿色，忍不

住與她親熱了一番。很快，後宮有人把這事密報了獨孤伽羅。獨孤伽羅臉上很平靜，沒什麼變化。待楊堅上朝後，獨孤伽羅便讓人殺死了尉遲氏。楊堅聞訊，憤懣難忍，又無處發洩，自己騎馬出宮，馳入山谷。大臣聞悉，驚慌失措，高潁、楊素等人騎馬追趕，拉住楊堅的馬頭苦苦勸解。楊堅憤怨滿腹，道：「我貴為皇帝，行為卻沒自由！」

不管楊堅的心裡怎樣憤憤不平，但他始終不能擺脫獨孤伽羅的影響、制約。在立皇嗣上，他再次為這個女人所左右。

楊堅的五個兒子：楊勇、楊廣、楊俊、楊秀、楊諒，都是獨孤伽羅所生。長子楊勇被立為皇太子，楊堅對他寄予厚望，十多歲時便讓他參與軍國大政。但隨著年齡的增長，楊勇越來越迷戀女色。獨孤伽羅最討厭的就是這種事，甚至勸楊堅查辦有私生子的大臣。楊勇的第一個兒子便是私生子，是一個姓雲的女子生的。楊堅雖不滿獨孤伽羅對他的制約，但又不敢不與她同好惡。況且他對楊勇的私生子很不滿，懷疑那個私生子是否是楊勇的血脈，唯恐他亂了楊氏皇族的血統。楊堅開始斥責楊勇，誰知楊勇不買帳，甚至公開對抗，氣得楊堅七竅生煙，無比的生氣。

隋文帝的第二個兒子楊廣，在開國時被封為晉王，在滅陳時他統率三軍，建立了豐功偉績。他相貌堂堂，很有文采，且很有心計，禮賢下士，頗為朝中大臣所稱道。

楊廣早就覬覦著皇太子的位子，見楊勇惹父母討厭，心中大喜。他是個擅長玩騙術的人，遂使出渾身解數，討父母、特別是母后獨孤伽羅的歡心。他雖然是個好色之徒，卻裝得極為檢點，只和王妃蕭氏相處，別的妃子生了孩子，便偷偷地殺掉。每逢父母駕臨他的府邸，他便把年輕貌美的姬妾藏起來，讓年老醜陋的宮女穿上粗劣的衣服充當嬪妃。獨孤伽羅越來越喜歡楊廣，鼓動楊堅廢了楊勇，另立楊廣為皇太子。

對於廢掉自己的事，楊勇也聽到了許多的議論，雖然憂懼可又拿不出什麼辦法來，後來，他竟然愚蠢地去找巫師。楊勇按巫師的要求，在後花園內修了一個庶人村，房屋低矮，並且十分的簡陋，自己常住裡面，用草墊子當褥子，穿著粗布的衣服，儼然是個窮百姓，幻想以此來保住自己的太子之位。

就是因為這樣使隋文帝對他的情況瞭若指掌，他雖然有意廢掉太子，但總是不肯輕易下決心。此番聽說太子如此，就想再給太子一個機會，再考慮一次。於是，隋文帝下令召見太子，楊廣的同黨楊素唯恐隋文帝與太子重歸於好，就想出一條毒計來，他親自站在宮門，當見到太子進宮，故意激怒他。直到楊勇真的發火了，楊素才答應進宮稟報皇上，楊素進宮後對隋文帝說：「為臣在宮門見到太子怒容滿面，懇請皇上謹防有變。」

聽到這樣的話，隋文帝感到楊勇真的是無藥可救了，開皇二十年冬十月，楊堅終於下詔，廢黜楊勇，將楊勇監禁在東宮，交付楊廣曠工管。楊勇被關押後，一再請求面見父皇，結果均被楊廣阻止，未能如願。

楊廣做了皇太子，迫不及待地想當皇帝。

過了四年的時間，楊堅罹病，在仁壽宮休養。楊廣急不可待地寫信給親信楊素，問他如何料理楊堅的後事。楊素的回信錯送給楊堅，楊堅大怒。楊堅喜愛的宣華夫人陳氏入侍，楊廣見了美貌的宣華夫人，不由得欲火燒身，獸性大發，企圖逼奸她。楊堅得知大怒，罵道：「畜生何足付大事！獨孤誤我！」他對身邊的侍臣柳述等人說：「速召我兒！」柳述等以為是叫楊廣，楊堅連呼：「勇也！」柳述等人便出去起草詔書，召被囚禁的楊勇前來。

風雲突變，楊廣驚慌失措，經與心腹密謀，他派爪牙宇文述，郭衍率東宮衛士包圍仁壽宮，撤換楊堅的衛士，把服侍楊堅的宮人全部趕走。一個仁壽宮就剩下了楊堅一人。

過了不久，楊堅逝世，享壽才六十四歲。

至於楊堅的死，《隋書·高祖紀》沒有明言是怎樣死的，後人根據楊廣採取行動後楊堅猝死，懷疑他是被楊廣殺死的。

楊堅的廟號為「高祖」，諡號是「文皇帝」，故史稱「隋文帝」。

第三節 藝術帝王

趙佶的機緣

趙佶能做上皇位，是很有些機緣的。

宋哲宗有兩個皇后，一個是孟皇后，但夫婦二人琴瑟不調，孟皇后後來被廢黜，出居瑤華宮，號華陽教主、玉清妙靜仙師。她生有女兒，沒有兒子。第二個皇后是劉氏，她生得綽約多姿，豔冠後宮，且又多才多藝，甚得哲宗寵幸，由美人、婕妤升至賢妃，孟后既廢，劉氏得以順理成章入主中宮。她生有一子二女，但兒子趙茂出生三月便告夭折，劉氏哭得死去活來，畢竟於事無補。哲宗在悲痛之餘，還存有一線希望：自己風華正茂，何愁沒有子嗣？然而兒子還在虛無縹緲之中，他自己卻撒手去了。

天子沒有後傳之子，這就與其他人關係疏遠，不能託付神器。嗣君只能在哲宗的兄弟中遴選了。神宗共有十四子，哲宗行六，在哲宗崩逝之前，長子佾、次於僅、三子俊、四子伸、五子僴、七子價、八子倜、十子偉均享壽不永，短命夭亡。餘下的是九子必、十一子佶、十二子俁、十三子似、十四子思。這五人都垂涎帝位，其中活動最積極的是哲宗的異母兄弟趙佶。

朱皇后是哲宗的生母，她出身微賤，父親崔傑早逝，母親改嫁朱姓，她也跟著姓朱，熙寧初年入宮為御侍，不久進位才人、婕妤，生下哲宗與楚王趙似，進位德妃。哲宗由藩王入承大統，朱氏母以子貴，被尊為皇太妃，輿

蓋、仗衛、冠服與皇后相同。西元一一○二年薨逝，享年五十一歲。趙佶的生母是陳皇后，她與哲宗之母均是開封人。陳氏自幼聰穎莊重，豔若桃李，選入掖庭為御侍，生下趙佶後，進位為美人。神宗崩逝，她居住於陵殿之側，因哀傷過甚，形銷骨立，左右捧粥、藥勸食，她揮之即去，說：「得早侍先帝，願足矣！」未幾，便香消玉殞，年僅三十有二。也許是哲宗與趙佶的外祖父家都是開封人，在諸弟中獨與趙佶手足情篤，在以後的登基的路上為他鋪平了一條寬廣的大道。

趙佶出生在西元一○八二年十月十日。據說在他降生之前，神宗到祕書省觀看那裡庋藏的李後主像，「見其人物儼雅，再三嘆訝，而徽宗生。生時夢李主來謁，所以文采風流，過李主百倍。」這種天與神授的迷信傳說，自然不足憑信，但從宋徽宗身上，我們也的確看到了李後主的影子。西元一○八三年，剛滿一歲的趙佶便被神宗封為鎮寧軍節度使、寧國公，哲宗即位，晉封遂寧郡王。西元一○九六年以平江、鎮江軍節度使的身分封為端王；西元一○九八年，加封為司空，改昭德、彰信軍節度。趙佶從小便岐嶷非凡，到做藩王時，更加風流倜儻，舉止與那些喜歡聲色狗馬的弟兄們迥然不同。「國朝諸王弟多嗜富貴，獨祐陵（即徽宗）在藩時玩好不凡，所事者惟筆研、丹青、圖史、射御而已。當紹聖、元符間，年始十六七，於是盛名聖譽布在人間，識者已疑其當璧矣。」他又與駙馬都尉王詵、宗室趙令穰往來，二人都善於丹青，作畫清麗，令穰又擅長書法，受他二人的薰陶，趙佶的書法、繪畫、詩歌都獨步一時，在文化史上留下了深刻影響。

趙佶在朝中的名譽很好，所以在哲宗心中，趙佶的形象很不錯。哲宗即位後，因皇嗣未立，心中鬱鬱不樂，一日，他派宦官去泰州天慶觀問一個被稱為徐神翁的人，讓他推算休咎，看看將來何人入繼大統。徐神翁推算片刻，未發一言，只在一個紙片上寫了「吉人」二字，交付來人帶回。來人

詢問再王，徐神翁只是搖頭不答，宦官無奈，只得怏怏登程，將紙片交給哲宗。哲宗召集群臣觀看，一個個如墜說五里霧中，沒有人能做出解釋。其實，「吉人」二字合書便是「佶」字，這預示著趙佶有朝一日要君臨天下，徐神翁之所以三緘其口，是因為天機不可洩露。元符年間哲宗常在殿廷上會見群臣，看班舍人必定手持笏板巡視班列，遇到沒有拿好笏板或站立不按規矩者，便大聲說：「端笏立」，意即立朝時要拿好笏板，以示對君王的尊重，因趙佶被封為端王，因而「端笏立」三字就意味著端王持笏被立為帝王了。後來哲宗崩逝。趙佶果然由端王進位天子，「端笏立」三字竟然應驗了。哲宗朝曾創立一堂，令群臣進擬堂名，那些飽讀詩書，滿腹經綸的學士紛紛獻名，怎奈皆不中哲宗之意，哲宗搜索枯腸，擬名為「迎端」，意謂迎事端而治之，卻應了迎端王人繼大統的符讖，未幾趙佶即登了九五之尊，可見一飲一啄，皆是天意。這幾則記載近於荒唐，很可能出自無聊文人的手筆，他們極力阿諛奉承徽宗，以求給自己帶來一點好處。從這一點也可以看出，趙佶的行蹤已被他們所關注並且開始引起了朝野的注意。

一時間，趙佶成了鼎鼎有名的人，好多人都來奉承他。他在藩邸時，有一個管家叫楊震，此人勤勉謹慎，忠心耿耿。一次，有雙鶴降於端王府第。鶴降於庭、千古以來都被視為難得的祥瑞，朝中大臣紛紛前來慶賀，楊震怕傳出去引起哲宗猜忌，便把那些人趕走說：「是鸛非鶴！」又有一日，「芝生於寢閣，左右復稱慶，震急刈去曰：『是菌非芝。』由此信任彌篤。」這一連串的祥瑞異兆，使得端王趙佶神魂顛倒，便自命不凡，覬覦起天子寶位來了。終於有一天，趙佶按捺不住，叫來一個手下人吩咐說：「你可持我的生辰八字到大相國寺去，等開門時進去，每一個卦攤前都推算一遍，詢問吉凶禍福，但只准說為你自己算命，不要說出我來。」那人奉命而去，在每一個卦攤前盤桓逗留，詢問吉凶禍福，但那些賣卜者都信口胡謅，所說都不合。最後才見一人，衣衫襤褸，一副窮困之相，坐在卦攤之後。來人詢問姓名，賣

卜者回答說：「浙人陳彥。」來人敷衍勉勵了一番，拿出趙佶的八字讓他看。陳彥端詳良久說：「足下真會開玩笑，這不是你的生辰八字，這是帝王的生辰八字，你又何必來捉弄我，戲弄於我呢？」這真是石破天驚，陳彥不慌不忙，便道破了底細，不知是出於巧合，還是陳彥真的神機妙算，來人惶惑不已，口張而復合，竟連一句話也說不出來了。他怕陳彥看破行藏，一溜煙跑回了端王府，不敢向任何人洩露。第二天，把情況彙報給了趙佶。趙佶沉思片刻，對他說：「等相國寺開門以後，你再去一趟，見見那個賣卜之人，就說是我的生辰八字，不必再隱瞞。」那人奉命再見陳彥，將趙佶的話複述了一遍，陳彥嘆息良久，對來人說：「汝歸可白王：王，天子命也，願自愛。」隔了一年，陳彥的話果然應驗，趙佶順利即位，當上了天子。陳彥跟著官運亨通，位至節度使，成了炙手可熱的權貴。也許是陳彥賣卜給趙佶的印象太深刻了，他即位以後，仍樂此不疲。宣和年間，一個叫謝石的人，從成都來到京師，以拆字言人禍福，來人只須隨意書寫一字，謝石便能拆開分析，沒有不被言中的，因而名聞京師。徽宗怦然心動，隨手寫了一個「朝」字，派一名宦官持字前往。謝石見字便端詳宦官說：「此字並非公公所寫，我做這行，只能據字而言。我發跡變泰在於此字，貶謫遠行也在於此字，但不敢直言。」宦官愕然片刻說：「只要言之有據，但說無妨。」謝石以手加額說，「朝」字拆開來看，即為十月十日四字，不是這一天生的人，誰會寫這個朝字呢？十月十日乃徽宗誕辰，京城盡人皆知，謝石的話一出口，滿座皆驚，宦官馬上回奏徽宗。次日徽宗把謝石召至宮廷，「令左右及官嬪書字示之，皆據字論說禍福，俱有精理，錫賚甚厚，並與補承信郎。緣此四方來求相者，其門如市。」還有一次，徽宗書一「問」字，派一名官員交給謝石，謝石在「問」字旁祕密批字，緘封後交給那位官員，囑咐到家後方可啟封。官員交付徽宗，徽宗打開看時，上面寫道：「左為君，右為君，聖人萬歲。」徽宗驚訝不已。這些話都是以後的後話了。

哲宗在病重的時候，軍國大權都掌握在神宗正宮的皇后手中。向皇后是河內（河南沁陽）人，真宗朝名相向敏中的曾孫女。西元一〇六六年（治平三年）三月，神宗任潁王時，娶向氏為妻，封安國夫人，神宗即為，立向氏為皇后，伉儷情好彌篤。西元一〇八五年（元豐八年）三月，三十八歲的神宗崩於福寧殿，向皇后與神宗生母宣仁聖烈高皇后定策立趙煦為帝，是為哲宗。哲宗立，尊向皇后為皇太后。宣仁皇后命人修葺慶壽故宮給高皇后居住，但慶壽宮在宣仁皇后居住的東邊，按照常規，東方為上，向皇后推辭說：「哪裡有婆婆居住西邊而媳婦居住東邊的道理，那樣豈不亂了上下之分！」堅持不肯居住。哲宗準備挑選皇后，同時為諸弟娶婦，向太后敕令向氏女子勿側身其間，不必汲汲於富貴。族黨中有求官者，也一概拒之門外，不肯通融，所以在眾多人的心中，向太后是一個正直而不徇私情的賢淑女人。趙佶知道，要想平步青雲，從一名普通藩王成為大權在握的天子，最關鍵的一步是打通向太后的關節，只要她肯援引，就有成功的把握。於是趙佶曲意逢迎，施展出渾身解數，討取向太后的歡心，甚至不惜降尊紆貴，籠絡向太后身邊的侍從，讓他們在太后面前為自己說項。久而久之，宮廷中上上下下都一致稱讚趙佶仁義孝悌，又風流蘊藉，不同凡響，向太后也受到蠱惑，對趙佶刮目相看，認為他賢於其他王，對他特別的愛戴。朝野間紛紛傳說，只要哲宗不反悔，不反對，那麼繼位者便非端王莫屬了。

昏君奸臣

向太后和宣仁高太后一樣是變法的反對派人物，在她剛聽政的時候，就提拔韓琦的兒子韓忠彥當宰相，追復文彥博、司馬光等三十餘人的官職，復瑤華宮廢后孟氏為元祐皇后，陳瓘、鄒浩等反對派的一些幹將相繼被引入了宮內。而章惇、蔡卞等人卻陸續遭到貶逐，只有曾布因跟得比較緊，變得快而升為右相。反對派的勢力稍有回升。

　　趙佶對於向太后這些安排起初的時候還是言聽計從的，他這麼做的意圖一方面不僅出於對向太后的感激，另外一方面就是他需要取得各政治派的支持，來穩固自己的地位。向太后在聽政六個月之後就還政引退了，此時的趙佶則繼續調和兩派，改元建中靖國，意思是要「中和立政」，「調一天下」。而且為了要改變一下自己輕佻浮浪的名聲，在生活方面也做了一些相應的改變，開始以尚儉戒奢的姿態來生活，不但如此，他還把百姓王懷獻給他的玉器還給了他，還趕跑自己在內苑豢養的珍禽異獸。元符三年三月，還因即將出現日食下詔求直言，表示要虛心納諫，儼然有一副勵精圖治的樣子。

　　然而，對於趙佶來說，真是江山易改，秉性難移，地位的變化不但沒有從根本上改變他的性格，反而為趙佶個人欲望的無限膨脹提供了有利的條件。他好大喜功，好奇喜異，自詡「道德方今喜造興」，覺得只有銳意改作的熙豐新法才合自己的口味，那種恪守祖宗之法的論調豈能與他的聖慮合拍？他在親自書寫的〈御制泰陵（哲宗）挽章〉中就明確地表示要「同紹裕陵（神宗）」，要和哥哥一樣繼承父親的事業，並認為這是孝悌之本色，是天經地義的事情。建中靖國元年正月，向太后死後，趙佶的「紹述」意向更加明朗。不久以後，大奸臣蔡京被召回到朝廷之後，認命他為翰林學士承旨，從此以後，昏君和奸臣兩個人共同導演的醜劇粉墨登場了。

　　蔡京（西元一〇四七至一一二六年），字元長，他踏入官場之時，王安石變法正在發展，他憑藉著弟弟蔡卞是王安石女婿的關係，於是就和變法派掛上了鉤。在元祐更化期間，他搖身一變，瞬間換了副嘴臉，成為司馬光廢新法的急先鋒，司馬光廢免役法，復差役法，限各主管官員在五天內辦妥，很多人因時間緊迫而左右為難，唯獨蔡京在所轄開封府內如期完成，他跑去向司馬光報功，高興得司馬光拍著他的肩膀說：「使人人奉法如君，何不可行之有？」紹聖年間，他又向後轉，巴結章惇，再次成了變法派的幹將。徽宗即

位之初，他因與曾布爭權相忌，又遭到御史諫官的彈劾，被貶杭州。不久之後，趙佶的親信宦官童貫也來到了杭州。童貫本是神宗時的大宦官李憲的家奴，但是後來被閹入宮，此人極善揣摩皇帝的心思，常常是皇帝一動念頭，他就已獻媚順承。如此乖巧的奴才使趙佶很喜歡，很快把他引以為心腹。這次他來的目的主要是為趙佶訪求書畫廳巧之物而來的，蔡京碰上趙佶身邊的大紅人，怎麼會放過巴結附會的大好良機呢？一連幾個月，兩人形影相隨，不分晝夜。蔡京本人也擅長書畫，據說其書法字勢豪健、痛快，自成一宗，趙佶對他的作品早就十分看重，在藩邸時，曾以二萬錢的高價收買過蔡京為二個小吏書寫的團扇，即位後又寶藏深宮。蔡京有了討好趙佶的本錢，不斷地讓童貫把所畫屏障扇帶送到趙佶面前，而且每次總少不了捎些美言。蔡京的黨羽大學博士范致虛、左階道錄徐知常又在元符劉皇后處說蔡京的好話，劉皇后記著蔡京的恩德自然樂於向趙佶轉述他的話。在宮妾、宦官眾口一詞的誇讚聲中，趙佶更有意想用蔡京了，正好此時曾布與韓忠彥爭權，不得已欲引蔡京相助，遂召他入朝。

蔡京進宮之後，首先的建議就是重修神宗朝的歷史，為變法張本；恢復紹聖年間根究元祐大臣罪狀的安惇、蹇序辰的名譽，為紹聖翻案。趙佶對他的這種做法很讚賞。「紹述」之舉緊鑼密鼓地開始了。蔡京的好友起居郎鄧洵武趁機對趙佶說：「陛下乃神宗之子，現任宰相韓忠彥是韓琦之子。神宗行新法以利民，韓琦反對。而今韓忠彥變更神宗法度，這是他作為臣子尚能紹述其父之志，兩陛下貴為天子反倒不能紹述了。陛下想繼承父志，非用蔡京不可。」他還仿照《史記》年表的體例，作了幅〈愛莫助之圖〉獻上，圖分左右，以能紹述者居於左，以不欲紹述者居於右，「左派」只有蔡京等五六個人，而舉朝輔相公卿全成了「右派」。趙佶重用蔡京之意遂決。

　　西元一一○二年，趙佶改元「崇寧」，即崇尚熙寧之意，亮起紹述的招牌。不久，韓忠彥罷相，曾布也被蔡京排擠出朝。七月，趙佶任命蔡京為宰相，當天，趙佶召蔡京賜坐於延和殿，對他說：「神宗創法立制，先帝繼之，兩遭變更，國是未定，我欲繼承父兄之志，卿有何見教？」蔡京頓首說：「敢不盡死？」

　　趙佶和蔡京標榜「事事紹述熙豐」，其實行新法根本為是為了利民，他們只不過是把新政當做一根大棒，用這來打擊那些對他們不阿諛奉承、不狼狽為奸的人。蔡京把司馬光、呂公著等一百二十人稱為「奸黨」，請趙佶親筆書寫刻石立碑於端禮門，蔡京又請趙佶下詔，論及熙寧、紹聖之政者，由中書省甄別為正、邪兩種，凡讚揚熙寧、紹聖之政的列為「正等」，悉加旌擢；反之列為「邪等」，降責有差。以後接連頒布詔令，禁止黨人子弟、元符末上書邪等人到京師；以元祐學術聚徒講學者，一旦發現，必罰無赦：「黨人」的著作，如范祖禹的《唐鑑》、蘇洵、蘇軾、蘇轍、黃庭堅、秦觀等人的文集，也陸續毀版焚燒，禁止流傳；甚全禁止皇家宗室與「奸黨」子孫及其親戚聯姻，已訂婚未行禮者解除婚約。元祐孟皇后也再次廢居瑤華宮。

　　趙佶為什麼會這麼的支持蔡京的做法呢？他之所以會支持蔡京全面打擊地派和變法派，其實原因很簡單，因為在這兩個派中有那些不知道察言觀色的人，他們不懂得拍馬奉迎他，得罪過他。變法派的首領章惇反對他即位，他自然不能相容；反對派的人們也是常對他的過失犯顏直諫，像他在內苑豢養了一些珍禽異獸，左司諫江公望就極力說這不是剛即位的君主所應該做的，弄得趙佶很不好意思，對他說：「已經將它們放跑了。」只有一隻白鷴，因為養的時間長，懷念故主，趙佶用柱杖趕它，它仍不肯離去，趙佶就把江公望的姓名刻在柱杖上趕個不停。他在初政之時不得不這樣做，內心卻很不情願。那個曾經一度代替蔡京任相的張商英雖然也極善投機，卻沒摸清趙佶

的心思，他勸趙佶節華奢、省土木，弄得趙佶對他很厭煩，當時宮中正建興平樓，趙佶吩咐主持工程的官員一看見張商英就讓工匠躲起來，等他走過去之後接著建造。結果，礙手礙腳的張商英很快就被趕出朝廷，連名字也打入了「元祐黨」的行列。相比之下，蔡京就很討人喜歡，有一次，趙佶在宮中大擺宴席，拿出玉盞、玉巵等貴重酒器說：「我想用此吃酒，只怕被人說太奢華。」蔡京說：「臣當年出使契丹時，他們曾舉著玉盤盞向我誇耀，說南朝無此物。今用之為陛下祝壽，正是合乎禮儀的。」趙佶說：「先帝想築一個數尺小臺，就有不少反對的，我深黨人言可畏。這幾件東西已置辦好久了，假若被人議論，我難以辯白。」蔡京說：「事若合理，多言不足畏。陛下應享天下之奉，玉食萬方，區區玉器，何足計較！」聽蔡公說的這些話當然要比江公望、張商英的諷諫舒服多了。

　　趙佶衡量官員是否好壞的原則只有一條，那就是看他的言行是否順承符合他自己的意思。雖然有的時候他也會對自己手下的忠心有過例外的理解，覺得不一定只說好話的人一定就是忠臣。大觀元年，都水使者趙霖從黃河中捕得一隻長有兩個頭的烏龜，獻給趙佶說是祥瑞之物。蔡京說：「這正是『象罔』，見之可以成就霸業。」資政殿學士鄭居中唱反調說：「頭豈能有二！別人看了都覺害怕，只有蔡京稱慶，其心真不可測。」趙佶命人將龜拋棄，說是「居中愛我」，遂提拔鄭居中為同知樞密院事。對於他來說，還是好話聽起來舒服，蔡京為什麼會受到他的極力寵信，就是因為蔡京會說話，會順著他的意願辦事。趙佶在位二十六年，蔡京任相二十四年，中間雖曾三次被罷，但旋罷即復，表明趙佶離不開這個馬屁精。蔡京的長子蔡攸，也是靠著這點得到趙佶賞識的。蔡攸早年在裁造院供職，當時趙佶還是王爺，每次退朝，都在途中碰見蔡攸前去上班，每到這時，蔡攸總要下馬恭敬地站到路旁。趙佶很是喜歡，即位後寵愛尤加，後來其勢力竟超過了蔡京。趙佶倚為股肱的童貫、王黼、朱勔、梁師成等人無一不是極善諛媚的奸佞之徒。

　　趙佶雖然喜歡聽好話，但是他卻是一個昏而不庸的皇帝，他雖然一直以來都很寵信那些奸臣，但是最高決策權還是一直牢牢都控制在他自己一個人的手中的。在這個方面，他確實繼承了神宗皇帝管理朝政的一些辦法，最突出的就是天下之事，無論鉅細，全得秉承他的「御筆手詔」處理。原先負責討論、起草詔令的中書門下、翰林學士被他一腳踢開。蔡京等貴威近臣要想辦什麼事情或於求恩澤，也全得先請趙佶親筆書寫，然後頒布執行。有的時候趙佶自己忙不過來，就讓宦官楊球代筆，號曰「書楊」。對「御筆手詔」，百官有司必須無條件地執行，否則便是「違制」，要受到嚴懲。政和以後，就連皇宮大內的事務他也要親自過問，經常像太祖皇帝一樣騎馬到各司務巡視。趙佶在各個方面都力圖顯示天子的至高無上的權威，他甚至禁止士庶百姓用龍、天、王、君、帝、聖、上、主、皇等字起名字。在當時各行各業中都有出類拔萃的人物，如下棋的劉仲甫、晉士明，彈琴的借梵如、彈琵琶的劉繼安、舞蹈的雷中慶、吹笛的孟水清等人，其技藝都屬前無古人，聞名天下。只有丹青、繪畫因為趙佶自以為獨擅其神逸，把天下的妙手都召入宮內使喚，代其染寫，成了十足的御用工具，所以當時的畫家極少名氣很大的。「太平無事多歡樂」，這正是趙佶的人生哲學，再加上蔡京、蔡攸父子倆，一個說：「陛下當享天下之奉。」一個說：「皇帝應當以四海為家，太平為娛。歲月蹉跎，韶華易失，何苦操勞憂勤，自尋煩惱？」趙佶更覺得應該及時行樂的好。

　　趙佶擅長書畫，硯墨自然是少不了的。在他儲藏文房四寶的大觀庫中，光端硯就有三千餘枚，著名墨工張滋製的墨不下十萬斤。大觀年間，他命廣東轉運司監製端溪石硯，收括了兩廣回扣上千萬貫，每天役使五十名工匠，採得上等硯石九千枚，把三千枚封於大觀庫外，留三千枚自己平常使用，另三千枚分賜諸王近臣。他是行家，知道物以稀為貴，為了讓這批硯石在後世獨享盛名，他下令封閉端溪岩穴，嚴禁開採。

　　他和一般附庸風雅、徒有虛名的收藏家不相同，趙佶很能對古書畫、彝器潛心研究。為了能夠保存好東西，他總是把收集到手的書法名畫重新裝裱，親自為之題寫標籤。在他裝裱的時候，都會有一定格式，後世稱為「宣和裝」，至今還可見到。他命人將歷代著名書法家、畫家的資料加以記錄整理，並附上宮中所藏的各家作品的目錄，編成《宣和書譜》和《宣和畫譜》，為後世留下了美術史研究的珍貴史籍。趙佶還對所藏古彝器進行考證、鑑定，親自編撰了《宣和殿博古圖》。

　　享盡了人間神仙的樂趣，趙佶又想嘗嘗天上神仙的滋味，變得更加荒謬。

沉溺道教、寵信方士

　　宋代崇奉道教，濫觴於太宗，盛於真宗時期。太宗繼兄長之位，有「燭影斧聲」之說，為了洗刷自己殺兄篡位的嫌疑，平息社會上的輿論，他便編造出了一個莫須有的道教神靈「翊聖」（神名）降顯的神話，證明自己入繼大統是皇權神授。他即位後封此神為「翊聖將軍」，並在終南山修建上清太平宮，命張守真主持其事，凡遇軍國大事，都派人前往祭禱。真宗即位之初，雖相信道教，但尚未達到狂熱程度，「澶洲之盟」後，宋遼握手言和，息兵止戈，真宗與大臣王旦等想用道教神靈來「鎮服四海，誇示夷狄」，於是便有天書、封禪之事出現，這些完全是出於政治上的需要，是故意讓遼國君臣看，制止其南侵之心的。真宗對輔臣說，我去年十一月的一天，剛就寢，忽然室中甚為明亮，見一神人頭戴星冠，身穿絳衣，告訴我說，來月三日，宜於正殿建黃籙道場一月；將降天書〈大中祥符〉三篇。真宗即命人認真準備。至期，果見左承天門屋南角有黃帛曳鴟尾上，帛長二支許，緘物如書卷，纏以青縷三道，封處有字隱隱，此即神人斯降之書。真宗不愧是編造天方夜譚的行家裡手，他做夢所見與後來發生的事實若合符契，果然發現了神人所降的

天書。這個故事妙就妙在天書文字是隱隱約約，似有若無，使你不能不信。以後真宗又修建道觀，優待道士，經過真宗的提倡，道教在諸教中獲得了特殊的地位。

在徽宗朝權勢煊赫的道士，要數王老志、王仔昔、林靈素三人。王老志是濮州人，以孝聞於鄉里，幼時曾為伯母吮疽。任轉運小吏，持心公平，不受賄賂。後來他在市集上遇見一位乞丐，其人自稱鐘離先生（傳說中的八仙之一），授老志丹藥服之，便忽忽如狂，能預知未來之事，以道術知名。「遂棄妻子，結草廬田間，時為人言休咎。」濮州有一士人，饒有舌辯，打算與老志辯論一場，挫挫他的銳氣，便前往造訪。老志所居之處，四周圍以高牆，但開一門如狗洞，士人匍匐而入。「方談詞如云。忽地下旋渦坼。俄已盈尺。中有鱗甲如斗大。先生謂客曰：『子亟歸。稍緩必致奇禍。』士人遽出。行未五里。雷電雨雹倏起。馬蜷局不行。偶得一土室。入避之。望先生庵廬。百拜乞命。僅得脫。」此時的王老志已是法術無邊，降人福禍於指顧俄頃之間了。老志還能未卜先知，大臣韓粹彥一日偶然相遇老志，老志給他寫了「憑取一真語，天官自相尋」十個字，月餘之後，粹彥「自工部除禮部侍郎。」翰林學士強淵明在哲宗紹聖年間見過老志，老志在政和年間至京師，授他「四皓明達」四字，淵明憒然不解。及至劉貴妃薨逝，追諡為明達皇后，制書系強淵明起草，方悟出「四皓」乃是賜號。太僕卿王亶薦之於徽宗，召至京師，館於蔡京府第。徽宗派人詢問劉貴妃事，老志答以明達皇后乃上真紫虛元君，雖然已經魂歸道山，但老志能夠溝通徽宗與她的話語。一次，喬貴妃派人詢問老志：「劉貴妃昔日與我私交甚好，如今還思念我嗎？」次日，老志即呈給徽宗密書一封，拆開看時，乃前歲中秋節喬、劉二妃侍奉天子時燕好之語，喬貴妃讀之大慟，徽宗下詔封他為洞徹先生。士大夫多求他書字以測禍福，其辭若不可曉，後來多能應驗，因而門庭若市。蔡京認為，生殺予奪乃天子權柄，縉紳不應從方士處驗禍福。老志也恐將來因此罹禍，上奏

禁止士大夫書字。老志生活儉樸，每日只餐一頓，且只有湯餅四兩，冬夏衣服各一套，如此而已。即便如此，他的老師還責怪他擅處富貴，老志即請求辭朝歸隱，徽宗不允。及至病篤，始許其去。步行而出，歸濮後死去，徽宗下詔賜金助葬，贈正義大夫。

老志死後，有一個號稱小王先生的人。道士王仔昔來到京師，館於蔡京府第。他是豫章洪州人，幼時學儒，後來隱於嵩山，自己揚言遇到神人許遜，得《大洞隱書》，能知道一個人的禍福。蔡京薦於天子，徽宗召見，賜號沖隱處士。有一年大旱，徽宗焦心禱雨，每遣中使持一幅白紙，請求仔昔書寫，以便降雨。「一日，中使再持紙至，仔昔忽書一小符，仍劄其左云：『焚符，湯沃而洗之。』中使大懼，不肯受，曰：『上禱雨，今得此，大謬矣。』仔昔怒曰：『第持去！』上得之駭異，蓋上默禱，為寵嬪赤目者，因一沃而愈。詔封通妙先生。」徽宗有一個心愛妃子因目疾眼紅，仔昔能未卜先知，治好徽宗妃子的眼疾，「法力」真是廣大！從此之後，「仔昔恩寵浸加，朝臣戚裡，夤緣羌通。」中丞王安中看不慣仔昔的行為，上疏說，今後招延山林道術之士，保薦者應擔當責任，臣庶不宜與之往還。蔡京亦不喜其所為，上奏說，臣備位輔臣，輔佐大政，而家卻養有方士，其行為又怪誕不經，恐不合時宜，徽宗於是徙仔昔於上清寶籙宮。仔昔建議，九鼎乃是神器，不可藏於外，於是在宮禁中建圓象徽調閣儲藏九鼎。因徽宗常以客禮待他，他便愈來愈倨傲。寶籙宮中也有其他道士，仔昔待之如奴僕，又打算讓道士都拜他為師，遭到眾人嫉恨。不久，林靈素有寵，仔昔越發為人厭棄，共謀讓一個叫孫密覺的道士出面告發其種種不法之事，被捕，下於開封獄中，旋即瘐斃。

最跋扈的道士是林靈素。靈素初名靈噩，字通叟，溫州人，出身寒微，「少從浮屠學，苦其師笞罵，去為道士。」至蜀，從道人趙升學數載，趙升卒

後，靈噩竊得其書祕藏之，由是善於妖術。他未發跡變泰以前，落魄無形，放蕩不羈，曾從人賒酒，而久不償值，其人索債，「靈素計窘，即舉手自折其面，則左頰已成枯骨髑髏，而餘半面如故。」債主驚恐不已，只得免其酒債。靈素雲遊至楚，與惡少無賴鬥毆，雙方對簿公堂，通判見靈素，免其罪安置府中，向他學習吐納燒煉飛升之術。政和初年來到京師，寓於東太乙宮。徽宗曾夢見東華帝君相召，偕遊神霄宮，醒來後甚覺詫異，敕道錄訪問神霄宮事蹟。知常對此一竅不通，而王老志已歿，王仔昔寵衰，正無奈時，有人相告說，京師新來一個叫林靈素的道士，多次言及神霄宮，還曾於壁間題過神霄宮詩詞，馬上奏給徽宗。徽宗召見，似曾相識，問：「卿昔仕乎？曾面我乎？」靈素答道：「臣往年上朝玉帝，曾起居聖駕。」徽宗又說：「我如今尚有記憶。記得卿騎青牛，今青牛何在？」靈素回答：「寄牧外國，不久便來。」徽宗甚為驚奇。西元一一一七年，高麗國果進青牛，即賜給他騎乘。徽宗又問靈素有何仙術，靈素自噓說，臣上知天宮，中識人間，下知地府。徽宗親改靈噩之名為靈素，號金門羽客、通真達靈玄妙先生，賜金牌，可以隨時入宮，又為他修建通真宮。當時宮禁多怪，徽宗命靈素治之，他埋九尺長的鐵簡於地下，其怪遂絕。「徽宗因林靈素之言，建上清寶籙宮，密連禁署。宮中山色平地，環以佳木清流。列諸館舍臺閣，多以美材為楹棟，不施五彩，有自然之勝。山下立亭宇，不可勝計。又作仁濟、輔正二亭於宮前，命道士施民符藥。」天下所有的天寧觀均改為神霄玉清萬壽宮，無觀者以寺充當。

靈素信口開河，徽宗篤信不疑。一次徽宗於偏殿召見他，他大言說，天有九霄，而神霄為最高，其辦公之地稱府，上帝長子是神霄玉清王，主持南方，號稱長生大帝君，此神就是陛下。神霄玉清王之弟號青華帝君，主持東方。自己乃府中仙卿，名叫褚慧，降於凡間輔佐帝王。又說蔡京是左元仙伯，王黼為文華吏，盛章、王華為園苑寶華吏，鄭居中、童貫等有名宦官，一一名列仙籍。其時劉貴妃正有寵，靈素說她是九華玉真安妃。徽宗非常高

興，賞賜無算，升溫州為應道軍節度，靈素加號元妙先生、金門羽客、沖和殿侍晨。他出入前呼後擁，甚至與諸王爭道。由於靈素權勢煊赫，京城人都稱之為「道家兩府」。「其徒美衣玉食，幾二萬人。」許多人為得到美差，都爭先恐後走靈素的門路。有人題詩諷刺說：

當日先生在市廛。世人哪識是真仙？

只因學得飛升後，雞犬相隨也上天。

一次，靈素奏明徽宗，說要宴請朝中大臣，於是先召館閣之士十餘人飲。飲酒至晚，靈素提出要為請人召集平日屬意或靈犀相通的美婦人，千里之內皆可羅致，諸人以為是荒唐繆悠之詞，醉中漫應之。靈素移眾人於一竹林中，一所高大房子前有小齋閣十餘所，衾褥皆備，令眾人各據其一。更闌之後，凡所言者婦人，皆啟戶而入，或與之有故者，敘問契闊及道平時昵語，他人不得而傭者皆說焉。又有一次，徽宗在便殿接見林靈素，靈素忽然趨階下說：九華安妃將至，果然劉貴妃來到，靈素拜於殿下。又說有神霄某夫人來，俄頃某妃又至。靈素大言說，她在仙班與臣同列，不當拜，便長揖而去。此類事甚多。

呼風喚雨是靈素的拿手好戲。有一年京城酷暑，數月不雨，徽宗命靈素施法，靈素詭對說，上天無意布雨，四海百川水源皆已封錮，無上帝之命，任何人不得取用，只有黃河水未禁，但不可用。徽宗說，人在焚灼之中，但得甘霖傾洗，雖渾濁又何妨。靈素便至上清宮仗劍作法，未幾，雨大至，迅雷奔霆，逾兩時乃止。人家瓦溝皆泥滿其中，水積於地尺餘，黃濁不可飲，於禾稼殊無所益也。所謂能使人至自千里之外，所謂呼風喚雨云云，可能也只是騙術罷了。

靈素本不學無術，卻大肆吹噓他能講經。西元一一一七年正月的某一天，有道士數千人聚集上清寶籙宮，聽靈素講經，徽宗也聖駕親臨觀看。當

時道士皆有俸人，每一觀給田不下百頃、千頃。為吸引人聽經，設有大齋，花費數萬緡。貧苦之人為得一頓飯吃和三百文施捨錢，爭買青布幅巾赴會，士庶人家也爭相前往聽經。徽宗聽經之處，專門設立了帳篷。靈素據高座，使人於下再拜請問，然所言無殊絕者，時時雜以滑稽蝶語，上下為大哄笑，莫有君臣之禮。靈素又命吏民到宮中受神霄祕錄，朝中官吏前往者也靡成風。徽宗為表示對道教的虔誠，派人宣諭道錄院，說自己乃上帝元子，為神霄帝君，只因憐憫中華到處都是金狄之教（指佛教），遂懇求上天，願為天下百姓之主，令天下之人歸於正道。授意道錄院上表章，冊封自己為教主道君皇帝。西元一一一七年四月，道錄院按照徽宗的御旨，冊封他為教主道君皇帝，但只在道教章疏中使用，而不涉及政事。皇太子篤信佛教，曾讓佛教徒與林靈素鬥法，結果敗北，皇太子請免僧人之罪，徽宗卻下詔將僧人道堅送開封府刺面決配。林靈素受寵時，道教勢力達到了頂峰。

多行不義必自斃。由於靈素專橫跋扈，四面樹敵，因而遭到了很多人的嫉恨。政和末年，林靈素講經於寶籙宮，道俗赴會者數千人，皆畢恭畢敬，獨有一道人怒目而立。靈素見他不肯下拜，便喝斥道：「你有何能，敢這樣傲慢？」答曰：「無所能。」靈素又問：「既然無所能，為什麼在此？」道人反問說：「先生無所不能，為何也在這裡？」徽宗在幕後竊聽，即宣問道人有何本領，道士拱手答道：「臣能生養萬物。」徽宗即命人於道院中取可以播種者，只得到茴香子一包交給道人，由二衛卒監視，種於艮嶽之下，仍派人監護道士宿於院中。「及三鼓，失所在，明日視茴香，已蔚然成叢矣。」徽宗這才知道天外有天，靈素不是萬能的神仙了。

醉生夢死奢華無度

趙佶性本輕浮，又正值風流年華，除了喜好花木竹石，鳥獸蟲魚、鐘鼎書畫、神仙道教外，還有兩椿要緊的事體，這便是女色和遊戲。

　　趙佶是十七歲那年正式大婚的，娶的是德州刺史王藻的女兒，王氏比趙佶小一歲，相貌平常，而且秉性很恭儉，老實端莊，不懂得取悅於丈夫。趙佶即位後雖順理成章地將她立為皇后，卻不是很喜歡她。這時，趙佶寵愛的是另外兩個女子，一個姓鄭，一個姓王，倆人本是向太后的侍女，生得既美麗又聰慧，懂禮法，善言辭，鄭氏兼能識字解文，頗有才氣，秀外慧中，很為向太后所看重。趙佶當時正任端王，每天到慈德宮問安，向太后總令鄭、王二女供侍。倆人身為母后侍女，無緣親近皇帝，難免私下芳心戚戚。趙佶的出現，重新又燃起了他們的一線希望，為了把自己的青春託付給這位年輕有為的親王，她們曲意奉承，而且無微不至。風流倜儻的趙佶怎能不打從心底喜歡這兩個可意人兒？於是眉挑目語，秋波暗送，彼此都情意盎然了。時間久了，向太后也看出來一點眉目，就在趙佶即位以後，索性以成人之美，將這兩位侍女賜給了趙佶。趙佶如願以償以後，心裡自然非常高興。趙佶自命儒雅，對才貌雙全的女子也非常的欣賞。鄭氏好讀書，給皇帝的章疏都是自己捉刀命筆，字體娟秀，文辭藻麗，所以在鄭、王二人中間，他更喜歡鄭氏。他經常寫些情詞豔曲賜給鄭氏，這些作品傳到宮外，人們競相吟唱，鄭氏從此對趙佶更是順承備至。大觀二年，王皇后駕崩。到政和元年，趙佶遂冊鄭氏正位中宮。

　　除鄭皇后和王氏之外，趙佶還寵愛的嬪妃還有大小二劉貴妃、喬貴妃、韋貴妃等人，這幾個人各領風騷，人人都擅一時之寵。政和二、三年間，趙佶最偏愛的要數大劉貴妃，她雖然說出身寒微，但是卻容貌如花，趙佶每逢賞賜宴會，總要將她帶在身邊，才能食之有味。豈料劉貴妃好命不長，不幸在政和三年秋，突得急症，侍從奔告於趙佶，趙佶起先以為是小病，不是太在意。等到他後來去探視的時候，劉貴妃已香消玉殞了。趙佶後悔不迭，悲痛萬分，特加諡號「明達懿文」，並親自記敘她的一生，命樂府譜曲奏唱，不久又追封為明達皇后。

正當趙佶因為喪妃而傷感寡歡之時，宦官楊戩引來一女，趙佶一見竟目迷心醉，瞬間就把喪妃的悲痛拋到了九霄雲外。此女便是小劉貴妃，她的出身和大劉貴妃一樣都是很卑賤，父親劉宗元是個酒保。她起先在崇恩宮侍候元符劉皇后。劉皇后自崇寧二年尊為太后之後，頗好干預朝政，暗地裡還不甘寂寞地做些偷雞摸狗的事情，趙佶聽說後，就和輔臣商議，想將她廢掉。她身邊的內侍見她失勢，也辱罵不止，劉皇后羞憤不堪，便在簾鉤上自縊身亡。崇恩宮裡的所有使女全被遣散，小劉貴妃不願回家，想法寄居到了宦官何欣家中。而何欣十分瞧不起這麼一個出身微賤的女子，經常喝斥。楊戩卻很會識貨，趁機向趙佶盛稱其美，引到趙佶面前。小劉貴妃天資穎悟，極善迎合趙佶的意思，本來已生得儀態萬方，輕盈嫋娜，姿色動人，再加上每睡醒一覺，粉臉之上總像剛喝過酒似的飄著兩朵紅雲，不施脂粉，已賽桃花。她心靈手巧，大概是因為受了當酒保的父親的影響，頗善烹飪，時常親下御廚燒上幾盤，無不合趙佶的口味。還極善塗飾，所著衣衫多是自己動手剪裁，標新立異，綺麗奇目，裝扮起來更似天仙一般。不但趙佶看了喜歡，惹得其他宮女也豔羨不已，紛紛仿效，所以在宮中得了個「韻」的美稱。在趙佶眼裡，劉氏百媚一生，六宮粉黛頓時失去了顏色。林靈素見小劉得到如此的寵幸，遂稱她為「九華玉真安妃」下凡，還把她的畫像供奉到了神霄帝君之側。蔡京也極善奉承，寫詩贊道：「保和新殿麗秋暉，詔許塵凡到綺闈。雅燕酒酣添逸興，玉真軒內看安妃。」趙佶得此仙侶，豈有不愛之理？從此他和小劉貴妃朝夕相隨，形影不離，每晚除了居住在保和殿西南廡的玉真軒內的劉氏外，其他人誰也見不到皇帝。劉氏不到兩年就由才人進為貴妃，她那當酒保的父親也被特封為節度使。然而劉妃畢竟不是神仙，經不起光陰的消磨，在接連生下三男一女四個孩子之後，徐娘半老，難免風韻稍減，她漸漸拉不住趙佶那顆浮浪的心了。

再美味的佳餚美食多了也會覺著膩煩，再綺麗的景致眼熟了也會失去新奇，何況趙佶本是個好奇喜異的人，在享受了十幾年太平之樂以後，宮禁中那甜得發膩的諂諛，那刻意做作的媚態，早已使他感到索然寡味了。一天，趙佶在一小白團扇上揮毫寫下了「選飯朝來不喜餐，御廚空費八珍盤，」十四個字，本想呵成一詩，卻忽然筆底窘枯，沒了興致，便令一太學生足句續成，這太學生也真會揣摩，所續之詞一語中的，道出了趙佶的心思。太學生續的是：「人間有味俱嘗遍，只許江梅一點酸。」是啊，酸中帶甜的楊梅，清冽爽口，比起那吃倒了胃口的御廚八珍來，自然別有一番情趣，這不正是趙佶所鍾愛的略帶刺激性的口味嗎？趙佶的人間楊梅就是居住在東京鎮安坊金線巷的青樓歌妓李師師。

李師師，本姓王，染局匠的女兒，四歲喪父，流落街頭，被隸屬娼籍的李家收養，成了名動京華的歌妓。她色藝雙全，而且慷慨飛揚，有丈夫氣，以任俠豪邁名傾一時，號稱「飛將軍」。晏幾道寫了〈生查子・遠山眉黛長〉稱讚她：「遠山眉黛長，細柳腰肢褭。妝罷立春風，一笑千金少。歸去鳳城時，說與青樓道。遍看潁川花，不似師師好。」趙佶不知從哪裡得知了李師師的豔名，自政和之後，經常溜出宮門，微服潛行，乘小轎子，由數名內侍導從，前往她家過夜。「春宵苦短日高起，從此君王不早朝。」趙佶流連忘返，有時次日不歸，就傳旨百官，說自己偶患小病，不再坐朝。天子浪跡於青樓妓館，總非光彩之事，趙佶對此很忌諱，生怕被人發現，鬧得難堪。然而逆要人不知，除非己莫為。雖然趙佶行動詭祕，他的蹤跡終於被人窺破了。祕書省正字曹輔上疏諫道：「聽說陛下厭居宮禁，不時乘小輦去廛陌郊坰極盡遊樂，臣沒想到陛下承擔宗社重任竟玩安忽危到這等地步！君民關係以人和為本，和則為心腹，離則為秦、越。百姓的叛服，在於須臾，是極可怕的。萬一在乘輿不戒備的情況下，有一人包藏禍心，即使神靈垂護也難免損威傷重了，況且還有臣子不忍明言的事體，可不戒哉！」曹輔不忍明言，趙

佶卻心裡清楚，他不好意思正面作答，就把章疏交給王黼等人，令他們去尚書省都堂查究。餘深說：「曹輔，你小官一個怎敢論此大事！」曹輔說：「大官不言，所以小官才言之」。王黼裝模作樣地問張邦昌、王安中說：「有這種事嗎？」張、王異口同聲：「不知！」曹輔說：「此事滿城風雨，連街巷小民都知道，相公當國，怎會不知？假若果真不知，還要你這當宰相的幹什麼？」王黼火冒三丈，向趙佶說，「曹輔可惡，不狠治治他，不足以平息謠言。」第二天，曹輔就被發配到了郴州。

正直敢言的人一個個被趕跑，剩下的全都是些奸佞媚諛之徒了。趙佶經常在宮中上演花天酒地、放誕荒唐的祕戲，貴為宰相、執政的王黼、蔡攸就常來擔任這些祕戲的主角。

為了實現四海都無嘆息聲的聖政，趙佶敕令在京師建了所謂「居養院」，贍養鰥寡孤獨的老人。各地州縣設置「安濟坊」、「漏澤園」，前者撫養貧病不能自理的百姓，後者乃是收埋貧窮以及客死無以為葬者的墳場。朝廷還把共辦這些善舉的勤懶作為衡量地方官政績優劣的標準。政和間，又在上清寶籙宮前新建了兩個亭子，一個叫「仁濟亭」，布施藥材給人治病，一個叫「輔正亭」供應符水以驅除邪鬼。還詔令四海搜求靈丹妙方供這兩處使用。趙佶說：「我要拿出天子的東西來周濟百姓。」以為天下百姓在他這個仁義天子的陽光雨露的哺育下，都可以和他一起享受太平之樂了。

「馨香動上穹，頻降祥瑞」。趙佶的「仁愛聖政」不知怎的居然感動了皇天上帝，千奇百怪的祥瑞之風接連不斷地吹到他的身邊，而且越來越玄乎。地方上報告說生出靈芝草動不動二三萬棵，蘄州、黃州甚至說有個地方在方圓二十五里的範圍裡，滿山遍野長的全是靈芝！海州、汝州等地，山上的石頭全變成了瑪瑙；伊陽的太和山崩塌，生出了不計其數的水晶；益陽縣的山間小溪流出了十餘斤重的金子，後來又流出一塊重達四十九斤。還有什麼乾

寧軍八百里黃河清澈見底，長達七晝夜之久。就連堯用正楷字寫的「天正堯瑞」璽也出來了。政和二年，從民間得了塊內黑外赤長一尺二寸，旁刻十二山的玉石；蔡京說：「這就是大禹用過的玄圭！陛下繼承禹的事業，行堯的王道，所以天下授予如此至寶，不勝大慶！」趙佶不但在大慶殿隆重舉行受元圭儀式，大赦天下，還遣官告慶於諸陵，把這千古盛事讓祖宗也在九泉之下知道。

這些天方夜譚式的奇蹟，而趙佶內心裡是否真正相信呢，他曾下過一道手詔說：「我承蒙上天眷顧，賜以元圭，大概周代的鎮圭就是仿照它製作的，而我則因敬上帝並行其道，直接得到了它，可見的我遠遠超過周代的德行！」

為了把這空前絕後的太平盛世一切事物都和合起拍來，危、亡、亂等字都禁止使用了。然而無論趙佶怎樣獨出心裁地粉飾太平，也無論他苦心孤詣地把「不養健兒，卻養乞兒。不管活人，只管死屍」的表面文章做得如何怎樣周到，現實還是逃不出危、亡、亂。

在位二十五年的趙佶，生活的腐朽糜爛在歷代皇帝中是少有其比的。有其君必有其臣，他所最寵信、最重用的將相大臣、宦官嬖幸，如蔡京，王黼、童貫、朱勔等人，每一個都是奸貪殘暴，無惡不作的傢伙。蔡京當宰相後大肆貪汙受賄尚嫌不夠，還要一下拿好幾份俸祿，就連粟、豆、柴薪之類的東西也要從國庫中支取。他經常在家大擺宴席，有一次請同僚吃飯，光蟹黃饅頭一項就花掉一千三百餘緡。他在汴京有兩處豪華的府第，又在杭州鳳山腳下建了座雄麗的別墅，宣和末年，他把大批家財用大船運到杭州別墅儲藏起來，把另處四十餘擔金銀寶貨寄藏到浙江海鹽的親戚家，這些財寶不但使他的後代受用不盡，連這家親戚也沾光成為當地的首富。王黼公開賣官鬻爵，每個官都有定價，當時稱作「三千索，直祕閣。五百貫，擢通判。」他

家養的姬妾之多，幾乎可與趙佶相比。他的臥榻周圍擺著幾十張小床，每晚都要挑選幾十名美女與他一同睡覺，名曰「擁帳」。他的宅第與一處僧寺為鄰，有個僧人每天都從王黼家院牆外的小水溝裡打撈他家流出的白米，然後洗淨晒乾，不長時間就積成了一囤。童貫家的房子裡連燈都不點，而是懸著幾顆夜明珠照明，他有多少家財誰也說不清楚。靠花石綱當上大官的朱勔也發了橫財，家裡的三十萬畝田產，一年就能收租十餘萬石。

　　而支撐趙佶及其奸臣們窮奢極侈的錢財自然不是從天上掉下來的。熙寧、元豐年間存在國庫裡的那些「都足以備禮，富足以廣樂」的資財很快就被揮霍得一乾二淨了，以致趙佶即位不幾年，財政就出現嚴重的赤字，全年的賦稅總收入僅夠應付八九個月的支出。入不敷出如此嚴重，趙佶所想的仍然只是如何有更多的資財供他揮霍。蔡京說的好，惜財省費，那只是前朝小家子氣的陋舉，而聖明的帝王是根本不會在乎這個的。

雅好書畫、造詣深湛

　　徽宗在政治上了無成就，是昏庸之君，但是在藝術上卻造詣頗深，堪稱巨匠。無論是詩詞、書法、繪畫，都不乏上乘之作。在封建社會的帝王之中，除了南唐的李後主與他處在伯仲之間外，根本就幾個人能與他並而行。

　　徽宗不但喜歡讀書，而且也珍視藏書。金人攻破東京（今河南開封）後，需索萬端，掠去他的乘輿、妃嬪，他都未嘗動色，「唯索三館書畫，上聽之唱然」。可見，在身外萬物之中，他最看重的只有書畫。在貴為天子時，他就經常在萬機之暇揮豪染翰。難能可貴的是，即使後來在衣食不給的俘囚生涯中，仍然好學不倦，移晷忘食。他讀《唐書》李泌傳，讀到李泌謁肅宗於靈武、赤膽忠心匡扶社稷而後為權臣所嫉時，特地抄錄一遍，拿給韋太后讀，引為鑑戒。一次，鄭太后送來十匹絹，為他製作換洗衣服，剛好「有貨王安石《日錄》者，聞之欣然，輟而易之」。衣服可以不換，好書不可不讀。還有

一次，乾脆以衣換書。這種精神，是很值得稱道的。也許唯有這一點才有了他在藝術上才成就斐然。

在北宋末年徽宗的書法藝術可謂獨步一時。他在十六七歲時，與駙馬都尉王詵、宗室趙大年（字令穰）過從甚密。「二人者，皆喜作文詞，妙圖畫，而大年又善黃庭堅，故枯陵作庭堅拈體，後自成一法也。」《書史會要》則說，徽宗於「萬機之餘，翰墨不倦，行、草、正書，筆勢勁逸。初學薛稷，變其法度，自號瘦金書。要是意度天成，非可以陳跡求也。」他雖曾師法薛黃，但不落窠臼，能自辟蹊徑，獨樹一幟。有人稱讚他的字「筆勢飄逸，如沖霄鶴影，高邁不凡；掠水燕翎，輕盈無跡，瘦勁而不纖，端整而不板」。南宋人樓鑰曾目睹過徽宗真跡，讚嘆不已，稱他：「筆力超邁，高掩前古，自出機杼，真書褉序（按：即〈蘭亭修褉序〉）於青繒中，雖曰出於薛稷，而楷法精妙，何止青出藍而已。」還說他的字「至今如新，勢欲飛動。」所有這些評價都不是溢美之詞。南唐李後主亦擅長書法，「書作顫筆糾曲之狀，遒勁如寒松霜竹，謂之金錯刀」。徽宗的瘦金書前後輝映，是書法史上的雙璧。

徽宗的書法作品在世上非常稀有，但從他的御筆題跋中，仍可窺見他那瘦金體的風采。稀世珍品〈牡丹帖〉是瘦金書的代表作，全帖共一百一十字，瀟灑飄逸，剛柔相濟，結構、行筆都恰到好處。徽宗的草書也達到了爐火純青的地步。〈草書千字文〉，筆走龍蛇，氣勢磅礡，是一份珍貴的歷史文物。全卷長三尺有餘，寫在整幅的描金雲龍箋上，其精緻美妙可與隋代僧智永、唐代孫過庭、僧懷素的〈草書千字文〉相頡頏。〈草書紈扇〉上寫「掠水燕翎寒自轉，墮泥花片濕相重」十四個字，風流倜儻，好似清水出芙蓉，天然雕飾，也是不可多得的珍品。

徽宗的書法藝術深受臣下歡迎，人人都以獲得一軸為榮。相傳他有一天「幸祕書省，發篋出御書畫，凡公宰親王、使相從官，各賜御畫一軸，兼行

草書二紙，顧蔡攸分之，是時既恩許分賜，群臣皆斷佩折巾以爭先，帝為之笑」。無獨有偶，唐太宗曾在玄武門歡宴三品以上官員，親作飛白書賜群臣，眾臣乘醉競取，常侍劉洎甚至登上御床，從太宗手中奪取。這兩則皇帝賞賜臣下書畫的故事，這些都是書法史上極其有名的佳話。

徽宗從很小就喜歡繪畫藝術。「國朝諸王弟多嗜富貴，獨祐陵（即徽宗）在藩時玩好不凡，所事者唯筆硯、丹青、圖史、射御而已。」十六七歲時其書畫就已聲名鵲起。他的畫受過王晉卿（詵）、趙大年（令穰）、吳元瑜的影響和薰陶，即位後依然樂此不疲，為繁榮繪畫藝術傾注了大量心血。他自己曾說：「我萬幾餘暇，別無他好，唯好畫耳。」他說自己只好圖畫，並不完全是真話。實際上，他這個風流天子，興趣相當廣泛，諸如尋花問柳，癖好花石，寵信道士等等，他都有濃厚的興趣。

徽宗對繪畫藝術的發展有很大的貢獻是因為他特殊的身分和地位。做了很多有益的工作。他組織人力收集古今名畫，把上自三國時期的曹弗興，下至宋初的黃居采的作品，共計一百帙，列為十四門，總數達一千五百卷，輯成《宣和睿覽集》。《畫繼》的作者鄧椿讚嘆說：「蓋前世圖籍，未有如是之盛者也。」《鐵圍山叢談》的作者蔡條也說，徽宗即位後，特別訪求天下書法繪畫，自崇寧末年命宋喬年負責御前書畫所，後來又找米芾接替他，至崇寧末年，內府所藏已達千件有餘了。據《畫繼》記載，宣和殿御閣有隋代畫家展子虔畫的〈四載圖〉，號稱高品，徽宗玩賞，終日不舍，但四圖僅得其三，另一幅〈水行圖〉乃是他人補遺之作，不是完璧，徽宗常常為此嘆息不已。一次，有內臣赴洛陽出公差，在一戶人家見到一幅畫，正是宣和殿缺少的那幅，便立即求購，貢入御閣中。類似事例甚多，可見徽宗對書畫的搜集整理，是十分認真的。徽宗還敕令編撰《宣和書譜》、《宣和畫譜》。僅《宣和畫譜》就有二十卷，內府所藏魏晉以來名畫盡在其中，計二百三十一家，

作品達六千三百六十九件，詳分為道釋、人物、宮室、番族、魚龍、山水、鳥獸、花木、墨竹、果蔬十門，並分別加以品評。託名徽宗御製的「敘」中說，編撰這本畫譜的目的，是為了「見善以戒惡，見惡以思賢」。這本書對後世研究中國古代的繪畫，是不可多得的資料。據《鐵圍山叢談》說，內府所藏名畫，曹弗興〈無女授黃帝兵符圖〉為第一，與他同時的魏國高貴鄉公曹髦的〈卞莊子刺虎圖〉為第二，西晉謝雄的〈烈女貞節圖〉為第三。據說曹弗興有一次為孫權畫屏風，墨汁誤落於紙上，弗興隨手勾勒成蒼蠅之狀，「權疑其真，至於手彈之」。衛協畫道釋人物〈七佛圖〉，不畫眼睛，有人請求畫出眼睛，衛協說：「不爾，即恐其騰空而去。」此二人時代既早，畫技又高，列為第一、第二名，是很恰當的。其次才是顧愷之、陸探微、張僧繇等人。至於庸人作品，已多得不足珍貴了。徽宗經常觀賞揣摩這些名畫，自然受益很多。

北宋的繪畫藝術在徽宗統治時期達到了鼎盛，高手如雲，名家輩出。這與徽宗關心畫院、優待畫家是分不開的。

徽宗對著名家米芾優寵有加。米芾字元章，襄陽人。因寓居蘇州，《宋史》說他是吳人，人稱米南宮，別人戲稱為米顛。曾任校書郎、知雍正縣、太常博士、書畫學博士、禮部員外郎、知淮陽軍等職，著有《畫史》傳世。徽宗知米芾擅長書法，於瑤林殿張掛長二丈的絹，設瑪瑙硯、李廷矽墨、牙管筆、金硯匣、玉鎮紙等，召米芾書寫。徽宗親自出簾觀看，令梁守道相伴，賞賜酒果。元章落筆如雲龍飛動。他知道徽宗就在簾下，回頭大聲呼道：「奇絕陛下！」徽宗大喜，「盡以硯匣、鎮紙之屬賜之」，並除為書學博士。一次崇政殿對事，米芾手執劄子，徽宗讓他放在椅子上，他大聲叫道：「皇帝叫內侍，要唾壺！」閤門劾奏他擾亂宮廷，徽宗制止說：「俊人不可以禮法拘」米芾任職於吏部時，徽宗召至便殿，命他在四扇屏風上寫字。幾天後，派宦

官賜銀十八笏。十八笏為九百，宋人以九百為痴，米芾知道是天子戲弄他，便對使者說：「知臣莫若君，臣自知甚明。」使者回奏，「上大笑」。政和年間修建艮岳，徽宗召已經任書畫兩學博士的米芾書寫屏風，並指著御案上的一方端硯讓他使用。書寫完畢，米芾捧著端硯說：「此硯曾經賜臣濡染，不堪復以進御。」他竟然打算索要天子的端硯了。「上大笑，因以賜之。」沒有絲毫吝嗇之意。米芾大喜過望，抱硯趨出，墨汁灑汙了衣袖。如果不是米芾這樣的畫家，誰敢在天子面前如此無禮！如果不是特別優待和偏愛畫家，哪個皇帝又能容忍這種無禮？米芾曾向徽宗進獻價值甚高的書法名畫，徽宗「優詔答之，賜白金縑錢甚腆」。宣和年間，蘇叔黨遊京師，被徽宗召入宮廷，在牆壁上畫窠石。叔黨乃蘇軾之子，也是當時丹青好手，舉筆塗抹，頃刻而就。「上起身縱觀，賞嘆再三，命宮人賜醹酒一種，錫賚極渥。」勾處士在宣和間「鑑賞第一，眷寵甚厚，凡四方所進，必令定品。」其如為駙馬王詵補齊徐熙所畫〈碧檻蜀葵圖〉四扇屏中遺失的兩幅；戴琬工翎毛花竹，求者甚眾，徽宗聞之，封其臂，不令私畫；徽宗畫扇令宮中模仿，並賞賜給近侍；西元一一一五年賜宰臣宴時，以畫宣示群臣；將山水畫家郭熙的畫賞給《畫繼》作者鄧椿的父親鄧雍，這些都表現了徽宗與臣下的融洽關係。他雖然貴為天子，徽宗是造詣精深的畫家。他的畫路寬廣，畫技精妙，「丹青卷軸，具天縱之妙，有晉、唐風韻。」

他的花鳥畫是最受後世稱道的。《畫繼》說他「獨於翎毛，尤為注意，多以生漆點睛，隱然豆許，高出紙素，凡欲活動，眾史莫能也」。現在傳世的作品，也以花鳥畫居多。《畫繼》記載，政和初年，他曾畫了一幅〈筠莊縱鶴圖〉，畫面上二十只神態各異的「鶴」或戲上林，或飲太液，翔風躍龍之形，警露舞風之態。引吭唳天，以極其死；刷羽清泉，以致其潔。並鑑。這對也喜歡「弄翰遊戲，作山林泉石」的童貫來說，當然是莫大的榮耀。只是童貫乃奸邪之輩。徽宗將這幅畫賞給他，真是明珠暗投了。宣和初年，又畫

雙鵲賞賜給中書舍人何栗。校書郎韓子蒼有詩贊道：「君王妙畫出神機，弱翅爭巢並語時。想見春風君鸂鵒觀，一雙飛上萬年枝。」這個評價不會失公允。

徽宗對人物畫也有及高造詣。元人湯垕的《畫鑑》說：「徽宗自畫〈夢遊化城圖〉（佛教用語，即幻化出的城市），人物如半小指，累數千人，城郭、宮室、麾幢、鼓樂、仙嬪、真宰、雲霞、霄漢、禽畜、龍馬，凡天地間所有之物，色色俱備，為工甚至。觀之令人起神遊八極之想，不復知有人間世。奇物也。」在咫尺畫幅中，不但能畫出上千人物，而且還能將城郭宮室、禽畜龍馬等也描繪於其上，確實不是一件易事。徽宗從容畫來，布局巧妙，剪裁得當，不愧是畫人物的好手。他的畫既有臨摹的，也有自己創作的。臨摹的如故〈摹張萱貌國夫人遊春圖〉、〈摹張萱搗練圖〉，筆墨生動，幾可亂真，沒有絲毫雕琢痕跡。他臨摹衛賢的高士圖，「展對間鬚眉生動」，儼然與古賢對語。宋末元初書法家兼畫家趙孟頫說，徽宗的人物畫，其風神態度可與顧愷之、陸探微一爭高低，真是英雄本色。趙孟頫是趙匡胤第十一世孫，宋亡仕元，官至翰林學士承旨，獨領元初畫壇風騷，乃畫壇領袖。《圖繪寶鑑》把他列入元代畫家之首，說他「畫法晉、唐、俱入神品」。他就稱譽徽宗，並不是因為同是趙氏的子孫，而在於藝術能力。

驚惶無地

「漁陽鼙鼓動地來，驚破霓裳羽衣曲。」正當趙佶美夢做得正甜時，宣和七年十月，金兵分兩路大舉南侵了，西路軍以粘罕為主將，由大同進攻太原；東路軍主將是斡離不，由平州（河北盧龍）攻燕山，在汴京會合是兩路軍計劃中的事。

趙佶自從「光復燕雲」之後，滿以為天下可以從此高枕無憂了，根本就不去考慮防範金人的事，不但昏庸糊塗地把宋朝的虛實完全暴露在金人面前，還貪小便宜，讓金人抓住了自己的弱點，成為日後南侵的藉口。

此時的趙佶已經絲毫沒有風流灑脫的模樣了。他整天愁眉苦臉，動不動就涕泗交流。表面上他好像要改過自新，準備抗金，實際上他不敢擔當抗金的責任，只剩下一個「走」字在心中了。

宣和七年（西元一一二五年）十二月二十日，趙桓方被徽宗下詔任命太子為開封牧，賜排方玉帶。「排方玉帶，非臣下所當服也；帝時已有內禪意矣。」

就在十二月二十四日，各位群臣被欽宗召見在崇政殿內，太宰兼門下侍郎白時中率文武百官人賀。徽宗因出居龍德宮，宰相率百官問候起居於庭中，宰執至壺春堂面見徽宗，徽宗大哭，宰執亦哭。徽宗對宰執說：「內侍們都說禪位是錯誤之舉，真是浮言可畏。」吳敏說：「請斬其中一人，以徽效尤。」

徽宗說：「眾人七嘴八舌，記不清是誰最先發難。」眾人無話，將徽宗送往龍德宮中。幾天之後，欽宗上道君皇帝尊號為教主道君太上皇帝，皇后稱太上皇帝皇后，道君皇帝出居龍德宮，皇后出居擷景園，以少宰李邦彥為龍德宮使，太保領樞密院事蔡攸、門下侍郎吳敏副之。從此，徽宗交出了權柄，退出了政治舞臺，這年他才四十三歲。

隔年北宋亡，輝宗欽宗被遷往韓州在遷往韓州的那幾年，宋徽宗的六個女兒被賜給金人宗族為妻，這時均已生子，太宗法外施恩，賞給徽宗「縑絹十端（匹）」，並讓他和女兒相見。徽宗感激涕零，連上兩表，向金太宗叩謝。第一表中說，臣趙佶伏奉宣命，召臣女六人賜給內族為妻，臣理應具表稱謝。陛下聖恩深厚，可憐臣奔波萬里，流寓四方，如今得與皇族結親，可算是宗藩有託。臣已播遷四次，齒髮俱衰，指川途而正邁，獲居內地，罔間流言，得攀若木（神話中指長在日人處的一種樹木）之枝，少慰桑榆之景。臣一定保持晚節，力報聖恩。齒髮俱衰而奔波無已，這對於一個年近半百的

第三章 「另類」帝王

老人來說，確實是異常艱難的跋涉，「指川途而正邈」是說他不知何時才能結束這種羈旅生活，「得攀若木之枝，少慰桑榆之景」，是希望在金太宗的庇護下，能有個安定的晚年。只要能生存下來，其他的事似乎都無暇考慮了。在第二表中，徽宗對金太宗再次表示感謝之情。

> 天恩下逮，已失秋氣之寒，父子相歡，頓覺春光之暖。遽沐絲綸之厚，仍蒙縑繐之頒。感涕何言，驚惶無地。竊以臣舉家萬里，流寓三年，每憂餬口之難，忽有聯姻之喜。方虞季子之敝，誰憐范叔之寒？既冒寵榮，愈加驚悸。此蓋伏遇皇帝陛下唐仁及物、舜孝臨人。故此冥頑，曲蒙保衛。天階咫尺，無緣一望於清光；短艇飄颻，自此回瞻於魏闕。

而就是因為這十匹絹，竟使徽宗頓覺生意盎然，一場普通的父女相見，竟如春光之暖，乍看起來，似乎不近情理，但對於一個失去自由的囚徒來說，已經使他「感涕何言，驚惶無地」了。流寓數載，度日維艱，幸賴與金人結為姻婭，才得到了金太宗的格外照顧，這十匹絹不啻是窮愁潦倒的蘇秦忽然時來運轉，登上了相位；不啻是行將凍斃街頭的范雎，得到了須賈的一領綈袍。這真的使徽宗有受寵若驚之感了。徽宗鞍馬勞頓，在荒涼偏僻的邊陲小鎮五國城，來不及洗去風塵，又得上表致謝。在謝表中，他吹捧金太宗「大造難酬，撫躬知幸，」又信誓旦旦地表白自己「自惟譴咎之深，常務省循之效，神明可質，詎敢及於匪圖。」最後又是對金太宗的恩澤心馳神往，感戴莫名；「回瞻象闕，拜渥澤以馳心；仰戴龍光，感孤情而出涕。」

翻來覆去，還是那些感恩戴德的話。但是，在那樣的環境和心境之中，除了那些，他還能說些什麼呢？

此後，徽宗便在五國城居住，一直到死沒再播遷。建炎四年（西元一一三○年）九月初五日，也即是徽宗遷入五國城三天之後，鄭皇后在顛沛流離中仙逝，終年五十二歲。自淪為囚虜後，他們夫婦相濡以沫，互相照

顧，如今鄭皇后離他而去，徽宗在精神上受到了很大打擊。「空床臥聽南窗雨。誰復挑燈夜補衣？」這是與徽宗同時代的北宋詞人賀鑄悼亡詞中的兩句，用來形容徽宗此時此刻的心情，真是恰當不過了。

時光不居，歲月如流，紹興五年（西元一一三五年）正月，六十一歲的金太宗吳乞買崩逝，太祖阿骨打之孫完顏直即位，是為熙宗。二月間，韋賢妃從上京洗衣院獲釋，來到五國城與徽宗相聚。韋賢妃被俘北上時，才三十八歲，徐娘半老，風韻猶存，如今柳憔花悴，荊釵布裙，與昔日已判若兩人。她與徽宗於建炎二年（西元一一二八年）十月勞燕分飛，天各一涯，度過了漫長的七年，直到此時才得以相見，真是「從別後，憶相逢。幾回魂夢與君同。今宵剩把銀釭照，猶恐相逢是夢中。」

兩個月之後的四月二十一日，心力交瘁的徽宗，一病不起，魂歸西山，這年他五十四歲。

宋朝舊臣懷念故主，但在金國卻沒有引起任何漣漪。就這樣，徽宗吞下了自己種的苦果以後，帶著遺憾，帶著憤懣，帶著迷惘，死在了異國他鄉。

徽宗臨終時，遺命葬於內地，熙宗打算許可，但朝中大臣均執異議，只得作罷。按照金國風俗，「死者埋之而無棺槨」，因而徽宗與鄭皇后皆用生絹裹葬。西元一一三七年高宗才知徽宗已歿，諡為聖文仁德顯孝皇帝，廟號徽宗。

西元一一三九年，高宗皇后邢氏歿於五國城。西元一一四一年二月，熙宗贈徽宗為天水郡王，封欽宗為天水郡公，賜第上京。欽宗當時在羈禁之中，不可能遷往上京。這年十一月，宋、金達成紹興和議，兩國以淮水中流為界，宋割唐、鄧州給金，輸銀二十五萬兩、絹二十五萬匹。十二月，抗金民族英雄岳飛慘遭高宗、秦檜一夥殺害。

這時宋、金既已結束敵對狀態，兩國關係有所緩和：西元一一四二年（紹興十二年）三月，熙宗冊高宗為帝，歸還徽宗、鄭皇后、高宗邢皇后梓宮，並准許高宗之母韋太后歸宋。臨行前，喬貴妃與她相抱痛哭說：「姐此歸，見兒即為皇太后矣，宜擅自保重。妹妹永無還期，當死於此。」又說：「姐姐到快活處，莫忘了此處不快活。」悲戚之情溢於言表。

這年四月，徽宗、鄭皇后、邢皇后的靈柩與韋太后發自五國城，高宗「遣孟忠厚為迎護梓宮禮儀使，王次翁為奉迎兩宮禮儀使」，金人派完顏宗賢、劉構護送靈柩，高居安護送書太后。八月十日，靈車及韋太后進入楚州，二十三日，高宗親至臨平鎮迎接，母子聚首，抱頭痛哭。十月，葬徽宗、鄭皇后於會稽永固陵。西元一一四三年諡徽宗為體神合道駿烈遜功聖文仁德憲慈顯孝皇帝，將永固陵更名為永祐陵。

西元一二八五年，不逞之徒發掘南宋諸帝陵墓，徽、欽之墓也遭洗劫，但「二陵皆空無一物，徽陵有朽木一段，欽陵有木燈檠一枚而已。」實際上，金人許諾歸還徽宗骨殖，不過是出於宣傳上的需要，以掩人耳目而已。「二帝遺骸，浮沉沙漠，初未嘗還也。」

第四節 中國怪癖皇帝

沒必要先學會了如何做皇帝方來做皇帝，而既已做了皇帝就不必再學如何做皇帝。政，總是要聽，只是繁簡勤惰不同，高明與低劣不同；大的儀式總要參加；在表現上總要像個皇帝樣子；後宮總少不了千百個女人。從夏啟到清朝末代皇帝溥儀，共有過六十七個王朝、四百四十六位帝王（春秋戰國時期諸侯國和起義政權未計）。從秦始皇創立皇帝制度開始，皇帝左右著社稷的前途、國家的命運。皇帝與普通臣民不同，臣民可以堅信：「三百六十行，

行行出狀元。」而皇帝的唯一職責就是使國家繁榮昌盛，使人民安居樂業。但總有些皇帝喜歡放縱個人的愛好……

斷袖皇帝

漢元帝之孫漢哀帝劉欣（西元前二十七至前一年），於綏和二年（西元前七年）即位，自幼好讀「詩」、「書」，尚節約，即位時想有番作為，初採用師丹的「限田議」，限制土地兼併。任用一批有識之士，採納諍言，看來有些生氣。

有治國之志卻沒有治國之才的漢哀帝，他很寵愛宮中舍人，美男子董賢，董賢是御史董恭的兒子，除貪婪、善媚外一無本事，建平二年哀帝拜董賢為黃門郎，至此獨寵董賢一人。並封他父親為霸陵令，遷光祿大夫。不久之後，又被封為駙馬都尉侍中，《漢書‧董賢傳》載，這時董賢「出則參乘，入御左右，旬月間賞賜巨萬，貴震朝廷。」兩人形影不離，同床共枕。有一次哀帝醒來，衣袖被董賢壓住，他怕拉動袖子驚醒「情人」，於是用刀子將其割斷，以免驚醒董賢，這一段軼事即典故「斷袖」的由來。哀帝還為董賢建造了一棟與皇宮類似的宮殿，並將御用品中最好的送給董賢，自己則用次品。他為了與戀人生生世世在一起，還為董賢在自己的陵墓旁邊修了一座塚。《漢書‧董賢傳》載，哀帝還曾開玩笑地對董賢說：「吾欲法堯禪舜，何如？」這嚇得大臣們個個目瞪口呆。這種要「愛情」不要江山的帝王在歷史上實在是最罕見的了。

一個國家有如此忠貞於愛情的皇帝，國事很難有起色，他在位時的天災頻頻，政治更加腐敗，土地兼併更加嚴重，階級矛盾加深，民眾苦不堪言，連漢武帝的陵寢都被燒毀。哀帝死後不到十年，王莽就篡位建立了新朝。西漢走向沒落。

哀帝因為無子，所以諡號孝哀皇帝。

市儈皇帝

歷史上著名的昏君是南齊末代皇帝東昏侯蕭寶卷。捕老鼠、睡懶覺、驅百姓、出遊玩樂……各種怪行為都有，但他最大的怪癖是開店鋪。

《南齊書卷七·東昏侯》記載東昏侯「又於苑中立市，太官每旦進酒肉雜餚，使宮人屠酤，潘氏為市令，帝為市魁，執罰，爭者就潘氏決判。」陪他玩耍的人就有好幾千人，半個京城的百姓都嚇得東奔西跑。《南史·齊本紀下》中也有類似的記載：「又開渠立埭，躬自引船，埭上設店，坐而屠肉。」東昏侯與潘妃的怪異行為在當時流傳很廣，在當時就有著這樣一首民歌：「閱武堂，種楊柳，至尊屠肉，潘妃酤酒。」

漢靈帝、南齊東昏侯、明武宗常常扮成商人，玩著做買賣的遊戲。漢靈帝在西苑設市，亦曾列肆於後宮，令後宮采女為客舍主人，靈帝身著商賈服，隨便走到一舍前，采女為之擺酒食，靈帝召采女共進酒食以為戲樂。在後宮的市肆中，靈帝令采女有的販賣、有的行竊，雙方爭鬥，靈帝飲宴觀賞為樂。南齊東昏侯在苑中擺開市場，把太官每天早晨供進的酒肉雜餚拿來，令宮女屠酤。寵妃潘氏被任命為市令，東昏侯自命為市魁，買賣中爭執者到潘氏面前，由潘氏判決，東昏侯負責執罰。明武宗開設固定、長期的皇店。寶和六店儲宮中財物，分別是，一寶和，二和遠，三順寧，四福德，五福吉，六寶延。武宗經常到六店與宦官店主貿易。武宗身著商人衣，頭戴瓜拉帽，自寶和至寶延，手持帳簿算盤，與店主大聲討價還價，宦官店主也毫不謙讓。後來別立市正，負責調解糾紛。買賣完之後，則擁至廊下家，廊下家是宦官開設的酒家，內中極為熱鬧，宮女與外間的勾欄女藝人扮作酒婦，或彈箏、琵琶，聲音嘈雜。武宗也是坐在人群裡飲酒，只見各種打扮的人進進

出出的，在一杯茶的工夫後，武宗晃到了廊下，便開始睹跳猿、鬥雞、逐犬等各種遊戲。酒醉後就宿在酒家裡，有時甚至是連續幾天樂在其中。

東昏侯即位後僅僅有兩年的時間，蕭衍就起兵圍困建康（今南京），就這樣被部將殺死了，當時他年僅十九歲。

菩薩皇帝

在歷史上的「三武一宗」（北魏太武宗、北周武帝、唐代武宗、五代周世宗）滅佛，但也有過梁武帝、武則天、唐中宗那樣忠實的佛教信徒。其中以「皇帝菩薩」梁武帝蕭衍最突出。

梁武帝時，大力地宣導佛教，不惜耗鉅資修建了廟宇，在當時全國有大小寺廟兩千八百四十六所，其中以大愛敬寺、智度寺、解脫寺、同泰寺規模最大。唐朝詩人杜牧曾感嘆到：「南朝四百八十寺，多少樓臺煙雨中。」他還寫了大量的佛教著作，「雖萬機多務，猶卷不掇手，燃燭側立，常至戊夜。」且篇幅極大，其中《制旨大涅經講疏》有一百零一卷。同時，武帝還創立了儒佛道三教同源的理論，認為儒教、道教皆來源於佛教。還提出佛教徒不可以吃肉的戒律，以前佛教中無此規定，他根據上乘佛教的內容寫了《斷酒肉文》，從此，以身作則，過著苦行僧的日子：每日只吃一頓飯，不沾酒肉，住小殿暗室，一頂帽子戴了三年，一床被子蓋了兩年。武帝還曾三次捨身寺廟：大通元年（西元五二七年），他突然跑到同泰寺當奴隸，與眾僧一起生活，後來被大臣們「贖回」來了；兩年後，又跑到佛廟裡去；太清元年（西元五四七年），八十四歲的他又第三次捨身到了寺院，且堅持待了一個多月。這三次「贖回」武帝共花了四億多錢。

但是佛祖並沒有顯靈來保佑這位忠實的信徒，在太清三年（西元五四九年），侯景發動政變攻克建康，菩薩皇帝也被俘，最終還是被活活餓死。

象棋皇帝

「悶來時，取過象棋來下，要學作做士與象，得力當家。小卒兒向前行，休說回頭話。須學車行直，莫似馬行斜。若有他人阻隔了我恩情也，我就炮兒般一會子打。」（《桂枝兒·詠部八卷》）唐肅宗李亨很熱衷於象棋，卻不學士象，不學卒車，偏偏學馬行斜。

就在安史之亂之時。肅宗與愛妾張良娣共同擁兵西逃。逃命的途中，他還念念不忘象棋，置堆積如山的軍情戰報而不理，與張氏整天下棋作樂。丞相李泌進言勸說：若不懸崖勒馬，有重蹈「馬嵬坡事件」（士兵嘩變，殺楊貴妃等人）的危險。肅宗仍毫無收斂，為了掩人耳目，命令太監將金銅成形的棋子換成木質棋子，這樣，旁人就聽不到他們下棋擲子時發出的聲音，人們稱這種棋子為「寶應象棋」。

蹴鞠皇帝

唐僖宗李儇，他最大的嗜好就是鬥雞、蹴鞠和騎馬。他曾得意地說過：「我若考擊球科舉，一定是狀元。」他有時一玩就是二三個時辰，甚至是連飯都忘了吃，急得身邊的太監和侍女們團團轉。他還多次勒令地方官員舉薦球技高超的青年入宮陪他擊球，有不少人因善蹴鞠而被封為封疆大吏。宦官田令孜的哥哥陳敬瑄贏了球，被封為西川節度使。當然，也有許多人因踢球失誤而因此丟掉了性命。

玩物而喪志，乾符元年（西元八七四年），王仙芝在長恆起義，隨後黃巢響應。起義好不容易平息之後，田令孜又專權，蹴鞠皇帝和親信們談起朝政就淚流滿面。光啟元年（西元八八五年），李克用進兵長安，僖宗四處逃命，文德元年（西元八八八年）唐僖宗皇帝因為憂憤而死。

詞學皇帝

在南唐時期中主時已經向宋稱臣了。中宗非常的善於運用詩詞，至今還傳有〈浣溪沙‧菡萏香銷翠葉殘〉等名篇。其子李煜史稱南唐後主，雖然不思進取，但卻繼承了先父的好詞之癖。

施政無能的李煜，他在詞學方面卻有著極高的才華和地位。前期作品多以宮中的聲色娛樂為題材，風格柔靡，如〈玉樓春〉、〈一斛珠〉等等；後期多寫亡國之痛，感情真摯，意境深遠，如〈破陣子〉、〈虞美人〉、〈浪淘沙〉、〈烏夜啼‧昨日風兼雨〉等等。

生活奢華的李煜，常常是在宮中營造銷金紅羅幕壁，鑲以白金和玳瑁，並插上奇花異草，題曰「錦洞天」，與其皇后周憲於其中作詞嬉戲：每到七月初七，就命人用紅羅絹裝扮成月宮天河的情景，為作詞創造靈感。然而，在現實中並不像詩詞中的世界那麼美好，在開寶八年（西元九七五年）宋軍攻破金陵，詞學皇帝被俘了。「笙簫吹斷水雲間，重按霓裳歌遍徹」的生活已經成為了泡影，他不禁發出「問君能有幾多愁，恰似一江春水向東流」的哀嘆，可惜為時已晚，還是被宋太祖害死。

「作個才人真絕代，可憐薄命作君王」，宋太祖也說：「李煜若以做詩工夫治國事，豈為吾虜也？」

「將軍」明武宗

明武宗朱厚照是明代時期最荒唐的一個皇帝。他重用宦官奸臣（劉瑾、江彬），沉迷於後宮，愛好遊玩射獵。最可笑的是作為一國之君，竟然想當將軍。但明武宗一生的志願不是帝業，而是成為沙場叱吒的將軍。

武宗統治時，社會很動盪，大權旁落，民間起義不斷。他無所作為，常常出遊玩樂，大臣們請都請不回。有一次，他想偷偷出關遊玩，巡關御史張

欽閉關拒命，這才悻悻回宮。正德五年（西元一五一○年），他自號大慶法王，並命令相關部門鑄造法王官印。正德十二年（西元一五一七年），韃靼數萬騎兵進攻明朝，明朝付出了巨大的代價，終於擊退敵兵。武宗聞信後，還恬不知恥地自封為威武大將軍、太師鎮國公。他一度還想做將軍總兵。正德十四年（西元一五一九年），他以威武大將軍的名義討伐江西寧王朱宸濠，其實是帶著十多萬人遊玩作樂。

明武宗自稱自己為威武大將軍，設立了「內教場」，以江彬等四人統領「外四家兵」，武宗統領全營，謂之中軍。軍士們每日早晚操練，武宗監督檢校，名為「過錦」。王守仁剿滅朱宸濠叛亂，將朱宸濠押解至南京，武宗命人為其解綁，令其為他縱馬，作為皇帝他要「親擒」叛首，說要享受到征戰立功的樂趣。

皇帝作為神聖的一國之君，竟自封為將軍，這是大損帝王威嚴的事情。無怪《明史》評曰：「然耽於嬉遊，暱近群小，至自署官號，冠履之分蕩然矣。」

「寵貓」皇帝

對貓深惡痛絕可以說是武則天了，因為被她害死的肖淑妃曾罵過：「阿武妖精，乃至於此，願他生，我為貓，阿武為鼠，生生扼其喉。」然而明世宗朱厚熜卻對貓情有獨鍾。

世宗很敬仰於道教，道士邵元節和方士陶仲文很受寵，先後授予禮部尚書。戶部主事海瑞因上書諫止，差點喪了命。阿諛逢迎的官吏競相進貢白鹿、白雁、白鶴、白貓等寵物，以求能夠得到封賞。

世宗最喜愛的寵物就是那兩隻漂亮的貓，名曰雪眉和獅貓。他經常與貓兒一起玩，竟然二十多年不上朝（從一五三九年陶仲文拜為神仙高士、兼領

三孤、任禮部尚書到一五六六年病死）。他曾甚至以帝王的身分為貓舉行儀式，莊重地封雪眉作為「蚪龍」。

到後來，蚪龍死了，世宗為牠幾天不吃不喝，還命人將牠葬於萬歲山，並立碑刻文，題名「蚪龍墓」。獅貓死後，世宗命人用黃金鑄造一棺材，將牠斂入其中，並舉行隆重的葬禮，還請當朝大臣為牠作了祭文。侍讀學士袁神的祭文中有一句「化獅為虎」的頌詞大得世宗的歡心，不久，他被提升為少宰，時稱「青詞宰相」。明朝功臣的名臣眾多，卻沒有人受到過像這兩隻貓一樣隆重的禮遇。

世宗因為玩物而喪志，不理朝政，武英殿大學士嚴嵩趁機專善於朝政。

「魯班天子」

元順帝和明熹宗，皇帝中的能工巧匠，也是個不稱職的皇帝。南朝宋後廢帝劉昱，史載「凡諸鄙事，過目則能，鍛銀、裁衣，莫不精絕，未嘗吹箎，執管便韻」。

元順帝妥懽貼睦爾因精通木工、機械，京城人稱之為「魯班天子」。元順帝是位能力極佳的設計師，他曾設計龍舟，舟長一百二十尺，寬二十尺，前瓦簾棚、穿廊、兩暖閣，後廡殿樓子，龍身並殿宇用五彩金妝，前有兩爪，行時龍首、眼、口、爪、尾皆動。順帝還曾為近侍設計建宅，製出屋樣，付匠者為之。又自製微型宮殿，用木條巧妙搭成，高尺餘，棟梁楹檻，婉轉皆具。元順帝時親自設計製作的水晶宮漏最能代表他的技藝水準。宮漏高約六七尺，寬約三尺，「造木為櫃，陰藏諸壺其中，運水上下。柜上設西方三聖殿，櫃腰立玉女捧時刻籌，時至，輒浮水而上。左右立二金甲神，一懸鐘，一懸鉦，夜則神人自能按更而擊，無分毫差。當鍾鉦之鳴，獅鳳在側者皆翔

舞。櫃之西東有日月宮，飛仙六人立宮前，遇子午時，飛仙自能耦進，度仙橋，達三聖殿，已而復退立如前。其精巧絕出，人謂前代所未有。」

皇帝明熹宗天啟，木工和機械的製作是他的拿手好戲。可與元順帝論短長。他對水傀儡戲有所創造，設計用方銅池，長、寬各三丈，儲水浮竹板，板上立各色傀儡。池側設有一帳，鐘鼓司的習藝宦官隱身帳內，引動傀儡機關，傀儡便活動起來。後場有鳴鑼鼓者，代傀儡道白者。當時常演的傀儡戲有「東方朔偷桃」、「三寶太監下南洋」等。銅缸水戲在當時可稱為奇技，可見天啟皇帝之聰明絕頂。耗費朱由校最多精力的是木工，好造漆器、硯床、梳匣等精巧器具，尤在雕刻上見工夫，作品施以五彩，精緻妙麗。

明熹宗做了那麼多精美的器物，他自己並不知道有何用途，只是一味地做。有時他讓宦官拿到市上去賣，其實他並不缺錢，也不像萬曆皇帝那樣貪財，只是給作品找個去處。既然賣了，自然不能太便宜，他的護燈小屏八幅和雕刻的「寒雀爭梅戲」，讓小太監出去賣，叮囑他，御製之物，價須一萬。到小太監如數把錢交上去的時候，熹宗很高興。

在熹宗時，外有金兵侵擾，內有山東徐鴻儒起義和陝西王二之起義。熹宗卻不務正業，只知道製作木器，蓋小宮殿。吳陳琰在《曠園雜誌》中寫到：熹宗「嘗於庭院中蓋小宮殿，高四尺許，玲瓏巧妙」。由於經常沉迷其中，技巧嫻熟，據《先撥志》載：「斧斤之屬，皆躬自操之。雖巧匠不能過焉。」熹宗的貪玩使得宦官專政，奸佞弄權當熹宗斫削得意之時，有急切章疏奏請定奪，識字女官朗誦職銜姓名畢，熹宗就說：『我都知道了，你們用心辦就好。』諸奸於是恣其愛憎，批紅施行。魏忠賢就是在這種情況下來擴充勢力的，也是用這來步步奪權的。

《明史》中熹宗本紀評說：「濫賞淫刑，忠良慘禍，億兆離心，雖欲不亡，何可得哉。」熹宗專心致志蓋著他的「宮殿」，奸臣們卻在是在悄悄地挖著他的「宮殿牆角」，在熹宗死後十多年，明朝就滅亡了。

「睡王」遼穆宗

皇帝遼穆宗的行為可以說是稱得上怪了。他不理一點國事，對於遊獵，則無論窮冬盛夏，不廢馳騁；夜則酣飲，達旦方寢，日中方起，酷愛殺人，花樣百出。國人稱他為「睡王」。

小字述律的遼穆宗耶律璟（西元九三〇至九六九年），是遼太宗耶律德光的長子。史書對耶律璟的評價是「穆宗在位十八年，知女巫妖妄見誅，諭臣下濫刑切諫，非不明也。而荒耽於酒，畋獵無厭。偵鵝失期，加炮烙鐵梳之刑；獲鴨甚歡，除鷹坊刺面之令。賞罰無章，朝政不視，而嗜殺不已。變起肘腋，宜哉！」他不近女色，也非斷袖。皇后蕭氏出身名門，幼有儀則，性情溫婉，卻總是獨守空房，兩人沒有兒子。耶律璟對自己唯一的女人也不肯親近，卻對別的男人動輒施以宮刑，他沒有愛情和天倫之樂，更殘酷處置自己可以生殺予奪的奴隸。「十二月甲辰，以近侍喜哥私歸，殺其妻」，他自己沒有幸福，也見不得別人幸福，只有讓別人不幸，他自己才會高興。長期的心情壓抑之下，耶律璟常常以殺人來發洩，以喝酒麻醉，以打獵逃避，以昏睡來享受。

在不斷的血腥爭鬥中耶律璟登基了，他的堂兄遼世宗被耶律察割殺死後，當時還是壽安王的耶律璟殺死察割，於西元九五一年登上王座。遼國本身沒有嚴格的嫡長子繼承制度，奉行「勝者為王」的遊戲規則，耶律璟在位前期，皇族的反叛奪位事件前赴後繼、層出不窮，從國舅肖眉古得到遼世宗的弟弟耶律婁國，重臣們屢屢反叛，耶律璟堅決予以血腥鎮壓。除了放過了幾個血緣很近的皇族主謀，其他參與者無一逃脫，甚至凌遲處死。時時刻刻

的恐懼和提防，使這位遼國皇帝精神緊張，他大行殺戮，製造恐怖氣氛，震懾不軌分子。他絞死耶律婁國，凌遲耶律敵獵。史料上處處顯露了耶律璟的虐待傾向，「十七年春正月庚寅朔，林牙蕭幹、郎君耶律賢適討烏古還，帝執其手，賜卮酒，授賢適右皮室詳穩。雅裡斯、楚思、霞裡三人賜醨酒以辱之。」耶律璟並不糊塗，他很清楚他自己的一切的所作所為，他並且告訴大臣們，「我醉酒時發出的命令，你們可以不要執行。」

在這種缺乏家庭溫暖的環境中，耶律璟對廚師故意找碴，周圍人等個個都感覺是如履薄冰，「召不時至，或以奏對少不如意，或以飲食細故，或因犯者遷怒無辜，輒加炮烙鐵梳之刑。甚者至於無算。或以手刃刺之，斬擊射燎，斷手足，爛肩股，折腰脛，劃口碎齒，棄屍於野」，在刑法之制時，成為人主快意恩仇的工具。他視人命為草芥，視殺戮為娛樂，壓迫終於超過了奴隸忍受的極限，左右也是死，近侍和廚子最終將耶律璟送到了墓地裡。

耶律璟是頗有文采和武藝的，他調兵遣將，也有過勝利，「夏五月乙亥，忻、代二州叛漢，遣南院大王撻烈助敵祿討之。丁酉，撻烈敗周將符彥卿於忻口。六月癸亥，撻烈獻所獲。」耶律璟也多次要求大臣督促自己的行為，卻往往對勸諫者痛下殺手。他整日醉酒但是心卻如明鏡，痛恨自己卻無法改正，殺害別人其實也是他在折磨著自己，他只要活著是清醒的，就只能活在痛苦之中，不由自主，也永無安寧。

第四章

歷史上的酷吏

第一節 一代酷吏來俊臣

　　來俊臣是武則天時期的一個大臣。雖然我們都知道武則天執政時也還算清明，但無論哪一個王朝總是會有佞臣存在，來俊臣就是武則天時期的佞臣，更是一個酷吏。來俊臣是雍州人。他天生就是一個做酷吏的料，自少年時起就是個詭譎奸詐、反覆無常、凶險邪惡、殘忍荒唐舉世無雙的傢伙。當他進入朝野後，更是暴虐無比。

　　來俊臣之所以能夠迅速飛黃騰達，與唐朝武則天時期的環境有很大的關係。在武則天執政時，由於他羅織罪名，誣告陷害各親王大臣，被授予朝散大夫，並官拜侍御史之職。他在審理案子時，從來都不講道理，也不管是非曲直，只要不合他的心意，就對罪人實行株連，長幼都要連坐，一殺就是千餘家。滿朝文武大臣只有嘆息，無人敢言。普通老百姓也懾於當時的暴政，更沒人敢言。

　　歷史上的酷吏，大都有自己的親信，為自己打探各處消息，來俊臣也不例外。他有兩個親信王弘義、侯恩止，都是做監視別人的官。來俊臣就與他們兩個一起，專門誣告那些士大夫們的活動。為此，還在麗景門內設置了監獄，麗景門也叫做新開門，只要進入新開門，也就是進了陰曹地府，一百人裡也難活下來一個人。王弘義則把麗景門戲稱為「例竟門」，意思是說凡是進入此門者，必丟命。來俊臣還與他的黨羽朱南山等人，編制了一篇〈告密羅織經〉，共有幾千字，都是預先有系統地按內容分例成細目，布置怎樣羅織犯罪人的事實和緣由，命令他的黨羽照此去告發，有時還把密告信投於匭院故意讓皇帝知道。而對這種案子，不用說，武則天一定是委派來俊臣去審理的。

　　更為殘酷的是，來俊臣還製造了很多刑具。有一種叫做「突地吼」。凡是上了這種突地吼枷的，都要在地上不住地轉圈，並很快便會暈倒。他還製造

了十幾個枷，稱名為「見即承」。還有「鐵圈籠頭」，當審訊囚犯時，在圈中加上楔子。另外，來俊臣還有他的同伴周興、索元禮等還製造了數十種別的酷刑和刑具，據史料所載：有「方梁壓髁」、「彌猴鑽火」、「驢駒拔橛」、「鳳凰亮翅」等酷刑；「求即死」、「死豬愁」、「定百脈」等刑具。以便對犯人進行殘酷的折磨。囚犯在來俊臣眼裡是不分貴賤的，一律是先把枷棒放在地上，再把囚犯叫到面前對他說：「這就是刑具！」見到刑具的人無不魂飛魄散，沒有不屈打成招的。其實，來俊臣之所以敢這麼明目張膽地陷害別人，與武則天的支持有很大的關係。對於告密者，武則天專門設了一個銅製的告密箱，凡是告密的人，不論職位高低，哪怕是農夫樵子，也一律按五品官員的標準供應食宿。更妙的一條是，如果告密有功，那就破格封官，如果告密不成功，也絕對不加以追究。所以，為了升官發財，告密的人在大街上紛紛皆是，因而名流在世短暫，出名也就僅幾日而已。朝官們去上朝，不知何時就會遭到襲擊，可能會在上朝時突然被抓走而落得全家族被殺的結果。因此很多朝官上朝前，都會與家人告別，說著「不知道還能不能再相見」。

來俊臣的這種令人聞風喪膽的做法，造成了無數忠臣烈士的屈死。

天授年間，禮部尚書狄仁傑、吏部侍郎任令暉、尚書省右丞盧獻等五人，一起被他們誣告。來俊臣既然以滅族為功業，他自然就想要引導這幾個人承認自己犯了反叛的罪名。他也知道狄仁傑等人並不好惹，所以他就先奏請皇帝下令，再拿著皇上的敕書去審問，他以為有了皇帝的威信，這些人就會承認自己的罪行，因為這樣做還可以減免其他族人的死罪。來俊臣便以此法來威脅狄仁傑等，讓他們承認犯有反叛罪，面對來俊臣的逼迫，狄仁傑知道徒勞的反抗是沒用的，他要採取以退為進的策略。於是，狄仁傑就誠懇地說道：「大周朝革命，萬事維新，唐室的舊臣，甘願聽從誅殺。反叛是事實。」來俊臣才稍微從寬處置他們。為了證明狄仁傑是否真的服罪，來俊臣就讓判

官王德壽去控狄仁傑的底細。狄仁傑心裡很清楚，所以，當判官王德壽對狄傑仁說：「尚書的事已算過去，並且能得到減免死罪的判決。我今天也是受人驅使，想憑藉尚書來牽連告發楊執柔可以嗎？」狄仁傑道：「要我怎麼辦？」王德壽說：「尚書從前在禮部，而楊執柔在禮部任某司的員外，你來牽連他一下還是可以的。」狄仁傑道：「皇天后土（地神）啊，竟然讓我狄仁傑幹這種事！」隨後一頭撞在柱子上，鮮血覆面，王德壽十分恐懼的告辭了，他覺得狄仁傑可能是真的甘心服罪的。

　　既然狄仁傑已承認自己犯了反叛罪，主管部門只是等待行刑的日期了，因此對他不再嚴防。狄仁傑就從看守者那裡借得筆硯，又扯了一塊頭巾在上面書寫起來，述說了自己的冤枉和遭受的痛苦，然後藏在綿衣內。他叫人告訴王德壽說：「現在天很熱了，請通知家人來把我的棉衣取走。」王德壽已不再懷疑他了，就讓他的家人來取他的衣服。家人得到了棉衣中的書信，狄仁傑的兒子光遠拿著信說事情肯定會發生變化。於是他求皇上召見，得到了允許，武則天看過光遠的信後有些不知所以，便把來俊臣叫來問道：「你說狄仁傑等已承認犯了反判罪，那為什麼今天他兒子又來訴冤呢？」來俊臣道：「這樣的人哪肯服罪呢？臣讓他坐臥得十分安穩，甚至連他們的頭巾衣帶也未去掉。」於是武則天命令通事舍人周琳去視察，來俊臣叫獄卒把頭巾、衣帶借給狄仁傑，並讓他在西側隨便行走站立，讓周琳觀看。周琳懼怕來俊臣，不敢向西看，只望著東邊唯唯諾諾地答應而已。來俊臣讓周琳暫且留步，讓他給皇帝捎去一份文狀，那是來俊臣命令判官假冒狄仁傑等寫的一份謝死表。

　　中書省侍郎樂思誨的兒子，八九歲時，家裡遭滅族之禍，現在司農寺暫為差役，因為武則天對他家過去的事改變了看法而召見他，他就向武則天講述了來俊臣如何苛刻狠毒害他一家的事，並且希望武則天把那些稱反叛的假狀子一一加以對照，結果不分大人小孩所有狀都是一個樣，武則天心裡不解

其意，就召見狄仁傑等問道：「你們為什麼要承認反叛呢？」狄仁傑等回答說：「假如不承認，早死在枷棒下了。」武則天又問：「為什麼要寫謝死表呢？」狄仁傑等答道：「沒有寫過。」武則天拿出謝死表讓他們看，才知道那是來俊臣背著他們代寫的，於是釋放了這五家。

一代名相兼名臣狄仁傑都要受到誣陷，可見，當時的環境是有多麼的恐怖。來俊臣的「功績」當然不止這些。他還誣告過大將軍張虔勖、大將軍給使范雲仙，在洛陽州官署裡，虔勖等不堪忍受痛苦，自訴對於國家有功，言辭嚴厲，來俊臣竟命令衛士把他亂刀砍死。范雲仙也陳述自己一生伺奉先朝，聲言司法官對他懲治得冤枉和痛苦，來俊臣下令割去了他的舌頭。來俊臣的如此暴行，讓士子和庶民都嚇破了膽，就再沒有人敢說話了。

來俊臣平素與河東衛遂忠有交情，衛遂忠的名望雖不顯赫，但是很好學，很有辯駁之才，雖然與來俊臣有交情，但也對他的暴行很不滿。有一天，衛遂忠酒酣之後去來俊臣家，當時來俊臣正與妻子的家人設宴聚會，守門人騙他說來俊臣出去了，衛遂忠知道他是說謊，便闖了進去，借著酒勁把來俊臣謾罵羞辱了一頓。來俊臣由於在親戚面前遭人謾罵而感到羞恥，便指使人毆打他並把他反綁起來，但很快又放了他，想借機恨恨地整治他，兩人從此結下了仇。依來俊臣的為人，衛遂忠是必定要倒楣的，但衛遂忠沒有給他機會。

當來俊臣將要羅織罪名誣告武姓各王以及太平公主、張易之等人時，衛遂忠先揭穿了來俊臣的陰謀。武則天一再保護來俊臣，武姓各王及太平公主卻並不懼怕，他們聯合起來，共同制伏了來俊臣，將他斬於鬧市並陳屍示眾。一代酷吏得到了他應當得到的下場。

第四章　歷史上的酷吏

據史記載，當來俊臣的屍身陳在大街鬧市時，因為不論人們不論老少都憎恨他，就競相去剮他的肉，很快就把他的肉割淨了，只剩下一副森然的白骨。

後來，武則天下詔書：誅殺他全部家族，以雪蒼生之憤。喜歡誅殺別人家族的來俊臣也得到了被誅族的命運，不知道他還活著的時候會不會想過有一天會有這樣的下場。

來俊臣被滅族後，無論是士子庶民還是男人女人，都在大街上相互慶賀。人們都說：「從此以後，睡覺時，脊背可以著床了。否則的話，真是朝不保夕啊！」

作為一代酷吏，來俊臣名副其實，他幾乎成了酷吏中的典範。在唐朝，最著名的酷吏有兩個，一是來俊臣，另外一個就是周興，也是來俊臣的同黨。

但是，當周興被告與人謀反時，來俊臣卻一點也不手軟，並讓周興自己想出懲治的辦法，然後逼周興認罪。

有一回，一封告密信送到武則天手裡，內容竟是告發周興與人謀反。武則天大怒，責令來俊臣嚴查此事。看到這個案子，來俊臣心裡開始碎碎唸，他想，周興是個狡猾奸詐之徒，僅憑一封告密信，是無法讓他說實話的；可萬一查不出結果，武則天怪罪下來，自己也擔待不起呀。這可怎麼辦呢？苦苦思索半天，終於想出一條可以讓周興認罪的妙計。

有一天，他準備了一桌豐盛的酒席，把周興請到自己家裡。兩個人你勸我喝，邊喝邊聊。酒過三巡，來俊臣嘆口氣說：「兄弟我平日辦案，常遇到一些犯人死不認罪，不知老兄有何辦法？」周興得意地說：「這還不好辦！」說著端起酒杯抿了一口。來俊臣立刻裝出很懇切的樣子說：「哦，請快快指教。」周興陰笑著說：「你找一個大甕，四周用炭火烤熱，再讓犯人進到甕裡，你想

想，還有什麼犯人不招供呢？」來俊臣連連點頭稱是，隨即命人抬來一口大甕，按周興說的那樣，在四周點上炭火，然後回頭對周興說：「宮裡有人密告你謀反，上邊命我嚴查。對不起，現在就請老兄自己鑽進甕裡吧。」周興一聽，手裡的酒杯啪噠掉在地上，跟著又撲通一聲跪倒在地，連連磕頭說：「我有罪，我有罪，我招供。」

從這個故事中我們可以看到來俊臣的心狠手辣，也可以看出周興的黑心與殘暴，他的下場可以說是咎由自取。

當這兩個人殘暴地對待別人時，也許不會想到自己今天更可悲的下場。但願他們的教訓會讓後人明白多行不義必自斃。

第二節 西漢酷吏群

孔子說：「道之以政，齊之以刑，民免而無恥；道之以德，齊之以禮，有恥且格。」老子說：「上德不德，是以有德；下德不失德，是以無德。法令滋章，盜賊多有。」

靠嚴酷統治是沒有辦法把國家治理好的。其實，那些英明的帝王們都明白這個道理，他們之所以還要使用酷吏，是因為他們想用酷吏來達到他們的政治目的。

漢代是酷吏橫行的朝代，史上有記載的、有名的酷吏就有十幾名之多。

在漢初時，並沒有太多的酷吏。到了漢武帝時，酷吏才盛行。

呂后時，酷吏只有侯封，苛刻欺壓皇族，侵犯侮辱有功之臣。諸呂徹底失敗後，朝廷就殺了侯封的全家。孝景帝時代，晁錯因為苛刻嚴酷，多用法家來施展他的才能，因而吳、楚等七國叛亂，把憤怒發洩到晁錯身上，晁錯因此被殺。

不過，把侯封和晁錯當作酷吏來論，是有爭議的，也不太公平，在歷史上得不到真正的承認，史學家班固就不認同這個觀點。在他的史書上沒有提到侯封和晁錯是酷吏。

之所以把他們列出來，只是以此來對比下面的酷吏「表現」。

在漢朝的酷吏中，以下幾個很出名：

郅都不能算是真正的酷吏，他只不過是用嚴酷刑罰懲治有罪的人，但也因為他用刑太殘酷，所以才被歸入「酷吏」。

郅都是在漢文帝時期做的郎官，而文帝和景帝是西漢「無為而治」的時期。景帝時代，郅都當上中郎將，他非常敢向朝廷直言進諫，在朝廷上當面使人折服。他曾經跟隨天子到上林苑，皇上的姬妾賈姬到廁所去，野豬突然闖了進去。皇上用眼示意郅都，想讓郅都去救賈姬，但是郅都不肯行動。這時候，皇上急了，想親自拿著武器去救賈姬，郅都跪在皇上面前說：「失掉一個姬妾，還會有個姬妾進宮，天下難道會缺少賈姬這樣的人嗎？陛下縱然看輕自己，祖廟和太后怎麼辦呢？」聽到這裡，皇上聽從了郅都的話，轉身回來，野豬也離開了。

這件事傳到了宮裡，太后聽說了這件事，於是賞賜郅都黃金百斤，從此對郅都極為重視。

關於郅都的酷吏史不多，他和其他的酷吏有很大的不同。因為他執行酷刑的出發點和別的酷吏是不一樣的。

濟南姓氏的宗族共有三百多家，強橫奸猾，濟南太守不能制服他們，於是漢景帝就任命郅都當濟南太守。郅都來到濟南郡所，就把姓氏家族中首惡分子全家都殺了，其餘的人嚇得大腿發抖，再也不敢行凶作惡了。過了一年多，濟南郡路不拾遺。也因為郅都的酷刑，周圍十多個郡的郡守都很畏懼郅都，深怕自己哪天犯了罪也會落得悲慘的下場。

郅都為人勇敢，有氣力，公正廉潔，不翻開私人求情的信，也不接受別人的送禮，私人的請託他也不聽。他常常對自己說：「已經背離父母而來當官，我就應當在官位上奉公盡職，保持節操而死，終究不能顧念妻子兒女。」

郅都調升中尉之官，當時的丞相是周亞夫，周亞夫官高權重，根本沒有把致都放在眼裡。而郅都見到他只是作揖，並不跪拜。當時的百姓都很質樸，因為怕犯罪，都守法自重，郅都卻自首先施行嚴酷的刑法，以致執法不畏避權貴和皇親，連列侯和皇族之人見到他，都要側目而視，稱呼他為「蒼鷹」。

後來，漢景帝又任命郅都為雁門太守，並讓他乘便取道上路，直接去雁門上任，根據實際情況獨立處理政事。匈奴人一向聽說郅都很厲害，現在由他守衛邊境，匈奴人感到害怕，於是便領兵離開漢朝邊境，直到郅都死去時，一直沒敢靠近雁門。匈奴甚至做了像郅都模樣的木偶人，讓騎兵們奔跑射擊，沒有人能射中，他們害怕郅都到了這樣的程度，可見郅都用刑威名遠播。

為了加強統治，漢朝在建國的時期，分封了很多王，這些王的勢力都很大，很多朝中大臣對他們也很敬畏。但郅都卻一點也不畏懼這些權大的「王」們。

有一次，臨江王被召到中尉府受審問，臨江王想得到書寫工具，給皇上寫信，表示謝罪，郅都卻不讓官吏給他書寫工具。魏其侯知道後，派人暗中送書寫工具給臨江王。臨江王給皇上寫了謝罪的信，然後就自殺了。竇太后聽到這個消息，發怒了，竟以漢朝法律中傷郅都，景帝說：「郅都是忠臣。」想釋放他。竇太后說：「臨江王難道就不是忠臣嗎？」漢景帝拗不過太后，只

好把郅都殺了。郅都在嚴格意義上來說也不能完全說是一個酷吏，他只能說是一個做官非常「嚴肅」、非常「苛刻」的人。

還有一個人叫寧成，寧成是穰縣人，做侍衛隨從之官服侍漢景帝。他為人好勝，做人做事非常有個性，當他做人家的小官時，一定要欺凌他的長官；做了人家的長官，控制下屬就像捆綁溼柴一樣隨便。他狡猾凶殘，任性使威，雖然如此，因為他善於鑽營，所以官運亨通，逐漸升官，當了濟南都尉，這時郅都是濟南太守。在此之前的幾個都尉都是步行走入太守府，經過下級官吏傳達，然後才能進見太守的，就像縣令進見太守一樣，因為那些都尉和縣史都非常畏懼郅都。等到寧成前來，卻一直越過郅都，走到他的上位。郅都以前聽說過他的事情，也知道他的為人，於是很好地對待他，兩個很有個性的人走在了一起，可是當地的百姓卻福禍難測。

後來，郅都被處死後，因為長安附近皇族中不少人凶暴犯法，皇上就召來寧成當了中尉，他的治理辦法仿效郅都，取得了不錯的效果，一時震懾住那些皇族豪強。

但是他卻不如郅都廉潔，而且刑罰更嚴酷，皇族豪強人人都對寧成恐懼不安。

漢武帝繼承皇位後，改任寧成為內史。這給了外戚們報復的機會，他們蜂擁而至誹謗寧成的缺點，漢武帝被迫無奈，只好叛處寧成剃髮和以鐵縛脖子的刑罰，當時漢朝的法制是，九卿犯罪該處死的就會處死，很少再遭受一般刑罰，而寧成卻因為外戚的誹謗，要遭受極重的刑罰。寧成認為朝廷不會再用自己當官，與其在這遭受處罰，還不如逃走。於是就自想辦法，解脫刑具，私刻假文件，出了函谷關回家去了。

他揚言說：「當官做不到二千石一級的高官，經商賺不到一千萬貫錢，怎能與別人相比呢？」於是他借錢買了一千多頃可灌溉的土地，出租給貧苦的

百姓，一時間，給他種地的佃農有幾千家。幾年以後，遇上大赦，武帝赦免了他的罪責，這時他已有了幾千斤黃金的家產了。由於專好抱打不平，他專門收集官吏們的短處，然後去威脅他們。他出門時常有幾十個騎馬的人跟隨其後，在百姓心中，他是當地的最高長官，因為他驅使百姓的權威比郡守還大。寧成是酷吏中得到善終的極少數人之一，也算是他福大命大了。

趙禹也是一個有名的酷吏，他最大的特點和郅都一樣，就是廉潔。

趙禹是以佐史的身分補任京城官府的官員，因為廉潔升為令史，服侍周亞夫。來來，周亞夫當上丞相的時候，趙禹也當上了丞相史，丞相府中的人都稱讚他廉潔公平。但周亞夫不重用他，說：「我知道趙禹有傑出無比的才幹，但他執法深重嚴酷，不能在大的官府當官。」武帝時，趙禹因為從事文書工作受到賞識，逐漸升為御史。皇上認為他能幹，又升到太史大夫。他和張湯共同制定各種法令，製作「見知法」，讓官吏互相監視，相互檢舉。漢朝法律之所以越發嚴厲，與趙禹的「見知法」不無關係。

後來，趙禹官運亨通，又當了少府，與九卿並列。趙禹做事嚴酷急躁，到晚年時，國家事情越來越多，官吏致力於施行嚴刑峻法，而趙禹卻變得執法平和。王溫舒等人是後起之官，執法比趙禹嚴酷。後來趙禹年老，改任燕國丞相。幾年後，被別人誣告犯有昏亂背逆之罪，被免官，在張湯死後十餘年的一天，老死在自己家中。

義縱之所以能當上官，要歸功於他姐姐的功勞。義縱是河東人。少年時代，曾與張次公一起搶劫，結為強盜集團。義縱有個姐姐叫姁，因為醫術高超受到太后的寵幸。有一天太后問姁說：「你有兒子和兄弟當官嗎？」義縱的姐姐說：「有個弟弟，品行不好，不能當官。」可是太后卻告訴皇上，任義姁的弟弟義縱為中郎，改任上黨郡中某縣的縣令。義縱上任後，執法嚴酷，很少有寬和包容的情形，因此縣裡沒有逃亡的事，當地的治安也比以前好了

很多。後來義縱擔任了長陵和長安的縣令，依法辦理政事，不迴避貴族和皇親。因為逮捕審訊太后的外孫脩成君的兒子仲，皇上認為他敢做事，就任命他為河內都尉。到任後，他動用嚴刑，把當地豪強穰氏之流滅了族，使河內出現道不拾遺的風氣，社會治安比以前大有好轉。

　　義縱與寧成的關係不是很好，當義縱從河內調任南陽太守的時候，聽說寧成在南陽家中閒居，就決定給寧成點顏色看看。等到義縱到達南陽關口，寧成跟隨身後，往來迎送，但是義縱盛氣凌人，不以禮相待。等到了郡府任上，義縱就審理寧氏家的罪行，完全粉碎了有罪的寧氏家族。寧成也被株連有罪坐牢。義縱的這種殺雞儆猴的做法，使得其他大家族豪門都逃亡而去，生怕一不小心惹了義縱，落得家破人亡的下場。南陽的官吏百姓由於害怕義縱的暴行，也都謹慎行動，不敢有錯。一時之間，整個南陽給人一種草木皆兵的感覺。

　　後來，因為漢朝軍隊屢次從定襄出兵去攻打匈奴，定襄的官吏和百姓人心散亂、世風敗壞，朝廷於是改派義縱做定襄太守。義縱到任後，捕取定襄獄中沒有戴刑具的重罪犯人二百人，以及他們的賓客兄弟私自探監的也有二百餘人。義縱把他們全部逮捕起來加以審訊，因為許多人找不到合適的罪名，義縱就給他們起了一個可以說是莫須有的罪名「為死罪解脫」，一共殺了四百餘人。從這之後，郡中人都不寒而慄，連刁民也輔佐官吏治理政事。不敢再和以前一樣的欺行霸市，違法亂紀了。

　　趙禹、張湯都因執法嚴酷而當了九卿之官，但是他們的治理方式相對而言還算寬鬆，都以法律輔助行事，而義縱卻和他們不同，他是以酷烈凶狠治理政事。後來正趕上五銖錢和白金起用，豪民趁機敲詐，京城尤其嚴重，朝廷經過考慮，就任用義縱做右內史，王溫舒當中尉。一同來治理這種混亂的場面。

王溫舒也是極凶極惡之人，兩個同樣殘暴的人共事，肯定會有矛盾，但義縱卻有辦法壓制他。他所做的事若不預先告知義縱，義縱必定欺凌他，破壞他想做的事，讓他無計可施。

其實，義縱和郅都是一樣可以稱得上是廉潔的官吏，他治理政事仿效郅都。但是，由於皇上駕幸鼎湖，病了好長一段時間，病好了突然駕幸甘泉宮，所行之路多半沒有修整，皇上發怒說：「義縱以為我不再走這條路了吧？」心中由此懷恨義縱想找個罪名治他。正好在這年冬天的時候，楊可正受命主持處理「告緡」，義縱卻以為這將擾亂百姓，部署官吏逮捕那些替楊可出去辦事的人。天子聽說了這件事，派杜式去處理，杜式認為義縱的做法，是廢棄了敬君之禮，破壞了君王要辦的事，就定了義縱一個足以可以殺頭的罪。當然這樣的罪名是可有可無的，關鍵是義縱得罪的是皇帝，他的下場注定不會是好的。後來，義縱被殺後棄在市中。

但凡酷吏，總會有一段不平凡的過去。王溫舒也不例外，他年輕時做盜墓等壞事。不久，卻意外當上了縣裡的亭長，但又因為犯多種錯誤，屢次被免職。後來當了小官，因善於處理案件升為廷史。服侍張湯，升為御史。

王溫舒雖然沒有什麼特別的本事，但他能督捕盜賊，逐漸升為廣平都尉。在任廣平都尉期間，他選擇郡中豪放勇敢的十餘人當屬官，讓他們做得力幫手，但又不充分的相信他們。為了控制這些人，王溫舒先掌握了他們每個人的隱祕的重大罪行，然後放手讓他們去督捕盜賊。如果誰捕獲盜賊使王溫舒很滿意，此人有被殺頭的罪惡也不加懲治；若是有所迴避，就依據他過去所犯的罪行殺死他，甚至滅其家族。這些人不得不老老實實地拚命抓盜賊。

　　王溫舒的這種做法也確實給當地的百姓帶來了很多的好處，齊地和趙地鄉間的盜賊不敢接近廣平郡，廣平郡有了路不拾遺的好名聲。由於王溫舒治理廣平郡有功，皇上就升任他為河內太守。

　　王溫舒以前在廣平時，把河內的豪強們底細都摸清楚了，他到河內上任後，就下令郡府準備私馬五十匹，從河內到長安設置了驛站，部署手下的官吏就像在廣平時所用的辦法一樣，逮捕郡中豪強奸猾之人，郡中豪強奸猾相連坐犯罪的有一千餘家。然後他上書請示皇上，罪大者滅族，罪小者處死，家中財產完全沒收，償還從前從別處掠奪的贓物。

　　很快，他的建議得到了朝廷的支持，案子判決上報，一時間，被殺者竟達千餘人，血流十餘里。河內人都奇怪王溫舒的奏書，為什麼會如此的神速，雖然沒有人敢打探，但大家都知道了王溫舒的厲害。這件事過去之後，河內沒有人敢說話，也無人敢夜晚行走，郊野也聽不到因盜賊而引起狗叫的聲音，當地的秩序改善了許多。

　　有一些沒有被抓到的罪犯，也不敢在待在這，紛紛逃到附近的郡國去了，後來，王溫舒把他們追捕抓回來時，正趕上春天，王溫舒跺腳嘆道：「唉！如果冬季再延長一個月，我的事情就辦完了。」雖然王溫舒是以殺伐為功，但天子知道了他的事情後，卻以為他很有才能，就升為中尉。他治理政事還是效仿在河內的辦法，調來那些著名禍害和奸猾官吏同他一起共事。

　　王溫舒當中尉以前，為人缺少斯文，在朝廷辦事，糊塗不辨是非，可他當中尉以後，心情卻開朗了許多。

　　因為他熟悉關中習俗，了解當地的豪強和凶惡的官吏的底細，並且他總是有辦法治服他們，所以那些豪強和凶惡官吏為了不得罪他都願意為他出力，為他出謀策畫。所以他在關中任職時，當地的治安也治理得很不錯。

王溫舒為人諂媚，善於巴結有權勢的人，若是沒有權勢的人，他對待他們就像對待奴僕一樣。對於有權勢的人家，雖然奸邪之事堆積如山，他卻樂得做個送水人情。無權勢的，就是高貴的皇親，他也一定要欺侮。他還常常玩弄法令條文巧言詆毀平民，威迫大的豪強。因此他每到一個地方，那裡的豪強總是被他治得服服帖帖。

後來，王溫舒請求考核中尉部下逃避兵役的人，查出幾萬人可去參加勞動。皇上很高興，又任命他為少府，又改任右內史，處理政事同從前的方法一樣，之是奸邪之事稍被禁止。後來犯法丟掉官職，不久又被任命為右輔，代理中尉的職務。一年多以後，正趕上征討大宛的軍隊出發，朝廷下令徵召豪強官吏，王溫舒為了不讓他的屬官華成被抓，就把華成隱藏起來。後來有人告發王溫舒接受在額騎兵的贓款和其他的壞事，罪行之重應當滅族，無奈之下，王溫舒只得自殺了。這時，他的兩個弟弟以及兩個姻親之家，也都因為犯了其他的罪行而被滅族。

王溫舒的所作所為，不光是用酷吏所能形容的，他是真正的劣官，他死後，有人說：「可悲啊，古代有滅三族的事，而王溫舒犯罪竟至於同時夷滅五族！」可見王溫舒犯下的罪責有多大。

王溫舒死後，他的家產價值累積有一千金，全部被沒收充公。

自從王溫舒用嚴酷凶惡手段處理政事，其後的郡守、都尉、諸侯和二千石的官員治理政事的辦法大都效法王溫舒，但是這些人的作為，效用卻遠遠不及王溫舒。

杜周在漢朝是和張湯齊名的酷吏，當酷吏義縱當南陽太守時，杜周是他的得力助手，後來義縱薦舉他當廷尉史。他輔佐張湯，得到了張湯的賞識。張湯屢次說他才能極高，不斷提拔他，後來他的官職升到御史。皇上派他審理邊境士卒逃亡的事，他大展身手，判了很多人的死刑。雖然他做事很殘

暴，但他有一種本事，就是上奏時，很能合乎皇上的心意，所以屢得皇上賞識，後來又升任中丞十多年。

　　杜周治理政事的方式與減宣很像，但是他處事更加慎重，不會太早下決斷。減宣當左內史時，杜周當廷尉，他在治理政事方面學習張湯，善於窺測皇上的意圖，刻意地去討好皇上。皇上想要排擠的人，他就趁機陷害；皇上想要寬釋的，他就長期囚禁待審，並且暗中向皇上顯露那個人的冤情。他的門客中有人責備他說：「為皇上公平斷案，不遵循五尺法律，卻專以皇上的意旨來斷案。法官應該這樣嗎？」杜周說：「三尺法律是怎樣產生的？從前的國君認為對的就寫成法律，後來的國君認為對的就記載為法令。適合當時的情況就是正確的、何必要遵循古代法律呢？」如果我一絲不苟的遵照法律去做的話，惹得皇上不高興，我的官還能做久嗎？

　　待到杜周當了廷尉，皇上命令他辦的案子也更多了。

　　隨著杜周權勢漸大，他的暴行也更加殘酷，各種高級官員被拘捕的起來很多，其實很多人並沒有真正的犯罪，只是被牽連進去的。郡國官員和上級官府送交廷尉辦的案件，一年多達一千多個。每個奏章所舉報的案子，大的要逮捕有關證人數百人，小的也要逮捕數十人；這些人，遠的幾千里，近的數百里。案犯被押到京師會審時，官吏就要求犯人像奏章上說的那樣來招供，如不服，就用刑具拷打定案，很多人往往是被屈打成招的。以至於後來人們一聽到逮捕人的消息，都選擇逃跑和躲藏，恐怕牽連到自己。有的案件拖得很久，甚至經過幾次赦免，十多年後還會被告發，大多數都以大逆不道以上的罪名誣陷。可見當時杜周製造了多少冤假錯案。

　　正在杜周仕途得意時，卻被中途罷官，但很快他就又當了執金吾，追捕盜賊，逮捕查辦桑弘羊和衛皇后兄弟的兒子，嚴苛酷烈，天子卻認為他盡職而無私，就升任他為御史大夫。他的兩個兒子，分別當了河內和河南太守。

他治理政事殘暴酷烈比王溫舒更厲害，對財物也更加貪婪。在他開始當廷吏時，只有一匹馬，配備也不全；等到他位列三公時，子孫都當了高官，家中錢財數不勝數。

對於西漢的這些酷吏們，司馬遷評價：從郅都到杜周十個人，都以嚴酷暴烈而聞名。但郅都剛烈正直，辨是非，堅持與國家有益的重大原則。張湯因為懂得觀察君王的喜怒哀樂而投其所好，皇上與他上下配合，當時屢次辯論國家大事的得失，國家靠他而得到益處。趙禹時常依據法律堅持正道。杜周則順從上司的意旨、阿諛奉承，以少說話為重要原則。從張湯死後，法網嚴密，辦案多詆毀嚴酷，政事逐漸敗壞荒廢。九卿之官碌碌無為，只求保護官職，他們防止發生過錯尚且來不及，哪有時間研究法律以外的事情呢？

第三節 漢朝第一酷吏 —— 張湯

張湯之所以在這裡被稱作漢朝的第一酷吏，並不是以他的凶殘和冷酷，而是因為他的影響在漢朝酷吏中是最大的，他所處的時代是漢武帝執政時期，也是大漢朝最輝煌和成功的時期，張湯作為武帝時期的重要官員，其作為酷吏的影響是深遠的。

張湯的父親是長安縣丞，有一次要出門家裡沒有人看家，張湯當時還是小孩，父親就讓他在家看門。父親回家後，看到老鼠偷了肉，就認為是張湯的錯，於是發怒用鞭子打了他。被父親打後，張湯卻掘開鼠洞，找到偷肉的老鼠和沒吃完的肉，舉告老鼠的罪行，加以拷打審問，記錄審問過程，雖然明知老鼠不會說話，他卻反覆審問，還有模有樣地把判決的罪狀報告上級，當堂最後定案，把老鼠分屍處死。他的父親看到這個情景，又看到那判決詞就像老練的法官所寫，特別驚訝，認為兒子有這方面的天賦，於是就開始讓

張湯學習斷案文書。父親死後，張湯就接替了他父親的職位，做了很長一段時間的長安官員。

周陽侯田勝在開始做九卿之官時，曾經因犯罪被拘禁在長安，當時張湯盡其全力保護他。後來田勝出獄封侯後，與張湯密切交往，並把當朝權貴一一介紹給張湯。因為田勝的關係，張湯開始在內史任職，做寧成的屬官，因為張湯才華無比，寧成就向上級官府推薦，被調升為茂陵尉，主持陵墓土建工程，並且把這件事做得很不錯。

當時，武安侯田蚡當了丞相，就徵召張湯做內史，並且經常向天子推薦他，於是被任命為御史，處理案件。他主持處理陳皇后巫蠱案件時，深入追究同黨，一個都不放過，把這件案子處理得讓皇上很高興。漢武帝認為他有辦事能力，逐步提拔他當了太中大夫。他與趙禹一起制定各種苛刻嚴峻的法律條文，約束在職的官吏。不久，趙禹被提升為中尉，後又改任少府，而張湯當了廷尉，兩人很友好，張湯以對待兄長的禮節對待趙禹。趙禹是個為人廉潔卻傲慢的人，當官以來，家中沒有食客。即使有三公九卿前來拜訪，他也始終不回訪答謝，務求斷絕與知心朋友和賓客的來往，獨自一心一意地處理自己的公務。他看到法令條文就取來，也不去複查，以求追究從屬官員的隱祕和罪過。而張湯為人多詐，善施智謀控制別人。他開始當小官時，就喜歡以權自謀私利，曾與長安富商田甲、魚翁叔之流勾結。待到了九卿之官時，便結交天下名士大夫，自己內心雖然與他們不合，但表面卻裝出仰慕他們的樣子。所以，趙禹與張湯雖然性格不合，但兩同朝為官，並且都是喜歡執行酷刑的官員，再加上他們要相互配合辦案，所以他們才會和睦相處。

當時，漢武帝心向儒家學說，為了投其所好，張湯在判決大案時，就想附會儒家觀點，便請那些博士弟子們研究《尚書》、《春秋》，他自己則擔任廷尉史，請他們評判法律的可疑之處。每次上報判決的疑難案件，都預先給皇

上分析事情的原委，皇上認為對的，就接受並記錄下來，作為判案的法規，以廷尉的名義加以公布，頌揚皇上的聖明。反之，如果奏事遭到譴責，張湯就認錯謝罪，順著皇上的心意，並且一定會舉出正、左右監和賢能的屬吏，說：「他們本來向我提議過，就像皇上責備我的那樣，我沒採納，愚蠢到這種地步。」因此，他的罪常被皇上寬恕不究。他有時向皇上呈上奏章，皇上認為好，他就說：「臣我不知道寫這奏章，是正、左右監、橡史中某某人寫的。」當他想推薦某個官吏，或者想表揚某人的好處，或者是掩蔽某人的過失時，他也常常這樣做。他所處理的案件，如果是皇上想要加罪的，他就交給執法嚴酷的監史去辦理；如果是皇上想寬恕的，他就交給執法輕而公平的監史去辦理。他所處理的如果是豪強，則一定要玩弄法律條文，巧妙地進行誣陷。如果是平民百姓和弱小的人，則常常用口向皇上陳述，雖然按法律條文應當判刑，但他往往會請皇上明察裁定。於是，皇上就寬釋了張湯所說的人。張湯雖做了大官，但有很好的修養，經常與賓客交往，與他們喝酒吃飯，對於老朋友當官的子弟以及貧窮的兄弟們，也都很照顧。他拜問三公的時候，常常是不避寒暑辦公。張湯雖然執法嚴酷，內心嫉妒，處事不純正公平，卻有好名聲。那些執法酷烈刻毒的官吏都被他用為屬吏，又都依從於儒學之士。丞相公孫弘屢次稱讚他的美德。他處理淮南王、衡山王、江都王謀反的案件時，也都能窮追到底，嚴格執法，不徇私情。嚴助和伍被，本來是皇上想寬恕的人，張湯卻爭辯說：「伍被本來是策劃謀反的人，嚴助是皇上親近寵幸的人，是出入宮廷禁門的護衛之臣，竟然這樣私交諸侯，如不殺他，以後就不好管理臣下了。」於是，皇上同意了張湯對他們的判決。由此，張湯更加受到皇上的尊寵和信任，被提升為御史大夫，官職越來越高。

後來，漢朝出動大軍討伐匈奴的時候，山東遇到水患和乾旱的災害，貧苦百姓流離失所，都依靠政府供應衣食，政府因此倉庫空虛。張湯按照皇上的旨意，請鑄造銀錢和五銖錢，壟斷天下的鹽鐵經營權，為朝廷謀利，同時

打擊富商大賈，發布告緡令，剷除豪強兼併之家的勢力，玩弄法律條文，巧言誣陷，以輔助法律推行。張湯每次上朝奏事，談論國家的財用情況，往往談到傍晚，連天子也忘記了吃飯時間。張湯雖然不是丞相，但所做的事卻是丞相才能做的，於是丞相成了空職，天天無事可做，空占相位，天下的事情都取決於張湯。張湯的這種行為，使得百姓不能安心生活，騷動不寧，政府興辦的事，得不到利益，而奸官汙吏卻一起侵奪盜竊，從三公九卿以下，直到平民百姓，都指責張湯。但皇上對這些言論卻並不在意，還是一味的重用張湯。有一次張湯生病，天子還親自前去看望他，可想他在皇上心中的地位到了什麼程度。

　　匈奴與漢的戰爭失敗後，匈奴就來漢朝請求和親，群臣都到天子跟前議論此事。博士狄山說：「和親有利。」皇上問他有利在何處？狄山說：「武器凶險，不可以屢次動用。高帝想討伐匈奴，被圍在平城，就和匈奴結成和親之好。孝惠、呂后時期，天下安定快樂。待到孝文帝時，想征討匈奴，結果北方騷擾不安、百姓苦於戰爭。孝景帝時，吳、楚七國叛亂，景帝往來於未央宮和長樂宮之間，憂心了幾個月，吳楚七國叛亂平定後，直到景帝去世不再談論戰爭，天下卻富裕殷實。如今自從陛下發兵攻打匈奴，國內因此而財用空虛，邊境百姓極為困苦，浪費了大量的人力、物力和財力。由此可見，用兵不如和親。」皇上又問張湯，張湯說：「這是愚蠢的儒生，無知。」狄山說：「我固然是愚忠，像御史大夫張湯卻是詐忠。別的不說，就說他處理淮南王和江都王的案子吧，用嚴酷的刑法，放肆地詆毀諸侯，離間骨肉之間的親情，使各封國之臣自感不安。」聽了狄山的話，皇上變了臉色，說：「我派你駐守一個郡，你能不讓匈奴進京來搶掠嗎？」狄山說：「不能。」皇上說：「駐守一個縣呢？」狄山回答說：「不能。」皇上又說：「駐守一個邊境城堡呢？」狄山想，如果辯論到自己無話可答的地步，皇上就會把自己交給法官治罪，因此說：「能。」於是皇上就派遣狄山登上邊塞城堡。過了一個多月，匈奴

斬下狄山的頭就離開了。從此以後，群臣震驚恐懼，再也沒有人敢提和親的事了。

在御史大夫這一職位上，張湯做了七年，後來還是失敗了，因為他得罪了太多的人，許多人都想借機報復。

李文是河東人，曾經與張湯有過節，心中一直怨恨張湯，後來他當了御史中丞，屢次從宮中文書裡尋找可以用來傷害張湯的材料，絲毫不留餘地。張湯有個很喜愛的下屬叫魯謁居，知道張湯對此人心中不平，就以流言的形式向皇上密告李文的壞事，而這事皇上又正好交給張湯處理，張湯就判決李文死罪，把他殺了。張湯知道這件事是魯謁居做的，但當皇上問他：「匿名上告李文的事是怎樣發生的？」張湯卻假裝驚訝地說：「這大概是李文的老朋友怨恨他，所以才傳出流言吧。」後來魯謁居病倒在同鄉主人的家中，張湯還親自去看望他的病情，並且替魯謁居按摩腳，可見因李文一事，張湯對魯謁居是很感激的。

當時，很多趙國人以冶煉鑄造為職業，趙王劉彭祖屢次與朝廷派來主管鑄鐵的官員打官司，張湯常常打擊趙王。趙王就專門尋找張湯的隱私之事，好借此機會加以報復。魯謁居曾經檢舉過趙王，趙王很怨恨他，而張湯與魯謁居的關係又很好，於是趙王就抓住張湯給魯謁居按摩腳一事上告二人，說：「張湯是大臣，其屬官魯謁居有病，張湯竟然給他按摩腳，我懷疑兩人必定一起做了大壞事。」這事交給廷尉處理，雖然魯謁居病死了，事情卻牽連到他的弟弟，廷尉就把他弟弟拘禁在導官署，因為張湯的權勢，所以沒有對張湯怎麼樣。有天張湯到導官署審理別的囚犯，看到魯謁居的弟弟，想暗中幫助他，但又怕被別人知道，所以假裝不查看他。魯謁居的弟弟不知道張湯的心思，看到張湯不救自己，就怨恨張湯，於是讓人上告張湯和魯謁居有密謀，共同匿名告發李文。這事交給減宣處理。減宣曾與張湯有嫌隙，待他接

受了這案子，把案情查得水落石出，但卻壓著沒有上報。這時正巧有人偷挖了孝文帝陵園裡的殉葬錢，丞相莊青翟上朝，與張湯約定一同去謝罪，到了皇上面前，張湯想只有丞相必須按四季巡視陵園，丞相應當謝罪，自己又不是丞相，沒有這個職責，所以認定這件事與自己沒關係，不肯謝罪。丞相謝罪後，皇上派御史查辦此事。張湯想按法律條文判丞相明知故縱的罪過，丞相為此事深感憂慮，害怕有天會被張湯害。當時丞相手下的三個長史都嫉恨張湯，再加上現在又想害丞相，所以他們也在尋機陷害張湯。

當時，漢與匈奴作戰耗費了大量的財富，再加上大旱，導致國庫空虛。而當時的地方諸侯與大地主、大商人卻利用可以私自鑄錢的權力趁機大量鑄造成色不足的貨幣大肆採購，囤積居奇，哄抬物價，操縱經濟，並且從中牟取暴利。武帝便與大臣商議要採取措施來改善國家財政狀況並打擊那些擾亂經濟、以富噬貧的人。張湯便承武帝旨意請鑄白金和五銖錢，徵收天下的鹽、鐵稅，防止富商大賈的壟斷。具體的辦法：一是白鹿皮幣，當時武帝的苑囿裡養有天下少有的白鹿，新的法令規定一尺見方的白鹿皮繡上水草紋，價值四十萬錢，這顯然是中央政府在大量發行貨幣以調整經濟，增加國庫收入的舉措。之所以會選擇白鹿皮，是因為不可輕易被仿造。二是用銀錫合金鑄造白金。白金分三等，第一等為圓形，價值三千錢，第二等為方形，價值五百錢，第三等為橢圓形，價值三百錢。同時將鑄錢的權利收歸地方官府，銷毀半兩錢，改鑄三銖錢，後又改鑄五銖錢。第三是加徵鹽、鐵稅，以增加國家財政收入，打擊壟斷經營這些行業的豪強勢力。經過一系列的改革措施，國家又重新控制了經濟。

俗話說得好，「上有政策，下有對策」，古之亦然，雖然國家一再明令禁止不得私造錢幣，但各地民間盜鑄白金的事還是層出不窮，偷鑄時還多加鉛錫，還有人將銅錢背面磨下的銅屑鑄錢。針對這一情況，張湯又頒布新法

令，要求銅錢的兩面都必須有花紋，而在這之前的錢幣只有一面有花紋與文字，同時加強對偷鑄錢幣案件的懲治力度，但全國犯案的人還是很多。主要是因為地方豪強勢力大都與當地官府相勾結，鑄錢的權力收歸地方官府並不能完全制止地方豪強大量發行貨幣擾亂經濟，反而使百姓在變更貨幣時吃了苦，很多人認為這是張湯新法令的過錯，於是有更多的人怨恨張湯。

關於這件史事的描述，可以說是世界上第一次有文字記載的通貨膨脹，武帝與張湯為度過難關在世界歷史上第一次使用經濟槓桿來調整經濟，雖其心可嘉，但由於措施不得力，沒有找到問題關鍵所在，治標不治本。這場經濟危機的主要原因是長期對匈奴作戰造成的國力損耗，再加上地方豪強勢力利用可私自鑄錢的權力，大量發行貨幣擾亂國家經濟。對匈奴的戰爭是不可避免的，國家能做的就只有控制地方豪強大量發行貨幣這一條路了，但在執行中卻因積習難返，過於遷就各分封的諸侯國。只將鑄錢的權力收到地方官府手中，並沒有完全解決控制貨幣發行量的問題，直到在張湯死後，武帝才吸取教訓，將鑄錢的權力收到了中央，這才使國家的經濟危機得以緩解。所以，處理危機失利不能全怪罪張湯，武帝與眾大臣也有一份責任。不過這時候張湯確實是權傾一時，天下大事都由他來決定，在普通人看來，他應是最大的責任承擔者，因為，百姓把怨恨都發洩到了他身上。

張湯的死，最直接的原因是朱買臣的陷害。二人之間的嫌隙由來已久。最初，長史朱買臣是會稽人，攻讀《春秋》。莊助讓人向皇帝推薦朱買臣，朱買臣因為熟悉《楚辭》的緣故，與莊助都得到皇上的寵幸，從侍中升為太中大夫。當時張湯只是個小官，在朱買臣等面前下跪聽候差遣。不久，張湯當了廷尉，辦理淮南王案件，排擠莊助，朱買臣心裡開始怨恨張湯。待張湯當了御史大夫，朱買臣從會稽太守的職位上調任主爵都尉，位列九卿之中。幾年後，因犯法罷官，代理長史，去拜見張湯，張湯坐在日常所坐的椅子上接

見朱買臣，他的屬官也不以禮對待朱買臣。朱買臣因此更加怨恨張湯。王朝是齊地人，憑著儒家學說當了右內史。學習縱橫家的思想學說，是個性格剛強暴烈的強悍之人。兩次做濟南王的丞相。從前，他們都比張湯官大，不久丟了官，代理長史，對張湯行屈體跪拜之禮。張湯屢次兼任丞相的職務，知道這三個長史原來地位很高，但卻常常欺負壓制他們。因此，三位長史合謀並對莊青翟說：「一開始張湯與你約定一起向皇上謝罪，緊接著就出賣了你；現在又用宗廟之事控告你，這是想代替你的職位。我們知道張湯的不法隱私。」於是就派屬吏逮捕並審理張湯的共犯田信等人，說張湯將要向皇上奏請政事，田信則預先就知道，然後囤積物資，發財致富，與張湯分贓，還有很多其他關於張湯的壞事。這些事的供詞被皇上聽到了，皇上向張湯說：「我所要做的事，商人則預先知道此事，加速囤積那些貨物，這好像有人把我的想法告訴了他們一樣。」張湯聽了明知皇上是在懷疑自己，可他不但不謝罪，反而假裝驚訝地說：「應該說一定有人這樣做了。」這時減宣也上奏書報告張湯和魯謁居的犯法之事。天子果然以為張湯心懷狡詐，當面欺騙君王，派八批使者拿出罪證審問張湯。張湯自己說沒有這些罪過，不服。於是皇上派趙禹審問張湯。趙禹來了以後，責備張湯說：「皇上怎能不知道情況呢？你辦理案件時，被夷滅家族的有多少人呢？如今人家告你的罪狀都有證據，天子難以處理你的案子，想讓你自己想法自殺，何必多對證答辯呢？」張湯就寫信謝罪說：「張湯沒有尺寸之功，起初只當文書小吏，陛下寵幸我，讓我位列三公之位，無法推卸罪責，然而陰謀陷害張湯的罪人是三位長史。」於是張湯就自殺了，一代酷吏，最終也逃脫不了如此悲慘的下場。

張湯雖然執法嚴酷，但並不貪財，在他死時，家產總值不超過五百金，都是所得的俸祿和皇上的賞賜，沒有其他的產業。張湯的兄弟和兒子們想厚葬張湯，他的母親說：「張湯是天子的大臣，遭受惡言誣告而死，何必厚葬呢？」於是就用牛車拉著棺材，沒有外槨。天子聽到這情況後，說：「沒有這

樣的母親，生不出這樣的兒子。」就窮究此案，認為張湯是冤枉的，把三個長史全都殺了。丞相莊青翟也自殺。田信被釋放。皇上憐惜張湯，逐漸提拔他的兒子張安世。

張湯雖然冤死，但畢竟沒有禍殃自己的家族，反而因為皇上的憐惜，讓他的兒子當上了官，也不算太糟。

第四章　歷史上的酷吏

第五章
陰謀與奸者

　　有些時候，歷史真的很容易讓人上當，明明看上去是很溫情的事，實際上卻是善於玩弄權術者的把戲，把歷史看透澈才發現這些都是陰謀。現在看來，但凡歷史上的成功者，多少都會有一點手段，才能達到自己想要的結果。歷史總是強調結果的。

第一節 陰謀與智慧

中國的歷史悠久，文化燦爛，可謂應有盡有。有溫情的著作，亦有冰冷理性的作品。

說起冰冷的理性，《孫子兵法》不能不提，此部兵法給我的詮釋是，我要的只是結果，不管我用什麼樣的手段，只要能夠成功。

《孫子兵法》是強調理性的，「不戰而屈人之兵，善之善者也。」在孫子看來，在戰場上能打勝，是算不了什麼的，只要物資能跟得上，再加上一點點計謀就行了，這說不上什麼境界。能夠完整攻入一座城市，而沒有殺掉太多人，也算不了什麼，只是戰術比較好罷了。戰爭的最高境界，是不用動刀動槍就能使對方投降，這是《孫子兵法》的原則 —— 消除戰爭。

孫武不愧為中國戰爭史上的至尊，一番論言，讓人感慨萬千，他此番話說起來容易，但在現實中沒有多少人能夠做得到。但也充分展現出了此位兵法大家的過人之處。

戰爭的發起者大多想要置對方於死地而後快，戰爭的被動承受者也不會在弱勢下乖乖地被人宰割，因此，孫武上面的話只是一種理想，是不可能在實踐中實現的。

無論如何，修明政治，以民為本是世代帝王們都要考慮的事情。孟子曾說過一個故事故事。在魯國與鄒國的一次大的戰爭中，鄒國的官吏死了將近有三十多個人，而小小的士兵和貧窮的老百姓卻沒有死傷一個，鄒穆公此時非常的不能明白其中的道理，在他的心裡很氣憤，但是又不知道該怎麼辦。在這種情況之下，他就向孟子問道：「這些士兵和老百姓看著他們的父母官為他們而戰死在戰場上，但是卻不去拚命，如果就這樣殺了他們，人實在是太多了，法不責眾，殺不勝殺。這樣該怎麼來處理這事呢？」孟子回答道：「你

了解你的國家現在是什麼樣的嗎？你有沒有體察過民情，你知不知道每逢壞年，你的百姓是怎麼過的呢？年紀大的餓死之後被隨意的埋在一個溝裡邊，年輕的逃散到別的國家去，這樣的人每年都會有，而您的倉庫卻日益的越來越充實，您的官吏都不稟告您，這是欺騙國君，殘害百姓。這樣的官吏不該死嗎？」這就是曾子說過的「出乎爾者，反乎爾者也」，他的意思是說，怎麼樣對待別人，就會得到什麼樣的回報。

在戰爭中，陰謀與智慧在大多數的情況下是很難說得清楚的，在戰爭中，真正能產生作用的就是物資，就是雙方的實力。

我們來看場戰爭。

發生於周莊王十三年（西元前六八四年）春天的長勺之戰，它是春秋初年齊魯兩個諸侯國之間進行的一場車陣會戰，也是歷史上後發制人，以弱勝強的一個著名戰例。

自西元前七七〇年周平王東遷洛邑起，進入了諸侯兼併、大國爭霸的春秋時代。齊國和魯國都是西周初年分封的重要諸侯國，又互相毗鄰，在當時的動盪局面下，不免發生各種矛盾，而在矛盾衝突的日益激化下，又不可避免的造成兩國兵戎相見的結果，長勺之戰正是這樣歷史條件下的產物。

當時的魯國在今天的山東西南部地區，都城曲阜，它保留了宗周社會中的禮樂傳統，在當時的春秋諸國中居於第二，疆域和國力都比齊國弱，天時地利都相對劣勢。而齊國，則是姜太公呂望的封地，管轄的地區是今天的山東東北部的廣大地域，都城在臨淄。那裡的土地肥沃，又富漁鹽之利，太公立國後，推行了「因其俗，簡其禮」、「因地制宜，發展經濟」、「舉賢而上功」、「修道法」、「禮法並用」等一系列政策，這些推進了齊國的經濟，實力也越來越雄厚，自西周至春秋以來，一直都是東方首屈一指的大國。長勺之戰就是在這種齊強魯弱的背景下爆發的。

第五章　陰謀與奸者

西元前六八六年冬，齊國宮遷內發生了一場動亂，齊襄翁的堂弟公孫無知殺死襄公，自立為君，但是沒有過幾個月，齊臣雍廩又把公孫無知給殺死了，在這種情況下，齊國的君王位置就這樣被空下來了，當時流亡在外的公子小白和其兄公子糾聽說此事之後，想趁機回國繼承君位，這樣在齊國內部就發生了一場君位爭奪的鬥爭，最終的結果是公子小白入國先登上了君位，他就是後來赫赫有名的齊桓公。而在這場鬥爭中，公子糾則時運不佳，在奪權中丟掉了自己的性命，而重要謀臣管仲也成為了齊桓公的手下，後來成為齊桓公霸業的重要奠基者。

魯國在這場齊國內部鬥爭中，是站在公子糾一邊的，並曾經公開出兵支持公子糾回國爭奪君位。但結果是損兵折將，大敗而歸。魯國的所作所為，導致齊魯之間矛盾的激化，對於齊桓公本人來說更是耿耿於懷，不肯善罷甘休，這終於醞成了長勺之戰的爆發。

西元前六八四年春，齊桓公在鞏固了君位之後，自認為實力強大，不顧管仲的諫阻，決定興師伐魯，以報復魯國一年以前支援公子糾復國的宿怨，企圖一舉征服魯國，向外擴張齊國的勢力。而在當時魯國當政的人是魯莊公，當他聽說齊軍要進攻魯國之後，決定動員全國的所有力量，與齊國決一勝負。

就在魯莊公準備要發動戰爭的時候，魯國有一位名叫曹劌的人認為當政者庸碌無能，沒有遠見，他不忍心看到自己的國家成為一片血海，因而去見莊公，曹劌詢問莊公依靠什麼與齊國作戰。魯莊公說，對於衣物食品之類的東西，總是要分賜給臣下，不敢獨自享用。曹劌指出，這樣做不過是小恩小惠，不能施及全國，民眾是不會全力以赴作戰的。魯莊公又說，自己對神明是很虔敬的，祭祀天地神明的祭品從不敢虛報，很守信用。但曹劌認為，對神守點小信，未必能感動神明，神也是不會降福的。魯莊公想了一下又補充

道，自己對待民間的大小獄訟，雖說不能達到明察秋毫的地步，但是必定會公正的來處理。曹劌這時才說，這倒是盡到了君主的責任，為老百姓辦了好事，具備了與齊國決一勝負的基本條件了。為此，他向莊公請求隨同一起去做戰，魯莊公同意了他的請求，並且要求他與自己同乘一車前往長勺。

魯軍知道自己的兵力弱，不進行先攻，而是在長勺迎擊來犯的齊車。兩軍都擺開了決戰的態勢，待布陣完畢後，魯莊公準備傳令擂鼓出擊齊軍，希望能夠先發制人。曹劌見狀趕忙加以勸止，建議莊公堅守陣地，以逸待勞，伺機破敵，魯莊公接受了曹劌的這一建議，暫時按兵不動。齊軍方面求勝心切，憑恃強大的兵力優勢，主動向魯軍發起猛烈的進攻。在齊國連續三次的出擊都在魯軍的嚴密防禦之下遭到了挫敗，未能先發制人，反而造成自己戰力衰落，鬥志沮喪。曹劌見時機已到，建議莊公果斷進行反擊。莊公聽從他的意見，傳令魯軍全線出擊。魯軍憑藉高昂的士氣，一鼓作氣，迅猛英勇地衝向敵人，衝垮齊軍的車陣，大敗齊軍。莊公見到齊軍敗退，急欲下令發起追擊，又被曹劌勸阻。曹劌下車仔細查看，發現齊軍的車轍的痕跡紊亂；又登車遠望，望到齊軍的旗幟東倒西歪，判明了齊軍確是敗潰，這才建議魯莊公下令追擊。莊公於是下令追擊齊軍，進一步重創齊軍，將其趕出魯國國境，魯軍至此取得了長勺之戰的最終勝利。

戰爭結束後，魯莊公向曹劌詢問此次戰役取勝的原委。曹劌回答說：「用兵打仗所憑恃的是勇氣。第一次擊鼓衝鋒時，士氣最旺盛；第二次擊鼓衝鋒，士氣就衰退了；等到第三次擊鼓衝鋒，士氣便完全消失了。齊軍三通鼓罷，士氣已完全喪盡，而相反我軍士氣卻正十分旺盛，這時反擊，自然就能夠一舉打敗齊軍。」接著曹劌又說明未立即發起追擊的原因：齊國畢竟是實力強大的國家，不可等閒視之，而要謹防其佯敗設伏，以避免己方不應有的

失利。後來看到他們的車轍紊亂，望見他們的旌旗歪斜，這才大膽地建議追擊。一番話說得魯莊公心悅誠服，點頭稱是。

從曹劌戰前決策、戰場指揮和戰後分析的行動中，我們可以看到：魯軍取得長勺之戰的勝利，是因為魯國統治者戰前「取信於民」，為展開軍事行動創造了有利的條件。而在作戰的時候，魯莊公又能虛心的聽曹劌的作戰指揮意見，後發制人、敵疲我打、持重相敵的積極防禦、適時反擊的方針，精準把握反攻和追擊的時機，從而牢牢地掌握了戰爭的主動權，贏得戰役的勝利。長勺之戰充分顯示了弱軍對強軍時的作戰規律和原則，自此，長勺之戰一直為歷代兵家所稱道。

齊桓公晚年時，忘了管仲曾經給他的遺訓，此時的他又把易牙、豎刁、開方三個大奸臣召進宮裡重用。齊桓公不管鮑叔牙的勸告，這三位奸臣此時有人給他們撐腰，變得更加橫行霸道，胡作非為，鮑叔牙看到這樣的情形，被活活氣死了。後來齊桓公死了，他們把原來的太子公子昭給廢了，而把聽他們話的公子無虧立為國君。公子昭一看，不但君位被奪去，而且還面臨著被砍頭的危險，在這種情況之下，他就跑到了宋國，請宋襄公為他做主。

宋襄公是一個資質很普通的人，此時的宋國勢力很小，可是成為霸主的誘惑讓宋襄公動了心。自從齊桓公死了之後，宋襄公就一直想著要成為霸主。公子昭此時來投奔他，正是個好的機會，他想著公子昭是一個可利用的人，就把他給留了下來。

周襄王十年，各國諸侯接到宋襄公通知，請求各位諸侯派兵來相助，以壯大自己的聲勢。大部分的諸侯見到是宋襄公出面來號召，沒有幾個把他放在眼裡的，只有比宋國還要小的衛、曹、邾三個小國派出了一部分的兵馬出來給宋國助威。宋襄公統領四國聯軍殺向齊國，齊國的貴族本來就對公子昭懷有同情之心，再加上不清楚宋軍實力，就把無虧跟豎刁殺了，趕走了易

牙，在邊界上迎接公子昭回國。公子昭回國後當上了國君，就是齊孝公。宋襄公為齊孝公復位出了力，自認為是件驚天動地的大事，是足夠樹立威信稱霸諸侯的時候了，便想會盟諸侯，把自己的盟主地位確定。於是，宋襄公派使者去楚國和齊國，想先和他們商量一下會盟諸侯的事，取得楚國、齊國的支持。

周襄王十三年春季，宋、齊、楚三國國君相聚在齊國的領地。宋襄公一開始就以盟主的身分自居，認為自己是這次會議的發起人，同時又認為自己的霸位也比楚、齊國君高，盟主非己莫屬。他未和齊國、楚國兩國商量，就自作主張擬了一份秋季在宋國會合諸侯，共扶周天子王室的通告，並把此次會合諸侯的時間定在了當年的秋季。楚國國君楚成王和齊國國君齊孝王兩個人雖然對宋襄公的這種做法不是很滿意，但礙於面子，他們還是勉強簽了字。

到了約定開會的日子，楚、陳、蔡、許、曹、鄭等六國之君都來了，只有齊孝公和魯國國君沒到。在開會時，宋襄公首先說：「諸侯都來了，我們會合於此的目的，是仿效齊桓公的做法，訂立盟約，共同協助王室，停止各國間的戰爭，以定天下太平，各位認為如何？」楚成王說：「您說得很好，但不知這盟主是誰來擔任。」宋襄公說：「這事好辦，有功的論功，無功的論爵，這裡誰爵位高就讓誰當盟主吧。」話音剛落，楚成王便說：「楚國早就稱王，宋國雖說是公爵，但比王還低一等，盟主的位置自然該我來坐。」說罷之後，就先坐到了盟主的位置上。此時的宋襄公看到自己的如意算盤落空，不禁大怒，指著楚成王的鼻子罵：「我的公爵是天子封的，普天之下誰不承認？你那個王是自己叫的，是自封的。有什麼資格做盟主？」楚成王說：「你說我這個王是假的，那你把我請來幹什麼？」宋襄公再想爭辯，只見楚國大臣成得臣脫去長袍，露出裡面穿的全身鎧甲，手舉一面小紅旗，只一揮動，那些

隨楚成王而來、打扮成家僕和侍者的人紛紛脫去外衣，原來個個都是內穿鎧甲。手持刺刃胸兵士。他們往臺上衝來，嚇得諸侯四散而逃，宋襄公被成得臣一把抓住，把他拖到楚國的車上，帶他回楚國去了。後來，楚成王考慮到即使抓了宋襄公也沒有什麼用途，就把宋襄公給放了出來。

從這件事以後，宋襄公對楚國總是心中懷恨，但是想到自己國小兵弱，而楚國兵強馬壯，他也是心中有恨又不知道該怎麼辦？後來。宋襄公聽說鄭國最積極支持楚國為盟主，就想討伐力薄國小的鄭國，出出胸中惡氣。過了不久，鄭文公去楚國拜會楚成王。宋襄公認為這個時間出兵伐鄭是個千載難逢的好機會，於是就不顧公子目夷與大司馬公孫固的反對，鄭文公得到這個消息之後，求救於楚成王，楚成王答應來救援鄭國。

此時楚成王沒有直接去救鄭國，而是統領著千軍萬馬直接向宋國進軍。此時的宋襄公聽到消息之後，慌了手腳，也顧不上攻打鄭國，連夜帶領宋軍向本國境內趕去。待宋軍在漲水邊紮好營盤，楚國的兵馬也來到了對岸。公孫固對宋襄公說：「楚軍到此只是為救鄭國。我們已經從鄭國撤軍。他們的目的已經達到了。我們兵力小，不能硬拼，不如與楚國講和算了。」宋襄公卻說：「楚國雖然人強馬壯。可缺乏仁義。我們雖然兵力單薄，卻是仁義之師。不義之兵怎能勝過仁義之師呢？」宋襄公又特意做了一面大旗，並繡有「仁義」二字。要用「仁義」來戰勝楚國的刀槍。

到了第二天天亮的時候，楚軍開始過河向宋襄公這邊來，此時的公孫因向宋襄公說：「楚軍白日渡河，明明是不把我們放在眼裡，等到他們渡到河中央的時候，我們向他們殺去，一定能夠取勝。」宋襄公卻不這麼想，他指著戰車上的「仁義」之旗說：「人家還沒有渡過河就開始攻打人家，這樣做太不講仁義了。」等到楚軍全部渡完河，在河岸上布陣時。公孫固又勸宋襄公說：「趁楚軍還亂哄哄地布陣，我們發動衝鋒，尚可取勝。」宋襄公聽到此話不由

罵道：「你怎麼就會出壞點子，人家還沒有布好陣，你如果去打人家的話，那不是就太不仁義了嗎？」

宋襄公說話的同時，楚軍已經把陣勢給布好了，大批兵隊衝向宋襄公這邊。宋軍此時看到了楚軍凶猛魂都嚇得跑掉了，更別說打仗了。宋襄公正想親自督陣進攻，還沒來得及衝向前去，便被楚軍圍住，身上、腿上幾處受傷。幸虧宋國的幾員大將奮力衝殺。才救他出來。等他逃出，宋軍已早逃散。糧草、兵車全部被楚軍搶走，再看那桿「仁義」大旗，早已不知丟在何處去了。宋國的百姓們對宋襄公都罵不絕口，宋襄公一瘸一拐，邊走邊說：「講仁義的軍隊就是要以德服人，我奉仁義打仗，不能乘人之危去攻打別人！」此時在創新身邊的將士們聽到宋襄公這麼說後，都在心裡罵宋襄公是一個大蠢貨、大笨蛋、大草包。

宋襄公嘴上一直講著要按「仁義」辦事，但他在會盟諸侯時對於自己不能當上盟主反而破口大罵時，不知道他是不是還記得「仁義」這兩個字呢？

軍事與政治密切相關，在中國尤其如此。拿破崙被囚禁在海島上時曾看到過《孫子兵法》，當他看完這本書的時候，他感嘆自己若能早日見到這部兵書，一定不會慘敗，不會受牢獄之苦。其實在實際上，能夠決定戰爭成敗的，還是在政治。

所謂「攻人以謀不以力，用兵鬥智不鬥多」歷史上凡在政治上有所成就的人物，其最大的特色必定是政治智慧超凡入聖，謀略運用爐火純青，把握主動永不言敗。鄭莊公就是這方面的典範之一。

鄭莊公在歷史上的最大作為，是使用各種手段使西周末期才成立的小小鄭國，在春秋初年率先崛起，從鄭莊公所作所為所展現的政治技巧來考察，是讓人很佩服的。

第五章　陰謀與奸者

　　鄭莊公政治智慧的高明之一主要表現在遇事能忍。蘇軾〈留侯論〉有云：「古之所謂豪傑之士者，必有過人之節。人情有所不能忍者，匹夫見辱，拔劍而起，挺身而鬥，此不足爲勇也。天下有大勇者，卒然臨之而不驚，無故加之而不怒。此其所挾持者甚大，而其志甚遠也。」從這裡看來，鄭莊公就是這樣的人。

　　當他的母親姜氏與弟弟共叔段沆瀣一氣，給他製造一堆麻煩的時候，他能做到隱忍不發。姜氏想讓共叔段占有好的封地，以此來實現政治目的。他就把共叔段分封到京地；共叔段貪欲外顯，大修城邑，圖謀不軌，他也裝出一副漫不經意的樣子，忍下一時之氣。其後，共叔段的肆無忌憚、得寸進尺之舉，讓鄭莊公的臣子們都感到「是可忍，孰不可忍」，都好心相勸莊公早早應對，以免引起一發不可收的地步，可鄭莊公還是隱忍不發，以「不義不暱，厚將崩」的理由婉言拒絕。鄭莊公遇事能忍的事情不僅反映在這裡，還反映在他處理與周王室的關係問題上。面對年少氣盛的周桓王的作梗為難，他努力克制內心的惱怒，主動前去王都朝拜周桓王，希望借此來緩解長期以來彼此的對立情緒。誰知周桓王並不買帳，給鄭莊公吃了個閉門羹，讓他乘興而來，敗興而歸。接著又任命虢公林父為右卿士，讓他與身為左卿士的鄭莊公分庭抗禮，並強行向鄭莊公索取了鄔、蘇、劉、邘等四座鄭國城邑，公開羞辱鄭莊公。他的所作所為雖然令鄭莊公很生氣，但是他最終還是把自己的怒火壓了下來，遇事能忍，便成了他的性格特徵。老謀深算，工於心計，這正是鄭莊公戰略高度成熟的象徵。

　　鄭莊公政治智慧的高明，表現之二為出手能狠。鄭莊公在胞弟逼宮問題上的隱忍，在周桓王打擊面前的退讓，其實不是單純的隱忍或退讓，而是韜光養晦，後發制人。不是說他不想馬上反制，而是因為他不願在沒有做好準備的情況下就製造對立。鄭莊公在隱忍的同時，私底下卻一直在做準備，企

圖一招就能制敵。令人可笑的是，他的那些對手對他的準備一無所知，把鄭莊公的克制隱忍、妥協退讓誤認為是一種懦弱無能、軟弱可欺的表現，步步進逼。共叔段動員軍隊企圖偷襲鄭國國都，周桓王大舉起兵進犯鄭國縱深之地。誰知他們忘乎所以的舉動，恰好為鄭莊公痛下決心全面反擊提供了機會，他終於迎頭痛擊對手「克段於鄢」，一舉剷除國內動亂的禍根；用新型的「魚麗」陣法殺得周室聯軍人仰馬翻，落花流水，連周桓王本人也中箭負傷。可見，鄭莊公不出手則罷，一旦出手，不但精準而且狠，雷霆萬鈞，摧枯拉朽，給對手毀滅性打擊。

鄭莊公政治智慧的高明，表現之三為善後能穩。孔子說「過猶不及」。真正高明的戰略家對戰略目標的設定都是非常理智的，絕不會在勝利面前頭腦發熱，忘乎所以，而是能注意掌握分寸，適可而止，見好便收，也就是能做到「有理，有利，有節」。鄭莊公在這方面的作為，同樣可圈可點。當挫敗共叔段的叛亂陰謀，迫使他逃竄共地後，鄭莊公便不再追擊，因為他心裡知道，此時的共叔段就好比是一條喪犬，根本不值得再花費更多的精力來對付他。另外，由於鄭莊公母親姜氏在這一叛亂事件中曾扮演過很不光彩的角色，讓鄭莊公內心既痛苦又憤恨，但為了社稷大局，他最終還是與姜氏和解了。「遂為母子如初」，贏得「孝」名，在政治上替自己補分數。至於善後的做法，更反映出鄭莊公的機心深密。當鄭軍大獲全勝，祝聃等將領建議乘勝追擊以擴大戰果之時，鄭莊公頭腦異常冷靜地表示：「君子不欲多上人，況敢凌天子乎？苟自救也，社稷無隕，多矣。」遂下令停止追擊，放對手一馬。不僅如此，他還在當天晚上派專人前往周軍大營，慰問負傷的周桓王，從而給周桓王一個下臺階的機會，使得雙方的關係沒有鬧到徹底破裂的地步。在這種情況下，鄭莊公不但贏得了利益，出了風頭，給對手留了餘地，為以後杜絕了後患，左右逢源，一石二鳥。

「舞榭歌臺，風流總被雨打風吹去。」意氣風發的鄭莊公早已事過境遷，煙消雲散。然而，鄭莊公的政治智慧與戰略意識卻依舊讓今之讀史者嘆服。

為了權力，可以不顧母子之情，手足相殘，即除掉了弟弟，又放逐了母親，在這個過程中，莊公把「仁義」基本上都占盡了，顯得高明之極，為自己贏得了巨大的聲譽，表現出了高明的忍術。

的確，從更深的層次進行考察，我們不難發現，遇事要忍，出手要狠，善後要穩，又何嘗不可以成為今天從事國際戰略角逐的有益借鑑。

第二節 曹操之奸

辯曹操之「忠奸」

說起歷史人物，我們往往需要辯個黑白。中國歷史的人物最值得辯個黑白的就要算曹操了。

曹操之所以能夠引起爭論，就是因為自古忠奸有別，在《三國演義》中，把曹操「奸邪」寫的婦孺皆知，和他對比的又是「忠」的「離譜」的諸葛亮。所以他是一個大眾化的「奸臣」。可是相信歷史的人，或者說懂得歷史的人，總會從另外一些方面進行考慮歷史人物的忠奸功過。

那麼曹操到底是一個什麼樣的人呢？

曹操是因奸臣董卓起家的。當時的董卓勢大，天下群雄並起，人人得董卓而後崛起。曹操同時也有了「發家」的政治理由，只是沒有想到的是，曹操是「以奸易奸」，除掉董卓以後，他取代了董卓的位子，被人看作了奸臣。

在討董卓時，他是忠臣，也可以稱作義士，在滅掉董卓後，他弄權自重，目無天子，他的奸邪其實達到並超過了董卓的地步。更說不過去的

是，他的兒子曹丕稱帝了，用魏朝代替了漢朝，而曹操順理成章的成為了魏武帝。

歷史資料上的曹操是位傑出的政治家、軍事家和文學家。在中國的古代歷史上，只有他一個人具備了這三大「家」。他統一中原，實行屯田制，對社會的發展，疆土的鞏固，貢獻良多。但在《三國演義》和戲曲舞臺上的曹操，由於受正統觀念的影響，把他寫成了一個篡奪漢室天下的奸臣。對曹操的評價眾說紛紜。應將歷史上的曹操和我們都「知道」的曹操區分開。這並不是「翻案」不「翻案」的，因為人們的觀點向來就不一樣，無需統一，也不可能統一。

歷史上的曹操是位有成就的政治家、軍事家和文學家。由於家庭出身和所處的時代，決定他成就了一番事業。

曹操的祖父曹騰在漢桓帝時是位太監，那個時期的太監很「吃香」，他官至「中常侍大長秋，封費亭侯」。曹操的父親是曹操祖父的養子，他的父親也官至太尉。曹操從小就生活在這樣一個官宦之家，受到良好的教育，再加上曹操是一個既聰明而且心機很深的人。雖然有的時候也會任性放蕩，不是太注意道德修養和學業，但是曹操同時也表現出了非凡的才智和處事能力。因此，橋玄評價他時說：「天下將亂，非命世之才不能濟也，能安之者，其在君乎！」

在曹操十歲的時候被推薦為孝廉，做了郎官，後來又被任命為洛陽縣北部尉，升頓丘縣令，被征入朝授職議郎。從這裡我們可以看出來，曹操青少年時代是春風得意，直步青雲的，這些可能和他的家庭出身有一定的關係，在那個時候做官，講究的是門道，曹操很年輕就做官是不難理解的。從一個小小的地方官順利進入到朝廷，使曹操有機遇能得到更大的權力。

第五章　陰謀與奸者

這時，漢朝已經衰落了，這給曹操很好的機會，於是他就創造了一番事業。

首先是漢靈帝元和末年的黃巾起義，「三張」的起義規模是非常大的。東漢末年封建王朝的統治，本來已是危難之秋。黃巾起義的革命洪流更使得衰弱的劉家王朝無法阻擋。因此，只得調遣像曹操這樣的各地諸侯來鎮壓，年輕的曹操被任命為騎都尉，去討伐穎川的起義軍。

後來因為在這件事上面做的還不錯，就被升為濟南相。從此，曹操開始掌管一方軍政，為他以後發家打下基礎。而此時各路諸侯勢力也各霸占一方，自立為王。

對曹操的一生產生很大影響的董卓此時也進京了，到京以後他廢少帝，立漢獻帝，從此開始把持朝政，成為了一代奸臣，而此時的京城洛陽大亂。

這個時候，曹操、袁紹聯合各路諸侯討伐董卓。曹操在這場爭鬥中表現得非常機智和頑強。曹操自薦去刺殺董卓，當時董卓正在榻上臥著看書，曹操拔出了寶刀準備刺殺。就在這個時候董卓從鏡中看到了刀光，立即轉過身來問道：「孟德？你想要幹什麼？」曹操嚇得出了一身冷汗，但是此時的他急中生智說：「我這裡有一把寶刀要獻給您，不知道你是否喜歡。」說話的同裡，跪下來，雙手奉上刀。曹操憑藉了他的機智擺脫了這次危險，這只是一則軼聞。

最後，董卓中了王允的「美人計」，董卓被他的「愛子」呂布所殺。

董卓雖被除掉，但北方的袁紹、袁術、公孫瓚、呂布已形成勢力不小並霸占一方的諸侯。而這個時候的曹操也不甘落後，他變賣自己的家產，招募義兵，逐漸擴充自己的勢力。而後又在圍剿黃巾軍的過程中得到降兵三十餘萬，收編其精銳，於是，他有了他的「青州軍」。自此以後他在軍事上有了雄厚的資本。

　　而他的弟兄曹仁、曹洪、夏侯淵等都是一時的猛將，大力的幫助他；荀彧，程昱、賈詡等也為一方才俊，為他出謀策畫。在以後的戰爭中，他逐漸的消滅了殘餘的黃巾軍，接著打敗了呂布、陶謙、張邈、張繡等割據勢力，慢慢地擁有較強的武裝軍備，成為三國時期稱霸北方的重要軍事政權，曹操之所以會在群雄割據的戰爭中取得勝利，主要是建立在政治基礎上。曹操進行擴張的同時，他明白封建皇帝在政治鬥爭中的重要作用。在荀彧、程昱的鼓動下，曹操派曹洪率軍向西迎接獻帝。曹操進駐洛陽後又親自朝見獻帝，被升為鎮東將軍，封費亭侯，並錄尚書事，總領朝政。曹操隨之遷到了許昌。自此以後他便有了發號施令的權利，在眾諸侯中具有震懾力。這就是人們所說的「挾天子以令諸侯」，而曹操「挾天子以令諸侯」，使大漢天子徒有虛名。在這個時候，稱帝對於曹操來說簡直如同探囊取物。當時，當大臣們紛紛向曹操拍馬屁，說「天命」已經降臨到曹操頭上的時候，曹操卻對大臣們說：「當初周文王還活著的時候，天下的三分土地中有兩分已經歸他所有了，但是，他仍然做商紂王的臣子。一直到他的兒子周武王，才滅亡商朝，當上周朝的天子。如果天命已經降臨到我頭上，就讓我當一個周文王吧！」雖然這時的曹操沒有太大的作為，卻已在群雄割據中占了上風。

　　再說曹操作為一個政治家，他在他的軍事戰爭過程中是理解、關心人民的疾苦的。在連年的戰爭當中，生產得到了嚴重的破壞，再加上老天的破壞，自然災害很嚴重。百姓挨餓，布、糧食亦盡，甚至供應戰爭之需的軍糧都無處籌集。這時的曹操頭腦卻很冷靜。他採納棗祇、韓浩等人的建議，實行屯田。貸給農民耕牛和田地，用官牛的收成按官六客四分成，用私牛的對半分成。解決了部分的農民生計問題。屯田的目的主要是為了解決軍糧之需。曹操在實行這個辦法的時候，使屯田的租稅直接交給官府，避免地主盤剝，軍糧也沒有成為農民的沉重負擔。

　　曹操的軍隊人力有了保證，糧草也有了保證，這對他在做戰帶來了很多的益處，他的軍隊兵強馬壯，增加了戰鬥力。同時，也減少了軍隊掠奪老百姓的現象，他的這種做法贏得了百姓的好感。這在當時是一個極為高明的策略。不光如此，曹操對黎民百姓的苦處還能予以照顧。在官渡之戰打敗袁紹後他就曾下令：「河北罹袁氏之難，其令無出今年租賦！」就是說，有戰亂的地方都要免去一年的租賦。

　　曹操還具體規定：「自頃已來，軍數征行，或遇疫氣，吏士死亡不歸，家室怨曠，百姓流離，而仁者豈樂之哉？不得已也。其令死者家無基業不能自存者，縣官勿絕廩，長吏存恤撫循，以稱吾意。」也就是對於戰爭中陣亡的官兵家屬，因為他們沒有什麼生存的技能和土地，官府供給他們糧食，不但如此，還規定當官的也要經常去看望他們。

　　對待百姓曹操也有「養老福利」。他下令，「女的年七十以上沒有丈夫兒子，年紀在十二歲以下，沒有父母兄弟，以及眼睛看不見，失去勞動力，又沒有妻兒父兄和產業的，由國家供養他們終身。」

　　並發布了這樣的命令：各郡縣都要重視文獻典籍的研究和學校建設。滿五百戶的縣要設置學館，挑選本地優秀子弟給予教育。在戰亂之下，曹操還這麼重視教育，這在歷史人物上是很少見的。

　　暫且不管當時的條件如何，施行得如何，曹操這些關於發展生產、照顧人民生活疾苦和發展教育的政策，應該是當時的封建統治及割據勢力中最為先進的。曹操用這樣的制度，定會得到人民的擁護和支持，在以後的事實中，我們看到，曹操的這些政策對他的戰爭發揮了很大的作用，魏國在整個三國時代一直都是最強盛的。

　　曹操當然應該還是一位軍事家，他的用兵技巧不錯，遠沒有《三國演義》中寫的那麼「狼狽」。其實，他很善於用兵。三國時期注定是一個軍事家施展

才能的時期，幾乎到處都有戰爭，天天都在打仗。許多諸侯都是在戰爭中使自己的勢力範圍不斷擴大的，東吳的孫家就是這樣。而曹操的魏國實際是三國中實力最強的，曹操能在眾多諸侯中脫穎而出與他的軍事才能分不開。

　　從史書的記載來看，曹操很善於指揮打仗。謀士郭嘉在分析「十勝之議」時評價他能「以少克眾，用兵如神」。像建安三年春三月征張繡。曹操在穰縣包圍了張繡，五月劉表派兵救援，截斷曹軍後路。此時曹操想退兵，但是張繡軍隊追來，曹軍很難向前進，在這種情況下，曹軍就擺開連營陣勢逐漸推進，曹操在給荀彧的信中說：「敵軍來追趕我，雖然我每天只行進數里，但我估計，走到安眾縣，必能打敗張繡。」

　　果然，到了安眾縣張繡和劉表的軍隊合在一處據守險要，曹軍前後受敵。曹操連夜在險要地方開鑿地下通道，全部運走輜重，埋伏奇兵。天亮敵軍以為曹兵己撤退，就全軍追趕，曹軍出動埋伏的步兵、騎兵，把張繡打得落花流水。在整個三國戰爭中，魏國的每次軍事行動，基本上都是由曹操定下具體策略的。可見曹操用兵如神的本事。

　　更為出名的當然是官渡之戰，曹操的形勢是非常不利的，而他能在如此不利的情況下取得如此重大的勝利，只能證明他的軍事才能非常突出。袁紹占據北方的冀、并、青、幽四州，有軍隊幾十萬人，兵精糧足，猛將如雲，袁紹根本就沒有把曹操放在眼裡。建安五年二月，袁紹命大將顏良等人進兵白馬，向曹操發動進攻。

　　曹操的力量遠不如袁紹，僅占據大河以南的部分地區，不僅地盤狹小，而且多為破爛不堪的戰場，生產沒有恢復，物資供不應求。兵力僅萬人，有的史書更是說「兵不滿萬，傷者十二三」。但是，曹操並沒有因此而畏懼，他親自率兵北上白馬迎敵。他先進兵延津，做出要渡河襲擊袁軍的樣子。引袁紹分兵向西，然後突然轉向兼程去救白馬。當曹操率軍突擊到來的時候，讓

袁紹措手不及，成功斬大將顏良。在這次戰爭中袁軍大敗。遂解白馬之圍。當曹操揮師西撤，袁紹又引兵趕來，曹操見追兵漸近命令軍士解鞍放馬，並置輜重於道上。袁軍爭搶輜重，陣勢混亂，曹操率騎兵突然襲來，大敗追兵，斬另一大將文醜。

而此時的曹操雖然初戰獲勝，但他並沒有因此驕傲自滿，充分表現出一個軍事家的冷靜和睿智。他考慮再三，決定主動後撤，繼續據守官渡。八月袁紹進逼官渡，曹操分兵堅守營壘，看情況而動。

袁紹依仗兵多將廣，向曹操大肆進攻，曹操軍隊還擊，兩軍爭鬥相持不下。而此時的曹軍後援補給十分困難。十月袁紹為大戰從河北運來萬餘車糧草，派大將淳于瓊帶萬餘人護守，把糧草存在了離袁紹大營只有十餘里的烏巢。

此時的曹操非常困難，但是以他身邊有個很重要的人物 —— 許攸。許攸早先在袁紹那裡做謀士，當時袁紹兵強馬壯，中原各路諸侯無人能敵。許攸雖然足智多謀，但是袁紹手下人才濟濟，也不太重視他。後來曹操挾天子以令諸侯，袁紹遂起兵討伐曹操。兩軍對壘數日，在官渡展開生死決戰，曹軍日久糧草已絕，遂令人火速趕往許昌催糧，不料使者竟被許攸截獲，許攸上報袁紹，反被懷疑，因為許攸乃是曹操少時的好友。面對袁紹的不信任，許攸一氣之下索性降了曹操。後來正因為許攸的計謀，曹操才大敗袁紹，占領了翼州。當日許攸來降，曹操聽說許攸來了，光著腳就跑出來了。

曹操得來投降的謀士許攸消息，親率精銳騎兵五千人乘夜從小路偷襲烏巢，四面放火，淳于瓊據守。袁紹一邊派兵增援一邊去襲擊曹營，結果曹營未破，烏巢袁軍大敗，袁紹在無可奈何的情況之下，只能逃回黃河以北，這次以曹操大獲全勝。這就是歷史著名的以少勝多的戰例 —— 官渡之戰。

曹操在處於劣勢的情況下，能頭腦冷靜分析當時的形勢，聽取謀士意見，並親自到戰場上指揮，並贏得了勝利。官渡之戰的勝利，是曹操統一北方的開始，同時，也決定了統一北方的大勢已是非曹操莫屬。

曹操非凡的軍事才能在歷史史料上是能夠查得到的。他征徐州、征烏桓都取得了勝利。在赤壁之戰曹操雖以失敗告終，但在戰爭初期，曹操的努力不僅是占上風，而且是銳不可當的。而曹操最後失敗，只能說明他在軍事上得了太多的勝利，使其過分相信自己。曹操在完全平定北方之後，於建安十三年七月南征劉表。

在戰爭中劉表病逝，劉表的兒子劉琮用荊州來投降。這個時候，官渡之戰後投奔劉表的劉備駐軍於樊城，聽到劉琮投降的消息便率軍向江陵撤退。

江陵乃是荊州重鎮，是統一步伐中很重要的一個地方。曹操怕江陵落劉備之手，遂親率五千軍從襄陽疾馳二百里，在當陽長阪坡追上了劉備，並擊敗劉備，隨後占領江陵。曹操南下的大軍始終是勝利的。

《三國演義》小說中，寫長阪坡時，更加突出趙雲的一夫當關萬夫莫敵，和張飛的英雄氣概，把曹操當作一個英雄人物的陪襯，其實，我們在小說中，也能看得出來，曹操在勝利的一方，只是劉備沒有全軍覆沒而已。實際上的曹操應該是歷史上為數不多，具有非凡才能的軍事家。

曹操不僅是中國歷史上一位傑出的政治家、軍事家，還是一位傑出的文學家。他與其子曹丕、曹植在中國文學史上並稱為「三曹」。

曹操的外定武功，內興文學，是建安文學新局面的開拓者。一方面憑藉政治上的領導地位，廣泛搜羅文士，創造建安文學的環境；一方面用自己富有創造性的作品開創文學上的新風氣。

曹操的文學創作以詩歌最為著名，內容多為描寫親身經歷的戰爭生活。其中有不少感人之作，反映了漢末社會的動亂和人民生活的困苦，這類五言

詩，其有「詩史」的性質。其著名詩篇有〈短歌行〉、〈蒿里行〉、〈觀滄海〉、〈龜雖壽〉等。像其中的〈短歌行〉，寫出了他作為一個政治人物的複雜心情。同時，他也有對自己的深深感慨。全詩筆調低迴沉鬱，充分展現建安文學「志深筆長，梗概多氣」的特色。同時，全詩音韻鏗鏘，換韻自由，沿用《詩經》原句，不著痕跡。

而另一首〈觀滄海〉，以作者親臨東海觀潮的感受，表現了其暮年的壯闊胸懷。詞中描寫了山海間萬物的繁茂和蕭瑟秋風中呈現出的大海洪波，那天水相連，波瀾壯闊的大海，「日月之行，若出其中。星漢燦爛，若出其裡。」吞含日月，孕育星辰的偉大氣勢；浩浩蕩蕩，無邊無際的壯麗場面，真是壯觀極了。日月星辰都在他的懷抱之中，如此恢弘、壯麗的意境實在是令人讚嘆。〈龜雖壽〉直接抒發了詩人的胸懷，節奏急促，頓挫分明。詞中從正反兩方面詠嘆了自然界不可抗拒的客觀規律，發出了「老驥伏櫪，志在千里，烈士暮年，壯心不已」的誓言。

曹操雖為封建制度下的統治者，一個出色的政治家。但他畢竟親身經歷了時代的戰亂，感受了征戰之苦，目睹了戰爭所造成的土地荒蕪，人民流離失所。這種感情在他的詩中亦有反映，像〈蒿里行〉描寫征戰之苦。〈蒿里行〉中寫道：「鎧甲生蟣虱，萬姓以死亡。白骨露於野，千里無雞鳴。生民百遺一，念之斷人腸。」真實地反映了戰亂所造成的苦難，被譽為「漢末實錄，真詩史也」。

在《三國演義》和戲曲舞臺上的曹操，雖然留有歷史上曹操的影子，但他已成為表現作品主題的材料。作家對曹操這個人物按照自己作品表現的需求進行若干增補、刪減。而在作家的筆下，這樣的例證是屢見不鮮的。《三國演義》在成書過程中，受到當時社會上正統思想的影響，具有「尊劉貶曹」

的觀念，作家要尊重正統思想的代表劉備，就必然要貶斥曹操。不僅要對歷史人物的行為進行褒貶，連他們周圍人物的政治態度都隨之改變。

在小說《三國演義》中對曹操的描寫，使他已變成了一個奸詐、狡猾、陰險的惡勢力的代表。而對於歷史上曹操身上某些過人之處，就輕描淡寫帶過。

曹操喜歡殺人，歷史上有多處記載。當然多是為鞏固自己的政治地位，誅滅異己。這些在政治鬥爭中是很正常的。比如曹操殺董承、殺董貴妃、殺伏皇后等，如果這些人在鬥爭中獲勝不也是要殺曹操一夥嗎？但史書上也有多處記載他性好殺人，像殺華佗、殺孔融、殺楊修、殺許攸、殺婁圭、殺崔琰等，有的是因為鬥氣，有的是因為面子上過不去，有的是嫉賢妒能。殺楊修就是因為他太聰明、太有才華了，曹操的什麼事都瞞不過他；殺華佗是他不聽曹操的，跑回家去不回來，不願給他治病；殺孔融是他處處反對推行的政令，過於自負；殺許攸是他當面開玩笑叫他小名。

小說中為什麼會形成這種「尊劉貶曹」的思想呢？這一概念主要是來自封建帝王的宣傳和提倡。封建帝王為鞏固自己的統治地位，多是把自家說成是正宗，是天子，而把反對他們的、造反的人說成是叛逆。劉備是「漢景帝子中山靖王劉勝之後」。出身比較正統，當然就是應該歌頌的對象。

歷史上的曹操與小說《三國演義》中的曹操確實是不太一樣的。但因小說流傳廣泛，易為人們所接受，容易招人誤會，因為中間所敘的事情，有七分是實的，三分是虛的。實多虛少，所以人們或不免信虛者為真。

其實，人的想法有時候並不能代表是真實的，曹操沒有忠於漢室就說他是奸臣。那麼，在中國的歷史上，有很多反了國君的人都算是奸臣嗎？如果是的話，武王伐殷也不會傳頌幾千年了。趙宋太祖不就成了小人了嗎？

　　細算一下，中國的歷史就是一個以臣代君的歷史。對於歷史來說，改朝換代是正常的，只有變化才會有發展。孟子說，把殷紂王殺了，只是殺了一個有罪的人……如果孟子的思想是正確的話，那麼曹操實在不能算是一個壞人。

　　除此之外，我們再來說說曹操的用人。

　　《三國演義》中是把曹操說成一個「猜疑心」很強的人。但他的猜疑是不能為他的奸邪作注的。如果以猜疑成為奸邪的話，為什麼他的手下謀士如林，猛將如雲呢？如果說一個奸邪之徒能使天下的英雄歸順於他的話，這不就是可笑了嗎？

　　在這一點上，三國人物中，是沒有人比得上他的。諸葛亮雖然文治武功非常厲害，但是在用人方面，諸葛亮和曹操差的太遠了。這直接導致了「蜀國無大將」的局面，只有一個姜維，還是魏國「叛」過去的。相反，再看看魏國，任何一個階段，都是猛將輩出，最後的司馬懿更是人中之傑，最後還是憑藉司馬氏之手，吞掉了蜀吳。

　　其實，說曹操的「奸」，用劉備的一句話就可以概括「操以急，吾以寬；操以暴，我以仁；操以譎，吾以忠。」這是大眾都接受的觀點。其實，當我們細想曹操的所作所為時，他並沒有做什麼特別「不對」的事。

　　人心人行多面，看人不能只看一面。

第三節　王莽

　　王莽，字巨君，生於西元前四十五年，即漢元帝初元四年，死於西元二十三年，即王莽稱帝時的第四年。王莽的顯赫和他的家族有著直接的關係，他是王曼的次子。他的哥哥與父親一樣早死，所以王莽年紀輕輕就成了

家庭的頂梁柱。不知是本性厚道後來才變得野心勃勃呢，還是少年老成居心叵測？總之年輕時的王莽與他那些飛揚跋扈的堂兄弟們很不同：他在比較辛苦的環境中，對內孝敬寡居的母親，照顧兄長的遺孀，耐心教育頑皮的姪子；對外拜當時著名的學者陳參為師，攻讀經書孜孜不倦，待人接物恭敬有禮，格外謹慎地侍奉權高位顯要的叔伯們。大凡暴發戶，總愛炫耀財富；卑賤者一旦平步青雲，總愛濫用其權力，其中若有例外，那麼這個人若不是特別好，就肯定是非比尋常地壞。王莽一家雖沒升官發財，可畢竟他的姑姑是漢元帝的王皇后，日子過得應該也不至於太差，但王莽從不跟堂兄弟們去尋歡作樂，而是潔身自好，表現得恭謹勤儉、溫文爾雅，從而得到了人們的讚譽，為日後的政治生涯打下了良好的基礎。

漢成帝陽朔三年（西元前二十二年），一向把持朝廷大權的王莽的伯父王鳳病得很嚴重，就在這個時候，王莽的人生迎來轉捩點。他日夜都伺候在王鳳的身旁，服藥的時候，他總是親自嘗過之後才把藥餵給伯父，對王鳳照顧的無微不至，比王鳳的親生兒子還要孝順。在這段時間以來，王莽衣不解帶，最後累得蓬頭垢面、面黃肌瘦。王鳳看到這些心裡很感動，他想想幾個弟弟都發達了，只有二弟王曼一生沒有享過福就死了，因此要在姪子身上做點補償，在王鳳臨死的時候，他拜託皇太后王政君和外甥漢成帝，託他們關照一下王莽。隨後，王莽第一次有了職務——黃門郎，不久又升任主管弓弩兵的射聲校尉，這已經是個有二千石俸祿的高級官員了。在王莽年僅二十四歲的時候，開始了他的政治生涯。

王莽的陰謀詭計在涉足官場後有了用武之地。他不是那種得志就開始猖狂的等閒之輩，而是把他作為跳板，向更高的權力攀登，因此更加謙遜恭謹，獲取美名：王莽的哥哥死的早，只留了一個兒子王光，王莽請了一位博士當王光的老師，每次從朝廷回來，總是沐浴淨身、衣冠整齊後才去博士府

拜謝，對博士恭恭敬敬，盛情款待。雖然姪子年齡比自己兒子王宇還小，但王莽給他們一起辦婚禮，錢財花費一視同仁。酒席之上，奴僕來耳語：「太夫人不舒服」，王莽就會三番二次地離席，到後堂去服侍母親，並親自給母親餵藥。王莽如此善待姪兒，孝順母親，在「百善孝為先」的古代，被奉為「孝悌」的楷模。同時，王莽還刻意結交公卿貴族，禮賢下士，散放財物給窮人，使得上下左右齊聲稱讚。當時接替哥哥王鳳執掌大權的大司馬王商，也感到這個姪子不同凡響，向成帝上書願將自己的封地分一部分給王莽，實際上就是要求皇帝給王莽封侯。另外一些朝廷大臣也都看好這一顆冉冉升起的新星，紛紛向皇帝讚譽王莽。盛譽之下，成帝封王莽為新都侯，封地在南陽郡新野（今河南新野），食邑千伍百戶，同時升任騎都尉光祿大夫侍中。騎都尉與原先的射聲校尉官職相當；但加上光祿大夫一職後，就可參與朝政，討論國家大事；再加上侍中一職，就能夠經常出入皇帝左右，進入了朝廷政權的核心。年僅三十歲的王莽，這時已躍居幾個叔叔之上，成了炙手可熱的朝廷重臣了。

　　王莽的權力日益增長，就在叔父大司馬大將軍王根病重的時候，此時的他又盯上了這個一人之下萬人之上的重要職務，就在這個時候，他遇到了一個強勁的敵人 ── 淳于長。

　　說起來都屬於同一個大家族裡的人，淳于長的母親王君俠是王禁的長女、皇太后王政君的同父異母的姐姐，憑藉姨媽的關係，淳于長也擔任黃門郎一職。在王鳳病重時，淳于長與表兄弟王莽一樣盡心地侍奉，所以也被推薦給皇太后和成帝。王鳳死後，淳于長先是擔任校尉諸曹，不久就升任水衡都尉侍中，很快再升衛尉。連升三級之後，成為九卿之一，統率守衛皇宮的南軍，權勢遠比擔當射聲校尉的王莽高出許多。古往今來，耍陰謀起家的人，無非兩種情況：一種人靠投機鑽營博得別人的歡心，但升得快敗得也快，

這種人往往成不了什麼大氣候；另一種人內奸詐外示敦厚，一副道貌岸然的樣子贏得別人的讚譽，終究達到其險惡的目的，這種人最可怕。淳于長屬於前者，王莽則屬於後者，但同時也具有前者的機智。所以，在攫取最高權力的比賽中，淳于長雖然起步早、速度快，但終究鹿死誰手還未可知。

雖然同是靠了皇太后王政君的裙帶關係才得以發跡，然而急功近利的淳于長又投入了漢成帝及其寵妃趙飛燕的懷抱。成帝原本很寵愛皇后，不幸的是皇后生的一男一女都夭折了。在這種情況下，抱孫心切的皇太后千方百計地離散這對恩愛夫妻，想讓皇帝寵愛其他妃嬪誕下皇子。不料事與願違。自從許皇后失寵後，皇帝偏偏選中了陽阿公主的侍婢趙飛燕，為漢朝江山埋下了隱患。趙飛燕是中國歷史上有名的美人，成語「環肥燕瘦」中的燕瘦就是趙飛燕，她不但姿色出眾，更是能歌善舞，體輕如燕，據傳說能在手掌上跳舞，所以有「飛燕」一名。成帝在陽阿公主的筵席上，見到趙飛燕的妙曼舞姿，為她驚人的美貌所迷惑，立刻帶回皇宮大加寵幸，後又將其妹趙合德一起收入宮中，這姐妹二人都被冊封為婕妤。在許皇后失寵的情況下，趙氏姐妹進一步陷害，終於讓皇帝廢掉了皇后。然而成帝冊立趙飛燕為后的想法，遭到了皇太后王政君的阻礙，認為趙氏出身卑微，不足以母儀天下。淳于長看出這是一個博取皇帝歡心的大好機會，利用血親關係在太后面前說情，太后經受不住淳于長三寸不爛之舌的勸說，應允了此事。皇帝對淳于長的斡旋之功很感激，賜他關內侯爵位，不久又封為定陵侯，成了皇帝的寵臣，大有代替舅父任大司馬大將軍之勢。

然而淳于長畢竟沒有王莽那般沉穩，初登高位便躊躇滿志，驕奢淫逸。起初他先是和一個寡婦額思夫人許孊私通，後來就把她娶為小妾。而許孊的妹妹恰好是被廢黜在長安宮中的許皇后。許皇后一直都不甘心，想利用姐姐的關係，求皇帝眼前的寵臣淳于長說情，至少恢復到婕妤也可以。淳于長對

來自許后的賄賂照收不拒，騙說可以立許后為「左皇后」，許嬤每次去長安宮看妹妹，淳于長都要修書給許皇后，言辭刻薄，極盡戲弄之能事。在他得意忘形的時候，他怎麼也不會想到，他的表兄弟王莽急紅了眼正在時刻注視著他的一舉一動呢？

在王莽與淳于長的競爭中，最後以淳于長的徹底失敗而告終。

在王氏一家掌握大權的漢成帝時代，鬥倒了強而有力的對手淳于長，其餘的叔叔、堂兄弟們又沒有什麼大的作為，前進路上便暢通無阻。由於王莽的關顧，王根在病床上推薦了王莽，綏和元年（西元前八年），成帝提拔王莽擔任大司馬一職，頂替王根輔佐朝政。王莽在三十八歲的時候，登上了一人之下萬人之上的高位。

王莽本來老謀深算，為了鞏固已經攫取的權力，就更加克己修行，延聘德才兼備名聲遠揚的學者政客當幕僚，收到的賞賜盡皆分給手下官吏侍從，而家中餘財也經常分發給窮人，對自己的要求卻更嚴格了：有一次他母親生病，各公卿大臣們為了巴結而紛紛派夫人前來探視，負責招待客人的王莽夫人，身穿短衣布裙，以至於貴婦人們把她看作了奴婢。這事傳開之後，王莽的恭謹儉約美名更加響亮了。

天有不測風雲。就在王莽榮升大司馬主持朝政剛一年的時候，上下左右的權力體系還沒有建立完善，此時漢成帝就死了。更為嚴重的是，成帝生前只寵愛趙飛燕姐妹，這姐妹二人因為自己無法生育，所以就很痛恨那些懷上成帝骨肉的妃妾，每當見到妃嬪懷孕就及早下毒手殺掉胎兒，導致成帝沒有自己的兒子。無奈之下，成帝過繼其異母兄弟定陶恭王的兒子劉欣為太子。劉欣繼承皇位，就是漢哀帝。哀帝與王氏沒有血緣關係，所以王莽的仕途也面臨著極大的危機。

俗話說，一朝天子一朝臣。哀帝本來就嫉恨王氏一家的權勢，再加上他的奶奶從中挑唆，心中就有了排斥王莽的打算。前面說過，漢元帝確立王政君為皇后時，實際上最寵愛的是傅昭儀，也就是定陶恭王的母親、哀帝的祖母。現在孫子當了皇帝，傅昭儀自然就東山再起了。太皇太后王政君很識時務，面對著傅昭儀咄咄逼人的氣勢，不得不忍讓三分，在自己蟄伏不動潛待時機的同時，下詔讓王莽等人辭職避讓。然而哀帝知道，王氏一家長期掌權，各種關係盤根錯節，還不是輕舉妄動的時候，所以假惺惺地對王莽說：「您本是父皇選定的執政大臣，今日父皇歸天。我真誠地希望與您合作管理國家。您要求辭職，是覺得我不能繼承父皇的遺志嗎？我非常傷心。我已傳旨下去，今後大小官員均聽命於您」。同時加賞三百五十戶食邑。

但這只是一時的寬容，一旦政局穩定下來，哀帝就實施打擊王氏勢力計畫。一個月之後，司隸校尉解光上書彈劾原大司馬王根，指控他當政期間貪贓枉法、欺壓百姓、排斥異己、淫於聲色；同時彈劾王莽的另一個叔叔王商之子成都侯王況，說他娶掖宮廷中貴人為妻，犯了大不敬罪。哀帝馬上下詔，追奪王況爵位，貶為平民百姓；免除王氏新薦所有官員職位；因王根從前支持劉欣（即哀帝）做太子，所以保留爵位，趕出京城回封地養病。王氏的羽翼被剪除後，王莽深感勢單力薄，危如累卵，但他仍在頑強地支持著。時隔不久，哀帝在未央宮設宴，主管禮儀事務的內者令為了逢迎皇帝，在太皇太后王政君旁邊給傅昭儀（這時稱定陶恭皇太后）設了一個座位。王莽敏感地覺察到這是對王氏勢力的侵犯，立刻拍案斥責：「定陶太后只是孝元皇帝的昭儀，一個藩王的母親，怎能與尊貴無比的太皇太后並肩齊坐！」命令撤掉座位，傅昭儀聽說後勃然大怒，拒不出席宴會，弄得哀帝也很尷尬。次日，王莽再次以辭職威脅，向哀帝及傅昭儀示威。但這次他失算了，哀帝認為這是可以撤掉王莽的時機了，欣然批准了他的申請，並賞下一些黃金作為安慰。又過了兩年，乾脆把王莽趕回了南陽郡新野縣的封地。

第五章　陰謀與奸者

此時雖然王莽下臺了，但如果東山再起的話，還是有一定的實力，哀帝沒有辦法動搖王政君太皇太后的正統地位。傅昭儀自然也很著急，在哀帝繼位後，她取得了「定陶恭皇太后」的尊號，後來又去掉了「定陶」二字，但是她還是不很滿意，覺得還是比不上「太皇太后」稱號尊貴，可是又不可能同時有兩個太皇太后，竟然別出心裁地想出一個「皇太太后」名號。但傅昭儀與王政君的鬥爭是必敗無疑的，雖然在當前不利的形勢下王政君採取了避而不戰的策略，她的優勢是長壽。這一優勢雖然簡單，但效果很好，傅昭儀既然鬥不過她，也就自然不能取得最後的勝利，現在鬧得越大，死後的下場也就越悲慘，甚至連屍體都不得安寧。哀帝的祖母稱皇太太后，生母丁姬稱帝太后，成帝皇后趙飛燕稱皇太后，加太皇太后王政君，四個太后並立，成為中國歷史上一大奇聞。太皇太后退避長信宮，不再理會朝廷大事。

王莽堅信，只要姑姑王政君還在，王氏家族一定有重見天日的機會，為了促使這一天早日到來，他更加假仁假義，博取更多的美名，為他以後粉墨登場打下堅實的基礎。南陽太守也認定王莽還會東山再起，特地派當時最有名望的大學者孔休管理王莽的封地。王莽對孔休也是恭敬無比，竟然以一把鑲有寶玉的劍相贈，孔休見狀誠惶誠恐，堅決不收。王莽解釋說：「我見您臉上有塊傷疤，聽說寶玉能夠消除疤痕，所以想把劍送您。」孔休還是推辭，王莽想了一想，問：「您是嫌它太貴重了嗎？我是敬重您學識淵博，還有什麼能比品行學問更珍貴呢？」說完，用木棒把劍柄打碎，親自包好送給孔休。禮賢下士之名也由此傳開了。更有甚者，王莽為了名聲，不惜犧牲兒子：王莽的二兒子王獲，因故殺死了一個家奴，這在當時的達官貴族中本是件區區小事，可是王莽擔心這有損自己的名聲，竟然迫使兒子自殺償命。普通的百姓聽說後，無不為王莽的高風亮節而歌功頌德。

　　無論從公卿大臣到王公貴族，還是從平民百姓到官婢家奴，舉國對王莽讚譽不止，同時他們還為王莽被撤職而抱不平。恰巧，元壽元年（西元前二年）發生日食，這本是一種自然現象，但是那些擁護王莽的人們卻借機在這上面大做文章，把他說成是上天對於皇帝不用賢臣的一種警告，他們所說的賢臣，無非就是指王莽。對於哀帝來說好不容易才把王莽給趕走了，又怎麼會願意重新用他呢？可是迫於輿論壓力，哀帝以侍奉姑母太皇太后的名義，讓王莽回京城長安居位，但是仍然不恢復他的官職。對於王莽來說，既然回到了長安，就是靠近了權力中心，以王莽的陰謀家手腕，終究有機會重新投入政治的漩渦中去。

　　王莽等待的時間很短，元壽二年，年僅二十六歲的哀帝劉欣一命嗚呼。哀帝是中國歷史上少數幾個不貪女色的皇帝之一，但他的愛好是 —— 專寵男色。哀帝的戀人名叫董賢，其為人正好與他的名字相反，一點賢德也沒有，是個靠姿色爬上高位的奶油小生。傳說有一次哀帝起床時，發現衣服袖子被熟睡的董賢壓在身下，又實在不忍心驚擾董賢的美夢，只好用刀將袖子割斷，才得以起身，成為後來「斷袖之癖」一詞典故。以哀帝的這種與眾不同的愛好，他沒有生下兒子是理所當然的事了。

　　在這個時候，哀帝的祖母皇太太后和生母帝太后已經去世了，皇太后趙飛燕還處在一片迷茫當中，此時太皇太后王政君再一次顯示其過人的膽略：這位年過七十一歲、平日不理政事的老太太，一聽說哀帝駕崩，立即乘車趕往未央宮，別人尚未清楚，她就已經將代表權力的璽印掌握，然後召見執掌朝政的大司馬領尚書事董賢，責問哀帝的喪事該怎麼辦？董大司馬陪皇帝玩樂是花樣翻新，但是對於天子喪葬大典卻一無所知，此時，董賢只好摘了帽子磕頭謝罪，承認自己的失職。可是太皇太后卻胸有成竹，從容地對他說：「這樣辦吧，新都侯王莽辦理過成帝的喪事，讓他來幫你！」董賢縱是有

一千個不願意，還是只能乖乖地服從。王莽順理成章地進入皇宮，按太皇太后的詔令執掌兵符、節制軍隊，同時管理各部大臣。

王莽掌權後，急不可耐地授意官吏彈劾董賢，說他擔任大司馬以來，天災人禍連年不斷，是大漢帝國的災星，請求即刻予以罷免。在這種情況之下，董賢走投無路，當天就自殺了。

王莽重攬大權。日子久了，王莽對上面還有一位太皇太后指手畫腳覺得非常不耐煩，可是又不能輕易動搖姑母的地位，為了獲得更大的職權，他指使爪牙上書：「以前，官吏升到二千石俸祿這一等級，地方上推薦秀才考核成績等事，往往有些不切實際，應該由安漢公重新清理。而且太皇太后年高，精力有所不濟，為了更好地培養教導皇帝，同時也為了更好地保重身體，一些小事就不必親自處理了。」太皇太后自己也感到體力漸弱，王莽又是自己的親姪子，想來也不會有什麼差錯，就採納了這一建議，頒告命令說：「自今以後，除了冊封侯爵外，其餘事情均由王莽處理。地方官員可以直接向王莽彙報工作，考核及任免官員，一律由王莽管理。」這樣，王莽的權力與皇帝也差不多了。

對於「得民心者得天下」這一道理，王莽是明白的；從他自身的經歷使他明白，有個好的名聲這在政治上是很重要的。為了交好貴族官僚，他奏請太后冊封了很多開國功臣及前代勳爵的子孫；相當於二千石以上級別的官吏，退休後可以領取原收入三分之一的養老津貼。為了籠絡民心，他派官員巡察全國，督促、指導農民種好莊稼，幫助農民捕殺蝗蟲，減免災區賦稅；不但如此，他還帶頭捐獻田宅，賑濟流民，在長安城新建了二百多區房舍安置流民，賞賜財物安葬死者。他的所作所為，又一次贏得了全國上下的衷心擁護。但是，職位越高，權力欲越強，他的陰謀家的本來面目，又能掩蓋多久呢？

　　王莽使用了種種手段來鞏固自己的權位，儼然是個有實無名的皇帝。當了半個皇帝，「宰衡太傅大司馬」之類的印章顯然不適宜了，王莽派王舜去取「漢傳國璽」。

　　既然已改朝換代，當上新朝皇帝的王莽又籌畫新主意了！對於精於詭計的王莽，變換花樣對於他來說簡直是小菜一碟，他依照《周禮》設計了一幅龐大的社會藍圖，在經濟、政治、文化、外交等各個方面進行改革，是一個極不成功的改革家。

　　相比起來，漢代的土地稅不重，每年只收取收穫量的十五分之一，最少時是三十分之一。但自西漢中期以來，達官貴人們倚仗權勢，大量地兼併土地，很多平民失去了土地後，或者向地主租地，或者賣給地主成了奴隸。在一個農業為主的東方大國中，農民是立國之本，是賦稅和勞役的主要承擔者，現在農民少了，財富集中到貴族官僚手中，國家也就不可能有富國強兵的希望了。而且，奴隸自身生活及生命都得不到保證，租地種的農民要交一半以上的收入給地主，這樣連溫飽都難以解決，迫於無奈，他們不得不反抗。因此土地和奴隸問題是社會危機的最主要根源。這一點王莽是十分清楚的，一上臺新頒「王田令」和「私屬令」兩項改革措施：全國的土地稱「王田」，屬新朝國家所有，任何人禁止買賣；一個家庭中成年男人不足八名的，占田不得超過九百畝，多餘的要無償交出來，分給親屬或鄰里；以前沒有土地的，一對夫婦接受一百畝耕地；膽敢違犯者，流放邊疆。把各家的奴婢稱「私屬」，一律禁止買賣，對於那些不服從者，也流放邊疆。這兩項改革，實在是考慮了百姓的利益，然而又是實在行不通的。試想，那些擁田數萬的豪強，以及擄掠人口買賣奴隸的惡棍，哪個不是地位顯赫？讓有權有勢的人白白交出自己的財產，停止其罪惡勾當，這不是白日做夢嗎？

　　對工商業的改革，表現在始建國二年頒布的「五均」、「六筦」、「賒貸」三項法令。「五均」就是由政府來經營工商業經營，在當時全國最大的五個集市：洛陽、邯鄲、臨淄、宛（今河南南陽）、成都，設立專門管轄市場的機構，並在每一季度的中間月份，評定出各種商品的標準價格，對一些生活必需品的售價由官方平抑。此做法看上去是為了人民的利益著想，但是那些官員們總是以賤收貴買的方式，從中謀取利益。「賒貸」是由官府借錢給百姓，限制商人們放高利貸，但到期還不出來也是要罰為刑徒的。「六筦」就是在「五均」和「賒貸」之外再加上國家專賣鹽、鐵、酒，國家統一鑄錢，國家統一收取山澤使用稅。這些政策表面上看都很好，然而卻根本行不通。因為從這些執行人員根本就沒有油水可撈，在這種情況之下，他們能不互相勾結坑害百姓嗎？

　　「六筦」中最糟糕的是鑄錢。對貨幣的改革，早在篡權前就有過一次：居攝二年，王莽下令，在五銖錢外，增鑄錯刀、契刀、大泉三種，與五銖錢一同流通。建立新朝後，王莽認為漢朝皇帝的劉字，寫法是「卯、金、刀」，而五銖錢、契刀、錯刀三種貨幣的名稱全部與劉字有關，為了表現改朝換代，這三種錢都應廢除，只保留「大泉」一種，另增發兩種「小泉」。次年，又發行「寶貨」，共計「五物」（金、銀、銅、龜、貝）、「六名」（錢貨、黃金、銀貨、龜貨、貝貨、布貨）二十八個品種。在這些錢幣中種類繁多，值也不統一，讓人們換算起來非常的困難，在那時人們都不願意接受，在私下卻還用著舊時使用漢代的五銖錢，但是如果被發現的話，將會被判嚴重的罪刑。至於那些敢私下鑄錢的人，自己判罪之外，鄰近的五家也受株連，鬧得人心惶惶，雖說安分守己地過日子，但是說不定什麼時候，就會因為鄰居鑄錢而被殺頭。據說王莽一再改變貨幣的目的，主要是想讓那些富裕戶所存錢幣變成廢物，間接地從中掠奪富人的財產，從而達到消除貧富不均現象的目的，然而這樣一來，富人還可用不動產維持生活，貧苦的人卻連日常吃喝都難以

解決了。在這種情況之下，窮人為了要生存不得不造反，而那些富人呢？為了要保護自己的財產也開始反對王莽的這種做法。那時的人們反對這種現象，吃了苦頭，得到好處的倒是兩千年之後的現代人，這些種類繁多、造型別緻的王莽錢，成了文物愛好者重金搜集的物品，一套完整的莽錢其價值甚為昂貴。

在政治制度方面，王莽的改革就更是花樣繁多讓人眼花繚亂了。一方面，把中央和地方的官制、官名，以及地名、行政區劃，都進行了大改動，並且進行一改再改。例如，把大鴻臚改稱「典樂」；把大司農改稱「羲和」，再改為「納言」；把大理卿改稱「作士」；把水衡都尉改稱「虞予」，等等舉不勝舉。此時的王莽改名就像是著了魔，又把長安改為「常安」，把長樂宮改為「常樂室」，把未央宮改為「壽成室」，未央宮前殿稱「王路堂」。這些改革只會浪費精力和錢財，一點意義也沒有。

另一方面，王莽又濫加封賞，使得公、侯、伯、子、男各級爵位人員眾多，無論是什麼人只要能博得王莽的歡心，地位馬上就會一步登天，成為貴族。像哀章獻匱時隨便亂寫的王興、王盛二人，只因合了「王氏興盛」的意思，就一夜之間由賣大餅、看城門的卑微身分而平步青雲，封侯封將。

在對外關係上面，王莽也不肯放過。在他眼中，他認為天無二日、人無二主，境外附庸也敢稱「王」，有違古制，應改稱「侯」，收回漢朝發給的玉璽，重新賞給侯爵印章。這些境外民族，名義上尊漢朝為宗主，其實自己管理自己的事情，進貢給中央的東西還不如收到漢朝賞賜的東西多，可王莽偏偏要在一個「王」還是「侯」這樣無關緊要的名稱上做文章，嫌國內亂子還不夠多，竟要亂到國外去。一些弱小的民族，對他的所作所為雖然不滿意，但是也要忍著，但是一向強悍的匈奴卻不願容忍，囊牙單于索要舊璽不成，就起兵犯境，擄掠百姓，在北部邊境燃起戰火。西域、東方的高句麗、西南方

的句町國也因王莽的無理挑釁而反抗，或者斷絕關係，或者戰爭四起。寧靜了百年的邊境再也無法寧靜了。

　　無論是平民百姓也好，還是達官貴族，他們都認為王莽的新政還不如以前的漢朝，王莽的種種改革都以徹底失敗而告終。

　　一個王朝的衰亡，總有其必然的原因；至於亡到誰的手裡，則有些偶然性。西漢中期以來，官吏貪贓枉法腐敗墮落，貴族豪強大肆掠奪聚斂財富，而老百姓連日常生活都難以維持了，在這樣的形勢之下，為漢朝的滅亡埋下了禍根。而王莽倚仗著一個少有的長壽老人太皇太后，大耍其陰謀詭計，終於篡奪了漢朝的江山。但這時的社會好比是個病入膏肓的老人，若能對症下藥多加保養，也許還能苟延殘喘一陣子，否則將會是死路一條。王莽上臺後，雖然進行一些改革，畢竟只是頭痛治頭腳痛治腳，沒能從根本上解決問題。或者乾脆是頭痛治腳、腳痛治頭，無濟於事。

　　這樣的統治，日復一日，年復一年，許多地方上的官吏紛紛叛亂，朝廷裡面也是眾叛親離危機四伏，王莽的末日將到。

　　王莽的長相奇特：嘴巴大、嘴唇向外翻；腮又短又寬；眼珠子向外鼓，布滿了道道血絲；身高只有七尺五寸，（大概今日之一百七十公分左右）；說話聲音嘶啞而慘厲。依照現代醫學的說法，他大概與秦始皇差不多，都有「甲狀腺機能亢進症」。為了掩飾身材瘦小，王莽喜歡戴高帽子，穿高跟鞋，往衣服裡填充羽絨，好讓自己看起來高大一些。他走路姿勢也與眾不同：手放背後，仰臉衝天，只用眼睛餘光掃視左右人群，一幅清高孤傲不屑一顧的樣子（也許當皇帝之前並不這樣）。有個相面先生見過王莽後說：「他就是相面書上所說的鷹服、虎嘴、豺狼嚎叫，這種人是吃人的人，但最後也必定被人吃掉」。王莽知道之後，派人殺了這位算命先生，但是從此以後經常用扇子遮住臉，一般人難以再看見他的尊容，可他被人吃的命運終於無法擺脫。

對於不斷爆發的起義，王莽最初試圖以招安的方式，兵不血刃地平定。他派使者去山東招撫呂母，宣布只要她們放下武器回家安居樂業，朝廷可以既往不咎，赦免殺官造反的罪過，遭到嚴詞拒絕：「王莽對待百姓殘酷暴虐，橫徵暴斂讓人們無法生活；法律禁令又多如牛毛讓人防不勝防。百姓辛苦勞作，收穫的產品卻抵不了稅，閂起門在家呆著還說不定因鄰居有罪而被牽連。我們放下武器回家還不也是死路一條嗎？」使者回京後如實彙報。王莽聽完之後，氣得火冒三丈，只好拿使者來滅火，這樣使者做了代罪羔羊，撤職查辦了。而到別處義軍去的使者一見到這個陣勢後，使學會了耍小聰明，信口雌黃地矇騙王莽，說什麼「起義軍只是秋後的蚱蜢，蹦跳不了幾天」，「在您的聖威下，不廢一兵一卒，他們也要完蛋」。他們的這些話正好合了王莽的心意，聽後心裡很高興，因此重重獎賞各位使者。

實際招降成功的只有一例：大臣儲夏去會稽郡長州縣，勸說起義軍領袖瓜田儀投降，在這次的招降行動中取得成功。可惜，瓜田儀的降書送到了長安，人還沒有動身之前，就患病死掉了。於是王莽在這件事上，大造聲勢，詔令厚葬瓜田儀，賜給「瓜寧殤男」爵號，期望著別的義軍也效法瓜田儀。然而，此時的人們早已看透了王莽的真面目，沒有一家義軍被他這一招假仁假義所矇騙。

招撫沒有取得應有的成效，王莽只好採取武裝鎮壓。王莽推行軍事一體化措施，中央各大臣兼任前後左中右五大司馬，地方上州級官吏兼大將軍，郡級長官兼偏將軍，縣級長官兼校尉，把全國變成一座大兵營，加強對起義軍的討伐。但起義軍依舊在戰鬥中壯大成長，隊伍日益擴大，王莽的統治更加風雨飄搖。

其實地方官中也有有勇有謀的將才，如青州（今山東）的田況就是一位。田況在義軍四起的時候，徵發轄區內十八歲以上的男人四萬多組成一支大

軍，加緊操練嚴陣以待。結果當地的農民沒有足夠兵員致使他們造反不成，而外地義軍也畏懼不敢前來，所以這塊地方平安無事。田況自以為自己在這件事上立了功，沒想到招來了王莽的訓斥：「沒有中央的命令而擅自組建軍隊，是嚴重的違法亂紀，應該受到嚴厲懲治。鑑於目前形勢，准你戴罪立功，暫且代理青州、徐州（今山東、江蘇）地方長官。」表面上責備，實際上提拔，也是王莽用人的一招手段。田況感激王莽任命的高官，為表示自己的忠心又獻上了自己的治國方略：「針對起義軍力量分做、各自為戰的特點，宜予地方官更多的自主權，讓他們依靠地方豪強，實行堅壁清野的堡壘戰略，讓起義軍陷入在鄉間搶不到東西、攻打城池又力量不足的困境，不失時機地採用剿滅與招撫並重的方式，不用擔心義軍不被消滅」。王莽歷來孤性多疑，最懼形成尾大不掉的局面，讀了田況的建議後暗自思忖：田況果真有一套辦法，但他也是個危險人物，必須嚴加控制。於是派使者調田況入京另行安排職務，但山東一帶也隨之被義軍占領。像這樣，難得幾個頭腦清醒、能力超常的人，因遭到王莽的猜忌而被免了職位，剩下的一些大臣要麼就只會拍馬屁，要麼就裝聾作啞。怪不得有人發牢騷說：「把狗拴得緊緊的，又想讓他抓到更多的野物，怎麼可能呢！」

　　放著好的建議不採用，卻又一而再，再而三地要求大臣想辦法，大臣們只有出些歪主意了。奇怪的是，越是那些荒唐的建議，王莽愈加欣然接受。天鳳四年，王莽下令鑄造「威斗」。為了表現對天命的恭敬，王莽親自主持鑄斗典禮。工匠們依據王莽的設計，用不同合金比例的青銅，造了一個長有二尺五寸、形狀像北斗七星的「球斗」。王莽把這件東西看作是可以戰勝起義軍的神物，出行時派專人保護著走在車隊前面；在宮裡，由一專門人員侍立一旁，「威斗」隨著時辰轉動，王莽的龍椅也隨著轉動，以保證他始終坐在北斗七星的斗柄上，認為這樣就可以天下太平。但斗轉星移的同時，起義軍卻是日盛一日。

一招不靈，再想一招。有個自稱會看風水、望地氣的騙子向王莽上奏，稱京城長安有「土功」象，需要大興土木、多蓋一些建築物，由此天下太平，王莽的江山穩固，萬壽無疆。病急亂投醫的王莽，馬上下詔修建宗廟，任命大司馬王邑、大司徒王尋主管，另派十幾名官員監工，動用十幾萬名工匠，在百頃土地上，修建了宏偉華麗的九座宗廟，以便祭祀從黃帝到他父親王曼九位祖先。建立這麼大一個建築，需要一筆數目巨大的開支，可是連年的戰爭加上持續的乾旱、黃河兩次氾濫，天災人禍導致國庫空虛，這樣錢從何而來呢？王莽不得不出賣官爵：六百斛米可買一個郎官，交的越多，官職越大。當官沒有好處的話，誰還買官呢？這些買了官的人，所花費錢財自然要在百姓身上搜刮回來，並且要撈得更多才划算，因此就變本加厲地坑害百姓。王莽修廟，本欲借此壓制起義軍，結果卻事與願違，愈加激發百姓的怒火，甚至連京城長安附近都出現了起義者的蹤跡。

王莽最樂於接受的一招是侍從郎官成修提出來的，他說黃帝就是由於有一百二十個妃嬪才成了神仙，所以繼立「民母」（皇后）才是天下太平的最佳選擇。王莽交口稱是，立即在全國大選美女，最後確立一位皇后、三位貴妃（分別稱和嬪、美御、和人）、九位嬪人、二十七位美人、八十一位御人，共一百二十一人，比黃帝還多了一名妃子。舉行婚禮時，王莽為了掩飾自己的老態龍鍾，別出心裁地把花白鬍子染成黑色，真像是在演一齣鬧劇。最讓王莽悲痛的一招是大臣崔發想到的，他見王莽急得像熱鍋上的螞蟻，就說：「《周禮》、《春秋左傳》上都記著，國家危亡時，應該痛哭來消災。《周易》上也寫著『先哭後笑』看來現在只有哭才能解決問題了」。王莽面對不可開交的局面，也正想哭呢！隨即帶領群臣來到祭天的地方，對天禱告：「上天既然讓我當天子，何以又讓叛亂者倡狂呢？若是我有過錯，就請打雷劈死我算了！」說完，號啕大哭。王莽想到皇帝寶位還沒坐夠，心裡真是感到無限悲痛，竟一下哭得昏死過去。為了要壯大自己的聲勢，王莽又命令太學生和

附近百姓，每天早晚兩次集中一起哭天，並且免費招待吃飯。只要是哭得傷心，並且把那些能夠背誦王莽禱告原文的，封他們做郎官職務，結果幾天之內，就有五千多人當了郎官。

哭聲並沒有得到成效，建宗廟、娶妃這些荒唐的事蹟越來越激起了民眾的憤怒，「威斗」也壓制不住義軍。劉秀等起義軍與王莽軍隊的昆陽一戰，決定了王莽政權的崩潰。地皇四年，起義軍包圍長安，他們不單燒毀了新建還沒有多久的宗廟，甚至把王莽父親和妻子的墳墓也挖出來燒棺焚屍。

十月初，義軍攻下長安城，兩日後的黃昏又攻破皇宮。一個城裡的商人 —— 杜吳，衝進王莽藏身的房間，一刀把王莽給砍死了。杜吳當時並不知道他殺死的人是王莽，可是有一個名叫公孫賓的校尉，認出杜吳手中拿的是皇帝綬帶，問明來源後，跑到屋子裡割下了王莽的首級，其餘士兵一擁而上，把王莽的屍身斫成了肉醬。六十八歲的王莽，到這個時候走完了他複雜而罪惡的一生。

王莽的頭顱被送到義軍總部宛城，更始皇帝劉玄下令將之懸掛在城門上示眾。士兵和百姓提起王莽的頭顱拋來拋去當球玩，更有幾個人為了發洩怒氣，竟然割下王莽的舌頭，剁碎吃了，終於應了相面先生「終被人食」的預言。為什麼人們單單吃他的舌頭呢？可能是由於這條長舌頭騙了太多的人吧！

第四節 嚴嵩

嚴嵩是歷史上一位很有名的「奸」臣，主要是奸在排除異己上無所不用其極，嚴嵩之奸，固然與其個人品性有關。也是當時封建政治體制發展的必然產物。明朝是一個可悲的朝代，除了開國時期的幾個帝王還像樣以外，整個王朝幾百年間，所出的帝王，實在是令人不敢恭維。

嚴嵩（西元一四八〇至一五六五年），生於憲宗成化十六年（西元一四八〇年），明江西分宜人，字惟中，號介溪，嘉靖時期專擅朝政達二十餘年。奉道教神仙，政事荒怠。嚴嵩侍奉虔誠，善寫應制文詞，頗受寵信，被擢為首輔。他握權久，通引私人居要職。嘉靖末年御史鄒應龍、林潤相繼彈劾嚴世蕃，嚴世蕃被殺，嚴嵩革職，就此失勢。查抄其家產，得黃金三十萬兩、銀二百萬兩、良田美宅數十所，可見其貪汙之甚。

明代弘治十八年進士的嚴嵩，由庶起士授編修。久之進為南京翰林院侍讀、國子監祭酒。受到世宗皇帝朱厚熜的寵信，在內閣二十年，專擅國事，貪鄙奸橫，是明代有名的奸臣。諂媚阿諛以圖高官，嚴嵩並無特殊才幹，唯能諂諛媚上，以圖高官厚祿。嘉靖七年，嚴嵩為禮部右侍郎，奉世宗朱厚熜命祭告顯陵。事後，嚴嵩向世宗朱厚熜獻媚說：「臣恭上寶冊和奉安神床時，應時雨止。又產石地棗陽，有許多鶴鳥繞集；碑運入漢江，河流突然水漲。這些都是上天眷愛之意，請命輔臣撰文刻石予以記載。」世宗朱厚熜聽後十分歡喜。不久，嚴嵩便改任吏部左侍郎，後又升倒南京禮部尚書，繼改為吏部。世宗朱厚熜是武宗皇帝朱厚照的堂弟，封國在湖廣安陸。武宗朱厚照沒有兒子，死後由皇太后和內閣首輔楊廷和定策，以遺詔的名義由世宗朱厚熜弟繼兄嗣皇帝位。世宗朱厚熜登上皇帝位後，即追尊生父興獻王為興獻帝。

嘉靖的第十七年，世宗朱厚熜又準備將興獻帝廟號追尊為睿宗，並將神主入太廟，躋在武宗朱厚照之上。一開始，嚴嵩與群臣一起表示反對，世宗朱厚熜聽後很不高興，著《明堂或問》給眾廷臣看，意在責問群臣。同時，將力言不可之吏部侍郎唐冑下獄。嚴嵩看到此情勢，驚恐不已，盡改前說，並精心籌畫興獻帝朱佑撫神主人太廟禮儀。禮成後，深合世宗朱厚熜心意，得到了金幣等物的賞賜。從此以後，嚴嵩越加鑽務巧言媚上，阿諛逢迎。世宗朱厚熜追尊太祖朱元璋高皇帝諡號時，大學士夏言、顧鼎臣等奏稱見五色

吉祥雲，嚴嵩便奏請皇上受群臣賀拜，並仗著歷年學問，撰著了〈慶雲賦〉
及〈大禮告成頌〉阿諛皇上。世宗朱厚熜讀後大喜。同一年，嚴嵩便晉升為
太子太保，賞賜也與輔臣同等對待。

　　明代冠制，皇帝與皇太子是用烏紗折上巾，即唐朝所稱翼善冠。世宗朱
厚熜崇尚道教；不戴翼善冠而戴香葉巾冠，並將五頂香葉巾冠賜夏言、嚴嵩
等大臣。夏言認為這種香葉巾不是大臣應戴之冠，有違祖制而不戴。但嚴嵩
卻不放過這一逢迎皇上的機會，他在世宗朱厚熜召見時不僅頭戴香葉巾冠，
而且還特地用輕紗籠住以示鄭重。世宗朱厚熜見狀，越喜嚴嵩而漸嫌夏言。
陰險的嚴嵩趁機在世宗朱厚熜面前讒言夏言傲慢犯上，世宗朱厚熜勃然大
怒，立刻罷了夏言的大學士職。而嚴嵩也就在這一年八月，補了夏言去職後
的空缺，以禮部尚書兼武英殿大學士入閣參與機務，開始掌握內閣重權。當
時這個時候的嚴嵩已達六十餘歲的高齡，但精神溢發，神采飛揚，也不亞
少壯，朝夕在西苑侍奉世宗朱厚熜，越發得到世宗朱厚熜的寵眷，不久，又
晉升為太子太傅。排斥同僚，結黨固權，嚴嵩雖然入閣，但他並不以此為滿
足，又千方百計打擊和排斥同僚，以獨攬朝政。大學士翟鑾資歷、名望都在
嚴嵩之上。嚴嵩為了排擠翟鑾，便暗中唆使給事中王交以翟鑾二子同舉進士
為由，疏論翟鑾二子在科舉上作弊。結果，在嚴嵩的誣陷下，翟鑾父子均被
世宗朱厚熜削職為民，而嚴嵩越發得志。吏部尚書許讚、禮部尚書張璧亦入
閣與嚴嵩一同參與機務。但世宗朱厚熜遇事只召嚴嵩商討，嚴嵩遂不把他二
人放在眼裡，凡事獨斷專行。對這一行為，許讚略露不滿之詞，居心叵測的
嚴嵩便上奏世宗朱厚熜說：「臣子一同侍奉皇上，應當協力同心，不應互相
嫌惡。以前，夏言與郭勳同為朝中大臣，卻互相猜忌，有失做臣子之道之本
分。臣嚴嵩屢次蒙皇上單獨召見，於理未安，恐怕同僚生疑，致重蹈前轍。
以後就請照祖宗朝蹇（蹇義）夏（夏原吉）、三楊（楊士奇、楊榮、楊溥）故
事，凡蒙召對，應閣臣一同入見。」

　　嚴嵩在這裡以退為進，明為顯示自己能厚待同僚，實際是說其他閣臣對自己之妒。用這種方法，嚴嵩藉由詆毀別人，又進一步獲得了世宗朱厚熜的寵信。在這不久，嚴嵩便晉升為吏部尚書、謹身殿大學士、少傅兼太子太師。世宗朱厚熜因許贊老病去職，張璧死，又起用夏言入閣。夏言入閣後，位仍在嚴嵩之上。嚴嵩心中很是不甘，表面上對夏言謙恭，暗中卻伺機陷害夏言。世宗朱厚熜是一個疑心很重的人，他經常派宮監暗中窺視大臣們的行動。嚴嵩每次在宮監來窺視自己時，都故意做能夠討好皇帝的事情，例如夜晚在燈下閱看青詞稿等。所謂青詞稿，就是道士設壇上奏天神的表章，因以青藤紙朱字書寫，故叫做青詞。由於世宗朱厚熜崇尚道教，夏言和嚴嵩都以善寫青詞得寵，因此當時就有人譏諷夏言和嚴嵩是「青詞宰相」。夏言再次入閣後，年邁體衰，每到夜晚入睡很早。當世宗朱厚熜得知嚴嵩夜晚閱看青詞稿而夏言已經入睡的情報後，對嚴嵩越加寵眷，而對夏言漸生嫌惡。

　　嘉靖二十五年（西元一五四六年）總督陝西三邊軍務曾銑，在夏言的支持下，提出了收復被蒙古韃靼部占領的河套地區的計畫。河套地區東、西、北三面瀕河，南面臨近明朝的榆林、寧夏等邊鎮，土地肥美，灌溉便利，適宜農桑。控制河套地區，對於明朝北方的邊防有著重要的意義。但是，嚴嵩為了陷害夏言，利用世宗朱厚熜害怕蒙古韃靼軍的心理，攻擊夏言、曾銑等收復河套地區的計畫是「好大喜功」、「窮兵黷武」這時，恰巧內宮失火，皇后去世，世宗朱厚熜對以上變故頗為懼怕。嚴嵩趁機進讒言說：「災異發生的原因就是由於夏言、曾銑等要收復河套地區，混淆國事造成的。」世宗朱厚熜信以為真，便把夏言罷職，曾銑下獄，其他支援收復河套地區計畫的官員也遭受了貶謫、罰俸和廷杖的處分。不久後，韃靼軍進擾延安、寧夏等地，嚴嵩又趁機對世宗朱厚熜說，韃靼軍是因曾銑要收復河套地區而發的兵。世宗朱厚熜又按開邊事之釁罪把曾銑處死。嚴嵩雖然害死了曾銑，但是夏言還在，只要夏言還在就會對嚴嵩造成危害，所以嚴嵩不把他置之死地是不甘

心的。不得已之下用奸計，又捏造了夏言曾經受過曾銑賄賂的罪行。導致夏言也被世宗朱厚熜處死。夏言一死，嚴嵩便爬上了首輔高位，完全掌握了內閣大權。嚴嵩在排斥同僚的同時，還極力培植同黨，並安插親信掌握機要部門，以更加鞏固自己的權勢權威。嚴嵩以子嚴世蕃為爪牙，聚類養惡，好朋奸黨，僅僅乾兒子就有三十餘人之多，尚書關鵬、歐陽必進、高耀、許燴等都是嚴嵩黨羽。

通政司是負責呈送奏章的重要部門，嚴嵩為了控制掌握這個部門，便由其義子趙文華任通政使，凡是上書的奏章，必由趙文華將副本先送嚴嵩閱看，然後才上奏給皇帝。吏部文選和兵部職方是二個低微的官職，但由於吏部文選負責辦理官吏的升遷、改調，兵部職方負責軍制等具體事宜，都是位低權高。因此，嚴嵩也牢牢控制在手中，由親信萬窠和方祥分別擔任文選郎和職方郎。他二人經常拿上文簿由嚴嵩任意填發，時有嚴嵩「文武二管家」之稱。貪汙納賄、魚肉百姓，嚴嵩倚仗權勢，貪汙納賄，侵占民產，無惡不作。嚴嵩柄政期間，朝中官員的升遷貶謫，不是根據其人的賢愚廉恥和能力大小，而是憑他們對嚴嵩賄賂的多寡。因此，每天到嚴府行賄的人絡繹不絕，相望於道；饋贈之物，魚貫聯珠，斗量車載。禮部員外郎項治元賄賂嚴嵩一萬三千金而升任吏部主事。舉人潘鴻業賄賂嚴嵩二千二百金得任山東臨清知州。就連犯罪軍官仇鸞，被革職後為了復官，以重金賄賂嚴嵩父子後，竟當上了宣府、大同總兵要職。當時，南北之事、御史等監察官吏都認為，朝中貪汙大臣首推嚴嵩。嚴嵩父子侵占的民間田產僅在北京附近就有莊田一百五十餘所。另外，在南京、揚州等地豪奪、強買之良田、美宅也有數十處。這些田產每處價值均有數千金，但嚴嵩父子強買時，賣者往往只能得銀十分之四、五。嚴嵩父子在原籍侵占之民田更是驚人，袁州一府四縣之田，竟有十分之七被嚴家侵占。由於嚴嵩父子大肆搜刮民財，魚肉百姓，其家財可與皇帝比富。嚴嵩的府第都是雕梁畫棟，峻宇高牆，其巍峨壯麗不減朝

堂，至於金銀珠寶更是難以計數。嚴嵩子嚴世蕃曾自誇說：「朝廷上還沒有我富足。」後來，嚴嵩事敗被抄家時，抄出黃金三萬餘兩，白銀二百多萬兩，其他珍珠寶玩價值數百萬兩。就連嚴嵩的家僕嚴年，家財也以數萬兩計。嚴嵩父子的生活相當奢侈糜爛。特別是嚴嵩子嚴世蕃，美妻愛妾，列屋群居；衣皆龍鳳之紋；飾盡珠玉之寶；張象床，圍金帳；朝歌夜舞，荒淫無度。對這種腐敗生活，嚴世蕃自鳴得意地說：「朝廷不如我樂！」

對於嚴嵩的奸貪和倒行逆施，還直接削弱了明朝的邊防，造成了北方韃靼貴族軍和東南倭寇對明朝的嚴重威脅。明中葉，蒙古瓦刺部漸衰，韃靼部乘勢興起。不久，韃靼部達延汗統一了蒙古各部。

嘉靖二十九年（西元一五五〇年），韃靼部俺答汗率軍長驅直入北京郊區，北京城已處於萬分緊急狀態。但嚴嵩不顧軍情緊急，只考慮如果在京郊戰事失利難以瞞住皇上，自己作為內閣首輔難辭其咎，便千方百計阻止抗戰。國子司業趙貞吉等主張出兵保衛京師，嚴嵩卻汙蔑他狂誕，致趙貞吉被世宗朱厚熜廷杖、貶謫。嚴嵩還授意兵部尚書丁汝夔說：「京郊不比邊塞，在邊塞戰敗還可掩飾，而京郊戰敗人所共知。俺答軍搶掠夠了就會離去，我們唯有堅持是上策。」於是，兵部發令，不得輕易出戰。各路勤王軍到京，嚴嵩又薦舉其黨羽仇鸞為大將軍，節制諸路勤王兵馬。在嚴嵩、仇鸞的節制下，各路勤王軍隊只是坐觀俺答軍殺掠人口，搶奪財物。仇鸞所率軍隊甚至尾隨俺答軍後趁火打劫，燒殺搶掠比俺答軍還凶狠。一直到俺答軍在北京城郊燒殺搶掠數日，押運著大批男女、金帛、財物志滿得意地離去，仇鸞才率軍佯作追擊，殺了幾十個百姓的頭來冒功。世宗朱厚熜不加核實，竟加封仇鸞為太保，並賜金幣。不過，世宗朱厚熜對於俺答兵臨城下還是感到有失皇帝的面子，他為了洩憤，便把兵部尚書丁汝夔下獄。嚴嵩怕丁汝夔在這個時候揭發自己曾經授意他不出戰的罪行，便寬慰丁汝夔說：「有我在，一定不會

讓你死去。」可是當世宗朱厚熜發怒要處死丁汝夔時，嚴嵩又噤若寒蟬，一言不發。丁汝夔臨刑時方知受騙，大呼「嚴嵩誤我！」嘉靖二十九年（西元一五五〇年）是庚戌年，歷史上稱這次事件為「庚戌之變」這次事件發生的原因是多方面的，但與嚴嵩倒行逆施，廢弛邊防有著直接的關係。東南倭寇是日本海盜集團。早在明初時期，倭寇已經在中國東南沿海出現。但當時明朝國力強盛，海防鞏固，所以尚未釀成大患。到了嘉靖年間（西元一五二二至一五六六年），由於世宗朱厚熜的昏聵，嚴嵩的奸貪，明王朝的沿海防務已經十分空虛。如地處海防前線的遼東、山東、浙江、福建、廣東諸衛所的士卒僅有原額的三分之一；沿海戰船十存一、二，遇警只好募漁船充數。每當倭寇大舉進犯時，因無抵禦能力，使人民的生命財產慘遭倭寇屠殺和掠奪。嘉靖三十一年以後的三四年間，江浙軍民被倭寇殺害的就有數十萬隊。所以，倭寇是明代嘉靖年間東南方面最嚴重的禍害。但是操縱內閣大權的嚴嵩卻包庇、縱容通倭官僚，打擊、陷害抗倭將領。如福建巡撫阮鶚通倭案發後，阮鶚以重金賄賂嚴嵩，竟免治罪。相反，抗倭將領張經曾在嘉靖三十四年（西元一五五五年）於浙江大敗倭寇，俘斬倭寇兩千人，取得了抗倭戰爭以來最大的一次勝利。但由於沒有賄賂當時任東南督軍的嚴嵩義子趙文華，竟被嚴嵩和趙文華以冒功罪陷害致死。抗倭名將俞大猷，為人耿直、正直，不會逢迎拍馬，嚴嵩惱怒他不奉承自己，就製造事端用極其惡劣的行為把他逮捕入獄。朝中許多官員愛惜俞大猷的將才，湊了三千金賄賂嚴嵩，才保住俞大猷的性命改為發配大同戍邊，由於嚴嵩及其黨羽顛倒功罪，倒行逆施，東南海防將吏解體，紀律大壞，以致倭寇愈加猖獗。顛倒黑白陷害言官對於嚴嵩父子貪鄙奸橫、誤國誤民的行徑，許多正直的官員都非常憤慨，紛紛上疏揭露其罪行。其中最著名的是錦衣衛經歷沈鍊和兵部員外郎楊繼盛的疏論。

　　嘉靖三十年，沈鍊上疏指出：「俺答軍能很快長驅直入京郊，這都是由於嚴嵩貪婪愚鄙、廢弛邊防造成的。沈鍊還在疏中歷數了嚴嵩的納將帥之賄，

攬吏部之權，索撫按歲例，陷害言官，專擅國事等十大罪。請皇上誅殺奸臣嚴嵩，以告天下，對天下人有個交代。」嘉靖三十二年（西元一五五三年），兵部員外郎楊繼盛全面揭發嚴嵩的罪行。他把嚴嵩的罪行主要歸納為十大罪、五奸。這十大罪主要是：儼然以丞相自居，壞祖宗成法；假皇上之意，以售其奸；冒朝廷軍功，子孫無功而官；納賄營私，引用貪虐奸邪之臣；廢弛戰備，貽誤國家軍機。楊繼盛還指出，嚴嵩正是依靠兜售五奸而得逞的。這五奸的大略是；厚賄交結皇帝侍從宮監，使之成為自己的間諜；嚴加控制掌管奏章的要害部門通政司，使之成為自己的鷹犬；勾結廠、衛（皇帝的特務組織）官員，使皇上的爪牙也能為自己服務；百般籠絡言官，使之成為自己的奴隸；網羅各部臣僚，使之成為自己的黨羽。顯然，這些疏論都是對嚴嵩罪行尖銳的揭發和批判。但是，由於嚴嵩混淆是非，顛倒黑白，利用世宗朱厚熜拒諫護短的毛病，激怒世宗朱厚熜，以致嚴嵩一點動靜都沒有，而言官本人卻遭到了各種迫害和打擊。如錦衣衛經歷沈鍊遭受廷杖、貶謫的處分。沈鍊到被貶地保安（今河北懷來西北）後，又紮捆了三個草人當作李林甫、秦檜、嚴嵩，經常以箭射之洩憤。嚴嵩聽說後惱恨不已，不久，就捏造罪名把沈鍊殺死了。又如兵部員外郎楊繼盛被世宗朱厚熜以誣陷大臣罪廷杖一百下獄後，嚴嵩仍不甘心，必欲置之死地，又把楊繼盛無中生有地牽扯到所謂張經冒功一案中而加以殺害。除此以外，先後上疏彈劾嚴嵩的謝瑜、葉經、童漢臣、趙錦、王宗茂、何維柏、王曄、陳塏、厲汝進、徐學詩、周夫、吳時來、張沖、董傳策等，都由於嚴嵩的誣陷而遭到廷杖、貶謫、下獄等迫害。這樣，由於嚴嵩的淫威，朝中一度無人再敢上疏彈劾嚴嵩。

惡貫滿盈可恥下場嚴嵩之敗是在嘉靖四十一年（西元一五六二年）。在以前，嚴嵩遇事多依靠其子嚴世蕃，甚至讓嚴世蕃偷偷代為票擬，由於嚴世蕃曉暢時務，頗通國典，奸猾機靈，善揣人意，票擬多能迎合世宗朱厚熜心意。可是，當嚴嵩妻子病故，嚴世蕃居喪期間不能代父票擬，而由嚴嵩自行

票擬時，由於嚴嵩年僅八十餘歲，票擬往往言詞不清，甚至前言後語相互矛盾，經常不合世宗朱厚熜心意，嚴嵩便漸漸失去了世宗朱厚熜的寵眷。這時，又有方士藍道行以扶乩得到世宗朱厚熜的信任。有一回，世宗朱厚熜問藍道行朝中大臣的奸賢，藍道行便假借乩仙之意說：嚴嵩是最大的奸臣。世宗朱厚熜又問：上仙為何不降災除奸。藍道行又借乩仙之意說：留待皇帝正法。之後，當御史鄒應龍上疏揭發嚴嵩父子罪行時，世宗朱厚熜便把嚴嵩罷職，其子嚴世蕃謫戍邊地。這件事是發生在嘉靖四十一年五月。可是，目無王法的嚴世蕃在去戍地的半途逃回了原籍，繼續在鄉里橫行霸道，奪人子女，掠人錢財，甚至私通倭寇，潛謀叛逆，民憤極大。後來，御史林潤知道了詳細的內容，就將嚴世蕃逃回原籍，誹謗朝政，專橫鄉里，圖謀不軌等罪行上疏給皇上，世宗朱厚熜見到奏章後大為震怒，立即把嚴世蕃逮捕入京，並於嘉靖四十四年（西元一五六五年）將嚴世蕃斬首。當惡貫滿盈的嚴世蕃臨刑時，市民們紛紛持酒觀看，無不拍手稱快。就在這一年，嚴嵩也在人們的唾罵聲中死去，死的這一年他年已八十七歲的高齡。

明代嘉靖年間，嚴嵩柄政，朝政腐敗，民間不安，以至於帶來了非常嚴重的社會惡果。首先，由於國家財政瀕臨絕境，國家已經到了幾乎不能支持的地步。其次，由於國力削弱，邊防廢弛，造成北方俺答貴族軍騷擾和東南倭寇猖獗，給人民招致了深重的災難。再次，由於邊防費用大增和世宗朱厚熜齋醮、營建之費有增無減，到嘉靖三十年（西元一五五一年）歲用銀已達五百九十五萬兩。於是增派賦銀一百二十萬兩，加派從此始。此外，鹽稅也大量增加，兩淮鹽稅達百萬銀兩之數。這些加派、增賦又進一步加重了人民的負擔。總而言之，嚴嵩在專權柄政的二十年裡，是明代朝政最壞、最糟的二十年。這樣總結出：嚴嵩的一生，是一個貪鄙奸橫、誤國誤民的大壞臣。所以，一代權臣嚴嵩，也就成為了歷史上一個被人唾罵、遺臭萬年的風光歷史人物。

第五節 張居正

　　張居正也是個奸人，這樣稱呼好像有點委曲他了，畢竟他為大明朝兢兢業業付出了自己的一生，只不過他做的事情得不到當時的統治者了解罷了。追根究柢，是他的策略出現了問題。歷史總得給人一個交代，為什麼張居正為輔數十年，功高至震主的地步，反而子孫後代不得善終呢？我們就且先稱他為「奸」吧。

　　張居正是明代最傑出的改革家。他「勇於任事，以天下為己任」。從一五七三年出任內閣首輔開始，便掀起了一場以整頓吏治、推行一條鞭法、鞏固邊防等為主要內容的改革浪潮，從而使本已衰頹的明王朝統治一度出現了中興的景象。一五八二年，張居正病逝。萬曆皇帝下詔罷朝數日，賜諡文忠公，蔭一子為尚寶司丞。並派錦衣衛護送靈柩至故鄉江陵，可謂備極哀榮！

　　然而最令人不可思議的是，就在張居正死後不過兩年，局勢卻發生了急劇逆轉。還是這個萬曆皇帝，竟指斥張居正：「罔上負恩，謀國不忠。」下旨追奪官秩，查抄家產，甚至要「斲棺戮屍」。而政治上的倒行逆施則更為嚴重。凡是張居正生前所舉薦重用的人，統統被罷斥削籍；凡是以前被罷斥的官員，又大都起用復官。張居正十年嘔心瀝血推行的改革，從此被一筆勾銷。

　　為什麼會出現這樣的悲劇呢？一般認為，這是因為改革觸犯了官僚集團的利益。但僅僅停留在這一點上，我們對歷史的理解也就容易扁平化。事實上，當撥開重重的歷史迷霧，仔細探究這場悲劇的具體原因時，便可在改革者張居正的身影背後，看到一個被閹割過的小人物 —— 大太監馮保。

第五章　陰謀與奸者

「權宦輩出」的朝代就是明朝。然而在那時的大臣，凡是能夠比較長久供職的外延大臣，包括那些在政治舞臺上叱咤風雲的人物，都要有宦官做自己的政治保護傘。張居正也不例外，他的保護傘就是這個有太后撐腰、權勢傾國、連萬曆皇帝都以「大伴」相稱的司禮監秉筆太監馮保。

馮保貪財好色而且還是大膽包天。他貪汙勒索的手，甚至伸到了皇帝頭上。張居正作為一個長期在政壇上縱橫捭闔的老手，深知該怎樣對付馮保這樣的角色。史載他先後送給馮保名琴七張，夜明珠九顆，珍珠簾五副，金三萬兩，銀二十萬兩，「其他珍玩尤多」。當馮保耗費大量錢財，給自己營建了生壙（墓穴）後，張居正還不避肉麻，特地親筆給他寫了〈司禮監秉筆太監馮公預作壽藏記〉，字裡行間，高唱頌歌不已。工夫下得如此到家，終於換來了馮保對他的鼎力相助，幫助他在權力鬥爭中擊敗政敵，坐上了內閣首輔的寶座。張居正也因此才能有機會施展自己的政治才能。

一向很注重名節的人物張居正。在擔任首輔前，他就極力宣導廉政，轟動朝野。主政以後，又針對「吏治不清，貪官為害」的問題，大力整頓，還抓出一些重大腐敗案件。由於他位高權重，大批希望重用的文武官吏都給他行賄送禮，甚至連王府也加入其中，但數以萬計的饋贈都被他嚴詞拒絕了。然而，張居正的無奈之處就在於當時的社會歷史條件並不允許他完全按照自己的原則行事 —— 他不得不以一個腐敗人物做自己的政治後盾，因而也就不得不用腐敗手段來確立和維持自己的政治地位，腐敗就是因為這一切，然而這也使終會導致他的有這種下場。

去世後的張居正，反對派決定先從馮保身上下手，上疏指控馮保大量貪汙受賄，家資富饒勝過皇上。萬曆嘗到抄家的甜頭，懷疑張居正也有大量財寶，這也就導致了張居正「禍發身後」。

　　導致這場悲劇的直接原因就因為張居正與馮保的密切關係。也就是因為這一點上，人們卻無法指責他。因為命運擺在他面前的，實際上是一個兩難選擇——拒絕馮保的支持，他便根本沒有機會實現自己的政治抱負；而與馮保結盟，則必然會被這個陷沙鬼將他先前的光榮和死屍一同拖入爛泥的深淵。這是張居正個人的悲劇，也是專制制度的悲劇。透過長達四百多年的時間隧道，彷彿我們現在似乎還能聽到張居正無奈而沉重的嘆息聲！

　　歷史猶如色彩斑斕變幻無窮的萬花筒，讓探索它奧祕的人們感到深不可測，這也許就是它的魅力所在吧！有些事情似乎都是難解之後謎，例如功勳卓著的改革家為何沒有好下場，吳起商鞅死於非命，便是顯例。張居正雖然並非死於非命，但死後，先前對他新生備至言聽計從的明神宗卻揚言要對他斷棺戮屍，家屬代他受過，遭受抄家充軍的嚴懲，令同時代人以及後來的讀史者感慨唏噓不已，陷入深深思索中。

　　萬曆元年至十年中擔任內閣首輔的張居正，實行著「綜核名實，信賞必罰」的原則，力挽狂瀾，推行大刀闊斧雷厲風行的改革，開創了成效卓著的萬曆新政，不僅改變了以前財政連年赤字入不敷出的局面，而且使萬曆時期成為有明以來最為富庶的幾十年。這是有目共睹的，甚至連和他持不同政見的人，也讚譽有加。人稱「王學左派」「異端之尤」的李卓吾，由於好友何心隱之死，懷疑是張居正指使地方官所為，因而對他一向懷有偏見。在張居正死後遭到不公正待遇時，他出於學者的正直本心，感慨系之地說出了一句極分量的話：「江陵（指張居正）宰相之傑也，故有身死之辱。」在讚譽他是「宰相之傑」的同時，為他的「身死之辱」感到憤憤不平。既然是「宰相之傑」，何以會有「身死之辱」？確實是值得人們深思熟慮的。

「威權震主，禍萌驂乘」

《明神宗實錄》的纂修官已經看到了這一點。他們給張居正寫的「蓋棺論定」還算平直公允，一方面確認張居正手攬大政十年，「海內肅清，四夷讋服，太倉粟可支數年，岡寺積金至四百餘萬。成君德，抑近侍，嚴考成，覈名實，清郵傳，核地畝，洵經濟之才也」；另一方面也指出他的過失，即便過不掩功，也足以使他陷入無法擺脫的困境：「偏衷多忌，小器易盈，鉗制言官，倚信佞，方其怙寵奪情時，本根已斷矣。威權震主，禍萌驂乘。何怪乎身死未幾，而戮辱隨之。」這段話看似官修史書通常史官褒貶筆法，卻不乏史家難得的史識，「威權震主，禍萌驂乘」這八個字就是它的精髓之處。

也正因為這樣，張居正確實屢屢「鉗制言官」，因為在他看來，要進行改革，必須「謀在於眾，而斷在於獨」。倘使我們說他給人的印象是獨斷專行，是毫不為過的。這實在是迫於形勢不得已而為之；因為改革舉措觸及政壇痼疾，沒有相當的力度難以奏效。無論是使「中外凜凜，莫敢有偷心」的考成法，還是「理逋負以足國」的清丈田糧，以及把江南行之有效的一條鞭法推廣到全國，無一不是阻力重重，反對的聲音一浪高過一浪，沒有一點雷厲風行獨斷專行，恐怕一事無成。張居正過於嚴厲，過於操切，必然遭來許多非議。但是新政成效卓著，言官們難以抓住把柄，便從攻擊張居正個人品行，離間他與皇帝的關係著手。南京戶科給事中余懋學、河南道御史傅應禎以及巡按遼東御史劉臺，就是這樣的代表人物。由於皇帝和皇太后的全力支持，宮內實權人物司禮監掌印太監馮保又與張居正結成權力聯盟，那些反對者統統被嚴厲地鎮壓了下去。

然而一波剛平另一波又起，連續不斷。萬曆五年張居正的父親張文明病逝，按照當時的官僚丁憂缺席必須辭官守制二十七個月。張居正是一個「非常磊落奇偉之士」，不願意「徇匹夫之小節」，而使改革中斷，便與馮保聯手

策劃「奪情」之局，接受皇帝的「奪情起復」、「在官守制」，依然執掌朝政大權。此舉激起更大的反對聲浪，指責張居正違背傳統的儒家倫理綱常，不配斷續身居高位。反對最激烈的是翰林院編修吳中行、翰林院檢討趙用賢、刑部員外郎艾穆、刑部主事沈思孝。就在張居正處境十分尷尬之時，明神宗再三強調「奪情起復」是他的旨意，馮保又與之密切配合，記張居正票擬朱旨，對吳趙艾沈四人實施嚴厲的廷杖。由此遭來更多的非議，毫無疑問，張居正樹敵過多，日後遭到報復多少與此事有關係，然而最終也不是這場悲劇的關鍵所在。

關鍵在於「威權震主」

明神宗即位時還是一個年僅十歲的孩子，皇太后把朝政交給了張居正的同時，也把教育小皇帝的責任交給了他。因此張居正身兼二職：首輔與帝師。小皇帝一切都仰賴張居正的輔佐，他對身材頎長，美髯及胸的長者既敬重又畏懼。一次明神宗在讀《論語》時，誤將「色勃如也」之「勃」字讀作「背」音，張居正厲聲糾正：「當作勃字！」聲如雷鳴，嚇得神宗驚惶失措，在場的官員們無不大驚失聲。慈聖皇太后為了配合張居正的調教，在宮中對神宗嚴加看管，動輒譴責：「使張先生聞，奈何！」在太后和皇帝的心目中，張居正的地位與威權之高可想而知。當時人沈德符在《萬曆野獲編》中說：「（張居正輔政）宮府一體，百辟從風，相權之重，本朝罕儷，部臣拱手受成，比於威君嚴父，又有加焉。」所謂「宮府一體」云云，就是把內宮（皇帝）與外朝（政府）的事權集於一身，因此說他是有明一代權力最大的內閣首輔。這一點，張居正本人並不否認，他經常對下屬說：「我非相，乃攝也。」所謂「攝」，就是攝政，代帝執政。如此權勢顯赫的內閣首輔，部下當然要把他「比於威君嚴父」，成為他們爭相拍馬獻媚的對象，阿諛奉承之徒甚至向他贈送黃金製作的對聯：

日月並明，萬國仰大明天子；

丘山為岳，四方頌太嶽相公。

張居正號太嶽，把太嶽相公與大明天子相提並論，是頗有佞妄嫌疑的，張居正卻安之若素，流露出「我非相，乃攝也」的心態。

萬曆六年張居正離京歸葬老父，一路上擺出「我非相，乃攝也」的顯赫排場。不僅有尚寶少卿和錦衣衛指揮等官員護送，戚繼光還派來了銃手與箭手保鏢，而且他所乘坐的轎子是真定知府錢普特別趕製的，被人稱為「如同齋閣」。它的前半部是重軒（起居室），後半部是臥室，兩旁有走廊，童子在左右侍候，為之揮扇焚香。如此豪華之極的龐然大物當然不是八個人所能扛起來的，而是聞所未聞的「三十二抬」大轎，比皇帝的出巡猶有過之而無不及。

萬曆十年春，張居正身體不適，突然身患重病，久治不愈，朝廷大臣上自六部尚書下至冗散，無不設齋醮為祈禱，以表忠心，企求日後獲得這位代帝攝政的元老重臣的青睞。他們紛紛捨棄本職工作，日夜奔走於佛事道場，把祈求平安的表章供上香火繚繞的神壇，長跪不起。然後再把這些表章裝進紅紙封套，罩上紅色錦緞，送進張府，用重金賄賂張府家人，希求讓張居正過目，博其歡心，於是官僚們爭相雇募文人詞客，代寫表章，送給張居正，「爭一啟齒，或見而頷之，取筆點其麗語一二」。京都如此，各地封疆大吏莫不爭相仿效。這種舉國若狂的舉動，即使在那個時代也是罕見的不正常現象，後來明神宗病重時也沒有出現類似的排場。

張居正難道沒有考慮到「威權震主，禍萌驂乘」嗎？

如此的人能沒有自己的考慮嗎！在回到江陵老家安葬亡父時，一天之內收到皇帝三道詔書，催促他早日返回京師，顯示了他在皇帝心目中須臾不可或缺的地位。湖廣地方官以為是鄉親的無上光榮，特地為之建造「三詔亭」

以資紀念。在隆重的慶賀典禮之後，張居正突然聯想到騎虎難下之勢，他在給湖廣巡按朱璉的信中談起「三詔亭」，寫下了一段感慨而又意味深長的話：「作三詔亭，以彰天眷垂永久，意甚厚。但數年以來，建坊營作，損上儲，勞鄉民，日夜念之，寢食弗寧。今幸諸務已就，庶幾疲民少得休息；乃無端又興此大役，是重困鄉人，益吾不德也。且古之所稱不朽者三，若夫恩寵之隆，閭閻之盛，乃流俗之所艷，非不朽之大業也。……且盛衰榮瘁，理之常也。時異勢殊，陵谷遷變，高台傾，曲池平，雖吾宅第且不能守，何有於亭？數十年後，此不過十里舖前一接官亭耳，烏睹所謂三詔者乎？此舉比之建房表宅，尤為無益。」處在權勢頂峰的張居正明白一旦形勢變化，他連居所都成問題時，三詔亭對他有何意義呢？這就這時候他憂心忡忡地想到了「威權震主」的霍光與宇文護的悲劇下場。

霍光是受漢武帝遺詔輔佐年幼的漢昭帝，任大司馬大將軍，封博陸侯。漢昭帝死，他迎立呂邑王劉賀為帝，不久又廢劉賀，迎立劉詢為為漢宣帝。他前後攝政達二十年之久，一改漢武帝時代窮兵黷武的弊政，以節約財政開支為準則，不斷減稅，對匈奴的政策由征戰轉變為和平交涉。即便如此，他還是難逃厄運。漢宣帝把他視作芒刺在背，在他死後，由於陰謀告發，妻子及家屬多人被處死，當時盛傳：「威震主者不畜，霍氏之禍萌於驂乘。」這就是「威權震主，禍萌驂乘」第一個顯著的實例。宇文護的情況略有不同。他往西魏時任大將軍、司空，繼宇文泰執掌朝政，擁立宇文覺，建立北周，自任大塚宰，專斷朝政。其後廢宇文覺，另立宇文毓，又殺宇文毓，立宇文邕（周武帝），最終被宇文邕處死，原因就是「專橫」張居正聯想到霍光和宇文護的下場，不免有點惶恐，還是急流勇退吧！他深感「大權不可以久居」，就在萬曆八年三月向神宗提出「乞休」的請求。這九年來任重力微，積勞過慮，形神頓傯，氣血早衰，鬚髮變白，已呈未老先衰之態。從此以後，昔日的聰明智慮將日就昏蒙，如不早日辭去，恐將使王事不終，前功盡棄。這是他輔

政第九個年頭的真實心態；即便他對權位是熱衷貪戀的，也不得不深長計議，以免中途翻車，也就是他自己所說「駑力免於中蹶」。這既是一種政治姿態，也是一種自謀策略，神宗卻一點心理準備也沒有，毫不猶豫地下旨挽留。兩天后張居止再次上疏乞休，除了重中「惴惴之心無一日不臨淵谷」的心情，他提出一個折衷方案：只是請假，並非辭職，國家或有大事，皇上一旦召喚，朝聞命而夕就道，神宗有點猶豫了，以他的早熟和敏感，不可能不曾意識到張先生的威權震主，也並非不想早日親操政柄，只是如此重大人事更動他做不了主得請示「垂簾聽政」的太后才行；慈聖皇太后的態度很堅決，懇切挽留張先生，對兒子說：「與張先生說，各項典禮雖是修舉，內外一切政務，爾尚未能裁決，邊事尤為緊要。張先生受先帝付託，豈忍言去！待輔爾到三十歲，那時再作商量。先生今後再不必興此念。」皇太后如此明白無誤又毫無商量餘地的表態，大大出乎神宗與張居正的預料。這一決定使神宗頗為尷尬，在母后眼裡自己還是一個孩子，沒有裁決政務的能力，不得不打消及早親政的念頭。所謂「輔爾到三十歲」云云，似乎意味著張先生一日不死親政便一日無望。物極必反，神宗對張先生由敬畏至怨恨的轉變，這是一個重要的契機，埋伏下一旦張居正死去必將有所發洩的潛因。對於張居正而言，既然皇太后說：「今後再不必興此念」，豈敢再提「乞休」之事。

　　雖然不再提「乞休」的張居正，內心中的兩難益盛。他在給親家刑部尚書王之誥的信中透露了這種心情：「弟德薄享厚，日夕栗栗，懼顛躋之及頃者乞歸，實揣分虞危，萬非得已。且欲因而啟主上以新政，期君臣於有終。乃不克如願，而委任愈篤，負載愈重，羸弱之軀終不知所稅駕矣，奈何，奈何！」騎虎難下的無奈心情溢於言表。在他權勢最鼎盛，事業很成功的時候，擔心中道顛蹶，當然並非杞人憂天。

　　萬曆十年六月二十日，太師兼太子太師更部尚書極殿大學士張居正病逝，張居正一死，司禮監馮保失去了外朝有力的支持，剪除馮保的時機成熟了。馮保依伏太后的寵幸，張居正的聯手，有恃無恐，對神宗鉗制過甚，必然要引起反感，一旦時機成熟，他的垮臺是在意料之中的。同年十二月，神宗在彈劾馮保十二大罪的奏疏上批示：「馮保欺君蠹國，罪惡深重，本當顯戮。念系竿考付託，效勞日久，故從寬著降奉禦，發南京新房閒住。」這還算念在「大伴」多年掖抱陪伴的情分上，給予寬大處理，讓他到南京去賦閒養老。

　　這個信號，既然馮保可以攻倒，張居正有何不可！於是彈劾張居正的奏疏紛至遝來，善於窺伺的陝西御史楊四知彈劾張居正十四大罪，正中神宗下懷。既然已經新操政柄，不把威權震主達十年之久的張居正的威權打掉，何以樹立自己的威權！楊四知的奏收寫得空洞無物，卻提供了一個極佳口實，神宗立即在奏疏上批示，把多年來鬱結心中的怨恨發洩出來，對他的張先生的評價與先前判若兩人：「居正騰虛心委任，寵待甚隆，不思盡忠報國，顧乃怙寵行私，殊負恩眷。念系皇考付託，待我沖齡，有十年輔佐之功，今已歿，姑貸不究，以全始終。」其實所謂「姑貸不究」不過是官樣文章，並非真的「不究」只不過是在等待言官們彈劾的逐步升級。

　　果然，雲南道御史羊可立的彈劾奏疏把指控講得嚴重許多，無中生有地說：「已故人大學士張居正隱古廢遼府第田土，乞嚴行查勘。」

　　所謂「廢遼」是指早已被罷廢的遼王，說張居正霸占遼王府第的財產，是可以導致抄家的罪行，用心是十分險惡的。此論一出，久欲伺機翻案的遼王家屬以為時機已到，已故遼王的次妃王氏向神宗呈進〈大奸巨惡叢計謀陷親王強占欽賜祈祖霸奪產業勢侵全室疏〉，胡說什麼「金寶萬計，悉入居正府」素有斂財癖好的神宗以為抓住了對張居正抄家的把柄，這無異於對張居

正在政治上徹底否定，他的罪狀就不再是他不久前所說的「怙寵行私」這麼簡單了。都察院等衙門遵旨呈上給張居正定罪的奏疏，神宗親筆寫下了這樣的結論：

「張居正誣衊親藩，侵奪王墳府第，管制言官，蒙蔽我聰明。專權亂政，欺騙主上忘恩負義，謀劃國家不忠。本該斷棺戮屍，念效勞有年，姑且免去全部法追論。」在神宗眼裡，原先締造新政的功臣，一下子變成「專權亂政」之徒，沒有斷棺戮屍已經算是從寬發落了，他的兄弟兒子等人卻必須以永遠充軍來抵償。張居正生前雖然知道自己騎虎難下，也許會中道翻車，可是他無論如何也不會料到會有這樣的下場。

張誠和丘主持的抄家，把皇帝的翻臉不認人的冷酷無情實施到了極致；他們還沒有趕到江陵，就命令地方官登錄張府人口，封閉房門，一些老弱婦孺來不及退出，門已封閉，餓死十餘人。查抄家產更是錙銖必究，共計抄山黃金兩千四百兩，白銀十萬零七千七百兩，金器三千七百一十兩，金首飾九百兩，銀器五千兩百兩，銀首飾一萬兩等。這與他們原先的估計相去甚遠。於是丘便大加拷問，窮迫硬索。張居正的二子懋修經不起拷掠，屈打成招。長子張敬修（原任禮部主事）實在受不了如此折磨自縊身亡。他臨終前留下一紙絕命書，真實的記錄了張府遭受抄家浩劫的慘狀：「……至五月初五日，丘侍郎到府，初七日提敬修面審，其當事逕之形，與吏卒咆哮之景，皆平生所未經受者，而況體關三木，在敬修鬧不足惜，獨是屈坐先公以二百萬銀數。不知先公自曆官以來，清介之聲傳播海內，不唯變戶竭資不能完，即粉身碎骨亦難充者。又要誣扳曾確庵等寄銀十五萬，王少方寄銀十萬，傅大川寄銀五萬。云：『從則已，不從則奉天命行事！』恐嚇之言令人落膽……丘侍郎。任撫按，活閻王！你也有父母妻子之念，奉天命而來，如得其情，則哀矜勿喜可也，何忍陷入如此酷烈……」讀來令人心顫、唏噓不已。

明神宗為了打壓「威權震主」的張居正，製造了一場大冤案，留給他的子孫去平反。天啟二年，明熹宗給張居正恢復原官，給予祭葬禮儀，張府房產沒有變賣的一併發還。崇禎二年明思宗給還張居正後人官蔭與誥命。時人評論道：「當人明王朝行將衰亡之時，皇帝「撫髀思江陵，而後知，得庸相百，不若得救時相一也」。有感於此的人們，就在江陵張居正故宅題詩抒懷，其中有兩句這樣寫道：

「恩怨盡時方論定，封疆危日見才難。」

祖先是安徽鳳陽定遠人的張居正，是朱元璋部下的兵士。曾隨大將軍徐達平定江南，立功浙江、福建、廣東，授歸州長寧所世襲千戶。其後，張居正的曾祖父張誠由歸州遷到江陵，張居正的祖父張鎮為江陵遼王府護衛。張居正的父親張文明曾先後七次參加鄉試，均落榜。

嘉靖四年（西元一五二五年）五月初三，張居正降臨在江陵。其時，曾祖、祖父、父親均健在。剛尋出世的張居正，即被全家視為心頭肉，愛護備至。無論是生活和啟蒙學習；張居正都得到特殊的關照。他五歲時，即被送到學校唸書。由於張居正天資聰慧，學習用功，所以還不到十歲的他就懂得經書的大義，詩詞歌賦是出口成章，信手拈來。

嘉靖十五年（西元一五三六年），十二歲的張居正，以才華出眾考中頭名秀才，成為名震荊州的小秀才。

嘉靖二十六年（西元一五四七年），張居正二十三歲中二甲進士，授庶起士（見習官員，三年期滿，例賜編修），步入官場，開始登上歷史的政治舞臺。

這時的朝廷，內閣大學士是夏言、嚴嵩二人。嚴嵩並無特殊才能，只會諂諛媚上，以圖高官厚祿。為了奪取首輔的職務，嚴嵩和夏言發生了尖銳的

鬥爭。後因出兵韃靼一事，夏言輸給嚴嵩，夏言一死，嚴嵩便順利的爬上了首輔的職位，完全掌握內閣大權。

剛剛登上政治舞臺的新科進士 —— 張居正，根本無法左右當時的政局。不過，朝廷內一次又一次爭權奪利的鬥爭，使他認識了當時政治的腐敗。於是在嘉靖二十八年（西元一五四九年），張居正寫了一篇〈論時政疏〉，系統地論述了他改革政治的主張。這是他第一次疏奏，首次展現了他企圖改革的思想。然而遺憾的是，並未引起嚴嵩和世宗的重視，這篇奏疏也就沒有被採納。

嘉靖二十九年（西元一五五〇年）六月，韃靼進攻大同。大總兵仇鸞是個草包，他的總兵官職是用重金向嚴嵩買來的。所以，面對敵人的進攻，他膽戰心驚，無有良策，只好向敵方送去重金，乞求人家不要進攻自己的防區。韃靼收受重禮後，揮兵東進，相繼攻占北口、薊州，直逼通州，京師告急。明世宗嚇得膽戰心驚，魄飛破散，立刻遂下詔勤王。

雖然敵人被退去，但生性多慮、心胸狹隘的明世宗仍覺得很不是滋味。想自己堂堂大明皇上，竟被小小的韃靼人囚困於京城，簡直是天下奇辱。由於這一年是庚戌年，所以歷史上把這一事件定為「庚戌之變」。明世宗怒氣難消，把這一切全怪罪於兵部尚書丁汝夔的身上，斥責他治軍無方，退敵無策，坐以待斃，貽誤戰機，並下令將他逮捕歸案。丁汝夔預感事態嚴重，遂想起向嚴嵩求救，嚴嵩對他說：「你不用擔心，只要有我在，保證你不會死的。」誰知過了不長一段時間，丁汝夔就被殺害了。

庚戌之變時，張居正就在京城裡。他親見了所發生的這一切事件及其內幕，對嚴嵩的誤國賣友行徑深惡痛絕，對仇鸞之流弄虛作假，欺上瞞下的醜惡表現極為憤怒，深深地感受到奸臣當道，政治黑暗，官吏腐敗，自己的政治抱負和遠大理想在如此環境下怎能得以實現？對此，他已心灰意冷，無意

再留在京師。嘉靖三十三年（西元一五五四年），張居正找一個藉口請假養病，非常毅然地離開北京回到故鄉江陵。

在江陵一待就是三年時間。這期間，張居正並沒有停止為實現抱負而做的努力，他深入實際、調查研究，詳細地分析和了解民間所存在的各種問題，從而他對時弊的認識更加深刻，改革的方向更加確切，改革的決心更加堅定。

嘉靖三十六年（西元一五五七年），張居正懷著革新政治的理想，由江陵再次回到北京，再次投入到激烈爭鬥的政治漩渦中，他決心為實現自己的改革目標，為老百姓的幸福，在這政治漩渦中乘風破浪、披荊斬棘。

嘉靖三十八年（西元一五五九年）五月，徐階晉升為吏部尚書，次年又由少傅晉升為太子太師。張居正亦由翰林院編修晉升為右春坊右中允，兼國子監司業，高拱為國子監祭酒。這時嚴嵩與徐階的矛盾日益激化。由於嚴嵩年事漸高，工作中常常出現漏洞，世宗皇帝頗為不滿，嚴嵩逐漸漸失去寵信。一次，皇上問方士藍道行：「誰是朝中的奸臣？」藍道行說：「嚴嵩是最大的奸臣，留待皇上正法。」之後當御史鄒應龍上書揭發嚴嵩父子罪行時，世宗帝便毫不留情地把嚴嵩罷職。

嚴嵩垮臺以後，徐階繼任為內閣首輔，張居正欣喜若狂，笑顏逐開，為一個新時代的到來而激動不已。因為徐階是張居正任庶起士時翰林院掌院學士，在翰林院的名分上，徐階是張居正的老師。徐階對張居正的為人處事和聰明才智也很讚賞，他對張居正寄予很大的期望，把其視為國家的棟梁之才。張居正也竭盡全力輔助徐階工作，二人真是相得益彰。嘉靖四十五年（西元一五六六年），明世宗逝世後，徐階和張居正又以世宗遺詔的名義，革除弊政，平反冤獄，頗得人心。

第五章　陰謀與奸者

明世宗逝世後，隆慶帝即位。次年二月，張居正晉升為吏部左侍郎兼東閣大學士，入閣參與機要政務。這時高拱因為與徐階不和而離開內閣，所以朝廷大事總體上均由徐階和張居正管理。張居正如魚得水，使自己的聰明才智得以盡情發揮，他的才華讓朝中官員不得不另眼相看。

隆慶二年（西元一五六八年）七月，徐階在舉籌失措中被迫歸田，高拱再次入閣兼掌吏部事，執掌了內閣大權。高拱這個人是非兼半，他有他值得稱讚的一面，也有令人憎惡的一面。高拱最大的優點是非常重視發現和培養起用人才，尤其是善用德才兼備的年輕人。他考核官員，唯以政績為準，從不問出身和資歷，而且在選派官員時特別注意年齡和健康。他規定凡五十歲以上者，均不得為州縣之長，不稱職者立即除去。他當政時起用了一批優秀人才，張居正就是其中之一。就算張居正和徐階關係曖昧，而徐階又是高拱的對頭。

但是，高拱為人傲慢，剛愎自用，又很不善於聽取下級的意見。因此，張居正雖然有幸在內閣任職，但有高拱在他之上，他想施盡才華，是一件非常困難的事情。

但高拱萬萬沒有想到，與他作對的並不是張居正，而是大太監馮保。張居正也不曾意識到，自己竟漁翁得利。這一切均發生在隆慶帝駕崩之後。

隆慶帝逝世後，十歲的太子即將成為新的皇上，馮保可謂揚眉吐氣，他要好好整治高拱。

原來，馮保本來在內宮仕途上一帆風順，很快被嘉靖帝提升為秉筆太監。後來，掌印太監出缺，馮保自信該由自己頂補這一最高職務，想不到首輔大學士高拱偏偏在皇上面前舉薦了平日他最瞧不起的陳洪，後又舉薦了孟沖，馮保氣得要死，他認定這是高拱故意給他難看，好在皇上短命，他因相

伴太子，與皇后、李貴妃過從甚密，因而隨著太子的登基，他也一下子從幕後走到了臺前。

於是，馮保開始發揮自己的聰明才智和雄辯的口才，與高拱展開了一場暗中較量。他向皇后及貴妃推薦張居正，貶低高拱；又千方百計地為自己升為掌印太監鋪平道路，討得了皇后及李貴妃的歡心，她們對他也真可謂是言聽計從。

太子朱翊鈞繼承皇位後，改年號為萬曆。在馮保的左右下，張居正不斷得到提拔，而高拱明顯地預感到內宮對他不信任，於是他決定和馮保決一死戰。

馮保順利地當上了掌印太監，又兼東廠督主，可謂宮內宮外大權在握，因此他把高拱根本不放在眼裡。張居正目睹馮高二人的爭取奪利，預感到朝廷又要有一場暴風雨來臨了。張居正心如火焚，坐臥不安，滿懷一腔憤怒之情，無處發洩，對內宮太監們一貫陰險狠毒之性，他是深惡痛絕的。可是外延臣僚之間的爾虞我詐之性；他又何嘗心安理得？從他入朝起，便見到夏言被殺，嚴嵩倒臺，徐階離去，高拱復出……他本想興利除弊，扶正祛邪，有一番作為，以酬青雲之志，卻又遇到高拱剛愎自用，不容他人。隆慶帝剛剛駕崩，又要有一場爾虞吾詐的爭鬥展開了……他知道他不能左右這些，於是他決定不去參與，順其自然，以靜制動。

高拱的官職被罷，高儀不久也謝世，剩下張居正一人獨守文淵閣，獨挑首輔的重任。

十年寒窗，坎坷升遷。一生功名所求，現已達到了巔峰，真可謂一人之下，萬人之上。可一旦權柄在握，張居正反倒有些茫然了。他清醒地知道自己所處的位置將會是旦夕禍福的險境，是生拼死奪的戰場。凡行事做人，當更加小心謹慎。

自然，張居正心中也充滿著實現夙願的喜悅和整治朝政的壯志，躊躇滿志之情與優柔慎微之心兼而有之，倒使得張居正處理事情時相得益彰，既有深思熟慮的見地，又不乏義無反顧的勇氣。

明神宗朱翊鈞當皇帝時年僅十歲，所以皇帝的教育問題成為內閣首輔張居正的頭等大事。

張居正深感教育好一個皇帝是一件利國利民的大事，於是他自己毅然肩負起教育小皇帝的責任。

耳聞目睹了「庚戌之變」的張居正，對國家的安全和軍隊的素質極為擔憂，他從那時起就在謀劃著對邊防的整頓，立誓一定要使邊關安定，人民和睦，尤其是漢族和少數民族的關係問題，更是張居正所關心的問題。

張居正大膽地啟用了一批才智雙全的將領，對他們「委任責成」、「信而任之」。所以，「一時才臣，無不樂為之用，用必盡其才」。他所重用的譚綸、戚繼光、李成梁、王崇右、方逢時等人，都大顯身手，充分發揮了他們的聰明才智。

張居正重用英勇善戰的將帥，整修邊防，加強守備，改變了正統以來邊防日益廢弛的局面；藉由重用足智多謀的邊帥，改善蒙漢關係，改變了自明朝開國以來一直與蒙古所處的敵對關係和戰爭狀態，發展了兩族之間的友好交往。

張居正出任內閣首輔後，針對朝中空議盛行、不務實際、人浮於事、政令不通的現狀很擔心。他曾和內閣次輔、大學士呂調陽對此作過多次討論，慷慨激昂，痛切時弊，激奮之情溢於言表。他下決心要徹底改革吏治，為他的一系列改革鋪平道路。因為他現在縱有許多想法，都是無法實施的。自己的主張要靠外廷這些部、科、院的大小官員去辦，可相識滿天下，知心有幾

人？如何才能把這群各自為政、一盤散沙似的「散兵游勇」捏合成一支令行禁止、進退自如的精銳之師呢？他心裡一直在思考。

萬曆元年（西元一五七三年）十一月，張居正上書請行考試法，神宗批准了他的請求。

明代早期運用的制度是對官吏政績進行考核。按明制，京官每六年考察一次，叫做「京察」，地方官每三年考察一次，叫做「大計」。但是在吏治腐敗，法令不行的情況下，這些制度或者流於形式，或者成為官員們爭權奪利的工具。張居正親見了官場中的醜劇和官吏們的不法行徑，深刻認識到不僅要對各級官吏進行定期考察，而且對其所辦的每一件事都要規定完成期限，進行考成。即所謂「立限考事」、「以事責人」。這是張居正考成法的一個重要特點。

張居正考成法的實際內容，正如他給皇上的奏疏中所講的，最主要的有以下兩條：第一，六部和都察院把所屬官員應辦的事情規定完成期限，並分別登記在三個帳簿上，一本由部、院留作底冊，一本送六科，一本呈內閣。第二，六部和都察院按照帳簿登記，對所屬官員承辦的每件事情，逐月進行檢查，完成一件，銷除一件，如果沒有按期完成，必須如實申報，否則以違罪論處；六科亦根據帳簿登記，稽查六部的執行情況，每半年上報一次，並對違限事例進行議處；內閣同樣亦根據帳簿登記，對六科的稽查工作進行查實。這樣，六部和都察院檢查所屬官員，六科稽查六部，內閣監督六科，層層檢查，內閣總其成，內閣遂成為實際的政治中樞，這就是張居正的統治體系，也是張居正對明代吏制的一大改革。

這個考成法的實施對久已衰弱的朝政來說恰如一股春風，催發了那些枯枝朽葉，文武百官，九卿科道，均為之一新，不敢有絲毫大意，均小心翼翼，唯恐有半分差池。各部、院均認真仔細地執行考成法，對未按立限完成

的違限事件，稽查的處罰極為嚴格。如萬曆三年（西元一五七五年）正月，查出各省撫按官名下未完成事件共計兩百三十七件，撫按諸臣五十四人。鳳陽巡撫王宗沐、巡按張更化，廣東巡按張守約，浙江巡按肖廩，都以未完成事件數量太多而被停俸三月。萬曆四年（西元一五七六年），朝廷規定，地方官徵賦不足九成者，一律處罰。同年十二月，據戶科給事中奏報，地方官徵賦不足九成受到降級處分的官員，山東有十七名，河南兩名；受革職處分的，山東兩名，河南九名。運用考成法來整頓賦役，迅速改變了拖欠稅糧的境況，做到了民不加賦而上用足。

由於考成法嚴明賞罰，隨事考成，使官員們辦事效率大大提升，整個明朝政府自上而下，如同一臺流水線作業的機器，各項工作有條不紊地進行著。

張居正的改革，是先由軍事、政治著手，逐漸向經濟方面推廣。

明中葉以來，隨著土地兼併的發展和吏治的腐敗，豪強地主與衙門吏胥相交通，大量隱瞞土地，逃避賦稅，無名徵求，多如牛毛，導致民力殫竭，不得安寧。私家日富，公室日貧，到革弊整治的時候了。

大學士張四維和呂調陽紛紛向張居正提出建議，要求立即改革賦役，興利除弊，並推薦了「一條鞭法」。

所謂「一條鞭法」，早在嘉靖年間就由部分有識之士在福建、江西等地開始實行了。最早由福建巡撫龐尚鵬提出。他主張把國賦、繇役及其他名目繁多的雜稅、雜征、雜差統統合為一體，依據各家各戶的具體境況重新核實編定，將有丁無糧的編為下戶，有丁有糧的編為中戶，糧多丁少和丁糧俱多的編為上戶。在總數確定後，按照丁、糧比例，將所有賦役推派到丁、糧裡面，隨同完納。此即「一條鞭法」。但是，自那時起到現在五十年來，朝中對此論爭不已，各陳利弊，以致政令屢行屢止，從來未成統一之策。

萬曆九年（西元一五八一年），張居正下令在全國推行一條鞭法。這個一條鞭法正如張學顏所說的，有許多好處，其主要特點是：

賦役合併、化繁為簡。其辦法是通計各省、府、州、縣田賦和繇役的總量以及土貢、方物等項徵派，歸之一總，統一徵收。

差役合併、役歸於地。明代的差役徵派有兩種：按戶徵派的叫做裡甲，按人徵派的叫做均徭，臨時徵派的叫做雜泛。從徵派形式來說，又有役差（即直接服役）和銀差（即輸銀代役）的區分。一條鞭法規定，所有的繇役（包括里甲、均繇、雜泛）全部折納成銀兩繳納，取消了擾民極大的差役徵派；一條鞭法還規定，將銀差攤入地畝，按畝徵收。如有的「丁六糧四」（即將銀差的十分之四推入地畝徵收），有的「丁四糧六」，有的「丁糧各半」等。

田賦征銀、官收官解。田賦徵派，除漕糧交納實物外，其餘部分一概征銀。規定必須繳納實物的漕糧，亦由民收民解（即押送），改為官收官解。明初實行糧長制，出納萬石田賦為一糧區，推其納糧最多者為糧長，主管田賦的催征、經收和解運，稱為民收民解。其後弊端雜生，遂改為官收官解。

一條鞭法的推行是與張居正創行考成法，整頓吏治、打擊豪強、清丈田畝相輔相成的，沒有這些條件，一條鞭法就難以推行。可以說一條鞭法的推行是張居正改革最終的歸宿。張居正推行一條鞭法的直接目的是為了整頓賦役、克服財政危機、穩定明朝的統治，但它所產生的積極作用和重大影響，卻遠遠超過張居正的初衷。

張居正自任內閣首輔後，一心為國家社稷著想，盡職盡責地輔佐教導幼主明神宗萬曆皇帝，力勸他親賢臣，遠小人，慎起居，戒遊樂。又勸他罷節浮貴，量入為出，裁汰冗員，嚴核財賦。他積極進行改革，殫精竭智，一心為國，且捨生取義，不為毀譽所左右；興利除弊，嚴明法紀，敢當重

任。由於他的勤勉努力，使萬曆以來，主聖時清，吏治清正。紀綱振肅，風俗淳樸。

在推行新法過程中，難免得罪不少人。他們對張居正的改革觸及自己的利益十分敵視，千方百計要與之作對。也有的人與張居正政見相左，甚至嫉妒其才能和權力。他們認為張居正以宰相自居，挾天子以令天下，事無大小，均須聽命於他，太專橫霸道。種種不滿和矛盾，不斷地困擾著張居正，給他的改革帶來了相當大的困難和阻力。

萬曆初年，禮部尚書陸樹聲就因看不慣張居正的一系列做法而辭職。

淡泊功名的陸樹聲在朝中算是個清流首領，向來恃才傲物，天生一副俠腸。張居正對他很崇敬，曾以後進之禮前往參謁。可他卻不冷不熱，弄得張居正非常尷尬。他對張居正的所作所為頗有些不以為然，不免時時耿耿於懷，懷恨於心。

經受了幾次門生發難的沉重打擊和為父奔喪的長途跋涉，張居正忽然身患重病，臥床不起，經過多方醫治不見好轉。

張居正自知將要不起，遂連上兩疏，懇求萬曆恩准致仕歸去，以求生還江陵故土，萬曆始終不准。

這天，萬曆帝親自派遣的一大群太監，文淵閣中的大學士張四維、申時行以及在京的各部尚書們齊集在張居正病榻前。

萬曆十年（西元一五八二年）六月二十日。張居正終於遺下他嘔心瀝血成就的改革業績以及年近八旬的老母、三十餘年的伴侶、六個兒子、六個孫子，安靜地離開了人間，終年五十八歲。

張居正危病期間，明神宗萬曆皇帝曾十分痛心，送給他許多珍貴藥品和補品，並對他說：「先生功大，我無可為酬，只是看顧先生的子孫便了。」這樣，張居正在九泉之下也用不著為自己的子孫擔心了。張居正病逝後，神宗

下詔罷朝數日，並贈他為上柱國，賜諡文忠，據諡法解。「文」是曾任翰林者常有的諡法，「忠」是特賜，「危身奉上日忠」。明顯在賜諡時，神宗對於張居正功勳業績的評價是相當高的。

然而，張居正屍骨未寒，時局卻急下逆轉。沒過幾個月，明神宗就變了臉，加上那些在改革中被張居正得罪的人添鹽加醋地告狀，張居正立刻遭到自上而下的痛斥。

張居正過去的改革得以順利的進行大部分取決於神宗與他保持了一致的態度。這種局面由兩種因素決定，一是自嘉靖以來與日俱增的政治危機的猛烈打擊下，統治階級再也不能按照原來的樣子繼續統治下去了，所以反對改革的勢力未能占據上風；二是由於神宗即位後，年僅十歲，他對身兼嚴師和首輔的張居正敬畏有加，處處聽從其指點，因此對進行的改革並無疑議。在這種形勢下，張居正代表的是地主階級的整體利益，行使的是至高無上的皇帝的權利，所以才使其改革取得了迅速成功。

後來有了很大的改變，一方面改革初見成效，危機已經緩解，官僚和貴族們在貪婪的本性役使下，強烈要求衝破改革時期所受的節制，並進而廢棄改革；另一方面，神宗皇帝逐漸長大，對於「威柄震主」的張居正日益不滿，嫌張居正把自己管得太牢，使自己不能自由地行使權力。張居正活著的時候，他不敢怎麼樣，現在張居正死了，他就誰也不怕了。

在張居正死後，司禮太監張誠、張鯨在神宗面前死命攻擊張居正的主要支持者大太監馮保，隨即馮保被逮捕，家產被查抄。馮保的失勢，必然導致對張居正的不利，於是一場反馮運動同時也拉開了彈劾張居正的序幕。

正如曾被張居正逐出朝門的原兵部侍部汪道昆所歸納的：「張公之禍是在所難免的。其中緣由，乃因為張公欲有所作為，必攬大權在手。而這大權非

是別人，乃當今天子之權！張公當權便是天子的失位，效忠國家意味著蔑視皇上！功高震主，權重遭忌，此即張公無法逃脫的必由之路。」

明神宗態度的變化，在反對改革的官僚和貴族中引起強烈反應。那些受過張居正斥責的人，趁機告狀，原來巴結張居正的人也都反咬一口。明神宗聽了朝中這些人的話，下令把被張居正改革過的舊東西都恢復。張居正創行的考成法被取消，官員不得任意使用驛站的驛遞新規被廢弛，張居正重用的官員被罷黜，好多被裁處的官員，一個個又官復原職，重新被起用。

明神宗在張居中死後說過，要照顧好他的子孫，可是在張居正死後不久，其家裡人便死的死，判刑的判刑。一個為國家的富強建立了功勳的人，反倒成了罪人！這個結局，張居正生前萬萬不會料到的。就連張居正生前所重用之人，如張學顏、方逢時、梁夢龍等輩，也均遭遣還籍。

張居正實施的改革是順應歷史潮流的。他所建立的業績並沒有因為改革的廢止全部付諸流水。例如，封貢通市，改善蒙漢關係，並沒有因為張居正改革的廢止而消失。恰恰相反，在張居正死後，蒙漢兩族的友好往來依然如初，並不斷向前發展。清代魏源在追述蒙漢關係的改善時說：「高拱、張居正、王崇古，張弛駕馭，因勢推移，不獨明塞息五十年之烽燧，且為本朝開二百年之太平。」又如，改革賦役制度，推行一條鞭法，在張居正死後，仍一直向前發展。明神宗雖然可以憑藉至高無上的皇權廢止張居正改革，查抄封掉張居正的家產，但卻改變不了「天下不得不條鞭」之勢。

無情的歷史，對於張居正死後，他的改革被廢止了，明神宗如小鳥出籠，無拘無束，他嗜酒、貪色、戀財，滿足私欲，大肆發作。他橫徵暴斂，揮金如土。朝廷上下荒淫天度，糜爛不堪，各種社會矛盾急劇激化，一發不可收拾。再也無人可以力挽狂瀾了。

　　從此政治的腐敗，使明王朝開始走上覆滅的道路，致使張居正的改革設想沒能繼續堅持下去。但是從天啟、崇禎皇帝對張居正及其改革的肯定，可以說明張居正忠心耿耿輔助小皇帝，為革除積弊，創立新政，嘔心瀝血，鞠躬盡瘁，他的功績是永不磨滅的。「恩怨盡時方論定，封疆危日見才雄」，後人在江陵張居正故宅題詩抒懷，堪稱對張居正身後功過是非的真實寫照。張居正也真的不愧是明代最傑出的政治家、改革家，也是歷史上的一位大人物。

第五章　陰謀與奸者

第六章
中國歷史上的儒將

　　所謂儒將，蓋指出身讀書人並具有儒雅風度的將帥。一部中國古代戰史，正可謂武將如雲，而儒將卻寥若晨星、屈指可數。儒將者，除出身文人、風度儒雅這兩條基本條件外，還須胸有韜略腹有文墨而戰績卓著......

第一節 一代儒將之祖孫武

孫武以一部《孫子兵法》傳世，可謂世界級的軍事鼻祖人物，而《孫子兵法》開全世界軍事理論之先河。他的輝煌不止於此，他五戰五勝，直取郢都，更是讓後代無數軍事專家為之望塵莫及。

孫武所處的時代，大致與孔子同時，其生卒年月不詳，主要活動在吳王闔閭時期和吳王夫差的前期。

孫氏家族的祖先，是陳國的公族，本姓媯。

孫武生活在齊國的時候，正值齊國內部矛盾交錯，危機四伏。齊景公初年，左相慶封滅掉了右相崔杼。接著，田、鮑、欒、高等四大家族又聯合起來，趕走了慶封。後來，內亂日甚一日，齊國公室與四大家族的矛盾，四大家族之間爭權奪利的爭鬥錯綜複雜。當四大家族勾心鬥角，爭權奪利愈演愈烈之時，田氏的支屬孫氏，擔心田氏宗族一旦失勢，會殃及自身，便離開齊國，投奔吳國去了。

吳國在今天江蘇、安徽、浙江一帶。東臨大海，南接壤越國，西與強楚為鄰，北與齊、晉各國相望。在東周列國中，它立國很早，但十分落後，直到西元前五八四年，晉國為了牽制楚國，在楚國後院點火，才派大夫巫臣出使吳國，教吳乘車，教吳戰陣，教吳叛楚。這樣，吳國才開始與中原各國有了交往。

春秋之際，封國林立，一些失意或是落難的士大夫，往往因故出走，離開自己的侯國，到他國去謀職。孫武來到吳國的前後，還有兩個楚國人，一個叫伍子胥，一個叫伯嚭（音ㄆㄧˇ），因為祖父無辜被楚王殺害，都相繼逃到吳國，想憑藉吳國的力量，替父輩雪恥。

　　這時候，孫武也在邊邑過著隱居的生活，他一面灌園種地，一面苦讀兵書，寫作兵法。孫武生活在一個戰爭頻繁兼併激烈的時代，身處有著悠久歷史的軍事傳統的齊國。他的父祖既是卿大夫，又是有名的將領，這些都是他能夠寫出兵法的有利條件。孫武是一個痴迷戰史的人。早在少年時代，每當遇見老一輩的人，他總是要打聽昔日的戰爭情形。如果遇到曾經親歷過戰爭的人，一定請他講一些實戰的經驗。久而久之，他漸漸認識到打勝仗有打勝仗的理由，打敗仗也有打敗仗的原因，並非像人們傳說的那樣，一切都是命中注定，個人無能為力。

　　孫武常常把自己的心得體會寫在筆記簿上。此時離紙張的發明尚有六百多年。所謂筆記簿就是在竹片或木片上以小刀刻字或者用漆書寫，然後串在一起。至於作戰地圖，他則繪在大張的帛布上，注明軍隊或車船的配置及移動情況，標出戰爭的原因、經過和結果，有時還要加上自己的論斷。潛心研究的結果，漸漸形成了他獨特的軍事理論體系。

　　經過長時間的資料搜集，腦子裡有了初步概念之後，他又前往戰場實地考察。這項工作在交通條件相當落後的當時，是極為辛苦而麻煩的。然而他卻樂此不疲，前後竟持續二十年之久。

　　孫武研究戰爭、戰略和戰術，目的不是去遊說諸侯從而獲取高官厚祿。他沒有名利之欲，完全出於個人的興趣。他只希望自己能夠平平安安地度過一生。然而，許多事情並不像預料的那樣一帆風順，命運和孫武開了一個玩笑。早先來到吳國的伍子胥對孫武的才幹和學說十分欣賞，他認定孫武是個人才，遲早有一天會脫穎而出，做一番轟轟烈烈的大事。正所謂：「大鵬一日沖天起，扶搖直上九萬里。」因此，他拜訪孫武，共同探討一些軍事問題，如此一來二往，時間一長，兩人竟成了莫逆之交。

　　就在伍子胥被吳王看重時，也連連誇孫武的才能，於是就請孫武出山。

在伍子胥、孫武的精心治理下，吳國的內政和軍事都大有起色。吳王極為倚重二人，把他們視同自己的左右臂、股肱之臣，經常在一起商討經國治軍的大計，議論古來帝王治國平天下的經驗教訓，分析當時各國政事的利弊與得失。

吳王也喜歡軍事，對如何治軍，饒有興趣。他從《孫子兵法》上看到孫武治軍有道，便想進一步了解。

有一天，吳王與孫武講論治軍之道的時候，孫武說：「遠古的時候，黃帝坐鎮中央，四方首領為非作歹。黃帝先是與民生息，廣積糧谷，赦免罪犯，取得了天時、地利、人和三方面的有利條件之後，再南伐赤帝，東伐青帝，北伐黑帝，西伐白帝，四戰四勝，天下平定。後來，商湯王（商朝開國君王）伐滅夏桀（夏朝末代君王，荒淫殘暴），據有九州；周武王剷除商紂，一統天下。這一帝二王，都是因為據有天時、地利，順應民心，才得以一統天下。」

又有一次，吳王與孫武議論起晉國的政事的時候。吳王問道：「晉國的大權掌握在范氏、中行氏、智氏和韓、魏、趙廣家世卿手中，他們各自掌管晉國的一塊地方，相互爭權奪利。依將軍看來，長此下去，六卿之中誰先滅亡，哪個家族能夠強大起來？」

而孫武則是沉思片刻，說道：「依臣淺見，六卿之中，范氏、中行氏兩家會最先敗亡。」

「將軍憑什麼做出如此判斷？」吳王問道。

「臣下是憑藉他們畝制的大小、收取租賦的多少以及士卒的眾寡、官吏的貪廉做出判斷的。以范氏、中行氏來說，他們以一百六十平方步為一畝。六卿之中，這兩家的田制最小，收取的租稅最重，高達五分抽一。公家賦稅沉

重，人民累死溝壑；官吏眾多而又驕奢，軍隊龐大而又屢屢興兵。長久下去，必然眾叛親離，土崩瓦解！」孫武回答。

孫武給吳王分析切中兩家的要害，吳王欣然接受，就又接著問道：「范氏、中行氏敗亡之後，又該輪到哪家呢？」

「根據同樣的道理推論，范氏、中行氏滅亡之後，就要輪到智氏了。智氏家族中的畝制，只比范氏、中行氏的畝制稍大一點，以一百八十平方步為一畝，租稅卻一樣嚴苛，也是五分抽一。智氏與范氏、中行氏的病根幾乎完全一樣：畝小，稅重，公家富有，人民窮困，吏眾兵多，主驕臣奢，又好大喜功，結果只能是步范氏、中行氏的後塵。」孫武認真的回答。

可是吳王還繼續追問：「智氏家族滅亡之後，又該輪到誰了呢？」

「那就該輪到韓魏兩家了。韓、魏兩家以二百平方步為一畝，稅率還是五分抽一。他們兩家仍是畝小，稅重，公家聚斂，人民生活艱難，吏兵眾多，急切好戰。只是因為其畝制稍大，人民負擔相對較輕，所以能多維持幾天，亡在三家之後。」孫武回答。

孫武答吳王再問，接著說：「至於趙氏家族的情況，和上述五家不大一樣。六卿之中，趙氏的畝制最大，以二百四十平方步為一畝。而且，趙氏收取的租賦向來較輕。畝大，稅輕，公家取民有度，吏兵寡少，在上者不致過分奢侈，在下者尚可溫飽，苛正喪民，寬政得人。趙氏必然興旺發達，晉國的政權最終會被趙氏篡取。」

吳王聽了孫武論述晉國六卿興亡的一番話，就像是給自己上了一堂治國平天下的課一樣。吳王聽了之後，深受啟發，於是高興地說道：「將軍論說得很好，寡人明白了。君王治國的正道，就是要愛惜民力，愛民如子。」

在楚頃襄王即位以後，楚國江河日下。而內部由奸人專權，忠良被害。至於外部則兵禍連年，東困於吳。楚的附庸時有叛離，各國諸侯也紛紛打楚的主意。

在西元前五〇六年（吳王闔閭九年）夏，晉國支持蔡國吞併楚的附庸沈國（在今河南汝南東南）。這年秋天，楚國發兵圍攻蔡國，為沈國雪恥。

當時蔡國與吳國交好，而吳王打算借此機會大舉伐楚，便去徵詢伍子胥、孫武的意見。

吳王就問道：「當年寡人主張伐楚，而二位認為時機未到。但現在經過這五六年的準備，現在出兵，二位認為如何？」

而伍子胥、孫武則回答道：「楚將囊瓦貪婪無道，得罪了不少諸侯，唐、蔡二君對他疾惡如仇，君王如果想大舉攻楚，要得到唐、蔡二國的幫助才行。」

沒想到吳王非常贊同他們的意見，於是吳王便派伍子胥去聯合唐、蔡。而唐成公、蔡昭侯則一口答應，一致表示要鼎力相助。因為唐、蔡二國都是楚的屬國，歲歲朝貢，按時覲見。有一年，蔡昭侯帶著一雙晶瑩的玉珮和兩件華貴的皮襖去朝楚。蔡昭侯將一件皮襖和一塊玉珮奉獻給楚頃襄王，令尹子常見物眼開，向蔡昭侯索要剩下的玉珮和皮襖。蔡昭侯對子常的貪得無厭，十分憤恨，不肯答應，結果被軟禁起來。沒有多久，唐成公騎了兩匹名貴的寶馬，也去朝楚。子常又貪婪地向唐成公索要名馬，偏偏唐成公也是個倔性子，不吸取蔡昭侯的教訓，硬是不給，結果也被囚禁起來。但是畢竟不是對手。在三年之後，還是二君服軟，交出了名馬寶物之後才被釋放。歸國途中，蔡昭侯指著淮河發誓說：「不報此仇，誓不為人！」

在蔡侯歸國之後，曾經聯晉、宋、齊、魯、衛、陳等國，以晉國為首共同伐楚。可因其間因路遇大雨，而這大雨下一直下的不停，所以晉國首先班

師歸國。而晉國一走，其他國家也無心戀戰了，都紛紛歸國，就這樣伐楚計畫不了了之。而在蔡侯失望之際，就想到了吳國，遂約會唐國，共同投靠吳國，希冀三國並力，共同破楚，以雪昔日之恥。

而這一年的冬天，吳王闔閭就親自出馬，拜孫武為將軍，而伍子胥、伯嚭為副將，胞弟夫概為先鋒，徵集全國兵力，並聯合唐、蔡二國，總計數百輛戰車，三萬多兵馬，數萬隨軍民夫，浩浩蕩蕩出師去伐楚。

其實孫武採取的是「攻其所必救」的戰略，大軍北上，溯淮河西進，而有意給楚軍造成吳軍救蔡的假像。當吳軍越過了蔡國，孫武傳令：「軍士登陸，徒步前進，將戰船盡留於淮水彎道。」伍子胥問其故，孫武道：「兵貴神速，戰船逆流而上，速度太慢。這樣會給楚軍充分的時間，讓其得到準備，如此，則楚不可破矣！」伍子胥覺得很對。所以吳軍舍舟登陸，人銜枚，馬摘鈴，晝夜兼程，向楚國東北邊境急速前進。

而楚國得知吳軍大軍要來犯後，就馬上召集大臣舉行了緊急軍事會議，準備商議選將禦敵。有的主張任命公子結為將，有的認為令尹子常合適，就這樣雙方爭論不休，不過沒有想到的是，這一絕密軍情被吳國的間諜獲知，吳軍大營立即做出反應。伍子胥在楚多年，深知二人的情況，於是放出風聲說：「如果讓公子結為將，我們就等著取他的人頭，讓令尹子常率兵，我們只好退避三舍。」就和意料中的一樣，楚國得知後，果真的中計了，拜貪婪無能的令尹子常為將，而不用有勇有謀的公子結。

而闔閭則大會群臣，論破楚之功，應該首推孫武，而且還要加官晉爵，光耀門第。可是孫武卻堅辭不就，而且提出了辭官還鄉的請求，「臣本一介平庸之士，承蒙大王厚愛，一定要臣出仕，在無法推辭的情況下，只好勉強從命。十幾年來，臣竭盡綿薄為大王效力，如今大王的霸業已成，聲名顯赫。各國諸侯，無不懾服，這都是大王無與倫比的威德所致，臣亦與有榮焉。可

是臣體弱多病，而且年事已高，對於處理政事，已經感覺力不從心，所以日夜焦慮，誠惶誠恐，所以還懇求大王准臣辭官還鄉，讓臣以終老天年。」

　　當闔閭聽到孫武的這些話的時候非常驚訝，於是就馬上派伍子胥親往孫府，勸他打消這個念頭。然而孫武不改初衷，說：「您不知道，當初出仕並非我的本意，完全是大王恩寵和您的友情所致。可是現在彈指一揮間已經做了十多年官，有這麼長的時間讓我有研究、實習兵法的機會，我已經很滿足了。其實這是我的興趣所在，功勞是不敢當的。而現在，我的健康和能力已經一天不如一天，所以我懇託您，替我在大王面前說明原委，完成我的夙願，我將感激不盡。」

　　這些話以表明孫武去意已定，已經沒有商量的餘地，而伍子胥只能如實向闔閭彙報。闔閭也不好再勉強，同意了他的請求，但為了酬答他在奠定吳國基礎和伐楚爭霸大業中所建立的殊勳，就把鄰近越國的一個叫做富春的地方贈送給他，作為他世居的領地。

　　至於孫武終於如願以償，歸隱田園。對於兵法的研究漸漸地淡下來了，大部分時間用來務農和處理家務。當年出仕的時候，他只有幾根白髮，為官十幾年，雖然也只有五十多歲，卻已滿頭銀絲了。他對世俗的功名利祿之所以如此淡泊，是因為他對官場生涯有著清楚而深刻的認識。爾虞我詐、阿諛逢迎，嫉妒和憎恨、陰謀與權變，如履薄冰，戰戰兢兢，稍有不慎就可能身敗名裂，實在是太險惡了。可是最重要的是闔閭登基為王和伐楚勝利後那種殘忍、驕橫、奢侈的做法，使他不寒而慄。所以急流勇退是最佳的選擇，要不然前景不可預料。

　　當孫武的妻子死去以後，孫武也聽說越王允常去世，而他兒子勾踐即王位，闔閭趁越國喪的時機，準備發兵伐越。而孫武則是皺起了眉頭，喃喃地自言自語：「乘人之危乃不仁之至，上天絕不會助祐的，子胥為什麼不諫？」

孫武真想去找伍子胥，讓他說服闔閭息兵，讓老百姓休養生息。可是轉念一想，自己已經退出政界，還是不要再去參與了。

不久後，吳國召集數萬大軍，向南進兵，勾踐親自帶兵迎敵，在醉李雙方交鋒，展開一場大戰。闔閭被越國大將靈姑浮砍斷腳趾，在不久之後就死去。但是太子波已死，所以闔閭死前把王位傳給了夫差。可是夫差是個輕浮、傲慢而薄情的人。孫武為伍子胥的命運擔心憂慮。

在三年之後，伍子胥專門到富春來拜會孫武。寒暄過後，伍子胥說出了此次的來意。夫差俟大孝三年期滿，準備大舉伐越，以報醉李之仇。因為夫差和伍子胥等人多次商議，所以擬請孫武再次出山，借他的智力和才華擊敗越國。

「孫先生，」伍子胥真誠地說，「想當初，我們一同輔弼前王，把吳國建設到了今天這樣的成就，如果前功盡棄，不但百姓塗炭，您就忍心嗎？大王夫差及其寵臣一心急於報仇雪恨，卻又沒有一個切實可行的作戰計畫，一旦失利，後果不堪設想啊！」

而孫武感嘆於伍子胥這樣一個聰明人，卻又終日擺脫不了名利權勢之爭，反而對人生最重要的事情視而不見，所以就委婉地說：「我是個過時的人物了，好比四季所穿的衣服，春有春裝，夏有夏裝，如果夏天卻穿皮裘，不是太荒謬了嗎？我只希望把世事忘得一乾二淨，也希望世人把我忘得一乾二淨。聰明的人不但要合乎時宜，還要盡量把個人和世界接觸的範圍縮小。」孫武所說的句句都是真心話，同時也在暗示伍子胥，要他隱退林泉，終享天年。然而伍子胥一心只要動員孫武出山，並不理會他的這些話，只是一個勁勸說他為國效力。

　　孫武已經看出伍子胥態度的堅決了，所以感覺強行拒絕似乎於公於私都不太好，於是建議：「再度出仕可能性不大了。不過，既然您專程來到富春，我就貢獻一點伐越的戰策吧，好嗎？」

　　伍子胥非常的無奈，只好答應。

　　孫武認真的想了想，慢慢地說：「夫差為了征越而銳意練兵，越王勾踐肯定會有所防備。勾踐年少氣盛，又在三年前擊敗了吳軍，一定心驕氣傲，不以為意，不過越國的大夫文種、將軍范蠡卻都是一些聰明絕頂的人物，他們一定會阻止勾踐輕舉妄動而以固守為其策略。現在最重要的問題的關鍵是要千方百計地激怒勾踐，使文種、范蠡的約束失敗。我有一個辦法。」

　　他沉默了一下，然後繼續說：「我們可以派出一支輕騎兵，人數不要很多，五六千名即可，先從太湖渡船南下，在越的西北方登岸，不斷地向越軍挑釁，轉戰南北，靈活機動，意在惹惱勾踐，即使文種、范蠡諫止，他也會出擊的。只要勾踐離開越都會稽，我軍主力則由東直驅南面，輕取會稽。不管勾踐是否回師來救越都，我軍那支輕騎隊伍都要不斷地擾亂他們，當雙方主力接觸的時候，騎兵隊可在敵人後方鼓噪吶喊，使他們驚慌失措，並不斷地突擊，這樣，越軍首尾受敵，加上吳軍本來就比較強大，勝利是有把握的。注意不要堵住越兵的退路，不要把他們逼到絕路作困獸之鬥，而是讓他大敗而逃，然後趁機追趕，務必全殲敵軍，以絕後患。」

　　孫武喝了一口茶，最後又強調說：「這次戰役有三個要點，其一為首先以騎兵隊為誘餌，其二為不塞住敵軍退路，其三為窮追不捨。我的這些策略，只是紙上談兵，僅供吳王和您參考吧。」

　　而在後來的戰爭進程，果如孫武所料，吳軍取得全面勝利，越王勾踐夫婦被作為人質帶到吳國為奴。不過只是由於伯嚭受越人賄賂，沒有對越「窮

追不捨」，並說服夫差放越國一馬，以致十年後越又滅吳並稱霸於世，發生了翻天覆地的巨大變化。

夫差獲得大勝，凱旋回國後，派伍子胥前往富春酬謝孫武，然而孫武已不知去向。空留一座縹緲的山莊，靜靜地矗立在青山綠水之間。

對於孫武的一生，西漢大史學家司馬遷在《史記》中曾經寫過這樣的話：「吳王闔閭深知孫武能用兵，終於任命他為大將。在孫武的指揮下，吳軍西向擊敗強楚，五戰克郢，北向威震齊、晉兩大中原強國，使吳國稱霸於列國諸侯。這一切孫武功不可沒。……吳國任用孫武為將，申明軍法，嚴格賞罰，軍力強大，終於稱霸諸侯。」

孫武之所以享譽中外，主要並不是因為他西破強楚，北威齊晉的軍功，而是由於他送給後人一部中國現存最早的兵書《孫子兵法》。《孫子兵法》是一部內容完備、結構嚴謹的古代軍事名著。它的問世為中國軍事學奠定了堅實的基礎。孫武把與戰爭有關的軍事問題，分作十三篇加以論述，全書有完整的體系，新穎獨特的論述形式。各篇既能獨立成章，相互間又有密切的聯繫，上下呼應，前後銜接，渾然一體，所以古人說：「其義各主於題篇之名，未嘗氾濫而為言也。」直到今天我們閱讀這些篇章，仍然為其精確高妙的軍事思想體系驚嘆不已。

《孫子兵法》雖然包括了軍事學的各個方面，但是關於進行和指導戰爭的論述，則是全書的核心內容，其他各個方面，幾乎都是圍繞這一內容展開的。

孫武研究軍事是從研究戰爭著手的。《孫子兵法》開宗明義第一篇就指出：戰爭是「國之大事，它關係到國家的存亡，人民的生死，因此必須慎重對待，不可輕而視之，故明君慎之，良將警之。」這就明明白白地表達了孫武的「慎戰」思想。

孫武的「慎戰」思想，反映在戰爭指導上則展現在「全勝」的理論，這是《孫子兵法》的精華所在。在「慎戰」的核心概念下，孫武要求當權者不可輕易地進行戰爭，要進行戰爭就必須要有勝利的把握；只有一般的勝利把握還不行，必須要有「全勝」的把握才能採取行動。因此，他要求戰爭指揮者盡最大的努力，創造最好的條件，爭取以最小的代價，最快的速度，取得最完全的勝利。

「先勝而後求戰」是達到「全勝」的先決條件

孫武要求戰爭領導者，要在戰前對決定戰爭勝負的「五事」（道、天、地、將、法）、「七計」（主孰有道、將孰有能、天地孰得、法令孰行、兵眾孰強、士卒孰練、賞罰孰明）全面分析比較，只有這樣才能知己知彼，百戰不殆。也才能依據所了解的情況，制訂奪取戰爭勝利的方略。所以他說：「未戰而妙算勝者，得算多也，未戰而妙算不勝者。得算少也。」這就是孫武「知彼和己」，綜合分析對比敵我力量的「妙算」知勝。

孫武認為，為了做到「知彼和己」，除了善於利用各種徵象「相敵」（即分析觀察有關敵軍的各種現象和動向）外，還要獲得可靠的資訊，派遣各種間諜潛入敵軍內部，進行各種偵察，而且不被敵人發現。孫武十分重視依靠間諜了解敵情，把「用間」提到「三軍所恃而動」的重要性。

孫武在其「先勝而後求戰」的核心概念下，要求戰爭領導者在戰前要千方百計地克服自己的弱點，使敵人無隙可乘，無懈可擊，立於不敗之地，做到「先為不可勝，以待敵之可勝」。所謂「先為不可勝」，就是要樹立隨時應戰的思想，對敵人不能存有僥倖的心理，要做好一切準備，使敵人的進攻無法得逞，並且以自己的充分備戰措施，挫敗敵人的銳氣。提高警惕、常備不懈之後，還要在軍事部署上，擬訂詳細而嚴密的作戰計畫，考慮各種擊敗敵人所的作戰方案，這樣就不怕敵人的突然襲擊了。

占據主動地位是達到「全勝」的必要條件

孫武提出：「善戰者，致人而不致於人」，就是要求善於指揮作戰的人，能夠控制敵人而不被敵人控制。這是兩千多年前孫武所說的爭取主動避免被動的軍事名言，這一名言歷來受到兵家的重視，唐朝著名的軍事家李靖，在《李衛公問對》中就已提到，古代兵法千章萬句，不外乎「致人而不致於人」。

在戰爭中要爭取主動、避免被動，對於實力優勢較大的軍隊來說並不難做到，只要指揮無誤，官兵善戰，自然就能掌握戰爭中的主動權。對於實力處於劣勢的軍隊來說，要想爭取主動，避免被動，就不那麼容易了。但如果戰爭領導者能夠有出奇制勝的戰術，恰當部署和使用兵力，就可以形成有利於己，不利於敵的主動態勢，這就是《孫子兵法》中所說的「任勢」。孫武認為，要使軍隊的戰鬥力能充分發揮出來，真正做到攻無不克，就要使部隊處於「勢險」、「節短」的狀態。所謂「勢險」，是指軍隊具有高速機動的速度。這種速度如「激水之疾」，它所產生的衝擊力「至於漂石」，能把巨石般的敵人衝垮；這種軍隊隱藏著極強的戰鬥力，如同拉滿的弩機，緊張的弓箭，一觸即發。要使具有這種極強戰鬥力的軍隊，產生強大的作戰效果，就要使這種戰鬥力的極短的時間和距離內，以突發的衝擊達到效果，使敵措手不及，這就是孫武所說的「節短」。他用「鷙鳥之疾，至於毀折」的形象比喻，要求枕戈待戰的部隊，在發起進攻時，要像雄鷹在短距離內搏擊小鳥那樣，使敵束手就縛。

造成我之主動，敵之被動的形勢，不但要使自己的軍隊累積極強的戰鬥力，具有突發的衝擊力，而且要使敵軍陷於被動挨打的不利態勢。孫武認為，要使敵軍處於被動挨打的態勢，就要採取「動敵」——即調動敵人的手段，使最初不易殲滅的敵人，成為可殲滅的敵人。為此他提出：對於深溝高壘的敵人，要採取「攻其所必救」的戰略戰術，把敵人調出來在野戰中消滅

它；對於急功冒進的驕橫之敵，要先「避其銳氣」，消磨其鋒芒，使敵人疲於應付，爾後「擊其惰歸」，將其殲滅；對於目的不明，盲目作戰的敵人，則誘使其改變進攻的方向，使之「不得與我戰」，爾後我可尋機將其殲滅。

除了「動敵」之外，孫武還採取了「示形」的辦法，爭取主動地位。孫武所說的「形」，是指客觀物質力量。孫武說的「示形」，包括「形人而我無形」兩個方面的內容。「形人」，就是要造成各種假像去迷惑敵人，諸如「能而示之不能，用而示之不用，近而示之遠，遠而示之近」，使敵人迷惑，採取錯誤的行動，把軍隊拖垮，使官兵疲於奔命，使敵之真相暴露無遺，為我提供殲敵之機。所謂「我無形」，就是要隱行匿跡，含而不露達到「深澗不能窺，智者不能謀」的地步，這樣就能增加進攻的主動和突發性，以及敵人的被動和盲目，就能夠做到「動而不迷，舉而不窮」。

「避實擊虛」、「以眾擊寡」，是孫武關於集中力量，造成相對優勢，取得作戰主動權，戰勝敵人的精彩論斷。孫武用「水之形，避高而趨下」的類比方式，要求戰爭領導者，指揮自己的軍隊，「避實而擊虛」，攻擊敵人防禦薄弱之處，造成「兵之所加，加以鍛擊卵」的凌屬攻勢，迅速殲滅敵人。

靈活多變的戰法是達到「全勝」的重要手段

有了充分準備和取得一定的主動權後，並不等於已取得了勝利，如果戰法單一，照樣吃敗仗。所以孫武說：「兵無常勢」，如同「水無常形」一樣，只有能因敵變化而取勝者，才可以說是用兵入了「神」。「孫武所說的靈活多變的作戰指揮，主要表現在正確使用兵力和靈活多變的戰法兩個方面。

在正確使用兵力方面，他要求戰爭領導者要「識眾寡之用」，要根據敵我兵力對比的不同，採取相應的戰法。如「十則圍之，五則攻之，倍則分之，敵則能戰之，少則能守之，不若則能避之」：對於不同情況的敵人，要採取相

應的作戰手段。「利而誘之，亂而取之，實而備之，強而避之，怒而撓之，卑而驕之，佚而勞之，親而離之」；遠征時，要「並敵一向」，撇開次要敵人，攻其主力這樣就可以「千里殺將」；在兵力部署上，要如同常山之蛇，「擊其首則尾至，擊其尾則首至，擊其中則首尾俱至」，靈活機動，首尾相應。

在戰法變換方面，孫武主張「奇正」多變。他認為，雖然打仗的一般規律，總是用「正兵」當敵，用「奇兵」取勝，但是奇正之變，就像宇宙的萬事萬物那樣變化多端。他要求戰爭領導者，戰法要靈活變化，計謀要不斷更新，使人無法識破我在軍事部署上奧祕之所在；駐軍要常換地方，進軍要多繞彎路，使人不能推斷我的意圖。這樣就能穩操勝券了。

此外，《孫子兵法》還提出了「因糧而敵」的觀點，並對不同的天候、不同的地區、不同的地形，也提出了變換戰法的一系列應變措施，對水戰、火戰、山地戰的戰法，也有論述。

良將精兵是達到「全勝」的決定因素

孫武在《孫子兵法》開卷的〈計篇〉中，把「智信仁勇嚴」的良將，以及訓練有素、賞罰分明、令行禁止、戰鬥力強的精兵，看作是決定戰爭勝負的關鍵，是達到「全勝」的決定因素。

孫武關於爭取戰爭「全勝」的種種論述，無一不與賢良將帥的指揮才能和精神相連。因此，他對將帥提出了極為嚴格的要求，歸納起來就是「智信仁勇嚴」五條：「智」，足智多謀；「信」，賞罰有信；「仁」，愛護士卒；「勇」，勇敢堅定；「嚴」，明法審令。孫武把智放在第一位，表明他對將帥指揮才能的重視。孫武認為，兩軍相爭，較量智謀為先，角逐實力次之，作為一個優秀的將帥，必須對關係戰爭全域的大事，有深刻的了解，能明察事理，足智多謀；對於整個作戰過程要善於分析判斷，考慮利害得失，下正確的決定；

對於敵我雙方的情況，必須有深入的了解，既不可明於和己而暗於知彼，也不可明於知彼而暗於和己，只有知彼和己，才能百戰不殆；要竭盡全力，消除自己的弱點，不為敵所乘；必須盡一切可能，暴露敵人的弱點，尋機殲滅敵人；對於錯綜複雜的戰場，要能「通九變之利」，做出靈活的處置；對於不同情況的敵人，要能「因敵變化」而「料敵制勝」。

孫武認為，訓練有素、賞罰分明、令行禁止、戰鬥力強的軍隊，是奪取戰爭「全勝」必不可少的條件。因此他極為重視治軍和練兵。他認為統帥三軍必須做到愛護士卒，要「視卒如嬰兒」、「視卒如愛子」，使士卒親附，為使用他們打下基礎。但如果士卒親附而不能用，厚待而不能使，那就如同溺愛的嬌子一樣，不能用以作戰，因此孫武要求對士卒要「教之以文，齊之以武」，進行嚴格的訓練，對他們賞罰分明，治亂去驕，使之畏服，聽從指揮。

《孫子兵法》問世以後，得到重視流傳千古，被人們推尊為兵學鼻祖。韓非在〈五蠹篇〉中說，戰國時「境內皆言兵，藏孫、吳之書者家有之」，展現了封建制取代奴隸制時期，人們研究軍事、探討兵法的盛況。司馬遷稱道：「世俗所稱師旅，皆道孫子十三篇」，代表《孫子兵法》在漢代已成為兵學之冠。第一個注釋和闡發《孫子兵法》的大軍事家曹操，稱讚《孫子兵法》說：「吾觀兵書戰策多矣，孫武所著深矣。」他要求軍事將領們能領會書中「審計重舉、明畫深圖」的真諦。明代中期抗倭名將戚繼光則認為，《孫子兵法》是「綱領精微」的「上乘之教」。明代後期的茅元儀用「前孫子者，孫子不能遺；後孫子者，不能遺孫子」兩句話，充分肯定了《孫子兵法》不可動搖的地位。孫中山先生也十分推崇此書，「就中國歷史來考究，兩千多年的兵書，有十三篇，那十三篇兵書，便成立中國的軍士哲學。」

《孫子兵法》不但對中國，而且對世界的軍事史，也產生了很大的影響。《孫子兵法》不僅是中國現存的最古兵書，而且也是世界上最早的軍事著作。

它比希臘希羅多德（西元前四八四至前四二五年）的《歷史》、色諾芬（西元前四〇三至前三五五或前三五四年）的《長征記》、羅馬軍事理論家弗龍廷（西元約前三十五至約一〇三年）的《謀略例說》，不僅問世年代要早，學術性更強，而且在內容上更加詳備、系統和深刻。所以《孫子兵法》不脛而走，被多國人士稱道，早在唐朝就流入日本、朝鮮，一六六〇年就有了日譯《孫子兵法》；一七六〇年代，《孫子兵法》被傳教士帶到歐洲，一七七二年，法國神父約瑟夫·阿米歐首次將它譯成法文，在巴黎刊印出版；一九一〇年，英國漢學家賈爾斯，以《孫子兵法，世界最古的兵書》為名，在倫敦翻譯出版。現在世界上許多國家都把《孫子兵法》譯成本國的文字。這些國家的軍事理論家們，對《孫子兵法》都推崇備至，認為它的內容「閎闊深遠」，「詭譎奧深」，是「最早最優秀的著作」；稱孫武是「古代第一個形成戰略思想的偉大人物」，「奠定了古代中國軍事科學的基礎」；亞洲許多國家，甚至把《孫子兵法》規定為軍官訓練的必修課程。

在充分肯定孫武在軍事學上取得的輝煌成就和吸取其中的精華時，也要看到他的缺陷。在具體的戰術上，雖然也提出了一些有價值的原則，但他過分強調速勝，以為「兵久則國利者，未之有也」，走向極端。他籠統地提出「歸師勿遏」，「窮寇勿追」等，也是片面之詞。有時反而就要乘勝追擊，甚至「斬草除根」，不留後患。

第二節 孫臏

孫臏其人始終為迷幻神奇的色彩所包裹。他師事鬼谷、鬥法龐涓，繼而刖足為將，減灶復仇，一連串的命運交錯，使得孫臏活靈活現的活在中國人的心中。然而真正在歷史上的孫臏形象是一片空白，甚至被認為是孫武的影子，直到山東臨沂銀雀山的竹簡出土，才將淹沒千年的孫臏重現於世間。

　　孫臏（約西元前三八二至前三一六年），軍事家。戰國中期齊國人。少時孤苦，年長後從師鬼谷子學習《孫子兵法》,《孫臏兵法》踵繼孫子遺規，而在現實、時勢的運用更加純熟靈活，不僅於古之戰陣具有實效，施之於今日商場攻守進取亦可稱之典範。本書為孫臏的一生形象，以及其思想著作，綜析剖理，堪稱最佳的孫臏研究作品。孫臏顯示了驚人的軍事才能，不料，他卻因此遭人暗算……

　　孫臏在從師鬼谷子學習兵法的時候，曾有一個師弟叫龐涓。而龐涓的天資學業雖較孫臏差得很多，可是他為人奸猾，善弄小權術，而且又輕易不被察覺。他心裡很嫉妒孫臏的才能，但是在嘴上從未流露過，只是一再表示將來有了出頭之日，一定要舉薦師兄，同享富貴。對於心地善良的孫臏，與龐涓兄弟相稱，如同親兄弟一樣。

　　而這一轉眼就過去了幾年，孫臏、龐涓兩人經過鬼谷子的精心調教，兵法、韜略都是大有長進。就在這個時候，他們聽說了魏惠王招賢納士的消息。原本是魏國人的龐涓，覺得自己機會來了，就決定下山應招。在臨別的時候，他向孫臏保證，如果此行一旦順利，就馬上引薦師兄下山，扶同做一番事業。但是孫臏自然深表謝意，囑咐他多加保重，兩人灑淚告別。

　　在龐涓到魏國之後又是送禮，又是託人說情，很快見到了魏惠王。龐涓畢竟也有些本領，很快得到了魏惠王的賞識，被封為將軍。沒有多久，龐涓指揮軍隊與衛國和宋國開戰，打了幾個勝仗後，龐涓成了魏國上下皆知的人物，從此更得魏惠玉的寵信。

　　正在春風得意中的龐涓高興了好一陣子之後，又突然沉寂下來。那是因為他有了心病；論天下的用兵之法，可是除了孫臏之外沒人能趕上自己了。但是一想到孫臏，他心裡就有一種說不出來的滋味。按照當初的諾言辦吧，就得把孫臏推薦給魏惠王，孫臏的聲名威望很快就會超過自己；不去履行當

初的諾言吧，孫臏一旦去了別的國家，施展起來才能自己同樣不是對手。龐涓寢食不安，日夜思謀著對策。

不過有一天，正在山上攻讀兵書的孫臏，突然間接到龐涓差人祕密送來的一封信。信上龐涓先敘述了他在魏國受到的禮待重用。然後又說，他向魏惠王極力推薦了師兄的蓋世才能，到底把惠王說動，請師兄來魏國就任將軍之職。孫臏看了來信，想到自己就要有大顯身手的機會了，而且深覺自己的師弟講義氣，立即隨同來人趕往魏國的都城大梁。

當孫臏來後，龐涓大擺筵席，盛情款待。可是幾天都過去了，就是沒有魏惠王的消息，而且龐涓也不提此事。所以孫臏自然不便多問，只好耐心等待。

這天，孫臏實在是閒得難受，所以就找到一本書讀起來。忽然，屋外傳來一陣吵嚷聲，而他在還沒有弄清是怎麼回事，就已被闖進屋子的兵士捆綁起來帶到一個地方。那裡的一個當官模樣的人，立即宣布孫臏犯有私通齊國之罪，奉魏惠王之命對其施以臏足、黥臉之刑。而孫臏卻被這突如其來的事情嚇傻了，隨即醒悟，高聲為自己辯白。可是，一切都已經晚了，那些如狼似虎的兵士七手八腳扒去孫臏的衣褲，拔刀剜去了孫臏的兩個膝蓋骨，並在他的臉上刺上犯罪的標誌。孫臏倒臥在血泊之中。

原來龐涓把孫臏騙來之後，即在魏惠王面前巧言誣陷，使孫臏遭此傷身之禍。龐涓以為，受刑後的孫臏成了一個身障人士，他縱有天大的本事，也難以和自己較量了。

日子慢慢地過去了，孫臏的傷口也漸漸癒合，但他再也站不起來了，而且，還有人時時刻刻監視著他。他知道龐涓在陷害他，他恨得咬牙切齒，可是他總得想個脫身之法才是。不久之後，大家都說孫臏瘋了，他一下哭，一下笑，叫鬧個不停。送飯的人拿來吃的，他竟連碗帶飯扔出好遠。龐涓聽說

了這些，並不相信孫臏會瘋，於是就叫人把他扔到豬圈去，還偷偷派人觀察。然而孫臏披頭散髮地倒在豬圈裡，弄得滿身是豬糞，甚至有的時候會把糞塞到嘴裡大嚼起來。龐涓認為孫臏是真瘋了，從此以後看管逐漸鬆懈。

　　孫臏裝瘋產生作用，他暗中加緊了尋找逃離虎口的機會。突然有一天，他聽說齊國有個使臣來到大梁，就找了個間隙，偷偷前去拜訪。齊國的使臣聽了孫臏的敘述，從談吐中就可以認定他是一個很了不起的人才，而且十分欽佩，所以就答應幫他逃走。這樣，孫臏便藏身於齊國使臣的車子裡，祕密地回到了齊國。

　　而在這個時候，正值齊、魏爭霸，交戰不斷的年代。早在西元前三八六年；代表新興地主階級的田氏貴族在齊國取得政權後，就進行了一系列的社會改革，選拔文武人才，堅守邊境，反抗外來的威脅。孫臏回國後，很快見到齊國的大將田忌。田忌十分賞識孫臏的才幹，便將他留在府中，以接待上賓的禮節殷勤加以款待。

　　田忌是一個非常喜歡賽馬的人，可是卻時常輸掉。有一次，他又與齊威王賽馬，馬分上、中、下三等，對等競賽，三場全輸，田忌好不喪氣。這時恰巧孫臏在場，便給田忌出主意說：「待到下一輪比賽時，你用上馬對威王的中馬，用中馬對威王的下馬，用下馬對威王的上馬，必贏無疑。」田忌依計行事，造成兩個局部的優勢和一個局部的劣勢，以一負二勝贏得齊王三千金。一向取勝的齊威王這次輸了，大感驚訝，忙問田忌是何原因？田忌把孫臏找了過來，就借此機會把孫臏推薦給齊威王。

　　而齊威王見是一個雙腿受刑的身障人士，所以開始並未重視，孫臏陳述自己對戰爭問題的看法時，齊威王有意問道：「依你的見解，不用武力能不能使天下歸服呢？」孫臏則很果斷地回答說：「這不可能，只有打勝了，天下才會歸服。」然後，他列舉黃帝打蚩尤，堯帝伐共工，舜帝征三苗，以及

武王伐紂等事實，說明哪一個朝代都是靠武力解決問題，用戰爭實現國家的統一。沒想到孫臏的這一番深刻獨到的分析，會使齊威王大受震動。再詢問兵法，孫臏更是滔滔不絕，對答如流。所以齊威王就感到孫臏其人確實不簡單，從此就以「先生」相稱，把他作為老師看待。

在西元前三五四年，魏將軍龐涓發兵八萬，以突襲的方式將趙國的都城邯鄲包圍。而趙國抵擋不住，就派使者向齊國求救。而齊威王欲派孫臏為大將，率兵援趙。孫臏辭謝說：「我是受過刑的身障人士，帶兵為將多有不便，還是請田大夫為將，我從旁出出主意吧！」齊威王仔細想了想也好，於是就拜田忌為大將，孫臏為軍師，發兵八萬，前往救趙。

大軍既出，田忌就想欲直奔邯鄲，速解趙國之圍。可是孫臏不贊成這種硬碰硬的戰法，於是就提出應趁魏國國內兵力空虛之機，發兵直取魏都大梁，迫使魏軍奔趙回救，對於這一戰略思想，將避免齊軍長途奔襲的疲勞，只是讓魏軍於奔波被動之中，聽了之後田忌就立即採納了，於是率領齊軍殺往大梁。

而魏軍好不容易將邯鄲攻陷，可是卻傳來齊軍壓境，對於魏都城大梁告急的消息。龐涓顧不得休整部隊，只有留少數兵力防守邯鄲外，然後忙率大軍馳援大梁。可是沒有想到，行至桂陵陷入齊軍包圍。而且魏軍長期勞頓奔波，士卒疲憊不堪，哪還頂得住以逸待勞的齊軍？結果被打得落花流水，大敗而逃，連主將龐涓也被活捉。到頭來，魏國只好同齊國議和，乖乖地歸還了邯鄲。這就是歷史上有名的「圍魏救趙」之戰。也可以說是孫臏對龐涓的重重一擊。但孫臏並沒有殺龐涓，只是訓導他一番，又將他放了。

在桂陵之戰十多年以後，即西元前三四二年，龐涓又帶領十萬大軍、一千輛兵車，分三路進攻韓國。可是小小的韓國抵擋不住龐涓的進攻，一時形勢危急，遂接連派出使臣，向齊國求救。齊威王召集群臣商討對策，有主

張坐山觀虎鬥的，有主張發兵救援的，相互爭執不下。孫臏一直沒有說話。齊威王見狀便說：「先生是不是認為這兩種意見都不對啊？」孫臏點頭說：「是的。我以為，魏國以強凌弱，如果韓被攻陷，肯定對齊國不利，因此我不贊成見死不救的主張。但是，魏國現在銳氣正盛。可是假如我們匆忙出兵，豈不是要代替韓軍承受最初的打擊？」齊威王說：「那麼，依先生的意見怎麼辦好？」孫臏說：「我看可以先答應韓國的請求。他們知道我們能出兵救它，必然全力抗擊入侵的魏軍；而魏軍經過激烈拼殺，人力物力也會大大消耗。到那個時候我們再發兵前去，攻擊疲憊不堪的魏軍，拯救危難之中的韓國，就可以用力少而見功多，取勝易而受益大，不知陛下以為如何？」齊威王十分讚賞孫臏的諫儀，立刻採納。在一年後，當魏韓兩軍交戰更為激烈，雙方實力已大大削弱的時候，齊威王才決定派兵出戰，仍以田忌為主將，孫臏為軍師。於是，孫臏與龐涓又一次相逢在戰場，開始了一場大規模的生死較量。

　　在戰役之初，如果按照孫臏的計策，齊軍長驅直入把攻擊的矛頭指向魏國的都城大梁。可是時過不久，孫臏得知龐涓回師都城的稟報，所以就對田忌說：「魏軍一向自恃驍勇，現急於同我軍決戰。我們要抓住這個心理，誘使他們上當。」田忌說：「軍師的意思是……」孫臏介面道：「我們可以裝出膽小怯戰的樣子，用迫兵減灶的辦法誘敵深入。」

　　當龐涓日夜兼程趕回魏國本土，傳令抓住齊軍主力，與其決一雌雄。可是齊軍不肯交戰，稍一接觸即向東退去。而龐涓揮師緊緊追趕不放。第一天，見齊軍營地有十萬人的飯灶；第二天，還剩五萬人的灶；可是到了第三天，只剩三萬人的灶了。而龐涓見狀高興得意地說道：「我早知道齊國的士兵都是膽小鬼，如今不到三天就逃跑了大半！」所以傳下將令：留下步兵和笨重物資，集中騎兵輕裝前進，追殲齊軍。

可是孫臏得知龐涓輕騎追擊的探報，也高興地對眾人說：「龐涓的末日到了！」就在這時，齊軍正好來到一個叫馬陵的地方。而這個馬陵正好處於兩座高山之間，樹多林密，山勢險要，中間只有一條狹窄的小路可走，是一個伏擊殲敵的好戰場。孫臏傳令：就地伐樹，將小路堵塞；另挑選路旁的一棵大樹，刮去一段樹皮，在樹幹上面寫道：「龐涓死於此樹之下！」幾個大字。隨後，命令一萬弓箭手埋伏在兩邊密林中，吩咐他們夜裡只要看見樹達出現火光，就一齊放箭。慢慢地已到傍晚，龐涓率領的整軍騎兵果真來到馬陵。不久聽說前面的道路被樹木塔塞，龐涓忙上前查看。朦朧間他見路旁有一大樹，白茫上隱約有字，遂命人點起火把。當龐涓看清樹上的那一行字時，大吃一驚，知道中了孫臏的計謀。他急令魏軍後退，但已晚了。埋伏在山林中的齊軍，萬箭齊發，猝不及防的魏軍死傷無數，亂成一團。龐涓身負重傷，知道敗局已定，拔出佩劍自殺了。齊軍乘勝追殺，將魏軍的後續部隊一起打垮，就連魏太子也被俘虜了。

孫臏巧用奇兵，接連打敗強大的魏國，威名迅速傳遍天下。馬陵大捷之後，齊王要給孫臏加官受爵，但他執意不肯，連軍師一職也請求免除。後來，他找了一處清靜的地方，招收幾個學生，總結、研究早年所學兵法知識和自己的作戰經驗，學生記錄撰成《孫臏兵法》三十篇。

上編：

1. 〈擒龐涓〉，記述孫臏在「圍魏救趙」之戰中，用避實擊虛，「攻其必救」等戰法，於桂陵大破魏軍，俘獲龐涓的事蹟；闡述孫臏戰略戰術思想。

2. 〈見威王〉，記孫臏初見齊威王時，陳述自己對戰爭的看法。

3. 〈威王問〉，記孫臏與齊威王、田忌關於用兵問題的問答，討論了在敵我兵力不同情況下的用兵原則和方法，提出兵之急為「必攻

不守」。

4. 〈陳忌問壘〉，記田忌與孫臏的問答，主要追述馬陵之戰的戰略戰術部署。

5. 〈篡卒〉，即《選卒》，主要討論關係戰爭勝負的有關重要因素。

6. 〈月戰〉，討論日、月、星辰與戰爭勝敗的關係，強調「間於天地之間，莫貴於人」。

7. 〈八陣〉，提出了選將的條件，論述用「八陣」作戰的原則和方法。

8. 〈地葆〉，從軍事上論述各種地形的優劣。

9. 〈勢備〉，用形象的比喻，說明陣、勢、變、權四者在軍事上的重要作用。

10. 〈兵情〉，說明卒、將、主在戰爭中各有各的作用，缺一不能制勝。

11. 〈行篡〉，論述怎樣使士卒和民眾在戰爭中盡力。

12. 〈殺士〉，僅殘存兩簡，意為信賞必罰，激勵士卒拼死作戰。

13. 〈延氣〉，論述激勵士氣、鼓舞鬥志的重要性。

14. 〈官一〉，主要論述各種軍事措施及陣法的作用或適用的場合。

15. 〈強兵〉，記述齊威王與孫臏之間關於富國強兵的問答。

下編：

16. 〈十陣〉，論述十種陣法的特點、作用和布列方法。

17. 〈十問〉，討論敵我雙方兵力對比的各種不同情況及如何實施不同的作戰方法。

18. 〈略甲〉，簡文殘缺嚴重，看不出主要內容。

19. 〈客主人分〉，論述兵多、糧足、武器精良不足恃，只有掌握了戰爭規律和戰爭指導規律，即「知道」，才能保證取得戰爭的勝利。

20. 〈善者〉，主要說明善戰者在作戰時能使自己處於主動而陷敵於被動。

21. 〈五名五恭〉，論述用不同的戰法對付不同的敵軍和軍隊進入敵方境內時，「恭」、「暴」兩種手段要交替使用。

22. 〈兵失〉，分析作戰失利的各種因素，變不利為有利。

23. 〈將義〉，提出將帥要具備義、仁、德、信等品質。

24. 〈將德〉，論述將帥要具有愛兵、敬兵、秉公及時賞罰等品德。

25. 〈將敗〉，列舉將帥品質上導致戰爭失敗的二十種缺點。

26. 〈將失〉，列舉分析了造成將帥作戰失利的三十二種情況。

27. 〈雄牝城〉，論述攻城的難易及其在地形上的特點。

28. 〈五度九奪〉，論述如何避免作戰時的不利條件，爭取有利條件。

29. 〈積疏〉，主要論述積疏、盈虛、眾寡等矛盾的辯證關係。

30. 〈奇正〉，闡述奇正的相互關係和變化，以及如何運用奇正的原則來制勝。

31. 〈五教法〉主要論述訓練問題。

《孫臏兵法》在軍事理論方面有很高的成就，它繼承《孫子》、《吳子》等兵家思想並有新的發展。

第三節 唐開國第一功臣李靖

李靖是唐初開國名將，有《李衛公問對》這部軍事理論著作的傳世，最輝煌戰績是滅東突厥一戰，其過程簡直是韓信滅齊的翻版。李靖原名藥師，雍州三原（今陝西三原縣東北）人。少有「文武才略」，他在大唐開國諸位名將中，兵學涵養最高，樹立戰功最多，領袖群將，在英雄譜上排名第一的首推衛國公——李靖。外表英挺威武，內心則充滿著文才武略。年少的時候，對於兵法非常有興趣，聰明穎悟的表現，深得父老們的讚賞。他常常對父母說：「只要我有機會遇到英明的君主，一定要沙場立功，建立一番英雄的事

業。」其舅韓擒虎為隋朝名將，常與他討論兵法，曾稱讚說：「能和我討論孫吳兵法的人，只有李靖一個了。」在隋煬帝時代，李靖曾擔任長安縣功曹（縣府人事主任），由於做事認真，風評很好，深獲當時權貴左僕射楊素、吏部尚書牛弘的賞識。到了隋煬帝末年，被調到馬邑去擔任郡丞，他察覺到太原留守李淵有叛國自立的野心，於是想親自南下到江都奏報朝廷，才剛到長安，天下已經大亂，道路不通，只得暫時留在長安。李淵太原起兵，迅速攻下長安，李靖被俘虜了，正要被推出去斬首的時候，他對著唐高祖大聲喊：「閣下難道不想成就大事嗎？為什麼要冤枉殺害壯士？」聽了此話李淵覺得奇怪，這時兒子李世民就在旁邊，便勸父親赦免李靖，同時願把他留在自己身邊，並提出讓李靖擔任帶兵官之一，幫助平定天下。

西元六二一年，李靖被唐高祖李淵任命為行軍總管，唐高祖就又多了一個幫他統一中國的名將那就是李靖，而最主要的功勞也就在於那次平定江南了。當時蕭銑盤據長江中下游，李靖奉命征討，屢戰屢勝，蕭銑被迫投降；李靖統率軍隊入城，號令嚴明，秋毫無犯。有些部將認為蕭銑和他的部下們不講信義，屢次頑抗，應該治以重罪；可是李靖認為王者之師應該寬大為懷，不可動輒殺害無辜，何況天下尚未定，南方還沒有歸順，更應該用仁愛之心來引導他們投誠。到最後果然，由於蕭銑受到安撫，產生了巨大的影響，各地叛將紛紛前來投降，同時李靖因為功得圓滿被唐高祖封為永康縣公。

緊接著，李靖率軍南下，路過廣西，李靖派人分別招撫占領五嶺附近的各個亂軍，共有六十餘萬人前來投順，高祖對李靖優詔慰勉，授嶺南撫慰大使。武德五年，自稱宋帝的杜伏威親自到長安觀見高祖，表示臣服；六年，他的部下輔公佑叛變，高祖再命李靖前往討伐，李靖出其不意地將叛亂勢力一網打盡，江南地區到了這時候才算是完全平定。李靖被擢升為兵部尚書，高祖對李靖的才能和功績非常稱許，常說：「開唐以來李靖是第一個名將，就

連古代的大將韓信、白起、衛青、霍去病，有哪一位能比得上他呢？」李靖又被封為嶺南道撫慰大使、專門檢校桂州總管。

西元六二三年，輔公祏又一次在江南打算起兵反唐。高祖就以李孝恭為大元帥，副元帥李靖前往討伐。李靖出其不意地先攻破輔公祏的水軍，接著率輕裝唐軍直趨丹陽，俘虜了輔公祏，徹底平定江南。之後，李靖先後盛任東南道行上的臺兵部尚書、檢校揚州大都督長史這個職位。

西元六二五年，突厥犯太原，李靖被李淵被命為行軍總管，領江淮兵一萬北上抵禦突厥，同年任檢校安州大都督。武德九年四月，李靖在靈州與突厥頡利可汗激戰一天，迫使頡利引兵北撤。沒過多久，就被任命為靈州道行軍總管。

唐太宗李世民在西元六二七年即位，先後任命李靖為刑部尚書、檢校中書令、兵部尚書。

當時成為唐朝主要的威脅就是東突厥，因為他們當時還很強大。太原起兵以後，唐高祖一心對付隋朝，只好靠妥協辦法，維持了和東突厥的和好關係，但一些東突厥貴族仍舊不斷侵擾唐朝境界，鬧得唐朝有某些地方不得安寧。

唐太宗即位還不到二十天，東突厥的頡利可汗率領十多萬人馬，一路打到離長安只有四十裡的渭水邊。當時頡利以為唐太宗剛即位，不可能敢抵抗，他先派出使幾名者進長安城面見唐太宗，並揚言突厥兵足有一百萬，馬上就到。

當然唐太宗也是見過世面的人，他不理會頡利的威脅，把使者扣押了起來。他先布置長安的唐軍擺開陣勢。接著，又親自帶了房玄齡等六名將領，騎馬到渭水邊的便橋，指名要頡利出來，隔河對話。頡利聽說使者被扣，已

經有點吃驚；再看到太宗親自上陣，後面唐軍旌旗招展，軍容整齊，不禁害怕起來。他便帶著自己的士兵在渭水對岸，下馬拜見了太宗。

而唐太宗就隔著渭水對頡利說：「我們兩家的盟約早已訂立，幾年來也沒有少給你們金帛，為什麼要失信於我們，帶兵進犯？」頡利被責備得無話可說，表示願意講和。過了兩天，兩方就在便橋上立下了盟約。沒過多久，頡利便就退了兵。

自從這次以後，唐太宗加緊訓練將士，每天都召集幾百名將士在殿前練習弓箭。他跟將士們說：「外敵進犯，這是常有的事，並不可怕。怕只怕邊境稍為安定，人主就貪圖安逸，忘記戰爭，敵人來了就抵擋不了。從此刻起，平日我就是你們的老師，教你們弓箭；戰時我當你們的將帥，帶領你們抗奮殺敵。」

經過唐太宗一翻的鼓勵，將士也都專心練武，沒出幾年，就訓練出一批精銳軍隊。第二年，北方下了一場大雪。東突厥的牲畜死了不少。大漠以北發生饑荒。頡利可汗加緊對其他部族的壓迫，又引起各部族的反抗。頡利派他的堂兄弟突利去鎮壓，反被打了敗仗回逃。突利逃回去後，被頡利責打一通。從此兩個人就翻了臉，突利便投降了唐朝。

唐太宗抓住這個機會，派出李靖、徐世勣等四名大將率領大軍十多萬，由李靖統率，兵分幾路出擊突厥。

貞觀三年（西元六二九年），大風雪席捲東亞地區，突厥各部落的尤其慘重，牛馬羊等牲口凍死的十之八九；再加上突厥王頡利可汗和堂兄弟突利發生嚴重的衝突，導致內部分裂，突利戰敗，南下向唐朝請求援助。唐太宗認為這是消滅邊患，收復失地的最好機會，於是派李靖擔任統帥，分兵六道北伐。李靖親率精銳的騎兵三千人，從馬邑出發，出其不意地直撲突厥的邊防重鎮——惡陽嶺，當時突厥的國王頡利可汗看到唐朝的軍隊蜂擁而來，心裡

非常害怕，對部將說：「李靖的主力部隊已到，我們還是避開為妙」突厥軍中士氣不振，紛紛向北逃竄。貞觀四年，李靖迅速追擊突厥，終於大破突厥的主力於定襄。太宗非常高興，嘉慰李靖說：「李陵是漢朝名將，他率五千步卒，結果還是投降匈奴，而你只用了三千騎兵是漢朝的半多一些，就能深入突厥，克復定襄，真耐是自古以來少見的戰績。」

李靖攻下了突厥以後，又選了些精銳的騎兵一萬人，長驅直入陰山地區，俘虜突厥將士一千多個帳篷的人；接著，強攻突厥大本營，生擒頡利可汗，全勝而歸。唐太宗接到李靖的捷報，立即宣布大赦天下，全國狂歡五天，慶祝這不用吹灰之力的勝利，雪恥當年的渭水之辱。

當時西北地方最強的國家就是吐谷渾了，貞觀九年，侵擾中國的邊疆。太宗擔憂李靖年紀已大，不能再出去征討；沒想到李靖得到消息後，主動表示願意領兵平亂。太宗只好任命他為西海道行軍大總管，統率大軍前往迎敵。吐谷渾採取堅壁清野的辦法，焚毀了一切可資利用的物質，使李靖的軍騎找不到食物，士氣大受影響。但是李靖毫不畏怯，迅速率軍深入積石山，前後數十場大小戰役，打得吐谷渾的軍隊毫無招架之力；吐谷渾的國王被人民所殺，國土也被唐朝收為郡縣。李靖凱旋歸國，朝廷封他為衛國公。後來，唐太宗又計劃東征高麗，李靖還是自告奮勇願意帶兵出征，可是太宗還是憐惜老將而作罷。

貞觀二十三年（西元六四九年），李靖病逝，享壽七十八歲。唐太宗特命陪葬昭陵，其墳塚修成鐵山、積石山形狀，以表彰他擊滅東突厥，征服吐谷渾的輝煌戰功，并諡號景武，把李靖的畫像就懸掛在了凌煙閣裡。

李靖自從歸唐後，不但南平江南，北滅突厥，而且西定吐谷渾，顯示了非凡的軍事才能，史家稱李靖「臨機果，料敵明」，是戰績與理論俱豐的軍事家。著有《李靖六軍鏡》等兵書多部，但大多已散佚，後人輯有《唐太宗李

衛公問對》、《衛公兵法》等兵書。《武經七書》裡的之一就有《唐太宗李衛公問對》，是中國古代的兵學寶典。

第四節 要留清白在人間的于謙

于謙，明代人，字廷益。從小苦讀詩書，十五歲就考取了秀才。永樂年間考得進士。他任監察御史巡按江西時，曾為數百蒙受冤獄的人平反。升兵部右侍郎、巡撫河南、山西，深入裡巷訪問父老，賑濟災荒，築堤植樹，將鎮將私墾的田全部收為官屯，以補助邊境經費。前後十九年在任，威信很不錯。

他很仰慕宋代文人英雄文天祥的為人，書齋裡曾懸掛文天祥的畫像，他在「畫贊詩」裡寫有「殉國忘身，捨生取義」，「寧正而死，弗苟而全」等詞句。這時候于謙還曾寫下〈石灰吟〉和〈詠煤炭〉等詩，用隱喻的手法來寄託他的雄心壯志。如他在〈石灰吟〉裡寫道：

千錘萬鑿出深山，烈火焚燒若等閒。

粉身碎骨全不怕，要留清白在人間。

他在〈詠煤炭〉裡寫道：

鑿開混沌得烏金，藏蓄陽和意最深。

爝火燃回春浩浩，洪爐照破夜沉沉。

鼎彝元賴生成力，鐵石猶存死後心。

但願蒼生俱飽暖，不辭辛苦出山林。

這兩首詩表現了他不惜犧牲自己，為國家建立功業，貢獻出全部力量的精神。在家讀書的時間裡，于謙勤苦為學，關心國家安危。到二十四歲時，

進北京應考，中了進士，被任命做山西道監察御史，後又調到四川和貴州等好幾處。他穿著便服，深入少數民族地區訪問疾苦，為民改革歸政。

宣德二年（西元一四二六年），明宣宗親征叛藩漢王朱高煦，于謙從征有功。次年，巡按江西，由於廉明奉公，平反了冤獄，嚴格懲罰了貪官，在各個地方都落得了個好聲譽。

宣德五年（西元一四三〇年），宣宗特被任于謙做兵部右侍郎兼都御史，巡撫山西、河南。巡撫是明朝地方行政最高長官，他到任後，親到各州縣鄉里，訪問父老，得知應興革事項，立刻向朝廷建議。當時內閣學士楊榮、楊溥、楊士奇等也都支持于謙，因而他的意見多被採納。于謙在山西、河南做了十九年（西元一四三〇至一四四八年）巡撫，辦了很多好事。例如：豁免農民欠租，減輕商販稅率，設置各州縣的「平準倉」、「惠民藥局」，調節糧價，賑救貧苦，廣修道路，植樹鑿井，發展交通，便利行旅等。他又歷年繕築黃河堤岸，興修各地水利；在一四四五年（正統十年），曾安置流民二十餘萬人，分給地畝，貸予耕牛種籽，兩省農業生產，多得成長。于謙勤政愛民，始終如一，他年年奔波於太行山區和黃河南北岸。在他的詩裡，隨時可以看到他的行蹤，如：「三晉沖寒到，中州冒暑回，山川原不改，節侯自相催」，是寫他巡視時不避寒暑。又如「碗子城邊路，年年幾度過。山川認行色，花鳥熟鳴珂」，是寫他年年要路過太行山一次。又如「月落日未出，東方隱又明，雲連懷慶郡，霧繞澤州城」，是寫他遊巡境內各州縣，曉行夜宿，十分辛苦，不辭勞累的情況。由於于謙具有這樣良好的品德和作風，所以民間人稱讚他是「于龍圖」，有很多的地方還建立了于謙生祠。

明朝政治漸趨黑暗，就是中正統初年官僚中分為邪正兩派，發生鬥爭。當時皇帝英宗年幼荒嬉。正統七年以後，宦官王振專政，擅權納賄，驕橫日甚。于謙在行政上也遇到了阻撓。他每次進京奏事，總是不帶任何禮品贈送

權貴。有人勸他少帶點著名土產，如合薌（即線香）、乾菌（蘑菇）、裹頭（手帕）等物，以便送些普通人情。于謙對閹黨的濫作威福本來就是極其痛恨的，因此他笑著舉起衣袖說：「帶有清風！」並且還作了一首〈入京詩〉來諷刺這些勸他的人：「手帕蘑菇及線香，本資民用反為殃，清風兩袖朝天去，免得閭閻話短長。」這首詩遠近傳誦，成為一時佳話。

正統十一年（一四四六年），王振誣劾于謙，逮捕下獄，判死刑。但由於晉豫百姓萬人到京請願，要求于謙繼任巡撫；貴族周王、晉王等都上書替于謙伸冤。閹黨懾於公論，只得釋放于謙，恢復原職。這裡我們要特別指出，于謙堅決反對閹黨，不顧死生，只是為了愛民愛國而伸張正義，非關私人的恩怨從忤。于謙對閹黨鬥爭的主要原因是長城邊防問題，因為一四三〇、一四四〇年代裡，明朝北邊形勢緊急，于謙經常關心邊務。相反的，王振閹黨卻侵奪大同、宣府一帶的軍屯耕地，占役軍丁，挖空了軍事實力，轉飽私囊。于謙曾多次奏彈邊鎮監守貪汙的罪狀，他和宣大巡撫羅亨信等意見一致，要求實行檢察軍屯田糧，整頓邊防。因此于謙被誣下獄，實非偶然。一四四八年（正統十三年）于謙被削奪了巡撫、御史等職，調到京城只做兵部左侍郎，但他仍對國防提出了積極意見，由於閹黨的壓抑，不能實施。

正統十四年（一四四九年），明朝發生了「土木之變」以後，于謙在軍事方面要完成保衛京城鞏固國防的緊急任務，在政治這個方面也就不得不跟閹黨做出生死角力。

先談瓦剌南侵時候的形勢。自從十四世紀末，北方韃靼各部勢力衰落，蒙古西部的瓦剌就日漸強盛起來。十五世紀時，瓦剌統治集團以也先為首用武力統一了蒙古各部，形成北方最大勢力。也先統治區，西起阿爾泰山，東抵遼河，北包貝加爾湖，南接明朝長城。也先經常以「進貢」為名，向明朝

索取巨額的「頒賞」。更想攻占北京，讓元朝復辟。一四四九年，他大舉侵明，就是所謂抱著「求大元一統天下」的政治野心。

　　就在明朝方面，童騃驕縱的皇帝英宗，所有軍政大事，全由王振代理，而王振只是一個太監，且王振確胡作非為，殘害忠良，廣植私黨。一四四九年當瓦剌入侵時，王振更想利用皇帝「親征」，幸取戰功，提高個人威勢。在這樣政治渾濁的情況下，王振就掌握了戍衛京城的禁軍全部指揮權。七月十四日下令出兵，十六日就必須啟程，行軍部署毫無成算。當時瓦剌軍侵入大同、宣府、獨石、廷慶等邊塞，明守軍節節敗逃。英宗、王振竟貿然驅使大批中央高級官員和「前軍五萬騎，吏卒私屬可五十萬人」，冒著狂風暴雨，擁出居庸關向大同進發。八月初一，到達大同。瓦剌軍暫退塞外，誘明軍深入北上。但王振等看到邊兵敗亡，橫屍滿野的慘狀，卻惶懼失措，揮軍急退。十三日退到土木堡（今懷來縣西）狼山一帶，瓦剌追兵從後面兩路逼來，王振派兵迎敵，均敗潰；兵部尚書鄺埜三次奏請英宗突圍，均為王振所阻。十四日黎明，瓦剌軍四面合圍，十五日瓦剌軍詐退，明英宗急派使臣去瓦剌軍營向也先講和。也先也派使臣持文書來明營，英宗命學士曹鼐草文書，派通事二人隨也先使臣去瓦剌軍營。王振立刻下令移營就水，明軍人馬饑渴，士兵爭先跳越營邊壕塹，隊伍混亂，不能停止。瓦剌騎兵忽從四面衝來，呼嘯蹂陣而入，奮長刀猛砍明軍，大呼「解甲投刀者不殺！」明軍棄甲曳兵，裸袒蹈藉，屍體蔽野塞川。英宗與親兵乘馬突圍不得出，下馬據地盤膝面南坐，遂被俘虜。在混戰時，扈從大臣如英國公張輔、尚書鄺埜、王佐、學士曹鼐、張益、侍郎丁鉉等高級官員五六十人都被瓦軍所殺。軍士棄屍數百里。其實當時追來的瓦剌軍僅兩萬餘，而明軍五十萬人，死亡過半，騾馬二十餘萬以及衣甲、器械、輜重全被也先軍所奪。太監喜寧投降，將明朝虛實情況完全告給也先。當英宗被俘時，護衛將軍樊忠從旁用所持長錘把王振

錘死，痛罵道：「我替天下誅此奸賊！」遂衝向敵軍，殺死敵方十餘個人，最後死在戰場。這一場大混戰，歷史上稱它為「土木堡之變」。

就在「土木堡之變」後，首都北京的明朝立即捲入戰場的前哨，政局空前混亂，危機四伏。皇太后和留守京城的郕王朱祁鈺急召大臣朝議。翰林侍講徐珵竟公然主張逃跑，倡言南遷金陵，可避災難，於是氣氛更加惡劣，群臣都猶豫昏惑，只知聚哭殿前。于謙厲聲斥責徐珵說：「倡議南遷者，當斬首，京師是天下的根本，一動則大勢去矣。誰不知宋朝南渡的禍患。請立刻調動四方兵勤王，誓死守衛京師。」于謙的主張，得到吏部尚書王直、內閣學士陳循等的同意，皇太后、郕王等慢慢地清醒過來，便把守城抗戰的責任全部交給于謙。于謙等遂即建議：

1. 調山東沿海備倭軍和漕渠運糧軍急援北京，並令全國各地起兵勤王。

2. 提前發給官兵半年的或一年的祿餉，讓他們自己到通州倉庫取米，並號召百姓參加搬運通州軍資進北京城。

3. 動員京郊居民進城，並招募新兵，優給糧銀。

4. 肅清潛藏在京城內外的間諜敵人。

5. 從土木堡戰敗逃回的士兵，免予處分，仍要報名，各賞銀布操練守城。

6. 加強城防工事，趕造兵器，同時急運南京內庫軍器三分之二北上。

八月二十一日，于謙被任做兵部尚書，當時，以于謙為首和以商輅、王竑、袁時、吳寧、王偉、朱驥等為主幹的官吏一致堅決主張抗戰。于謙明確提出了「社稷（指國家）為重，君為輕」的口號，認為英宗既成瓦剌俘囚，帝位不應虛懸，遂奏請皇太后讓郕王監國。並將閹黨馬順、毛貴等箠死，王振家族全部刑斬，以平眾憤。又將閹黨郭敬等治罪。這樣，在一定程度上鎮壓了閹黨，振奮了士氣。

九月六日，郕王正式登皇帝（景泰帝）位，遙尊英宗做太上皇，明朝中央政局更顯穩定。同時，于謙又選派得力將領，增補關隘，加派援軍，重新調布了長城邊防。于謙治軍，賞罰嚴明，教練有法，為了保衛國家，他又得了新兵，扭轉了這次的敗局，才算保證了抗戰的勝利。

他們想也先俘捉英宗以後，就想利用這個「御駕」做招牌，用他來威脅並詐誘明朝各邊鎮開城迎降。由於于謙嚴令各將領堅守關隘，「自今瓦剌奉駕（太上皇）到，不得輕出」。因此也先擁英宗到宣府、大同等處，守將都閉門不納。九月末，瓦剌發動了第二次總攻勢。十月初，瓦剌別部三萬騎攻遼東各鎮，同時別部進犯甘肅沿邊。也先率主力軍騎兵三萬掠大同，直衝紫荊關，瓦剌率二萬騎突入古北口。十月九日，也先破紫荊關，瓦剌等軍從赤城南下，兩路向北京合圍。當時在北京，明朝從各地徵調和新募的軍隊約二十二萬人，但有盔甲者僅十分之一。各將領地守城方略議論紛紜，多主張退軍城內，堅壁清野，以避敵鋒。于謙堅決主張必不可示弱，當列陣郊外，迎擊敵軍。他親身披摜甲冑，主持大軍，駐營德勝門外，分配防衛九門兵力，指定負責將領，誓告全軍，效忠衛國。特令「臨陣，將不顧軍先退者，斬其將，軍不顧將先退者，後隊斬前隊」，於是人人奮勇殺前，士氣奮奮昂揚。

十一日那天，瓦剌軍在西直門外列陣，兩軍對壘。也先仍揚言要釋放「聖駕」，脅迫明朝屈服講和，並指出要于謙等大臣出來迎接，但被拒絕了。當夜，明軍進擊瓦剌軍先鋒於彰儀門外，獲得第一次小勝，軍威大振。次日，明軍在各門外略有斬獲。十三日，瓦剌軍和明軍在德勝門外展開了激烈的鬥爭。當時天寒，降雪，又大風，忽而雷電降雨。于謙先派石亨領兵埋伏在道旁民間空屋內，另派小隊騎兵做前鋒，衝擊瓦剌軍陣，交戰時假裝敗退，瓦剌首領也先立刻揮動精騎萬餘，呼嘯追來，直逼明軍。于謙待敵軍近

城，令神機營火炮火銃齊發，同時石亨伏兵驟起，前後夾攻，瓦剌軍驚擾，
明軍副總兵范廣驍勇絕倫，躍馬當先，衝入敵陣，部下將兵齊力殺進，瓦剌
軍大敗於城下，死傷無算，也先弟平章孛羅卯那孩，在搏戰中被大炮擊斃。
瓦剌軍轉攻西直門，都督孫鏜率軍迎擊，瓦剌軍稍向北退，孫鏜追擊，瓦剌
軍增援反撲，孫鏜軍拼力血戰。明軍高禮、毛福壽等率兵從南面來助戰，激
戰更急，戰陳漸逼近城門時，城上守程信急發箭炮助戰，會石亨領兵又從北
面趕到，瓦剌軍三面被圍攻，才向西南退去。這是明軍給也先迎頭痛擊的第
一次大會戰。次日，于謙又親自指揮都督毛福壽等軍大敗瓦剌軍於彰儀門土
城外，在兩軍搏鬥時，京郊居民配合官軍奮勇殺敵，紛紛跳上屋頂牆頭，猛
飛磚石，呼聲震天，瓦剌軍驚愕潰逃。這是明軍第二次大勝。繼而京郊軍民
配合展開了追擊戰，瓦剌軍別支部隊分掠各州縣農村，也多遭民兵抗擊。也
先迫使明朝「迎駕」的陰謀，毫未得逞，在五天的激戰中，又連戰連敗，死
傷很多，也先大感沮喪。另外瓦剌軍在居庸關也被明守將羅通擊敗。十五日
夜間，瓦剌軍拔營潛遁，于謙派石亨率軍追擊到良鄉以西。十七日，也先擁
英宗出紫荊關退去。九、十月瓦剌軍焚掠山西、河北各地，也都被驅北退。
十一月八日，瓦剌退出京師回到塞外，此時京師宣布解嚴。

　　抗擊瓦剌侵入守禦京師是正義的衛國戰爭。于謙等人迅速集結部分軍事
力量，及時鼓勵士氣，親臨戰場，指揮軍事，最終在保衛京師的戰爭獲得勝
利，把明朝從敗亡的嚴重危機中挽救了出來。

　　瓦剌軍在京郊受到打擊退回塞外後，于謙對於國防軍事的布置，並未稍
懈。首先是加強保衛京師的力量，擁調遼東、宣府部分軍馬來到京師，並
命大同總兵郭登隨時準備率所部到京師增援。京師稍見穩定後，于謙進一
步加強邊關的防禦。對宣府、居庸關以及保定、河間、真定各處，增派大

將鎮守。又派顧興祖、劉安等率兵修築北邊關塞重要的地方並增調軍隊作為防守。

景泰元年（西元一四五○年），在春夏兩季，瓦剌軍隊對明朝北邊連續發動了廣泛的攻勢，進攻寧夏、大同以後，又侵擾慶陽、朔州、陽和、萬作等地，但都吃了敗仗。另外，當時也先、脫脫不花和阿剌知院三方面對明朝的態度也各不同，他們都想單獨先取得和明朝「通貢」和「互市」的經濟利益，因而相互猜忌。于謙就在這時先派使臣和脫脫不花交涉，獲得了初步協議。因此，也先拘留著英宗，原以為奇貨可居，這時反成為對明朝交涉上的絆腳石。終於被形勢所迫，不得不將明英宗送回。可以說正是由於明朝在實際戰爭中取得勝利，政治策略正確和軍備的充實，才能對瓦剌交涉上取得了全面的主動權，終於收到勝利的結果。英宗回國後不久，也先派使臣前來，要求通貢，雙方又恢復了正常的互市關係。另一方面，由於也先侵明失敗，以及虐待諸部，日益驕橫，引起各部族酋長互相猜忌和仇殺，也先攻殺脫脫不花汗，隨後阿剌知院又攻殺了也先。自從也先死了以後，瓦剌部屬分散了，勢力就慢慢衰落了。

明軍雖然從失敗轉到勝利，但從各方面造成的戰爭創傷，是得要很長時間才能恢復的。在瓦剌進攻京師被擊退後，明朝論功行賞，升加于謙的官職稱少保總督軍務，仍掌兵部尚書事。于謙辭讓道：「四郊多壘，卿大夫之恥也，敢邀功賞哉！」固辭不允。于謙在英宗回京以後，首先向朝廷提出「上皇雖還，國恥未雪」的警告。他條諫各項安邊的策略，堅持執行，專力於國防的充實。一面加強真定、保定、涿州、易州以及永平、宣府、大同、居庸關、山海關多處的防務，增加守軍人數，按時修繕城堡，並於一四五一年（景泰二年）遣都督僉事孫安率輕騎出龍門關收復獨石、馬營等八城，募民屯田，且耕且守，這樣就使宣府、懷來的防務，更趨鞏固；一面對官軍的貪汙

怠職等弊端，嚴加糾察，整肅了軍紀；另外還推薦平江侯陳豫鎮守臨清，增築新城，保護漕船運輸的要道棗運河；又對馬政、陣法、戰車、軍器、軍功制度多所改進。對於火器，又提倡創造，如採納巡關侍郎江潮的建議，製造「火傘」，燃放出去，可以驚潰敵軍馬隊。又採納應州人師翱的建議，製造了有機關的火銃，在最短的時間內可發三次，射程可達三百米以外。

于謙認為瓦剌雖然只是暫時求和，但是明朝若不加強國防，還是不能制止瓦剌的侵擾，於是他便開始積極著手改革京營的軍制。

明朝京衛軍隊，原來分別隸屬於三千、五軍、神機三大營。五軍營是洪武時編定的軍制，有步隊、馬隊，專教陣法。三千營是永樂時編定的，都是騎兵，專管扈從皇帝出入。神機營是永樂時對交趾作戰時編定的，使用火器，主要是步兵，附添馬隊在內。三大營各有總兵官，不相統屬，同時五軍都督府調動，平時掌府官只管軍政文書，不管操練，戰時分別調遣，號令不能一致。將領和軍士彼此也不熟悉。正統時，京營軍士四十餘萬，由於營政廢弛，作戰能力很低，「土木之變」，京軍傷亡很多，營制更紊亂。

于謙開始改革京營軍制，在三大營中挑選精勇軍士十萬餘人，編為五營操練，叫做團營。第二年，又將團營軍士增加到十五萬人，分十營操練，於景泰三年，團營制度完全確立，而那些沒有選入團營的軍士，仍歸三大營，稱做「老家」。

十五萬精兵，分別分到十個團營。每團營一萬五千人，置都督一人，統率本營，叫做「坐營都督」。每一坐營都督下，設都指揮三人，各統領軍士五千人。第一都指揮下又設把總五人，各統領軍士一千人。每一把總下又設指揮二人，各統領軍十五百人。每一指揮下，設領隊官五人，各領軍士一百人。每一領隊官下設管隊二人，各領軍士五十人。以上十團營設一總兵官，明廷命石亨充任。于謙對於京營的改革，改變了京軍各營互不統一，每遇調

遣，號令紛更，兵將不相識的偷怠紊亂情況。于謙更積極招募民兵，充實軍隊的實力，遣使分募直隸、山東、山西、河南民壯，撥山西義勇守大同，並用民兵防守紫荊、倒馬二關。這些措施，特別是那個新軍（十營團）的建立及戰守保有位部署等，使明朝國家邊防極為鞏固。

當瓦剌把英宗釋放回來的時候，景泰帝把英宗看作是最危險的一個政敵，立刻禁錮在皇城裡的南宮內，他所住的宮叫崇質宮（俗名黑瓦殿，在南池子普渡寺一帶）。這一帶地區，永樂時稱為「東苑」，又叫「小南城」。這是個離宮別館，祁鈺把英宗關閉在此處，特派靖遠伯王驥守備，不在允許他和外面交往。

景泰三年（西元一四五二年），景泰帝廢掉了皇太子見深（英宗兒子），更立他的兒子見濟做太子，景泰帝這種自私的行動，于謙並不贊成，因此景泰帝對于謙漸疏遠，不肯授予于謙全面行政的實權，僅因防邊多事，才使于謙長期專任兵部。于謙不夠警惕閹黨邪派的陰謀活動，故于謙遇到閹黨破壞和搗亂的時候，常憤慨地捫胸嘆息，曾說：「此一腔熱血，竟灑何地？」表示絕對不會向他們低頭讓步。

在用人行政中，于謙對所有貪汙的高級軍官，嚴加劾辦。石亨在德勝門外的戰功，並不高於于謙，受封世襲的侯爵，自覺愧心，曾上疏推薦于謙長子于冕做都督府前衛副千良。于謙上疏懇辭，並指責石亨位居大將，不選拔軍伍中人才，報效國家，單獨薦舉于冕是不合公論的。同時更指出：「臣於軍功，決不冒濫，縱欲為子求官，自當乞恩君父，何必假手於石亨」！石亨聽到于謙嚴厲的指責，便積恨在心。石亨身任京營總兵，提督十團營，驕縱枉法，勾結營私，于謙屢次對石亨加以奏劾，石亨更切齒痛恨。另外，都督張軏先後因犯軍律，曾被于謙彈劾，也怨恨于謙。太監曹吉祥也因監守軍務時被于謙所制裁，耿介於心。前任兵部尚書王驥因在正統時黨附王振，行為驕

縱，景泰時曾受裁抑，但他屢思跋扈，由於于謙不肯推薦，因此也對于謙懷有嫉恨。總言而之只在改進軍務方面，于謙便遭到了很多的阻攔。

景泰四年（西元一四五三年），皇太子見濟忽然因病而死。後來一部分較正派的官員，主張恢復見深做皇太子，遭到景泰帝的壓制。另一方面，復辟的陰謀，卻暗地醞釀著，終於爆發「奪門」事件。「奪門」的主角是太上皇英宗，他在土木堡喪師辱國被也先俘虜，幸賴于謙等抗戰勝利，才得被釋回國，但是英宗不考慮軍國大事和抗戰的客觀，從而對于謙等抱有莫大的偏見。英宗回到北京後，景泰帝已經代替了他的皇位並且把他禁錮在南宮，他們兄弟之間仇恨深重的。「奪門」事件的主要推動者是石亨、徐有貞、曹吉祥、楊善、王驥、張軏等。其中石亨、張軏掌握京營軍權，王驥的職務是守備南宮，曹吉祥是京營監軍太監。所以走通宮禁極為便利。他們就利用京營軍權，做發動宮廷事變的工具，楊善過去諂附王振，曾做過出使瓦剌的使臣，迎得英宗回國，超出了景泰帝的旨命，景泰帝對他不滿，後來又向曹吉祥、石亨獻媚，自然就勾結在一起了。徐有貞（即徐珵），在也先入侵時主張南遷，被于謙所駁斥，為輿論所不齒，後來諂附陳循，升官到副都御史。這一群貪殘陰險、結黨營私的官僚們拼湊到一起，都想利用景泰帝和英宗兄弟二人的尖銳矛盾，有些人假裝為英宗奪回皇位，大攪混水，其實他們只是乘勢摸魚，做自己升官的打算。

景泰八年（西元一四五七年）正月，景泰帝已經病重，再也不能臨朝，命石亨代行郊祭典禮。石亨等密謀，認為是發動復辟的好機會，石亨、曹吉祥、徐有貞、張軏、王驥等潛納京軍進皇城，率眾急奔南宮，毀牆裂門，掖英宗登輦，闖入皇宮，強登奉天殿，宣告復辟。英宗復辟後，反誣于謙、王文等謀叛，逮捕下獄。廷審時，徐有貞當眾喝令法司把于謙等痛加拷掠，王文不勝激憤，激辯不已。于謙笑道：「亨等意耳，辯何益！」遂被判處謀逆

罪，坐死刑。抄家產時，發現于謙「家無餘資，蕭然僅書籍耳」。將殺于謙時，英宗猶豫說：「于謙，實在是有功」。徐有貞祕密進言道：「不殺于謙，此舉（奪門）無名。」，英宗遂下毒手。隨後凡于謙所推薦選拔的文武官吏都受到迫害，石亨等更嚴厲地殘害于謙一派人物，又列名鏤版榜示「于謙黨」於天下。于謙死後，天下又陷入了廢弛。

于謙死了以後，當然由石亨的黨羽陳汝言擔任兵部尚書。不到一年，所幹的壞事因為太多逐被敗露，貪贓累計總達巨萬。皇帝召大臣進去看，變了臉色說：「于謙在景泰帝朝受重用，死時沒有多餘的錢財，陳汝言為什麼會有這樣多？」石亨低著頭不能回答。不久邊境有警，皇帝滿面愁容。恭順侯吳瑾在旁邊侍候，進諫說：「如果于謙在，一定不會讓敵人這樣。」皇帝無言以對。這一年，徐有貞被石亨中傷，充軍到金齒口。又過了幾年，石亨亦被捕入獄，死於獄中；曹吉祥謀反，被滅族，于謙事情得以沉冤昭雪，但是英雄于謙，已經在當時腐朽的封建政變中被慘遭殺害。

成化初年，明憲宗為一幫忠臣平反，才得以恢復于謙職位，賜祭，誥文裡說：「當國家多難的時候，保衛社稷使沒有危險，獨自堅持公道，被權臣奸臣共同嫉妒。先帝在時已經知道他的冤，而我實在憐惜他的忠誠。」這誥文在全國各地傳頌。弘治二年，採納了給事中孫需的意見，贈給于謙特進光祿大夫、柱國、太傅，諡號肅湣，賜在墓建祠堂，題為「旌功」，由地方有關部門年節拜祭。萬曆中，改諡為忠肅。杭州、河南、山西都是歷代奉拜祭祀不止。

另外北京還出現了懷念于謙的童謠：「鷺鷥水上走，何處覓魚嗛（指于謙）」。于謙家屬被關押，長子于冕遭戍龍門。指揮同知陳逵感念于謙的忠義，收殯于謙的遺骸。于謙婿朱驥把于謙的靈柩運回了于謙的家鄉，就葬於西湖三臺山麓。

于謙在景泰時的故宅，在北京崇文門的西裱褙胡同，于謙被殺後都籍沒充公。成化初，于冕被赦，上書訟父冤，明廷恢復于謙生前原有官爵，並將故宅改為「忠節祠」，祠內閣上有清人孫詒經的「熱血千秋」和「帝念有功，群小讒謀冤太慘；公真不朽，故居歆祀地猶靈」等題詞。在現在北京歷史博物館裡存有一幅于謙墨蹟，是他在保衛北京時，寫給兵科給事中葉盛，詢問巡視東城防務情況的手令。在三臺山于謙墓前，成化年間當地人民也建立了「旌功祠」來紀念他。于謙的祠墓就和南宋英雄岳飛的祠在一個地方，都在西湖岸邊。

于謙從他入宦以來，愛國愛民，廉潔正直，在政治上卓具識見，並有所成就；他在抵禦瓦剌入侵時所立下功勞，對於保衛人民生命財產和北方經濟的發展，更有不小的貢獻。于謙的功績是不朽的，在中國歷史上于謙是一位值得後人紀念的英雄人物。

第五節 第一儒將和第一反間計

眾將之冠便是儒將，眾計之首則是反間計。第一儒將和第一反間計的綜合，便有了明末第一冤案，議案的主角就是袁崇煥。

周瑜反間一計，使曹操殺了得力的部將蔡瑁、張允。《三國演義》中的經典章節也有蔣幹中計一節。

努爾哈赤是以一部《三國演義》來打天下的英雄，努爾哈赤想要對付明朝，向山海關發展，他首要對付的就是袁崇煥，很可惜，他失敗了。自己也得疾而亡。袁崇煥一時成了整個大明朝的柱石，是北方門戶的守護者，引起了清廷的極大憂慮。於是，他們看到了《三國演義》，看到了反間計，終於可以使崇禎帝自毀長城，清軍從此以後可以輕鬆直入，極乎沒有一點顧慮，可見，人才之用，計謀之用，可謂大矣。

明崇禎三年的一天，就在北京城的菜市口，人頭攢動，爭相而來的人們要看看被崇禎帝稱作為「大漢奸」的人到底長怎樣，又是怎麼被處死的。有人還有希望，就是如果能買到這個「大漢奸」身上的一條肉，就能表明自己就是正人君子，還能治一定的疾病。

終於出來了，「大漢奸」從囚車裡推了出來，他被判的是凌遲之刑，所謂的「凌遲」，就是要割上一千刀，在最後的一刀才將人殺死，如果多一刀或少一刀，行刑的劊子手就要以身相抵。劊子手從剝皮開始，但是是不能傷到血管的，不然，人會死的。民眾就在這些皮肉慢慢被割下的時候，出價來購，一錢銀子可以買到一片，直到第三天，「大漢奸」才被最後一刀殺死，眾百姓連內臟也一搶而光，這個「大漢奸」正是袁崇煥。

讓我們從頭開始看一下中國儒將之冠是怎麼成為「漢奸」的。

祖上留下的十三副鎧甲成了努爾哈赤起兵的念頭，而他也正是靠這十三副鎧甲來反抗的，二十幾年的征戰，建立了後金政權，然後以「七大恨」告天，向明朝發起了進攻，連敗明軍。終日縱情聲色、萬事不理的明神宗慌了，急忙讓遼東經略楊鎬帶領十多萬大軍分四路迎擊，結果又全軍覆沒。明朝又派熊廷弼去遼東辦理軍務。正在這時候，神宗死去，他的兒子光宗也只做了一個月的皇帝，就因誤服藥物而一命嗚呼，皇位由光宗的兒子朱由校繼承，歷史上稱他為熹宗，年號天啟。熹宗做皇帝時還只是一個十五歲的孩子，他性格十分懦弱，不願多事，只好嬉遊，他有兩大嗜好，一是與小太監捉迷藏，一是做木匠。尤其對於木工製作，他極為沉迷，他自己動手蓋的房子和製作的機器巧物，還真的很不錯，這個天生的木匠把所有政事交給了魏忠賢這個在他做太子時就服侍他的太監。

而魏忠賢不但不做好事，反而是無惡不作，大肆殺害正直朝臣。廣結私黨，禍亂國家，形成了中國歷史上最大的「閹黨」。在這樣一個朝廷的統治

下，邊境防務是可想而知的，熊廷弼在遼東也就難施手腳。熊廷弼到遼東後，苦心經營，勉強穩定局勢，但朝中有些官員對他橫加指責，朝廷只有將他革職查辦，改用袁應泰做統帥。袁應泰是一流的水利工程人才，但對軍事一竅不通，他輕率出戰，結果遭到慘敗。朝廷只好重新起用熊廷弼。但這時兵部尚書張鶴鳴與熊廷弼意見不合，他叫熊廷弼的屬下王化貞不要聽熊的調遣，結果由於好大喜功的王化貞失誤，明軍又遭大敗，朝廷不分青紅皂白，將所有好官員就如王化貞和熊廷弼等人一起逮捕，並將張鶴鳴免了職。

在這種歷史下，抗擊滿清進犯戰爭的歷史舞臺袁崇煥便登場。

袁崇煥是廣東東莞人，他的祖上原籍廣西梧州藤縣。他為人不僅慷慨，富於膽略，而且喜談軍事，年輕時就有志於辦理邊疆事務。萬曆四十七年（西元一六一九年）袁崇煥中了進士，被派到福建邵武去做知縣。天啟二年（西元一六二二年）袁崇煥到北京述職，他在和朋友們談論時發表了一些對遼東軍事很中肯的意見，引起了御史侯恂的注意。侯恂向朝廷薦舉他，朝廷於是升他為兵部職方司主事，辦理防務事宜。明代就像宋代一樣，信任文官而不信武官，皇帝害怕武官權力大了會想要造反，因此派那些文官指揮戰役，加上勾心鬥角的多方牽制，最後往往以失敗告終。

袁崇煥任兵部主事不久，正碰上王化貞大敗而歸。一時間，朝廷驚慌失措，京城謠言四起，人心惶惶。袁崇煥悄悄地騎了一匹馬，孤身一人出山海關考察軍情。不久他回到北京，向上司詳細報告了山海關外的形勢，並誑「只要有兵馬糧餉，一人足以守住山海關。」這雖然有些書生意氣，但朝廷還是升任袁崇煥為兵備僉事。

回到山海關的袁崇煥，起初是做遼東經略王在晉的下屬，在關內辦事。當時王在晉切意防守山海關。袁崇煥認為，為了保住山海關，應當將防線北移，在寧遠築城駐守。

　　朝廷中的大臣大都反對，認為寧遠太遠，難以防守，但他們不知道，若以山海關為國界，就好像以北京的城牆為國界一樣，周邊失去屏障，山海關一旦被重兵攻破，後果不堪設想。如在寧遠築城，則可建立一片戰場，取得一片穩固的根據地。在這個戰場上阻擊乃至消滅滿清的軍隊，比依長城而守而言，實在是要堅固得多。

　　孫承宗大學士是輕易沒有發表過意見的，他親往關外視察，支持袁崇煥的意見。不久，朝廷派孫承宗代替王在晉，做了遼東主帥，他令袁崇煥和副將滿桂駐守寧遠。

　　在西元一六二二年，袁崇煥到達寧遠，立即著手築城。寧遠離山海關二百多里遠，築好此城，就等於砸下了一顆釘子。他訂下城牆規格：城牆高三丈二尺，城雉再高六尺，城牆牆址廣三丈。

　　袁崇煥和將士們是同甘共苦，所以築城時人人都盡力，第二年寧遠城牆就築成了。寧遠城高的牆厚，成為關外抗擊滿清的最主要的防禦工事之一。袁崇煥由築此城開始，經營遼東防務幾達二十年。在袁崇煥未被殺死以前，滿清軍隊雖然是多次繞道進襲包括北京城在內的一些城鎮，但是最終還是未能真正地跨過寧遠地區一步。

　　在經過袁崇煥和孫承宗幾年的苦心經營後，明朝的邊防力量大大地增強了，明軍開始主動出擊了，陸續收復了一些失地，並把防線向北推進了幾百里。面對已經取得的戰果和宏偉計畫的逐漸實現，袁崇煥內心充滿了喜悅。袁崇煥也因功連連升官，先升為兵各副使，再升為右參政，孫承宗主帥也對他青睞有加。

　　雖然說前線逐漸穩固下來，但朝廷裡卻是日漸腐敗，魏忠賢的專橫跋扈引起了正直朝臣尤其是東林黨人的義憤，紛紛上書彈劾魏忠賢，魏忠賢就採取極端的手段，殺害了楊漣等六人，史稱「前六君子」，並把抗清立有大功的

熊廷弼也一併處死。在鎮壓了這些反對派以後，魏忠賢的氣焰更為囂張，自稱「九千歲」，肆意勒索賄賂。孫承宗對魏忠賢的一切也不承認，魏忠賢就派了一個叫高第的親信前去到替了孫承宗做遼東的主帥。

高第只會吹牛拍馬，絕無任何一點的所長，他到任後，膽小如鼠，不敢駐守寧遠城，胡說寧遠戰不可戰，守又不可守，命令立即撤退。袁崇煥有一股倔強，他堅決不服從，認為軍事上有進無退，寧遠一撤，全線即刻崩潰。高第雖是袁崇煥的上級，但因他膽小，況且也是文官出身，竟對袁崇煥無可奈何，只好下令把錦州及其他幾個防守據點的兵馬撤到了山海關。這樣一來的話，寧遠城就好像曠野裡的一株枯樹一樣，完全地暴露在寒風之中了。

機會終於讓努爾哈赤等到了。明天啟六年（西元一六二六年），努爾哈赤親率大軍十三萬，號稱二十萬，進攻寧遠城。那位魏忠賢派來的高第坐在長城垛口上，以隔岸觀火的悠閒心態，幸災樂禍地看著寧遠城的覆滅和袁崇煥的敗亡。然而，只有孤城一座和守兵一萬的袁崇煥，並無絲毫的怯懼之意，而是一意要率兵抵抗，於是，開始了著名的寧遠大戰。

二月，八旗精兵長驅直下一路殺下了大小凌河、錦州、杏山、塔山諸、堡連山等地區，兵勢浩不見邊，刀槍劍戟如林，十九日到達寧遠城下，努爾哈赤派人勸降道：「我以三十萬人來攻，此城破之必矣！」袁崇煥回答說：「義當死守，豈有降理！且稱來兵三十萬，予亦豈少之哉？」努爾哈赤先派兵繞過寧遠城，切斷了寧城和山海關的聯絡，以防明軍增援。其實努爾哈赤多此一舉，他不派兵，高第也決不會來援。但袁崇煥並不畏懼，他派總兵滿桂、參將祖大壽分兵把守四門，把城外居民遷入城內，堅壁清野，組織居民、商人送水送飯，並刺血作書、激勵將士，還把遠在山西的妻子兒女接入城中，以示與寧遠城共存亡。滿清軍隊在寧遠城內軍民總動員、嚴陣以待的情況下，終於開始發動進攻了。

滿清的軍隊十分善戰，民軍竟然就潰退了，而且一退不可收拾。在攻打寧遠城時，也十分凶猛。滿清軍隊用鐵甲兵攻城，這些人身穿兩層鐵甲，不畏矢石，豎起梯子，奮勇上攀。再用鐵皮車做掩護，挖掘城牆，城牆竟被挖出了許多缺口。袁崇煥的軍隊十分勇敢善戰，他們在城上安裝了幾門西洋進口的紅夷大炮，每一炮都給敵人深重的打擊，對近處的爬城軍士，則從垛口上伸出許多長長的木櫃子，櫃子裡裝著士兵，士兵居高臨下，用石頭和箭矢打擊敵人，再扔出浸有油脂和硫磺的被絮等物燃燒敵人的戰具。就這樣，滿清軍隊一次又一次的猛烈進攻，而一次又一次地被打退了。

袁崇煥是文人出身，在平時情況下他扮成一員儒將不動不響，如諸葛亮一般，他乘轎指揮戰鬥。他的最大特點是鎮靜，即使敵兵攻破了城牆，他也一點不慌，而是披上盔甲，和戰士們一起運石補牆。在這次戰役中，他負傷數處。敵人退卻時，他又組織敢死隊，縋下城牆，追殺敵人，並撿回箭枝十餘萬支。在這次戰爭之中打敗了滿清士兵，還殺死了統率三十名。

敵軍撤走以後，袁崇煥還以儒者的風度，派使者送信對努爾哈赤說：「老將縱橫數十年，無有不勝，今敗於小事之手，恐怕是天意啊！」努爾哈赤也很客氣地致書袁崇煥，並贈以馬匹，「約期再戰」。努爾哈赤在攻城時受了炮傷，只得躺在車中鬱鬱而回。他對諸貝勒說：「我自二十五歲起兵以來，戰無不勝，攻無不克，歷時四十三年，獨不克寧遠一座孤城。」憂鬱中背上又生了一些毒瘡，這又是傷又是病的，月後就死在瀋陽以西四十里的璦雞堡。

自此以後，滿清軍隊對袁崇煥又敬又畏。

這個天大的喜事寧遠大捷的消息傳到京城，朝野上下都高興得不得了，一個個喜出望外，一片歡呼。高第因沒有援救寧遠而被免職，由兵部尚書王之臣取代。袁崇煥升為四品右僉都御史。袁崇煥之處又主動出擊，又陸續收復了高第所放棄的土地。

自從努爾哈赤死後，兒子皇太極又繼位，建立了清朝。皇太極是中國歷史上少有的一位具有雄才大略的皇帝，他採取正確的戰略，暫時放棄寧遠，轉而攻打朝鮮。就當時明清而言，雙方都需要一段休戰時間，以便實行各自的計畫。明方需要築城、練兵，清方則要進攻朝鮮，掠奪財富，鞏固統治。兩方完全不同。

在這種局勢下，袁崇煥提出與皇太極和藹的談一談，皇太極也表示贊同，但明皇帝和許多大臣堅決反對，滿清從來都是附庸國，皇太極不夠談判對手的資格。袁崇煥和皇太極商議和談時，皇太極利用這個機會打敗了朝鮮，袁崇煥也加緊修築錦州中左、大小凌河等地的防禦工事，並派出援朝軍隊，只因朝鮮很快就被明軍打敗了，打敗了以後他們就退了回來，固然沒有和清軍發生衝突。

因為皇太極進攻朝鮮取得了很大的勝利，財物得到了補充，局勢也慢慢的穩定下來，但他看到袁崇煥修城池，練兵馬，勢力越來越強大，如不加緊攻擊，會越來越難對負，現在求和又不成，皇太極便決定「以戰來求和」。

天啟七年（西元一六二七年），皇太極率著他的大軍打敗了遼西的許多軍事重鎮，攻陷了大小凌河，隨即又攻錦州。到六月四日，將領趙率教率領明軍與皇太極展開激戰。清軍損失慘重，但還是沒有將錦州攻下來。皇太極見攻錦州不成，就轉攻寧遠。袁崇煥嚴陣以待，成竹在胸，兩軍相接，激戰兩天，雙方損失都很慘重，但皇太極還是沒攻下寧遠。皇太極再轉攻錦州，但錦州城守堅固，清兵死傷枕藉，無法攻克。當時正值炎熱季節，清軍很多人中暑，士氣低落，皇太極也只有先撤圍回瀋陽。

這次交戰，明軍取得了勝利，但身為主帥的袁崇煥並沒有受到重賞，只是升了一級官。其根本原因在於袁崇煥不是魏忠賢的同黨，袁崇煥當年中進士的主考老師和推薦他做遼東防務的人都是東林黨的首領，因而，雖有「寧

遠大捷」和「寧錦大捷」，袁崇煥還是討不到魏忠賢的歡心。這時，魏忠賢見袁崇煥成勢日增，便指使同黨，攻擊袁崇煥不去救錦州。袁崇煥無奈只好辭了官，回老家廣東去了。

正好在這年八月，愛捉迷藏和做木工，小孩氣的熹宗皇帝死了，因無子嗣，由他的親弟弟朱由檢繼位，改年號崇禎。崇禎帝當時才十七歲，他年紀雖小，卻十分精明能幹，與他哥哥大不相同，他不動聲色地剷除了魏忠賢的閹黨，然後逼得他自殺，巧妙而又乾淨地除掉了朝廷的一個毒瘤。魏忠賢死後，整天討好他的大臣或殺頭或充軍，被魏忠賢排擠在外的袁崇煥又取得了朝廷的得重用。

崇禎元年（西元一六二八年）七月，從老家應召回的袁崇來到北京，崇禎召見了他，問他遼東防務事宜，經過一番深談，可以說對他言聽計從。袁崇煥提出了諸如糧草供給保障、排除干擾等要求，崇禎都一口答應，至於具體的守遼東的策略，袁崇煥認為可用以下三個原則：「一，以遼人守遼土，以遼土養遼人；二，守為正著，戰為奇著，和為旁著；三，法在漸不在驟，在實不在虛。」對袁崇煥的這些提法，都表示了贊同和照辦的意思，而崇禎的確是有一番事業心。

給袁崇煥還得到一柄崇禎賜給他的尚方寶劍，以表示崇禎對袁崇煥的信賴和支持，讓他去總督寧遠防務。但袁崇煥尚未到寧遠，那裡就發生了兵變，其原因很簡單，軍隊沒有糧餉。當時中央無力，財富均被各級官員和地主刮走，國庫空虛，拿不出錢來發軍餉。袁崇煥則建議用內帑（即皇宮中的錢）來發餉，崇禎是一個愛財如命的人，聽後十分生氣，從此對袁崇煥有了看法，不再像以前那樣信任他了。又過了不久，袁崇煥誅殺皮島大將毛文龍又引起了崇禎的懷疑。

　　遼東南部海中的一個小島那便是皮島，地勢是很重要的，北邊可聯清，東可控朝鮮，西南則可衛護膠東半島的蓬萊、登州。皮島守將毛文龍曾抗滿清有功，但他後來成了魏忠賢的乾兒子，還貪汙橫行不法，並曾寫信給皇太極說：「爾取山海關，我取山東」。袁崇煥為了安定形勢，消除隱患，便於崇禎二年（西元一六二三年）七月伏兵捉住了毛文龍，宣布了他的十二條罪狀，請出皇上恩准可先殺後奏的尚方寶劍，將他誅殺。

　　袁崇煥向崇禎皇帝報告了誅殺毛文龍的原因和經過，崇禎十分驚訝，認為他擅殺大將，別有用心。但因當時正需要袁崇煥來抗清，就沒有加以責備。

　　皇太極自己知道力量敵不過明朝，所以他也一直想議和，但崇禎極其傲慢，根本就不予承認，雖經袁崇煥從中調停，總是不能成功。於是，於崇禎二年（西元一六二九年）十一月，率兵十餘萬，繞開袁崇煥駐防的寧西，從西路直奔北京，經過艱難的行軍，攻進了長城，進迫遵化，明軍紛紛潰退，清軍攻克遵化。巡撫王元雍自殺，山海關總兵趙率教也戰死遵化城下。清軍攻下遵化後，直撲京師。這時袁崇煥火速來援，並且沿途還留下軍隊以截斷清軍的退路。

　　袁崇煥於十一月十日抵抗薊州，但清軍卻繞過了薊州西進，接連攻下三河、香河等城，袁崇煥又急忙帶兵去保衛京師，駐兵於北京廣渠門外。清軍的猛烈進攻嚇得崇禎魂飛魄散，京師一片慌亂。現在袁崇煥來了，崇禎心神略定，對他讚賞備至。袁崇煥認為部隊疲勞，要求入城休息，疑心過多的崇禎心中十分疑忌，藉故推託不許讓隊入城。袁崇煥便要求屯兵外城，崇禎他也不答應。只是催促他快快與滿清軍隊交戰。

　　袁崇煥三百餘里用了兩晝夜的速度緊急增援京師，早已是疲乏之師，但在崇禎的催促之下，不得不與滿清軍隊交戰。仗打得非常艱苦，兩軍相持了

很久，袁崇煥身穿鎧甲，衝鋒陷陣，兩肋下受了幾處箭傷。後來滿清軍隊終於不支，退到南海子邊休整。崇禎見滿清的軍隊逃遠了，便十分緊急地催促袁崇煥追擊，圍殲敵人。

這時明軍來了幾路人馬，由袁崇煥統一指揮權，但無成熟的決戰時機。萬一出城決戰會給明軍帶來不利，滿清軍隊以置之死地而後生的態度來與明軍拚命，明軍很有可能潰退。如果發生了這種情況，那北京城就頃刻而下了。袁崇煥的意思堅守不戰是正確的。

但崇禎卻開始懷疑袁崇煥了，認為他是在擁兵自重，要挾制自己，甚至謀權篡位。至少也是要強迫自己採用他一貫與滿清議和的主張。這麼一想，崇禎那顆自負而又傲慢的心就受到了很大的損傷，心裡開始有了想法。

而此時，滿清軍隊在城外燒殺搶掠，而京郊的百姓也都大受其害，且崇禎身邊的幾名太監也多在京都存有田產，都深痛自己大破其財，想來想去，這怨憤就潑在了袁崇煥的身上，怨清兵是袁崇煥引來的，是想要尊挾皇上與清人議和的。一時之間，這些輿論不知怎麼就漫天而起，甚至大罵袁崇煥是「漢奸」，弄得人心惶惶，真假不分。竟有人站在北京城的城牆上往城下袁崇煥士兵的頭上扔石頭，一邊扔一邊罵「漢奸兵」，而且石頭還把士兵砸死砸傷。

而崇禎知道了這個消息，疑心就更大了，恐慌起來。恰好在這時候，皇太極依照《三國演義》上的「群英會蔣幹中計」一節，使起反間計來。就在這以前，清軍捉到了兩名明宮派在城外負責養馬的太監，一個叫楊春，一個叫王成德。在撤回途中，皇太極派副將高鴻中，參將鮑承先、寧完成等人監守。這三人是歸降滿清的漢人。到了晚上，鮑承先與寧完成二人依照皇太極所授的密計，大聲「耳語」道：「這次撤兵，並不是我們打了敗仗，那是皇上的妙計，你看到麼？皇上單獨騎了馬逼近敵人。敵軍中有兩名軍官過來參見

皇上，商量了好久，那兩個軍官就回去了，皇上和袁崇煥已有密約，大事不久就可成功了。」兩名太監正躺在旁邊，把這些話聽得十分清楚。第二天，姓楊的太監見敵人撤退時十分慌亂，便趁敵人的「疏忽」逃奔而歸，並馬上把這些話報告了崇禎。這些話被崇禎聽了以後，就像他那多疑而又忮刻的性格，馬上就相信了。

他便立刻召袁崇煥進了宮，在宮中將他逮捕下獄。袁崇煥的部將祖大壽等人見狀，十分驚慌都不明白是怎麼回事，沒事辦法只好出城等候消息。

三天過後，聖旨下來，說袁崇煥和敵人謀反被捕，只問袁崇煥一人，餘者不問。將士聞訊大哭，還有的將士破口大罵，頓足而號。如果在這個時候有人倡議，說不定在此時真會反了。

祖大壽當然十分悲憤，他即刻率軍回到錦州，就在途中遇到了馳援的袁軍主力，了解了北京的狀況後，也立刻掉頭回京。

祖大壽也便掉頭而回，崇禎十分恐慌，他同時深怕清軍再來攻城，連忙派人去讓袁崇煥寫信，召回祖大壽。這實在是一個奇怪的邏輯，既不肯正式下詔讓袁崇煥寫信，又派各部官吏前往勸說。袁崇煥先是不肯寫，認為這種做法於情理不通，既不奉明詔，於獄寫發書召兵回京，無異於私人行為，但崇禎無論如何不肯向袁崇煥認錯。在群臣的勸說之下，袁崇煥「以國家為重」，寫信召回祖大壽。祖大壽本把崇禎派的使者看做敵人，但有袁崇煥的親筆信，他遲疑不決。這時，祖大壽的母親說：「如果您不回軍，只能加重袁督師的罪名，如果您回去攻下一些地方，打一些勝仗，或許能救袁督師出獄。」祖大壽聽了母親的話，率師返回，沿途攻下了清軍占領的兩座城池，清軍的兩條歸路就這樣被斷了下來。

聽說袁崇煥下獄皇太極大喜過望。他本來已攻克了北京以南二十公里處的良鄉，立刻回師盧溝橋，破了所謂的「車軍」，又大破明軍四萬多人，擒獲

和斬殺了一些明軍的高級將領，京師大震。但聽說祖大壽率兵返回，因為怕歸路被截，所以就寫了幾封議和信，從山海關慢慢退了兵。

清兵這麼一退，崇禎又感覺心中平定了。是時，朝野上下、軍隊之中替袁崇煥辨冤求情的人，紛紛上書，連孫承宗也寫詩說：「東江千古英雄乎，淚灑黃龍半不平。」還有許多人情願以身代之。袁崇煥就在獄中給部下寫信，讓部下安心抗敵，半年之後，明軍便把清軍趕出了長城。

就在這半年之中，如果袁崇煥再有什麼樣的罪行也應調查清楚了，殺與不殺也能做出決定。但卻就在清兵退出長城以後殺了袁崇煥。一條反間計，可以滅亡一朝一國。由此看來，反間計的確可以毫不誇張地稱它為百計之首。

帝相名臣的荒唐直播
愛貓去世舉國哀悼、乳母加入後宮大亂鬥、
以宮刑為樂的變態帝王，你絕對想不到的超狂古人生活！

主　　編：孟飛，王宇

發 行 人：黃振庭

出 版 者：崧燁文化事業有限公司

發 行 者：崧燁文化事業有限公司

E-mail：sonbookservice@gmail.com

粉 絲 頁：https://www.facebook.com/
　　　　　sonbookss/

網　　址：https://sonbook.net/

地　　址：台北市中正區重慶南路一段六十一號八
　　　　　樓 815 室

Rm. 815, 8F., No.61, Sec. 1, Chongqing S. Rd.,
Zhongzheng Dist., Taipei City 100, Taiwan

電　　話：(02) 2370-3310

傳　　真：(02) 2388-1990

印　　刷：京峯彩色印刷有限公司（京峰數位）

律師顧問：廣華律師事務所 張珮琦律師

定　　價：460 元

發行日期：2022 年 03 月第一版

◎本書以 POD 印製

國家圖書館出版品預行編目資料

帝相名臣的荒唐直播：愛貓去世舉
國哀悼、乳母加入後宮大亂鬥、以
宮刑為樂的變態帝王，你絕對想不
到的超狂古人生活！/ 孟飛，王宇主
編 . -- 第一版 . -- 臺北市：崧燁文
化事業有限公司 , 2022.03
　　面；　公分
POD 版
ISBN 978-626-332-052-9(平裝)
1.CST: 中國史 2.CST: 通俗史話
610.9　　111000869

電子書購買

臉書